Jelena Kostjutschenko

Das Land, das ich liebe

Wie es wirklich ist, in Russland zu leben

*Aus dem Russischen
von Maria Rajer*

 PENGUIN VERLAG

Die in diesem Buch enthaltenen Reportagen erschienen
erstmals auf Russisch in der *Nowaja Gaseta*.

Die begleitenden autobiografischen Essays sind eigens für dieses Buch
geschrieben und hier erstmals veröffentlicht worden.

Die Arbeit der Übersetzerin am vorliegenden Text
wurde vom Deutschen Übersetzerfonds gefördert.

Der Verlag behält sich die Verwertung des urheberrechtlich
geschützten Inhalts dieses Werkes für Zwecke des Text- und
Data-Minings nach § 44 b UrhG ausdrücklich vor.
Jegliche unbefugte Nutzung ist hiermit ausgeschlossen.

MIX
Papier | Fördert
gute Waldnutzung
FSC® C014496

Penguin Random House Verlagsgruppe FSC® N001967

1. Auflage
Copyright © 2023 Jelena Kostjutschenko
Copyright © der deutschsprachigen Ausgabe 2023
Penguin Random House Verlagsgruppe GmbH,
Neumarkter Str. 28, 81673 München

Lektorat: Tamina Kutscher
Umschlaggestaltung: Hafen Werbeagentur, Hamburg,
nach einer Originalvorlage von Penguin Random House UK
Umschlagmotiv: Nana Heitmann / Magnum Photos / Agentur Focus
Satz: Buch-Werkstatt GmbH, Bad Aibling
Druck und Bindung: GGP Media GmbH, Pößneck
Printed in Germany
ISBN 978-3-328-60324-5
www.penguin-verlag.de

Für Nugsar Mikeladse

was noch:
wenn die nacht anbricht
sollen
alle ihre augen schließen

wenn der tag
anbricht
sollen
alle ihre augen öffnen

Fjodor Swarowski

Inhalt

Vorwort zur deutschen Ausgabe

Ich schreibe diese Zeilen in Berlin.

Diese Stadt wurde zu meiner Zuflucht.

Sie wurde zu meiner Hoffnung.

Ich wohne in der Nähe des Flughafens Tempelhof. Früher sind von hier Passagierflugzeuge gestartet. Später Militärflugzeuge. Dann landeten hier Transportflugzeuge, die Lebensmittel brachten. Dann kamen wieder Passagierflugzeuge. Jetzt wächst hier hohes Gras. Ich zerrupfe es zwischen meinen Fingern und denke: Alles geht vorbei.

Berlins Straßen sprechen viele Sprachen. Oft höre ich Russisch. Diese Straßen haben auch mich aufgenommen. Ich habe viel Hilfe bekommen. Kein einziges Mal wurde mir gesagt, mich träfe eine Schuld, weil ich Russin bin.

Das sage ich mir selbst.

Meine Mutter kam mich für acht Tage in Berlin besuchen. Sie hatte erst beim zweiten Anlauf ein Visum bekommen. Am ersten Tag weinten wir nur und lagen uns in den Armen. Dann sagte sie: Lass uns rausgehen.

Vor vielen Jahren, als sie zum ersten Mal in Berlin war, wollte sie den Reichstag sehen. Sie wollte die Wände anfassen, an denen sowjetische Soldaten Inschriften hinterlassen hatten. Ihr Vater hatte gegen den Faschismus gekämpft und gesiegt. Sie wollte diesen Sieg nachfühlen, ihrem Vater nahe sein.

Dieses Mal wollte sie nicht in den Reichstag. Wir gingen in meinem Kiez spazieren, sie hielt meine Hand. Sie wollte sehen, dass die Stadt gut zu mir ist. Dass sie mich nun beschützen würde. Ihre Tochter hatte gegen den Faschismus gekämpft und verloren; die Möglichkeit, nach Hause zurückzukehren, war ihr nun verwehrt.

(Wenn ich »Zuhause« sage, bleibt mir das Herz im Halse stecken und ruht dort als warmer Stein. Er wandert nicht nach unten.)

Zum ersten Mal in meinem Leben gehe ich mit meiner Partnerin durch die Straßen und küsse sie, wann immer ich es möchte. Und sie küsst mich, wann immer sie es möchte. Niemand schaut sich nach uns um. Ich habe keine Angst vor Polizisten. Ich gehe an den unterschiedlichsten Demonstrationen vorbei und fühlte keine Gefahr.

Manchmal entdecke ich goldene Vierecke mit Namen vor meinen Füßen – Namen von Menschen, die Deutschland ermordet hat.

Ich habe dieses Buch meinen deutschen Freunden gezeigt. Sie sagten: Du hast dem Buch einen seltsamen Titel gegeben. So was sagt man bei uns nicht, höchstens Menschen, die radikal rechts sind. Sein Land zu lieben ist gefährlich. Das hat uns schon einmal in die Katastrophe geführt. Man kann seinen Partner oder seine Partnerin lieben, seine Kinder oder sogar seine Nachbarn – Menschen eben, aber nicht das Land.

Denn Liebe zu einem Land endet im Blutvergießen.

Dem konnte ich nichts entgegensetzen.

Ich denke nicht, dass Liebe Blutvergießen erfordert. Es sind Politiker, die im Namen der Liebe Blut fordern. Sie sagen: Aus Liebe müsst ihr zu Mördern werden.

Ich denke, jetzt, in Zeiten des Krieges, müssen wir uns dringend darüber klar werden, was wir fühlen und warum. Was unsere Gefühle sind, und was die Dinge, die uns zu diesen Gefühlen verpflichten.

Ich möchte verstehen, wie ich angefangen habe, mein Land zu lieben. Und was ich aus dieser Liebe heraus tun musste. Wohin sie mich gebracht hat. Ich dachte nach und schrieb, und dieses Buch ist das Ergebnis. Jetzt möchte ich mit Euch zusammen nachdenken. Ich bin mir sicher, dass wir einander viel zu sagen haben.

Kapitel 1

Die Männer aus dem Fernsehen

Ich habe keine Erinnerungen an mich als kleines Kind, erst an die Zeit, als ich etwa vier war, vielleicht auch drei. Ich erinnere mich an Silhouetten, die sich über mich beugten. Und an meine Großmutter. Sie starb, als ich fünf war, also muss ich bei meinen frühen Erinnerungen jünger gewesen sein. Großmutter machte gemeine Scherze und lachte, wenn sie mir auf die Finger haute. Sie war krank und nicht immer bei Verstand. Wenn sie der Wahnsinn überkam, wurde sie ganz schüchtern und versuchte sich einzuschmeicheln. Sie bildete sich ein, sie wohne bei fremden Menschen, deswegen versuchte sie, uns zu gefallen. Wenn sie wieder zu sich kam, war sie die Frau, die sie viele Jahre gewesen war: das Familienoberhaupt. Sie war es gewohnt, dass man ihr gehorcht, und sie forderte diesen Gehorsam ein.

Ich war oft krank, ständig erkältet. Nur selten ging ich aus dem Haus. In meinen Erinnerungen herrscht immer dämmriges Licht: Gegenüber wird gebaut, und das Haus verdeckt langsam das Licht. In der rechten Zimmerecke steht ein Klavier – gekauft auf Zuwachs. Mama hofft, dass ich eines Tages lerne, es zu spielen. In der linken Ecke steht ein Fernseher. Er läuft, aber das Bild ist unscharf, voller Schnee, dadurch wirkt es schwarz-weiß.

Der Fernseher war riesig, oder zumindest kam er mir kleinem Ding so vor, und hatte einen gewölbten silbergrauen Bildschirm aus dickem Glas. Darauf ließ sich gerne Staub nieder. Ich rückte einen Stuhl heran, kletterte herauf und berührte den Bildschirm mit dem

Finger. Mir war, als berührte ich die Flügel einer Motte, ganz, ganz zärtlich. Elektrostatik, sagte Mama.

Ich erwartete den Abend wie ein mir rechtmäßig zustehendes Vergnügen. Dann sollte die Sendung »Gute Nacht, ihr Kindlein« kommen. Die Marionetten, ein Schweinchen namens Chrjuscha und ein Häschen namens Stepascha, würden sich unterhalten, und dann würde ein Trickfilm laufen. Ich mochte die gezeichneten Trickfilme, aber manchmal kamen auch welche mit Knetfiguren oder Puppen. Das erschien mir wie eine gemeine Verschwendung des Wunders Fernseher. Mit Puppen konnte ich selber spielen.

Ich bemerkte, dass Mutter den Fernseher immer schon eher einschaltete als zu »Gute Nacht, ihr Kindlein«. Sie kam von der Arbeit, hängte ihren Mantel auf und ohne die Schuhe auszuziehen, setzte sie sich gleich auf die Couch. Sie wartete ein paar Minuten, bis die Füße nicht mehr so sehr wehtaten, dann stand sie auf, ging schweren Schrittes zum Fernseher und schaltete ihn ein. Da lief eine Serie über Erwachsene oder die Nachrichten. Ich hasste Nachrichten, ich verstand nicht, wie man sich so was freiwillig anschauen konnte. Das Bild, das sich durch den Schnee kämpfte, war verschwommen. Die Leute schrien, gingen irgendwohin, manchmal waren da auch Moderatorinnen und Moderatoren – sie sahen alle gleich aus und redeten auch alle gleich. Ich verstand nicht, was sie sagten. Mama schaute hin und schwieg. Sie war sehr müde.

Allmählich begriff ich, was passierte. Mama erklärte mir, dass unser Land früher die Sowjetunion gewesen war, aber heute hieß es Russland. Und dass es in der Sowjetunion besser war, es gab viel Essen, und die Menschen waren nett. Jetzt war es anders. Später erfuhr ich, dass Mama Chemikerin war, aber da, wo sie gearbeitet hatte, bekam jetzt niemand mehr Geld, deswegen arbeitete sie jetzt als Putzfrau und als Lehrerin und wusch auch noch die Windeln in meinem Kindergarten. Deswegen war sie so müde und nahm mich nicht so oft in den Arm, wie ich es gern hätte. Ich fragte, wer daran schuld war, dass aus der Sowjetunion Russland geworden war.

Mama sagte: Jelzin. Und wer ist Jelzin? Der Präsident. Was ist ein Präsident? Der wichtigste Mensch im Land.

Mama zeigte ihn mir, als die Nachrichten liefen. Der wichtigste Mensch im Land war alt und hässlich, und er hatte einen Riesenkopf. Ich verstand nicht, was er sagte. Er nuschelte, wie meine Großmutter, wenn sie krank war, und zog die Wörter in die Länge. Ich sah ihn an und dachte: Du bist schuld, dass meine Mutter so erschöpft herumläuft. Dass sie beim Gehen mit den Füßen schlurft wie eine alte Frau. Dass sie nicht mit mir spielt und mich nicht so oft in den Arm nimmt, wie ich es gern hätte. Dass die Menschen früher nett waren und in der Sowjetunion wohnten, und jetzt wohnten wir in Russland, und Russland war schlechter. Wenn Jelzin auf dem Fernsehbildschirm erschien, verzog ich das Gesicht und sagte: Der ist böse. Als Antwort lächelte Mama manchmal. Also fing ich an, regelmäßig mit ihr Nachrichten zu schauen und auf Jelzin zu schimpfen, um sie lächeln zu sehen.

Manchmal besuchten Mama Freunde aus der Studienzeit. Sie saßen in der Küche, ich wuselte um sie herum. Wenn sie über Jelzin sprachen, spitzte ich die Ohren. In der nächsten Gesprächspause sagte ich: Jelzin ist böse. Die Erwachsenen lachten. Sie sagten: Deine Tochter ist schon ganz erwachsen. Die Erwachsenen sagten mir, dass Jelzin ein Trinker war. Also sagte ich fortan: Jelzin ist ein böser Trinker. Auch darüber lachten alle.

Je älter ich wurde, desto mehr verstand ich von den Nachrichten. Bergarbeiter schlugen mit ihren Helmen auf eine Brücke in Moskau. Mama überwies den Bergarbeitern Geld, sie sagte: Sie haben nichts zu essen. Die Tschetschenen führten Krieg gegen die Russen. Ich hatte Angst vor den Tschetschenen, ich dachte, sie wären schreckliche, bärtige Bösewichte, fast so wie Piraten, zu gern hätte ich einen von ihnen mal gesehen. Außerdem gab es Banditen. Die habe ich auch nicht gesehen, aber gehört. Manchmal wurde vor unseren Fenstern geschossen. Dann sagte Mama: Geh vom Fenster weg.

Als ich fünf war, erfuhr ich, dass wir alle sterben werden. Und dass auch Mama sterben kann. Bald darauf wurde mir klar, dass

Mama nicht nur irgendwann am Alter sterben kann, sondern schon jetzt, wegen der Banditen. Seitdem fürchtete ich die Abende. Abends ist das Böse näher, die Dunkelheit bereitet ihm den Weg. Ich setzte mich ans Fenster und schaute aufmerksam in die Dunkelheit. Ich glaubte daran, dass mein Blick Mama den Weg nach Hause leuchtete, sie beschützte. Manchmal wurde die Angst zu groß. Dann nahm ich eine Metalldose mit Knöpfen und sortierte sie. Die Knöpfe schützten mich ein bisschen vor der Angst.

Als ich in der dritten Klasse war, sah ich einmal Banditen aus der Nähe. Es war auf dem Heimweg, ich ging nicht über die Straße, sondern durch die Hinterhöfe. Mama verbot mir, das zu tun, aber ich wollte schnell nach Hause. Ich sah drei Männer, und noch einen, aber der gehörte irgendwie nicht dazu. Ich weiß noch, dass sie schwarze Ledermäntel trugen – aber vielleicht habe ich mir das auch später ausgedacht. Einer von ihnen fluchte derb, dann zog ein anderer eine Pistole, sie war klein und sehr, sehr schwarz. Ich versteckte mich im nächsten Hauseingang und wartete auf die Schüsse. Es waren zwei. Ich wartete noch ein bisschen, dann steckte ich den Kopf hinaus. Der Mann, der allein gewesen war, lag zusammengekauert auf dem Boden, hinter seinem Ohr war es rot. Die Banditen waren nicht zu sehen. Ich machte einen großen Bogen um den Mann und rannte schnell nach Hause. Mama erzählte ich nichts davon. Ich wusste, dass einem vor Aufregung das Herz stehen bleiben kann, und ich wollte mit meinem ganzen kleinen Körper, dass sie lebte.

Die Banditen waren wegen Jelzin aufgetaucht, genau wie die Dunkelheit vor unseren Fenstern und die langen Abende, wenn ich darauf wartete, dass Mama von der Arbeit kam, und an Jelzin lag es auch, dass wir nicht genug Geld hatten – mittlerweile wusste ich, was Geld ist, und was es wert ist. Manchmal hatten wir kein Essen im Haus. Mit neun fing ich an, in einem Ensemble zu singen. Von Zeit zu Zeit gaben wir Konzerte in Krankenhäusern oder Theatern, dafür wurden wir bezahlt. Die einfachen Sänger und Sängerinnen bekamen 30 Rubel, die Solosängerinnen 60. Ich wollte Solosängerin sein. 60 Rubel – das waren sieben Laibe Schwarzbrot.

Ich fragte Mama: Wenn die Sowjetunion so ein gutes Land war, warum habt ihr es nicht beschützt? Mama erwiderte: Weil man uns betrogen hat. Jelzin hat uns betrogen.

Seitdem schaute ich die Nachrichten mit schadenfreudigem Eifer: Ich wartete darauf, dass Jelzin stirbt. Das mussten sie in den Nachrichten unbedingt zeigen. Aber er starb und starb nicht. Andere Leute starben. Begräbnisse waren damals an der Tagesordnung, ständig trug man mit rotem Stoff verkleidete Särge durch unseren Hof. Ich ging hin und fragte: Woran ist er gestorben? Woran ist sie gestorben? Die Menschen vergifteten sich mit Alkohol, erhängten sich, kamen bei Schießereien um, wurden bei Raubüberfällen getötet oder starben in Krankenhäusern, in denen es keine Medikamente und keine Ärzte gab. Aber meine Mama lebte, mein Blick beschützte sie. Manchmal verhandelte ich mit Gott. Ich sagte zu ihm: Wenn Mama stirbt, dann gehe ich in den Wald und lebe dort, und was willst du dann machen?

Und als ich in der siebten Klasse war, machte Jelzin Folgendes: An Neujahr, als Mama und ich am schön gedeckten Tisch saßen, sagte er vom Fernseher aus: Ich bin müde, ich gehe. Und hörte auf, Präsident zu sein. Das war das Neujahrswunder. Mama lachte und weinte, sie rief ihre Freunde an, und ich dachte: Das war es. Jetzt beginnt ein neues Leben.

Ein halbes Jahr später waren Wahlen. Man wählte Putin. Der sah ganz anders aus als Jelzin: jung, sportlich, mit klaren Augen. Die Augen waren das Einzige an seinem Gesicht, das man sich gut merken konnte. Bemerkenswert war auch die Stimme. Es schien, als müsste er sich beherrschen, um nicht zu knurren. Dafür freuten sich alle, wenn er lächelte.

Mama hatte nicht für Putin gestimmt. Sie sagte: Der ist ein KGBler. Zwei Wohnungen bei uns gegenüber gehörten KGBlern. Manisch misstrauische Leute, die viel tranken und unfreundlich waren. Wir hatten nichts mit ihnen zu tun. Am Tag der Wahlen kamen die Leute von den Wahllokalen und fragten einander: Haben Sie Putin gewählt? Wir auch. Ich wurde auch gefragt, nach Mama. Ich sagte: Nein, wir sind für die Kommunisten. Da riefen die Jungs vom Hof: Die Kommunisten sind schon alle tot. Wir hätten uns fast geprügelt.

Die Menschen glaubten daran, dass Putin sie beschützen würde. Vor den Wahlen waren in mehreren Städten Häuser explodiert. Wir lernten das Wort »Terroranschlag«. Nachts hielten jetzt Männer aus unserem Haus Wache, damit niemand unseren Keller verminte. Putin sagte, man müsse alle Terroristen einfach umbringen, dann würden auch keine Häuser explodieren. Er fing einen neuen Krieg in Tschetschenien an. Und ich fing an, als Putzfrau zu jobben. Ich war fast erwachsen und wollte Geld verdienen, damit Mama nicht mehr ganz so müde war. Nun war ich so müde, dass ich nach Hause kam und mich wie Mama, ohne die Schuhe auszuziehen, auf die Couch setzte, damit die Füße sich kurz erholten. Mama schimpfte nicht.

Der Fernseher funktionierte immer schlechter. Hinter dem Schnee erkannte man kaum noch die Gesichter. Ich fing an, Zeitung zu lesen, die gab es in der Schulbibliothek. Ich fand Gefallen daran, die Bilder flackerten nicht und man konnte nachdenken, während man las. Und dann fing ich selbst an, bei einer Zeitung zu arbeiten. Dort zahlten sie nicht schlechter als beim Putzen. Ich schrieb über Betrugsfälle mit gefälschten Bustickets, über ein Krankenhaus für Jugendliche und über Skinheads, die es in unserer Stadt plötzlich gab. Ich war stolz darauf, dass ich über erwachsene Dinge schrieb, und hielt mich für eine Journalistin.

Dann kaufte ich zufällig eine *Nowaja Gaseta*. Ich schlug sie auf und las einen Artikel über Tschetschenien. Darin ging es um einen Jungen, der seiner Mutter verbot, russische Musik im Radio zu hören. Weil russische Soldaten seinen Vater mitgenommen und als Leiche mit abgeschnittener Nase zurückgebracht hatten. In dem Artikel gab es Worte wie »Satschistka/Säuberung« und »Kontrollpunkt«. In dem Dorf Mesker-Jurt hatten Soldaten 36 Menschen getötet. Einen Mann (er überlebte) hatte man gekreuzigt, seine Handflächen mit Nägeln durchgeschlagen. Unter dem Artikel stand ein Name: Anna Politkowskaja.

Ich ging in die Kreisbibliothek und ließ mir einen Stapel der *Nowaja Gaseta* aus dem Archiv geben. Ich suchte ihre Artikel heraus. Und las sie. Ich dachte, ich bekomme Fieber, ich befühlte meine Stirn, sie war kalt, nass, tot. Mir wurde klar, dass ich nichts über mein Land wusste. Das Fernsehen hatte mich belogen.

Mehrere Wochen ging ich mit diesem Gefühl umher. Ich las, ging durch den Park, las weiter. Ich wollte mit einem Erwachsenen sprechen, aber es gab keine Erwachsenen – alle glaubten dem Fernsehen.

Ich war wütend auf die *Nowaja Gaseta*. Sie hatte mir die öffentliche Wahrheit geraubt, und eine eigene hatte ich doch noch nie gehabt. Ich bin 14, dachte ich, und bin jetzt ein Krüppel.

Später entschied ich, dass ich bei der *Nowaja Gaseta* arbeiten wollte.

Ein paar Jahre später klappte das auch.

Putin spielt schon lange,
aber find mal einen passenden Medwedew

8. Mai 2008

Schon einen Tag vor der Einführung von Dmitri Medwedew ins Präsidentenamt wurde am Kreml der Ausnahmezustand erklärt: Am 6. Mai um 11 Uhr war der Kreml nicht wiederzuerkennen. Statt Touristengrüppchen mit Fotoapparaten in der Hand schlenderten Soldaten, merkwürdige Menschen in schwarzen Anzügen, Musiker in Smokings und Chorsängerinnen übers Kopfsteinpflaster. Am Tag vor der Amtseinführung wurden noch ein paar Durchläufe geprobt, inklusive Parade, Chor und Orchester. Aber vor allem war es eine Probe für die Journalisten.

69 Kameras sollen den Amtsantritt des Präsidenten filmen. Einige stehen auf dem Boden, andere sind an Schultern oder Bauch der Kameraleute befestigt, wieder andere filmen den Platz von Hochhäusern aus. Der Staatssender Erster Kanal wird das Ganze aus einem Hubschrauber übertragen. Und das belgische Fernsehen hat, nach langen Verhandlungen, seine Kameras mit Seilen an den Kremlmauern befestigt.

Die Proben am Kreml laufen schon seit Ende April. Und das Lager des Ersten Kanals steht seit einer Woche auf dem Platz. Ein paar Autos und ein Zelt dienen als Stabsquartier. Dort gibt es WLAN, heißes Wasser, Wurst und Lunchpakete. An den Wänden hängen Anzüge (jeder, der auch nur zufällig ins Bild geraten könnte, muss dem Anlass entsprechend aussehen), Ankündigungen, Zeitpläne der Proben. Das Filmen der knapp einstündigen Amtseinführung wird schon seit hundert Stunden geprobt. Putin geht an der Parade vorbei, dann Medwedew, die Zeremonie im Großen Kremlpalast, und wieder raus, am Schluss die Reden beider Präsidenten – und das immer und immer wieder.

Der Plan für die Kamerabewegung scheint nicht allzu kompliziert. Es gibt zwei Hauptakteure. Putin kommt aus einem Kremlgebäude und geht ins andere. Steigt rechts die Treppe des Großen Kremlpalastes hoch. Medwedew macht sich etwas zeitverzögert mit einer Eskorte vom Weißen Haus auf, und nimmt den anderen Eingang. Sie treffen sich drinnen. Nach der Zeremonie treten sie gemeinsam vor die Soldatenformation.

Auf dem Platz huschen knapp 50 Leute hin und her: Regisseure, Journalistinnen, Kameraleute, Cutterinnen, Sicherheitsleute, Soldaten. Namensschilder hat hier niemand, nach einer Woche Proben kennt man sich. Die Fernsehleute hören widerspruchslos auf die jungen Leute mit durchsichtigem Kabel hinterm Ohr. Alle – die Kameraleute, die Sicherheitsleute, die Soldaten – kommunizieren über Funkgeräte. Jemand schreit:»Die mit den Maschinengewehren hinter die Kameras!«, aber es tut sich nichts.

An der Parade vor dem Großen Kremlpalast sollen neun Militärzüge teilnehmen. Jetzt stolzieren ein Generalmajor und 30 Soldaten über den Platz, sie markieren Anfang und Ende des Zugs. Die Soldaten tragen Wintermäntel, der Major ist kreidebleich.»Gut, dass es kalt ist«, sagt der Kameramann neben mir,»vorgestern ist ein armes Kerlchen wegen der Hitze umgekippt.«

Zwischen den Soldaten laufen ein Dutzend Straßenfeger herum, alle haben ein untypisch slawisches Aussehen und tragen schicke grüne Uniformen. Auf dem Platz ist nicht ein Staubkorn, die Steine sehen wie gewaschen aus, trotzdem putzen die Straßenfeger hartnäckig irgendetwas aus den Rillen. Eine Frau im Anzug brüllt immerzu:»Auf den Bildern muss der Platz glänzen!«»Warum nehmen wir nicht gleich einen Staubsauger?«, fragt ein Straßenfeger.»Wegen denen da«, sagt die Frau und nickt in Richtung der Sicherheitskräfte.

»Straßenfeger, weg da, schnell! Wo sind die Präsidenten?«, ruft Natascha, eine dünne Frau in Jeans, sie führt Regie.

Die Präsidenten sind Statisten aus dem Sicherheitsdienst des Präsidenten, sie lungern auch hier auf dem Platz herum. Ein Mann mit dunklem Teint in Trenchcoat spielt Putin, gemeinsam haben sie nur das absolute Fehlen einprägsamer Merkmale. Ein lockiger, blutjunger Mann mit durchsichtigem Kabel hinterm Ohr und einem schrecklich listigen Gesicht ist Medwedew. »Die sehen doch ganz anders aus«, wundere ich mich laut. »Auf die Größe kommt es an«, erklärt mir der Techniker Ljoscha, der gerade den Regenschutz von den Kameras entfernt. »Es muss bis auf den Zentimeter passen, damit man die Kameras ausrichten kann. Putin spielt schon lange, aber find mal einen passenden Medwedew.«

»Putin, los!«, ruft Natascha. Der Sicherheitsmann geht gemäßigten Präsidentenschrittes an der Aufstellung vorbei. Hinter der ersten Reihe der Soldaten läuft ein Kameramann parallel zu Putin, die Kamera ist seitlich an einer Spezialweste befestigt. Ein Helfer sichert ihn mit einer Hand um seine Taille. Gemeinsam krebsen sie im Gleichschritt und sorgen für Unmut. »Zwanzig! Ich sagte doch zwanzig Schritte! Noch mal!«

»Bist du dir sicher, dass Medwedew links von Putin läuft?«, fragt ein anderer Regisseur Natascha. »Sollen wir sie nicht umstellen?« »Bin ich. Noch mal!« Danach streiten die beiden lange darüber, wo das vergoldete Redepult hinkommt. Es geht um 50 Zentimeter, die das Bild offenbar wesentlich verändern.

Endlich geht der Major beherzten Schrittes zu den Statisten, rattert herunter: »Herr Präsident, die Parade zum Amtsantritt des Präsidenten der Russischen Föderation ist bereit.« Salutiert. Putin blickt in die nächste Kamera und bewegt ein paar Minuten tonlos die Lippen – die Abschiedsrede des Präsidenten. Die Kameraleute filmen konzentriert.

Während man das Licht verändert, stehen die Präsidenten auf der Treppe und blicken wichtigtuerisch zu den Soldaten herunter. »Gut, dass morgen die Sonne nicht scheint«, sagt Putin. »Sonst kneift man die Augen zu, das sieht nicht nett aus. Und so kann man entspannt gucken.« »Hmm«, erwidert Medwedew.

Der Regisseur kommt angerannt und erklärt den Präsidenten zum x-ten Mal, wer wo hinläuft und welche Kamera wann sendet. Die Sicherheitsmänner hören aufmerksam zu. Sie werden nämlich alles Putin und Medwedew erklären müssen.

»Hoffentlich bläut der ihnen alles richtig ein«, motzt Natascha. »Nicht wie beim Wirtschaftsforum in Petersburg – wir proben uns dumm und dämlich, stellen Deko auf, gießen eine Eisbahn fertig, positionieren Sicherheitskräfte, Kameras ... Putin steigt aus dem Auto, man erklärt ihm, dass er vor den Kameras da und da langlaufen soll, und der: ›Ich lauf doch nicht im Kreis!‹ Und marschiert geradewegs über die Eisbahn. Den Sicherheitskräften fällt die Kinnlade runter, und uns erst ...«

»Und was, wenn Putin niesen muss?«

Ljoscha schaut mich verständnislos an

»Oder Medwedew stolpert? Es ist doch alles live ...«

»Genau für den Fall«, erklärt mir Ljoscha stolz, »läuft die Liveübertragung solcher Events immer mit einer kleinen Verzögerung.«

Wie jetzt? Wir zerbrechen uns den Kopf, ob der freche rote Teppich keine Falten wirft, kein Extremist aus dem Busch hüpft, der Präsident beim Amtseid bloß nicht stolpert ... Dabei hat der Film hier sowieso ein Happy End. Wozu also der ganze Stress?

Kapitel 2

Das Ende der Kindheit

Ich war gerade mit Freunden unterwegs, als Mama anrief und sagte, sie könne Wanja, meinen jüngeren Adoptivbruder, nicht erreichen.

Ich wollte nicht weg. Es war eine laue Sommernacht, man hörte mir zu, man mochte mich, ich hatte schon eine halbe Flasche Wein getrunken. Ich weiß nicht mehr, was ich ihr geantwortet habe, aber ich weiß noch, dass mein Tonfall etwas pampig war.

Ich machte mich trotzdem auf den Weg.

Langsam ging die Sonne auf. Ich nahm ein Taxi und rief die Polizei an. Wir rasten durch ganz Moskau, aus der gepflegten historischen Altstadt ins Dickicht der Plattenbauten am Stadtrand. Ich war verblüfft, wie groß dort die Bäume waren – sie waren riesig und reichten bis an die oberen Stockwerke heran.

Wanja lebte mal in Jaroslawl, mal in Kostroma. Er arbeitete als Weiß-der-Geier-was. Meine Schwester sagte, eine Zeit lang habe er für Geld mit Männern geschlafen. Über die Maifeiertage hatte er mit meiner Schwester die Wohnung getauscht. Sie war nach Jaroslawl gefahren, und er kam mit seinen Freunden in ihre Moskauer Mietwohnung.

Ich stieg die Treppe hinauf. Vor der Wohnungstür standen Polizisten. Sie warteten auf die Feuerwehr, um die Tür aufzubrechen.

Die Feuerwehr kam und sagte, dass sie die Tür nicht aufbrechen werde, solange der Eigentümer nicht vor Ort sei. Der Eigentümer war ein alter Mann, der auf seiner Datscha wohnte. Wir hatten nicht mal seine Nummer.

Ich sagte: Mein Bruder ist dadrin, wenn Sie nicht sofort die Tür aufbrechen und ihm dadrin irgendetwas passiert, bringe ich Sie wegen unterlassener Hilfeleistung hinter Gitter.

Ich glaubte natürlich nicht, dass ihm irgendetwas passieren könnte, aber es fühlte sich gut an, stark und erwachsen zu sein und die Bullen und Feuerwehrmänner einschüchtern zu können.

Die Männer schwiegen. Neben uns lümmelten noch zwei Freunde von Wanja herum und redeten irgendwelchen Blödsinn. Beide waren deutlich älter als Wanja. Sie waren kurz aus der Wohnung gegangen, um Alk zu kaufen, und standen nun vor verschlossener Tür. Einer hatte noch seine Tasche in der Wohnung, damit ging er allen auf die Nerven.

Ein Feuerwehrmann ging hinunter, schaute sich das Haus von außen an und sagte, man könne über den Balkon hinein.

Es vergingen mehrere Minuten.

Das Schloss quietschte von innen. Der Feuerwehrmann trat in den Hausflur, schaute an mir vorbei zur Treppe und sagte: »Nur Angehörige.«

Ich ging hinein. Wanja lag auf der Couch, er war komplett steif, sein Gesicht grünblau. Neben ihm lagen eine Tüte, ein Messer und eine Dose Feuerzeuggas.

Seine leibliche Großmutter weigerte sich, nach Moskau zu kommen. Sie verlangte, dass man ihn in ihrem Dorf beerdigt.

Wir entschieden, Wanja in Moskau zu beerdigen.

Jetzt habe ich auch ein Grab zum Besuchen, schoss es mir durch den Kopf.

Im Sarg hatte man ihn stark geschminkt, er sah überhaupt nicht aus wie er selbst. Seine Gesichtsknochen standen hervor, die Haare hatte man zurückgekämmt. »Er sieht aus wie ein Opernsänger«, sagte Mama.

Zur Beerdigung kam Wanjas Cousine – sie hatte das gleiche Gesicht wie er, die gleichen Augen. Auch sie war als Kind im Heim gewesen, wie er zunächst auch. Ich hatte gar nicht gewusst, dass er eine Cousine hatte.

Er hatte Bruchrechnen nie verstanden. Konnte Uhren mit Ziffernblatt nicht lesen. Imitierte Stimmen – in der Schule hatte er ein »gut« in Englisch, obwohl er kein Wort verstand, er sprach dem Lehrer einfach nach. Außerdem konnte er fremdsprachige Lieder singen. Er tanzte gern.

Mama hat immer gesagt: Meinen ersten Enkel kriege ich von ihm, nicht von euch Mädels.

Der Sarg war innen weiß.

An Wanjas Stirn klebte ein Zettelchen mit einem Gebet.

Wanjas Freunde traten zu mir und sagten, er habe sich ernsthaft mit Magie beschäftigt. Sie gaben mir ein Büchlein mit handgeschriebenen Zaubersprüchen. Zum ersten Mal sah ich seine Handschrift – sie erinnerte an die Schrift eines Grundschülers. Verschieden große Buchstaben kletterten übereinander.

Ich ging zum Sarg und legte das Büchlein neben seine Füße. Dorthin, wo eigentlich ein Säckchen mit gesegneter Erde hinkommt.

Ich dachte immerzu: Jetzt bin ich erwachsen. Jetzt bin ich erwachsen.

Danach kamen noch Unmengen Papierkram.

Dann war auch das vorbei.

Und ich hatte keinen Bruder mehr.

Ich war nie wieder an seinem Grab. Ich konnte einfach nicht.

Irgendwo auf meinem alten Laptop habe ich noch ein Foto von ihm. Darauf sieht er ganz klein aus, wie er neben mir sitzt, mit einem Bier in der Hand. Er lächelt und schaut ruhig in die Kamera. Meine Schwester hat einen Clip gemacht: eine Diashow mit seinen Fotos, untermalt von dem Lied »Auch du wirst mich verraten«.

Meine Schwester Sweta ist auch adoptiert. Zu dem Zeitpunkt, als Wanja starb, hatten wir fast gar keinen Kontakt. Sie trank sehr viel, klaute, log, rannte von zu Hause weg, stieß alle von sich, die ihr helfen wollten. Ich glaubte nicht, dass sie vorhatte zu überleben. Auf Wanjas Beerdigung hatte sie ein verquollenes Gesicht, ihr Kopf war rund und riesig. Ihr Hals konnte das Gewicht nicht halten, deswegen nickte Sweta immerzu. Sie warf eine Handvoll Erde auf den Sarg und steckte sich wie ein kleines Kind die schmutzigen Finger in den Mund.

Nach Wanjas Tod hörte sie auf zu trinken und herumzustreunen. Sie schrieb sich an der Juristischen Fakultät ein, und wurde später Fotografin. Heute ist sie eine intelligente, erwachsene Frau, in der zu viel Ruhe und Schwermut wohnt. Offenbar hat Wanja ihr das Leben gerettet.

Leben in der Ruine

Die 13-jährige Katja ist von ihrem Ex-Freund Gleb schwanger. Jetzt schon im zweiten Monat.

»Treib ab«, sagt Maga. »Ruinier dir nicht dein Leben. Du hast ja nur das eine.«

»Meine Mutter sagt, wenn ich abtreibe, bringt sie mich ins Heim. Oder hierher, und schubst mich in den Schacht, von wegen, ich wär von selbst reingefallen. Und Großmutter sagt, wenn ich ihr ein Kind anschleppe, schmeißt sie mich raus.«

Katja lebt bei ihrer Großmutter, weil ihre Mutter trinkt. Sie hat Katja mit 15 bekommen, die ersten drei Lebensjahre hat Katja im Heim verbracht. Die hübsche Familiengeschichte geht folgendermaßen: Die Großmutter zwingt Katjas Mutter, Katja wegzugeben. Als die Mutter volljährig wird, bedroht sie Katjas Großmutter mit einem Messer und zwingt sie, die nötigen Papiere zu unterschreiben, um Katja zurückzubekommen.

»Das bereut Großmutter bis heute, dass sie mich zurückgeholt haben«, sagt Katja und nippt an ihrem Alkopop.

»Du solltest im ersten Trimester nicht trinken«, sagt Maga.

»Da ist sowieso ein Spacko drin. Ist vielleicht sogar besser so, dann darf ich ihn wahrscheinlich weggeben. Oder noch besser, ich krieg eine Fehlgeburt.«

»Für eine Fehlgeburt musst du Wodka trinken, kein Alkopop«, mischt sich sachkundig die kleine Anja ein.

»Ich kenne ein gutes Krankenhaus. Da machen sie es vernünftig für nur 15 Riesen. Das ist nicht teuer! Ich hab es für 25 gemacht – sogar mit Nachversorgung«, sagt Maga.

Maga ist 17, sie hat vor einem Jahr abgetrieben. Ihr Freund musste zum Armeedienst, zur selben Zeit hat sich herausgestellt, dass sie schwanger ist. »Er hat mir Geld gegeben und gesagt: Wenn du es machen willst, dann mach es. Ich hab darüber nachgedacht. Aber wer holt mich vom Krankenhaus ab? Meine Mutter ist lieb, aber sie hat mir auch gesagt: Ich hocke nicht mit deinem Kind zu Hause.«

Das Gespräch findet auf dem Balkon im zweiten Stock des VKC statt, so nennt man hier diese Ruine: Verlassenes Krankenhaus Chowrinsk, kurz VKC. Drei Betonflügel, die allmählich im Erdboden verschwinden. Hinter uns lärmt ein bunt gemischtes Grüppchen, ein gutes Dutzend Leute, zwischen zehn und 30 Jahre alt. VKC-Bewohner, »Stalker«, »Digger«, »Todgeweihte«, »Wächter«, »Gespenster« …

Der Bau dieses riesigen Gebäudekomplexes (1300 Betten) wurde 1980 begonnen und 1985 wieder eingestellt. Angeblich ist die Finanzierung ausgelaufen. Eine andere Version lautet, Grundwasser sei durchgesickert oder der Fluss Lichoborka übergelaufen, der unter dem Gebäude verrohrt worden war. Als die Baumaßnahmen eingestellt wurden, waren drei zehnstöckige, sternförmig angeordnete Gebäude fertiggestellt: Die Fenster verglast, die Krankenzimmer fertig, sogar die Betten waren schon geliefert worden. Fehlten nur noch Aufzüge und Treppengeländer. Bis Anfang der 1990er wurde die Baustelle bewacht. Dann stellte man den Wachdienst ein, und für ein paar Jahre war das VKC ein Selbstbedienungsladen für die Einheimischen, wenn es um Baumaterialien ging. Sie haben restlos alles rausgetragen.

2004 gab es einen Beschluss der Moskauer Regierung, den Bau wiederaufzunehmen. Die Ausschreibung gewann Medstroj-Inwest, aber die Restaurationsarbeiten wurden nie aufgenommen. Nach zwanzig Jahren Witterung und Plünderung war da nicht mehr viel zu restaurieren.

Die unteren Stockwerke des VKC stehen unter Wasser, der Kellerboden ist bedeckt mit Eis, das nicht schmilzt. Die Wände sind von

Graffiti überzogen, das kollektive Unbewusste bricht sich Bahn: »Patrioten = Idioten«, »Ave Satan«, »Strogino rules«[1], Liebesgeständnisse, Gedichte, Flüche, Namen. Während die Regierung den unfertigen Bau von einer Akte in die andere schob, besiedelten ihn diejenigen, für die es draußen keinen Platz gibt.

Im zweiten Stockwerk eine weitere dicht gedrängte Gruppe: 15 Leute stehen auf einem kleinen Balkon oder sitzen auf seinem Geländer und lassen die Beine nach unten baumeln. In der Mitte gibt es einen »Tisch«, improvisiert aus Ziegeln und Brettern, mit einem Haufen Taschen drauf. Ein zweiter Tisch, ein richtiger, steht an der Hauswand. An dem sitzen die Pärchen.

Zwei Anderthalb-Liter-Flaschen Alkopops werden rumgereicht. Die meisten hier sind keine 15. Das Gebäude kennen sie wie ihre Westentasche, sie wissen, wie sie in den dunklen Gängen der Polizei entwischen oder Touristen Geld aus der Tasche ziehen. Der Balkon im zweiten Stock wurde nicht zufällig als Partyplatz gewählt. Von hier sieht man den »Eingang«, ein Loch im Zaun mit Stacheldraht, der den Gebäudekomplex umgibt.

Durch dieses Loch kommen Gothics, abenteuerlustige Schulkinder, Stalker, Studentinnen, Paintball-Spieler. Der Eintritt kostet 150 Rubel. Im Preis enthalten ist eine Führung: Die Kinder gehen mit den Besucherinnen und Besuchern durchs Gebäude und binden ihnen hiesige Legenden auf.

Begleitet werden sie von den »Stellvertretern der Wache«. Die Wache selbst wird gerade von Maga repräsentiert, aber sie hat nicht vor, sich Touristen zu schnappen: »Früher hat das Gerenne noch Spaß gemacht, die Leute aushorchen, auf das Gebäude lauschen. Aber heute bringt man das Geld zu mir.« Es ist Pflicht, das ganze Geld an die Wache abzugeben, aber »wir teilen uns den Alk ja sowieso«. Etwas später sollen noch die anderen Wachen kommen: Rattenfänger, KriPo-Alex und der bullige Scheka.

Damit es keine Schwierigkeiten gibt, teilt die Wache ihre Einnahmen mit den Beamten von der hiesigen Polizeistation. Die sammeln ab und zu Schulkinder ein, die hier auch abhängen. Die Wachen schmeißen die Kids nicht raus, geben ihnen zähneknirschend Alk und Kippen ab, lassen sie Führungen veranstalten. Aber wenn die Bullen kommen, ist jeder auf sich allein gestellt. Sowieso ist hier jeder auf sich allein gestellt.

»Die haben 1,26 Promille bei Jumper und 0,9 bei Psycho gemessen«, erzählt Katja.

Jumper, ein Mädchen mit knallroten Haaren, verzieht das Gesicht. Sie ist 14, geht aber immer noch in die 7. Klasse – nachdem man sie im VKC geschnappt hat, hat sie einen Eintrag im Jugendstrafregister bekommen und wurde ein Jahr zurückgestuft.

»Wenn du einen Bullen siehst, musst du ›Drache‹ brüllen«, erklärt Psycho. »Dann dreht er sich um, und du kannst abhauen.«

»Die haben mich und Katja aufgegriffen und ins Krankenhaus gebracht«, erzählt Jumper weiter. »Katja wurde nach drei Tagen von ihren Alten abgeholt, ich erst nach vier. Dafür hab ich ihre ganze Scheiß-Abteilung auseinandergenommen.«

»Wann war das?«

»Na damals, als sie Scheka durchgenudelt haben.«

Durchnudeln nennen die Jugendlichen hier eine Vergewaltigung.

Die Jungs spielen mit ihren Messern, hier hat jeder eins, meistens sind es Trophäen, die nichts ahnenden Touris abgenommen wurden.

Katja und Psycho verschwinden in den dritten Stock.

Und wieder geht es um Katjas Situation:

»Sie hat doch Geld für Alk und Kippen«, sagt Maga. »Wenn auch nur 100 oder 150 Rubel, aber immerhin. Ich könnte ihr was leihen, wenn sie fragen würde. Wir können ihr auch was von den Einnahmen der Führungen geben.«

»Die kann doch Plakate kleben«, schlägt Jumper vor.

»Ich arbeite bei Rostix, seit ich zwölf bin«, mischt sich Slam ein.

»Ja, Grubenarbeiter, du bist unser Held.«

Grubenarbeiter nennen sie Slam, weil er Tunnel-Piercings in den Ohren hat: zweieinhalb und drei Zentimeter. Aber sein Kampfname Slam gefällt ihm deutlich besser.

Slams Bruder ist Profiboxer und war im Tschetschenienkrieg. Slam hat großen Respekt vor ihm.

»Wenn ich in der ersten Klasse mal ne schlechte Note hatte, hat er gleich gesagt: ›Runter auf den Boden, Liegestütze.‹ Erst zehn, dann hundert Mal. ›Wenn du keine Liegestütze mehr schaffst, dann machst du Kniebeugen.‹ Er hat mir süße Kondensmilch gegeben, damit meine Muskeln wachsen. Bis zur fünften Klasse haben sie mich in der Schule immer vermöbelt, und dann ich sie.«

Ein guter Schüler wurde aus Slam trotzdem nicht. Dafür war er fast Meister im Kickboxen. Aber dann zog er sich eine Schulterverletzung zu, zwei Jahre durfte er keinen Sport machen und ist im VKC gelandet. Seine Geschichte gleicht denen vieler anderer. Unversehrte gibt es hier nicht.

Zu seinem Bruder hat Slam immer noch Kontakt. Zu seiner Mutter nicht. »Die brüllt mich immer an, das mag ich nicht.«

»Ich bin hier eine Legende«, schreit Slam. »Sag es ihnen, Jumper!«

»Er ist hier eine Legende«, sagt Jumper ganz ernst.

»Wer steht hinter Slam? He, Jumper!«

»Das ganze VKC.«

»Geeeenau! Hast du es gehört?! Hast du?! Weil ich eine Legende bin! Eine Legende! Ich mach jeden platt!«

Als Beispiel für einen »perfekten Schlag« erzählt Slam, wie er seine Freundin aus Twer geschlagen hat.

»Die halbe Fresse war geschwollen, die Gefäße aufgeplatzt ... und das von einem Schlag! Ich sollte sie übrigens mal besuchen fahren, die ist wahrscheinlich sauer.«

»Der Pathologe ist der einzige Arzt, der dich nicht umbringt«, erzählt Schamane den andächtig lauschenden Kindern.

Schamane ist über 30. Aufgedunsenes rotes Gesicht, fettige Haare, schwarze Lederjacke. Er hat drei kleine Kinder und ein

viertes »im Bauch«. Er trinkt viel. Er war als Soldat in Tschetschenien, jetzt rennt er mit einer Alkoholpsychose durchs Gebäude und
schlägt mit einem eingebildeten Gewehrschaft um sich. Außerdem
kann er einem das »Energiefeld richten«, indem er mit den Händen durch die Luft vor dem Gesicht gleitet. Daher auch sein Name.
Die Wachen mögen ihn nicht – er bescheißt bei den Einnahmen.
Dafür scharen sich die Kinder um ihn, die lernen wollen, wie man
Führungen gibt. Das Recht, Führungen zu geben, muss man sich
hier erst verdienen.

Vor dem Gebäude taucht eine Stalker-Truppe auf: vier junge
Männer in Tarnanzügen. Einer hat eine Gasmaske unterm Arm.
Maga und Schamane gehen mit einem zwölf köpfigen Gefolge aus
kleinen Jungs zu ihnen nach unten. Das Gespräch läuft immer nach
dem gleichen Muster:»Wer seid ihr?«,»Das Gelände ist gesperrt
und wird bewacht«,»Sollen wir die Wachen rufen?«,»Wollt ihr aufs
Polizeirevier?«. Die Forderung, sofort 150 Rubel zu zahlen, nehmen
die Jungs gelassen auf. Sie zahlen und wollen, dass man ihnen Nemostor zeigt.

Nemostor ist ein Zimmer im Tiefparterre, eine der VKC-Legen-
den. Angeblich war mal eine gleichnamige Gruppe Satanisten im
Gebäude unterwegs und hat Menschenopfer dargebracht. Irgendwann sei die Polizei die Morde leid gewesen, Spezialkräfte hätten
das Gebäude umzingelt, die Satanisten in einen gefluteten Keller
getrieben und die Balken vom darüber liegenden Stock gesprengt.

»Ist das wahr, dass sie die mit Granaten hochgejagt haben?«,
fragt einer der Touristen.

»Als ich 1981 noch im Krankenhaus in der Pathologie gearbeitet
habe ...«, beginnt Schamane und macht eine dramatische Pause.
»Mein Abteilungsleiter war damals vor Ort, der hat erzählt, dass sie
die Leute schon tot zu uns gebracht haben, und Werkzeug für die
Organentnahme. Das alles hatte der FSB organisiert ...«

Nemostor unterscheidet sich nicht groß von all den anderen
Zimmern: Staub, Schotter und Sonnenlicht, das durch die Mauer-
durchbrüche der Fenster fällt. An den Wänden: Pentagramme und

Lobeshymnen auf Satan in Altkirchenslawisch und Englisch mit grauenhaften Grammatikfehlern. Hier feiern die VKC-Bewohnerinnen und -Bewohner Neujahr.

»Der letzte Satanist war 2007 hier drin«, erzählt mir Maga leise. »Unsere Jungs haben ihn im Keller aufgeschnappt. Oh Mann! Die Visage vollgeschmiert mit weißem Mehlzeugs, schwarze Augenringe. Wir fragen ihn: Wie heißt du, Scherzkeks? Und er so: Sinsan. Da hat Scheka ihm ein paar reingehauen, er gleich: Serjoscha heiße ich, Serjoscha! Das halbe Polizeirevier hat sich später darüber totgelacht.«

Satanisten sind listig. Manchmal mogeln sie sich ins Gebäude und schminken sich erst, wenn sie drin sind. »Und dann rennen sie mit Messern durchs Haus, einen haben wir sogar mal mit einer Machete aufgegriffen.«

Zur Standardführung gehören neben Nemostor noch das Kraj-Memorial (eine Gedenkstätte für einen in den Schacht gestürzten Schüler), »der Flur der Filmemacher«, der voller Bauschaum ist (»Das ist euer Hirn, das sind eure Gedärme, das sind eure Köpfe«), das Dach und der Keller, der unter Wasser steht und in dem bis heute »die Leichen der Satanisten rumschwimmen«.

Wir gehen »nach unten in die Minus-Stockwerke«, die Untergeschosse, um uns das Hündchen anzusehen. Das Hündchen ist schon lange tot. Haut, Knochen liegen da. Schamane stochert mit einem Stäbchen in den Knochen herum, hält eine Vorlesung in Hundeanatomie. Die Touristen filmen den Hund mit ihren Smartphones. »Der hat zusammengebundene Pfoten!«, bemerkt einer.

»Ich weiß auch, wer die zusammengebunden hat«, murrt Maga. Maga kam mit 15 ins VKC. Damals kam ihr Freund ums Leben, und sie hat einen Monat in der Geschlossenen verbracht. »Was heißt kam ums Leben?! Umgebracht haben sie ihn. Jemand hat die Bremsflüssigkeit aus seinem Auto abgepumpt. Er war mit einem Freund unterwegs. Als ihm klar wurde, dass er nicht bremsen kann, ist er auf seiner Seite in einen Pfosten reingeknallt, der Freund ist am Leben geblieben. Meiner war auch nicht sofort tot, erst im Krankenhaus, da ist eine Krankenschwester raus zum Rauchen, üble Geschichte. Er war eigentlich unterwegs zu mir auf die Datscha.«

Jetzt ist sie 17, obwohl die meisten VKC-ler der festen Überzeugung sind, sie sei deutlich älter. Ein Funkgerät am Gürtel, Tarnfarben, lange Haare, durchdringender Blick, ein ruhiges Lächeln. Vollkommene Furchtlosigkeit. Vor einem Jahr, als »40 Dagestaner mit Messern« ins Gebäude kamen, hat Maga sie allein in Schach gehalten, bis »Verstärkung« kam.

Ein Semester lang hat sie Medizin studiert, dann das Studium geschmissen. »Ich hab kapiert, dass mir Menschen scheißegal sind ... fremde Menschen sind mir scheißegal. Wozu soll ich sie retten ... Und einen Eid müssen Ärzte auch ablegen. Ein Eid ist voll nicht mein Ding. Sonst wäre ich noch eins von diesen ignoranten Klinik-Miststücken geworden«, erklärt Maga.

Im Sommer will sie ein Studium im Verwaltungswesen anfangen. Bis August muss sie noch warten, dann wird sie 18: »Ich will meine Mutter da raushalten.«

Von den anderen Jugendlichen kommt verständnisvolles Schweigen. Alle hier wollen ihre Eltern aus ihren Berufsplänen heraushalten. Oder genauer gesagt, ganz aus ihrem Leben. Ein Mädchen drückt es so aus: »Mir reicht deren Anwesenheit in meiner Geburtsurkunde.«

»Für mich hat meine Mutter schon entschieden, dass ich Bulle werde. Die schreit rum: ›Was anderes kommt gar nicht infrage.‹ Scheißsäuferin. Ich will aber Archäologin werden«, sagt Lisa. »Im Sommer fahre ich zu den Woronino-Höhlen.«

»Sie schlägt dich doch seit einem halben Jahr nicht mehr. Vielleicht renkt sich alles wieder ein«, sagt Anja. »Sonst musstest du immer mit blauen Flecken in die Schule, weißt du noch?«

»Ich hab mal nachgezählt ...«, sagt Lisa plötzlich. »Ihre ganzen Fehlgeburten und Abtreibungen miteingerechnet ... hätte ich heute neun Brüder und Schwestern.«

»Ja, und?«

»Nichts und!«

Dimas torkelt auf den Balkon. Ein 17-jähriger Tollpatsch, Nytschkas kleiner Bruder. Er brüllt: »Wo ist sie?«

Irgendwo im Gebäude versteckt sich Simka, seine Freundin. Sie hatten Streit, und jetzt hat Dimas die Absicht, »ihr den Hals umzudrehen«.

Er ist betrunken und vollkommen außer sich.

Nytschka und Slam versuchen ihn festzuhalten.

»Du bist nicht Slam, ein Haufen Scheiße bist du!«, brüllt Dimas. Sie prügeln sich. Dimas schubst Slam, der schneidet sich die Hand an den Scherben auf dem Boden auf. Dimas greift Nytschka an die Kehle.

»Ich brech dir alle Knochen.«

»Ja, und? Was dann?«, fragt sie vollkommen ruhig.

Dimas lässt sie wieder los, geht weg. Kurze Zeit später taucht er auf dem Dach auf. Wir gehen in den dritten Stock des Seitenflügels, von dort sieht man ihn besser. Er läuft ganz am Rand, schwingt immer wieder ein Bein über den Abgrund.

»Der springt nicht«, sagt Nytschka ruhig. »Also schon, aber nicht heute, und nicht wegen der. Er liebt sie nicht.«

»Diese hier ist neulich geflogen!«

Die betrunkene Taja windet sich in den Armen ihres Freundes Tjoma. Tjoma ist ein ernster Lockenkopf, er versucht, sie festzuhalten. Beide sind 15.

»Taja, leg dich hin. Mach die Augen zu und bleib still liegen.«

»Fick dich, du Arschloch, ich bin nicht besoffen!«

Taja ist auf der Flucht vor den Bullen aus dem dritten Stock gesprungen.

»Wie?«

»Na, mit Anlauf«, sagt Taja grinsend und schaut mir herausfordernd in die Augen. Plötzlich wird mir klar, dass sie tatsächlich gar nicht so betrunken ist.

»Unter Schock ist sie noch 200 Meter gerannt und hat sich im

Gebüsch versteckt ... Verletzungen der Wirbelsäule, der inneren Organe ... Taja, lieg still! Da hinten ist sie aufgekommen.«

Unten ist ein Haufen kaputter Äste, Betonstahl und Ziegelsplitter zu sehen, spärlich von Gras bedeckt.

»Sie krepiert halt lieber, als sich von den Bullen einfangen zu lassen«, erklärt Tjoma stolz. »So ist sie eben.«

»Ich bin auch mal aus dem dritten Stock in einen Schacht geknallt«, erzählt Jena. »Aber auf den Rücken, auf meinen Rucksack drauf. Im Rucksack war eine Dose Strike. Die ist aufgeplatzt! Hätte ich mir lieber mal ein Bein gebrochen!«

Dimas kommt runter, um sich »zu verabschieden«. Er schaut einmal in die Runde, umarmt die Jungs und küsst die Mädchen. Geht wieder die Treppe rauf. Niemand versucht, ihn aufzuhalten.

Wieder läuft er am Abgrund auf dem Dach herum, hält ab und zu mal inne. Mir wird allmählich schlecht.

Plötzlich steht Simka in der Tür, eine zierliche, hübsche 16-jährige junge Dame. Nytschka wechselt ein paar Worte mit ihr, alles ohne Eile, dann ruft sie hoch: »Dimas, hier ist jemand, der dich sprechen will.«

Dimas kommt runter: »Wer will mich sprechen?«

»Sie.«

»Ich sehe niemanden.« Dimas schaut stur an ihr vorbei. »Weißt du, ich stand am Abgrund, war sogar mit einem Bein schon drüber, aber dann dachte ich mir: wegen dieser Schlampe ...«

»Gut gemacht!«, ruft Nytschka ihrem Bruder zu. Dimas stürzt auf sie zu.

»Du musst dich bei mir entschuldigen«, sagt er zu Nytschka.

»Ich?!«

»Wer hat denn gerufen: Spring, Bruder, spring, wir warten unten?«

»Ich sicher nicht.«

»Du hast gesagt, ich würde sie nicht lieben ... aber ich liebe sie wohl. Entschuldige dich.«

»Nun, tut mir leid.«

»Ich hab schon ganz am Rand gestanden. Wollte den nächsten Schritt machen. Aber für diese Frau ...«

Simka drückt sich an ihn. In ihren Augen ist eine bemerkenswerte, strahlende Leere.

Das Gebäude bietet viele Möglichkeiten zu sterben. Links und rechts vom Flur sind Schluchten, einen halben Meter breit, an einigen Treppen bröckeln die Stufen, von der Decke hängt spitzer Betonstahl, in den Wänden klaffen Durchbrüche. Auf dem Boden lassen Ziegelbrocken und verbogene Eisenbolzen einen leicht stolpern. Aber vor allem sind da die tiefen Schächte der Aufzüge – um diese Schächte herum gibt es keine Mauern, da sind einfach nur Löcher in der Mitte eines dunklen Flures. Durch die Fenster fällt Licht in den Flur, so erscheint er ziemlich harmlos.

Die VKCler zählen gern die Namen derer auf, die sich Brüche zugezogen haben, zu Tode gestürzt oder verschollen sind. Die Todesnähe, die Möglichkeit des Abgangs, eines Auswegs, der sich direkt vor deinen Füßen auftut, das alles scheint ihnen zu gefallen.

Die Pulsadern haben sich alle schon mal aufgeschnitten. Aber die Narben zeigt man hier nicht gern, Narben stehen für Scheitern.

»Du nimmst dir eine Dose und machst mit einem Stein Metallstreifen daraus, richtig scharfe ...«

»Pulsadern aufschneiden ist sinnlos. Die Narben stehen keinem. Die meisten wollen nur Aufmerksamkeit, deswegen machen sie so einen Scheiß.«

»Genau, wir haben hier einen Jungen, Fedja. ›Ich bring mich um, ich bring mich um‹, schrie er, und wir so: ›Mach doch!‹ Der nimmt das Messer, legt es an den Arm, und ... nichts. Der hat nicht die Willenskraft, sich umzubringen.«

»Das ist einfach das Wetter.«

»Wenn es einem Menschen gut geht, interessiert sich niemand für ihn.«

»Es gibt Freunde, vor denen sollte man nicht weinen – zu gefährlich.«

»Ich war acht, als mein Vater gestorben ist. Herzinfarkt. Mama sagte zu mir: Komm her. Aber ich bin in mein Zimmer gerannt, habe das Bett vor die Tür geschoben und einen Monat vor der Tür geschlafen.«

»Ich habe Angst, dass ich weinen muss«, sagt Anja. »Keine Ahnung, warum, aber am meisten habe ich Angst zu weinen.«

»Kommt her, ich versöhne euch mal«, sagt Maga, und nimmt Dimas und Simka beiseite.

»Amphetamin knallt eine Stunde. Ist gut für Partyvolk. Macht gute Laune, nach einer Weile haut es richtig rein, aber nicht zu krass ...«

Sie flüstern, gehen weg, kommen nach zehn Minuten wieder.

»Sim, unter deiner Nase«, ruft Jumper.

Simka zieht schnell die Nase hoch, reibt sich den Nasenrücken, dreht sich weg.

»Hat sie doch das ganze Beweismaterial eingeatmet«, lacht Dimas.

»Also, passt auf,« erklärt Maga ernst. »Ich gebe euch zehn Tütchen, und ihr bringt mir zehn Riesen. In jedem Tütchen ist ein Gramm. Ein Gramm macht einen Tausender, kapiert? Ihr könnt es strecken, aber schaut euch den Käufer genau an. Ist es ein Trottel, streckt ohne zu zögern. Hauptsache, es gibt keine Beschwerden wegen der Qualität.«

Sie verstauen die Tütchen, kleine Plastikbläschen, in den Rucksäcken.

»Für uns selbst ist immer was zum Schnupfen da, nur keine Angst«, sagt Maga.

»Also ich bin clean«, sagt Slam. »Manche sind richtig überrascht darüber, sagen: Du bist ein Rekordhalter, vier Tage! Ich rauche nicht, ich ... Maga, streichle Slam, Slam geht es nicht gut. Kann ich hier bei dir bleiben?«

»88 ist unser Codewort! Sieg oder Tod!«, brüllt Dimas.

Anton, ein 22-jähriger großer Moppel, versucht die Mädchen anzugraben. »Ich bin Systemingenieur, seit ich fünf bin sitze ich am PC, ich hab minus fünf Dioptrien.«

»Wann hat der Zweite Weltkrieg angefangen? Ich wusste das schon mit fünf!«

»Na, 1941...«

»Was erzählst du mir? Ich hab Freud und Jung gelesen ... Gegen Japan haben sie auch gekämpft. Auf Hiroshima und Nagasaki haben sie eine Bombe abgeworfen! Wie soll man euch bloß dazu bringen, was zu lernen?«

»Gar nicht. Schule ist die Hölle«, sagt Katja.

»Wir sollten für euch eine Schule wie ein KZ einrichten«, fährt Anton fort. »Dann sperrt man euch in das KZ, essen und schlafen könnt ihr auch gleich dort. Blöderweise verstößt das gegen die russische Verfassung.«

Die Mädchen trinken schweigend ihr Alkopop.

»Ich fürchte ja, wenn ihr erwachsen seid, haut ihr ab, nach Europa oder Afrika. Hauptsache, weit weg von uns.«

Anton wohnt ganz in der Nähe des VKC, allein, deswegen ist bei ihm immer ein Schlafplatz zu haben. »Penn nicht bei dem«, warnt Katja ihre Freundin. »Der hat mich die ganze Nacht begrabscht, jetzt bin ich voll müde.«

»Ich liebe sie. Wir waren ein halbes Jahr zusammen. Damals war das mein Stil: Emo Hardcore, ich hatte einen Pony bis zum Kinn. Aber im März hab ich ihn abrasiert. Vier Tage war ich nicht hier im Gebäude, und sie fängt was mit meinen besten Freunden an. Sie hat die ganze Zeit mit drei Typen was laufen. Ich bin zu ihr, und frage sie: Willst du mit mir zusammen sein? Sie so: Ja. Und dann sehe ich sie mit dem Behinderten Arm in Arm. Mit dem Behinderten!«

Der Behinderte, Goscha, steht mit Jena Arm in Arm und schlürft seinen Jaga. Er hat eine leichte zerebrale Lähmung und läuft ein bisschen tänzelnd. Goscha ist gerade aus dem Heim getürmt, in das ihn seine Eltern eingeliefert haben. Er gibt an: »Wir haben da

Stacheldraht, voll krass.« Goschas Eltern trinken, sind aber »in Ordnung«. Sie geben ihm wöchentlich ganze 500 Rubel von der Behindertenrente.

Jena ist 15, ein ausgesprochen schönes Mädchen, kalter Blick. Auf dem Rucksack prangt die Aufschrift »Digger Jena«.

Aus den Tiefen des Gebäudes taucht Samurai auf, ein 40-jähriger Typ im Kimono, noch eine Legende des VKC. Über der Schulter ein Katana.

»Ich begrüße euch an diesem unheimlichen und rätselhaften Ort«, sagt Samurai und wiederholt das Gleiche auf Chinesisch im kantonesischen Dialekt.

In das Gebäude kommt er zum Meditieren und Trinken. »Das ist ein toleranter Ort, er nimmt jeden auf, dem es draußen schlecht geht«, sagt Samurai ernst. »Das ist eine perfekte Welt, eine Welt nach der Apokalypse.« Er macht Übungen mit dem Katana. Die Klinge durchschneidet die Luft.

Slam eiert in der Nähe herum, fragt, ob er auch mal dürfe. Samurai überreicht ihm das Katana mit einer Verbeugung. Slam geht zu Jena und holt aus.

»Mach doch«, sagt Jena und sieht ihm in die Augen. »Mach.«

Jemand zerrt den zögernden Slam zur Seite und nimmt ihm das Katana weg.

»Nicht einmal zum Mord bist du fähig«, sagt Jena verächtlich.

KriPo-Alex kommt mit einer Pfeife in der Hand herein. »Zeig mir einen Menschen, den ich abziehen kann. Ich hab ne Mille in der Tasche, bring ich die Steine an den Mann.« Alex ist »Juwelier«. Er bespaßt die Gruppe mit seinen Geschichten: »Einmal steig ich bei ner Alten in die Wohnung. Die hatte Münzen von 1913. Und plötzlich fällt ein Eichenschrank auf mich, sicher hundert Kilo. Ich versuch, meine Kumpels anzurufen, aber es ist halb vier nachts, sie schlafen alle.«

Lisa weint sich bei Alex aus, dass sie es mit dem »Geld abziehen« nicht hinkriegt. Heute hat sie es bei einer Gruppe von acht Touris nicht geschafft. »Die waren echt dreist, ich sag denen, ihr müsst zahlen, und die, ›wieso sollten wir?‹.«

Alex grinst. »Ist doch auch richtig so. Man muss den Leuten die Wahl lassen, sonst seid ihr voll die Gopniks[2]. Erklärt denen einfach: Wenn die Bullen sie kriegen, müssen sie zehnmal so viel zahlen.« Da kommt auch schon ein Fall zum Üben: Durch das Loch im Zaun klettern drei Leute. Ein Junge und zwei Mädchen. Über Geld redet man immer drinnen, sonst könnten es Spaziergänger vom Park mitbekommen und die Polizei rufen. Man bittet die drei also vom Balkon aus höflich, reinzukommen, zeigt ihnen den Eingang.

Kaum sind sie drin, versperrt man ihnen den Ausgang: hinter ihnen türmt sich Anton auf, vor ihnen stehen betont gelangweilt Alex, Slam und Lisa.

»Woher?«, fragt Alex trocken.

»Wir sind aus Altufjew«, erklärt eins der Mädchen.

»Seid ihr volljährig? Nein? Paragraf 58 Strafgesetzbuch. Zehn Tagessätze, und eure Eltern holen euch ab. Wir rufen die Bullen.«

»Alex, vielleicht finden wir ja einen Kompromiss«, sagt Anton. »Lass sie doch zahlen und sich umschauen.«

Alex bleibt hart: »Ich brauch hier keine Kinder im Gebäude.« Aber nach einer Weile kann ihn Anton doch zu »150 pro Nase« überreden.

»So viel Geld haben wir nicht«, wimmert das Mädchen. Ihre Freundin ist nervös, sie will eine rauchen und steckt sich das Feuerzeug in den Mund. Die Wachen schütteln sich vor Lachen.

»Anton, ruf auf dem Revier an.«

»Warum müssen wir euch überhaupt bezahlen?«, meldet sich der Junge nun zu Wort.

»Soll ich es dir erklären?«, brüllt Slam, und stürzt zu ihm. »Echt, soll ich es dir erklären?«

»Slam, aber bitte nicht so wie gestern«, sagt Lisa verängstigt. »Gestern ist er mit zwei Mädchen weg und kam allein zurück.«

»Wir haben keine 600 Rubel, aber wir sind bereit, euch das zu geben, was wir haben«, unterbricht sie das Mädchen.

Ihr Geld reicht für zwei Alkopops und Zigaretten. »Kauft welche und bringt sie her«, lautet die Anweisung. Die drei gehen zum Bahnhof. »Dumm wie Bohnenstroh«, schnauft Alex.

Vom Balkon aus bemerkt jemand zwei Männer. Sie schlüpfen durch das Loch, gehen aber nicht in das Gebäude, sondern drum herum. »Bullen?« Maga und Dimas wollen nachsehen. Ich steige mit ihnen die Treppen hinunter, zwischendurch bleiben wir stehen und horchen. Als es nur noch anderthalb Meter nach unten sind, springt Maga – und knallt auf den Boden, sie beißt sich auf die Lippen, um einen Schrei zu unterdrücken. »Die Kniescheibe ist raus«, zischt sie. »Ich hab mir da mal die Bänder gerissen.«

In die Notaufnahme will sie nicht. »Wir warten auf Rattenfänger, der hat das schon mal eingerenkt.« Sie telefoniert, jammert in den Hörer.

Bald darauf kommt Rattenfänger, ein kräftiger, rothaariger Typ mit Bart und Bikerjacke. In dem Gebäude hat er das Sagen. Alle begrüßen ihn der Reihe nach. Über ihn weiß man wenig: Er spielt Rollenspiele, ist sehr intelligent, und er ist es auch, der mit den Bullen verhandelt. In seiner Freizeit, wenn er nicht im Gebäude arbeitet, sitzt er als Wachmann in einem Blumenladen am Bahnhof. Er schaut sich das Bein an. »Du musst in die Notaufnahme«, urteilt er.

»Klar doch, vorher trink ich noch aus«, sagt Maga und macht eine Dose Strike auf.

»Oh, gib mir das, ich sammele die Schlüsselchen!«, schreit Lisa.

Die Schlüsselchen sind die Aufreißringe an den Dosen, Lisa fädelt sie an einem Band auf. Es sind gut über hundert Stück, die Kette ist fast fertig. »Nur sechs sind nicht von mir, alle andern habe ich selbst getrunken«, erklärt sie stolz.

Rattenfänger nimmt Alex für ein Gespräch beiseite, offenbar hat Alex einen Teil vom Touri-Geld behalten. Alex deutet nickend zum Schamanen, die Wachen beschließen flüsternd, dem Schamanen am nächsten Tag einen »Morgen der fliegenden Messer« zu bereiten.

Danach gehen die Wachen nach unten und finden ziemlich

schnell die beiden Männer, die Maga für Bullen gehalten hat. Von unten schallt es:»Eindringlinge im Bau! Eindringlinge im Bau! Samurai, schnapp sie dir!«

Ein Schrei ertönt unter dem Balkon. Auf dem Gelände sind Mütter aufgetaucht: zwei Blondinen in hohen Stiefeln und grellen Mänteln. Eine packt Psycho an der Kapuze.»Los jetzt, Scheißkerl«, Psycho windet sich heraus und versteckt sich hinter Anton, der mit Lisa herausgekommen ist.

»Du Fotze!«, schallt es von unten.

Endlich zerrt eine Blondine die andere weg.»Komm, Ira.«

Anja berichtet stolz:»Ich war mit meiner Mutter mal im Aquapark, da hatten sie diese eine Rutsche, die wie eine Kloschüssel aussieht. Auf der ist sogar meine Mutter kurz nüchtern geworden. Übrigens gehe ich heute nach Hause. Mein Vater hat mir 3000 versprochen. Wenn er mir die nicht gibt, bring ich ihn um.«

Wir gehen aufs Dach. Sieben Stockwerke Treppen ohne Geländer rauf, die Beine werden schwer. Auf dem Dach ist es warm; mir wird erst jetzt klar, wie kalt es im Gebäude war. Wir legen uns auf das sonnenwarme Moos. Sascha, ein Mädchen mit einem Pflaster an der Wange und Rattenfängers Freundin, erzählt, dass sie sieben war, als sie ins VKC kam:»Damals war alles anders. Da drüben waren ein Teich und Holzhütten. Man konnte hier voll cool Sonnenuntergänge genießen. Jetzt sind hier nur noch Hochhäuser, das VKC ist fast das niedrigste Gebäude im ganzen Viertel.«

Von der Station dringen die Ansagen der einfahrenden Züge herüber. Über dem Hubschrauberplatz kreist eine weiße Taube. Hinter dem Hubschrauberplatz kotzt Vera.

»Wisst ihr, dass man sich was wünschen kann, wenn eine Taube im Kreis um einen herumfliegt?«, fragt Lisa.»Der Scheiß ist nur, dass nie was in Erfüllung geht. Ich hab es ausprobiert.«

»Und was hast du dir gewünscht?«

»5000 zum Geburtstag.«

Vera kommt wieder, holt ihr Handy aus der Tasche, tippt lange eine Nummer ein und brüllt dann in den Hörer:»Was machst du mir so einen Stress? Als ob du dich noch nie besoffen hättest!«

»Ich wollte ein Mittel gegen Krebs entdecken. Als ich zwölf war, war das mein größter Wunsch«, sagt Sascha plötzlich.

Wir gehen wieder runter in den dritten Stock. Plötzlich kommt Jena angerannt.»Bullen! Bullen!« Wir rennen durch die Flure. Jena versteckt sich in einem Mauerdurchbruch, die anderen Kinder verstreuen sich in alle Richtungen. Nur Goscha ist noch vor uns. Er rennt ausladend, seine Nylonjacke bläht sich auf, die Hände schnappen in die Luft. Wir laufen um eine Kurve, in vollkommene Dunkelheit hinein. Wir stoppen, gehen langsam weiter. Vor uns hören wir Goscha rennen. Plötzlich bricht das Geräusch der Schritte ab.

Wir leuchten mit den Handys. Einen Schritt vor uns klafft ein schwarzes Quadrat im Boden, umrahmt von einer zehn Zentimeter hohen Borte. Ein Aufzugsschacht.

Goscha liegt drei Stockwerke tiefer, das Gesicht in Ziegeln eingegraben. Die langen Haare verdecken seinen Kopf komplett. Er bewegt sich nicht.

Es schallt durch alle Stockwerke:»Stehen bleiben, verdammt! Polizei!«

Sie beugen sich zu ihm hinunter, drehen ihn um. Bitten uns, vom Handy aus einen Krankenwagen zu rufen,»über Funk brauchen sie länger«. Zwei Polizisten begleiten uns die Treppe hinunter, wo der betrunkene Anton hysterisch um sich schlägt.

»Lasst mich zu ihm! Das ist mein Freund! Mein Freund, kapiert ihr?« Sie halten ihn fest.

»Ich hab schon einiges gesehen. Die kümmern sich schon um ihn, stör jetzt nicht«, erwidert der Polizist.

»Scheiße, Mann, was machen die auch hier? Verfickte elfjährige Kinder. Abknallen sollte man sie alle.«

Rattenfänger kommt seelenruhig die Treppe herunter, zischt Anton an:»Klappe jetzt.«Und der wird augenblicklich still. Rattenfänger bietet seine Hilfe an, er habe einen Medizinabschluss,»Intensivmedizin«. Die Bullen lehnen ab.

»Welcher Polizist kommt denn?«, will Rattenfänger wissen. Es stellt sich heraus, dass Tolja auf dem Weg ist. »Mit ihm könnt ihr dann reden«, heißt es. Rattenfänger nimmt einen der Polizisten zur Seite. Sie sprechen leise, lachen.

Ein Krankenwagen kommt und die Feuerwehr. Die Notärztin stellt sich zum Rauchen zu den Polizisten. »Atmet noch, die holen ihn gleich raus.«

Goscha kommt schnell zu sich, nennt seinen Namen, sein Geburtsdatum. Auf die Frage, was ihm wehtue, fängt er an zu weinen. Sie legen ihn auf eine Stofftrage. Sein Kopf blutet, besudelt den Stoff. Man trägt ihn durch die dunklen Flure, umgeht vorsichtig die Schächte.

»Wie konnte ich nur da reinfallen?«, wimmert Goscha. »Ich kenne das Gebäude doch, das kann nicht sein, ich kenne das Gebäude doch!«

Aus der Dunkelheit kommt Tjoma angerannt. »Goscha! Goscha! Das ist mein Freund! Geht weg, ich trag ihn selber!« Ein Polizist zerrt ihn weg, verpasst ihm einen Faustschlag ins Gesicht. Tjoma unterdrückt den Schrei.

»Willst du hier weiter plärren?«

»Nein.«

»Haben wir uns verstanden?«

»Ja.«

Neben dem Krankenwagen tauchen Mütter auf. Eine stürzt sich auf Anton: »Der war das, der hat meinen Sohn festgehalten! Hat ihn mir weggenommen, von wegen: Er bleibt hier, er ist mein Freund. Arschloch! Wo ist jetzt mein Sohn?«

»Du katholische Fotze ...«, setzt Anton an.

»Ich bin orthodox!«

»Einen Scheiß bist du.«

Jemand dreht Anton die Arme auf den Rücken, drückt ihn mit der Brust auf die Motorhaube und legt ihm Handschellen an.

Die Mutter klärt neugierige Passanten auf:»Ich hab ihm gesagt: Mischa, komm sofort hierher. Und dann war hier so eine Kleine, die mich Schlampe genannt hat. Dieses minderjährige Miststück! Umbringen sollte man sie alle ...«

»Wollen Sie Anzeige erstatten?«, fragt der Polizist.

»Und ob.«

Man steckt uns zusammen mit Tjoma in den Wagen. Der Junge hat seinen Stolz, grinst frech:»Ich sag es meinem Papa. Der macht euch die Hölle heiß.«

Der Polizist am Steuer kocht vor Wut.

Als wir vor dem Polizeirevier ankommen, zerrt er Tjoma aus dem Wagen und schlägt ihm gegen die Brust. Dem Jungen knicken die Beine weg.»Ich kriege keine Luft.«

Man schleift Tjoma ins Gebäude, wirft ihn auf eine Bank. Er versucht, sich aufzurichten. Die Mütter neben ihm halten ihn an den Händen.»Beruhige dich! Beruhige dich!« Der Junge atmet durch den Mund, Tränen laufen aus den aufgerissenen Augen.

»Das wird euch noch leidtun!«

Der Polizist kommt näher, beugt sich über ihn und grinst. Plötzlich packt er ihn am Kragen, drückt die Stirn gegen den weinenden Kopf und sagt:»Man schaut Menschen in die Augen, wenn man sie bedroht, du Wichser. Schau mir in die Augen.«

»Mein Vater kommt ...«, setzt Tjoma an und ringt nach Luft.

Die Frauen halten ihm den Mund zu, murmeln:»Du bist ein Mann. Ertrag es jetzt und halt den Mund.«

Der Polizist bemerkt meinen aufmerksamen Blick, schlägt vor, draußen eine zu rauchen.

»Schenja Ananjew ist mein Name, reichen Sie doch Beschwerde ein, wenn Sie wollen. Ich hab zu Hause selbst so einen Jungen. Mit denen ist nichts zu machen. Wenn du mit ihnen redest, wenn du nett zu ihnen bist, behandeln sie dich wie den letzten Dreck. So bleibt wenigstens was hängen.«

»Bis zu hundert jährlich«, sagt er genervt.»Im Sommer sind wir jeden Tag dort. Die fallen da ständig rein ...«

»Wenn du selber mal Kinder hast, verstehst du das«, erklärt mir Schenja. »Und? Willst du Beschwerde einreichen? Dann stelle ich mich drauf ein. Ich hab hier 15 Jahre auf dem Buckel. Man macht sich die Mühe, holt so einen Rotzbengel da raus, und der atmet nicht.«

Die Gruppe hängt an einer Bushaltestelle ab: Maga will in die Notaufnahme, sie begleiten sie zum Bus. Alkohol, Gelächter – die Schulkinder sind glücklich, dass sie der Polizei noch einmal entwischt sind.

»Und, lebt er? Na, Schwanz sei Dank!«, kreischt Katja. »Schon der Zweite diese Woche, der im Schacht gelandet ist! Wer ist als nächstes dran?«

Jena, Goschas Freundin, ist ganz ruhig:

»Ich liebe niemanden. Aber hätte es doch besser Slam erwischt. Der so zu mir neulich: ›Mach keine Führungen, dann haben wir eine Missgeburt weniger im Gebäude‹. Wär besser der mal runtergefallen ... vom Dach, und direkt auf den Kopf.«

»Oder hätten die Bullen besser ihn einkassiert«, mildert Katja ab.

»Genau.«

»Ob wir da sind, die Bullen oder irgendwelche Security, es sind schon immer Minderjährige in die Schächte gefallen. Kann man nichts machen«, erklärt mir Maga. Auch sie ist vollkommen ruhig.

»Schamane, sei morgen um zwölf da«, sagt Rattenfänger. »Wir kommen später dazu, kassier du schon mal Geld von den Touris.«

»Okay.«

Slam läuft im Kreis und schreit: »Jetzt bin ich verletzt, aber in einem Jahr ist alles heil. Ein Jahr noch, Mädels, und dann bin ich weg. Dann kann mich der Sensei wieder barfuß auf dem Schnee trainieren.«

Neun Tage später ist Slam tot. Er ist im achten Stock in einen Schacht gestürzt.

Kapitel 3

Moskau ist nicht Russland

Als ich 15 war, zog ich nach Moskau in ein Wohnheim in der Uliza Schwernika. Ich teilte mir das Zimmer mit zwei Mädchen. Es war sehr schmutzig, die Tapete löste sich von den Wänden und die Decke zierte der Schriftzug: FICK DICH. Anfangs wurde ich nicht müde, darüber zu staunen, dass man in der Metro Rolltreppe fahren kann, so viel man will. Und zwar ganz umsonst.

Ich jobbte als Babysitterin bei Leuten in einer sehr teuren Wohnung auf der Moskowskaja, ganz im Zentrum also. Gipsstatuen mit leeren Augen schauten von den Fassaden herunter, gleich in der Nähe waren die Patriarchenteiche und die Wohnung des berühmten Schriftstellers Bulgakow. Ich ging da lang und konnte es nicht fassen: Scheiße, ich gehe hier wirklich lang.

Bald lernte ich zu gehen wie die Moskauer: schnell, so schnell, dass einem schwindlig wird, und ohne Blickkontakt mit anderen Menschen. Meine Füße schmerzten, meine Waden wuchsen.

Lange bestand Moskau für mich aus kleinen Inseln um die Metro. Damals gab es noch keine Navis auf den Handys. Ich sah mir Karten im Internet an und malte sie auf kleine Zettel ab.

Die Inseln waren alle unterschiedlich. Im Zentrum fühlte ich mich immer wie im Museum. Granitplatten statt Asphalt unter den Füßen verband ich eher mit teurer Innenausstattung als mit Straßen. In den Metrostationen fuhr ich mit den Fingern über die steinernen Wände und dachte nichts. Zum Stadtrand hin waren die Wände in der Metro mit Kunststoff verkleidet und die Häuser gewöhnlich: Platten- oder rote Ziegelbauten. Der aufgeplatzte Asphalt dort ließ mich glauben, ich wäre wieder in meiner Heimat Jaroslawl.

Ich war nie groß woanders gewesen, deswegen gab es für mich nur zwei Städte: Moskau und Jaroslawl. Moskau ist natürlich reicher, es ist ja auch die Hauptstadt. Ein roter Zucker-Kreml, den ich am liebsten ablecken wollte. Ein weitläufiger Platz drum herum. Am Kreml vorbei eilte ich jeden Tag zur Uni: an die Journalistische Fakultät der Moskauer Staatlichen Universität, kurz MGU. Sogar die Straßenlaternen waren hier nicht wie überall, sondern altertümlich verschnörkelt.

Woher das Geld für all die Pracht kommt, habe ich mich nicht gefragt. Ich freute mich, dass ich dorthin geraten war. So wie ich mich als Kind gefreut hatte, als ich beim Chefredakteur der Zeitung in Jaroslawl, für die ich damals schrieb, zu Hause eingeladen war. Wir schauten Indiana Jones auf einem Flachbild(!)fernseher, und dann bekam ich auch noch ein Zucker-Blumensträußchen geschenkt. Alles war zu schön und viel zu furchteinflößend, um sich zu bewegen. Mein Gott, hoffentlich muss ich nicht aufs Klo.

In Moskau waren damals Clubs angesagt. Meine Kommilitonen gingen aus, ich nie. Einer dieser Clubs hieß Rai – das Paradies. Der Türsteher dort, Pascha, wusste immer, wessen Kleidung wie viel kostet. Mir kam das wie eine übernatürliche Gabe vor. Dass es Röcke für 300 Dollar gab (drei Monatsgehälter meiner Mutter, eine Frau mit Hochschulabschluss), erschien mir ebenso verwunderlich wie ein rosa Wal oder ein Elefant, der malen kann. Die Welt ist voller Wunder. Und ich war mittendrin.

Irgendwann genügten den Moskauern diese Wunder nicht mehr. Es mussten neue her. Es kamen Urbanisten – Menschen, die der Meinung waren, man müsse nur den Raum verschönern, das Leben würde dem schon folgen. Sie verbannten die Karussells aus dem Gorki Park und machten einen Ort für Spaziergänger daraus. Sie gestalteten Museen und Museumscafés um, nun gingen auch junge

Leute hin. Röcke für 300 Dollar waren out, der Rock musste jetzt einfach und gerade sein und wenig kosten, zum Beispiel 100 Dollar (ein Monatsgehalt meiner Mutter). Das fand man demokratisch. Man schaute alte Filme, trug bunte Brillen mit breitem Gestell und ließ sich die Haare fransig schneiden.

Moskau passte sich diesen Menschen an – sie hatten Geld oder arbeiteten für Menschen, die Geld hatten. Man pflasterte die Bürgersteige neu, ließ Blumengärten pflanzen, die wie wilde Dschungel wirkten, eröffnete Kulturräume. Nachts wurden die Gebäude angestrahlt: weiß, cremefarben, lila, rot. Die Straßen schienen sich in ihrer Form zu wandeln, wirkten wie eine Illusion. Es tauchten neue Medien und neue Journalisten auf, die den Moskauern erklärten, wie sie leben sollen – nämlich so, als wären sie in Berlin. Das Leben war zu schön, als dass man sich ihm widersetzen konnte.

Meine journalistische Arbeit lag außerhalb von Moskau. Ich schrieb über das Leben in der Provinz. Wenn ich wiederkam, fragten mich die Moskauer: Und, wie ist es außerhalb des Moskauer Autobahnrings? Gruselig?

Wir taten alle so, als wäre das ein Scherz.

Es ist gruselig außerhalb des Moskauer Autobahnrings. Es gibt Hunger. Viel Gewalt. Und es ist eine verdammte Lotterie: Wenn einem Bullen dein Gesicht nicht passt, wanderst du in den Knast. Meine Mutter scheute sich immer noch, Obst zu kaufen –»zu teuer«, oder Kleidung in Geschäften –»mir reicht doch die vom Markt«. Wenn ich zu Besuch kam, führte ich sie in Cafés aus, sie trug vor dem Café aber noch Lippenstift auf.

Der Witz war nur, dass sich Moskaus Reichtum aus dem Geld der Regionen speiste. Das war Putins erste Amtshandlung gewesen: die Umgestaltung des Steuersystems. Fortan sollten die Regionen ihre Steuern an Moskau zahlen und Moskau darüber entscheiden, wie viel sie zurückbekommen. Nicht viel natürlich. Die Bürgersteige, die Kulturräume, die Beleuchtung – das alles kostet Geld. Den Bürgersteig, auf dem ich zur Arbeit ging, hatte meine Mutter, eine Lehrerin aus Jaroslawl, bezahlt. Je älter ich wurde, desto weniger machte es mir aus. Ich legte mir ein Smartphone zu, inklusive einer Taxi-App, mit der Metro fuhr ich nur noch selten. Ich fand Gefallen an Röcken für 100 Dollar. Ich mochte die Umgebung und wollte eine Wohnung mieten, von der ich mit dem Rad zur Arbeit fahren konnte. Ich dachte, wenn ich so viel arbeite und über so schreckliche Dinge schreibe, habe ich doch ein Recht auf ein bequemes Leben. Wer, wenn nicht ich?

Wahrscheinlich dachten sich die meisten Moskauer das gleiche. Nun war soziale Verantwortung angesagt, ein Dauerauftrag an einen Wohltätigkeitsfonds zum Beispiel: Einmal im Monat wird eine Summe so hoch wie der Preis für einen Kaffee von deinem Konto abgebucht und macht dich zum besseren Menschen. So kauften sich die Moskauer frei vom großen, unheimlichen Russland, das an der nächsten Kreuzung hinter ihrem Haus begann. Die Moskauer bemerkten, dass ich mich verändert hatte, und nahmen mich in ihre Kreise auf. Einmal, kurz vor dem Krieg gegen die Ukraine, war ich zu einer Party eingeladen. Ein kleines Haus mit ein paar Wohnungen im Zentrum. Das Abendessen bereitete eine philippinische Haushälterin zu. Auf einem kleinen Extra-Tischchen stand Champagner. Die Gäste sprachen über Tagespolitik. Putin nannte man dabei den Zaren – ganz so, als spräche man von einem schrulligen Veteranen-Großvater. Man pries die Oligarchen als Visionäre: Sie spenden für moderne Kunst, für gute obendrein. Eine Diskussion über moderne Kunst. Namen, Namen, Namen. Kennst du den? Ich kann euch bekannt machen. Ach, nichts zu danken. Ich aß schweigend. Ich war gerade aus der Region Rjasansk zurück, aus einem Dorf, in dem es keine Straßen gibt und man Waldbrände mit Eimern löscht. Das Essen schmeckte gut.

Ich denke, mir hat sich die wichtigste Regel für Moskau eröffnet: Iss schweigend. Schweigend schmeckst du mehr.

Die Russen sagen: Moskau ist nicht Russland, Russland ist nicht Moskau. Jeder zehnte Russe lebt in Moskau.

Leben am Gleisrand

6. Juni 2010

Während an der Station Tschuprijanowka die Sapsans[3] vorüberrasen, hütet Großmütterchen Raja Ziegen. Das macht sie schon seit 45 Jahren, direkt auf dem grasbewachsenen Bahndamm. Drei Ziegen: alle heißen Belka, und zwei Zicklein: Häschen und Hasilein. Die Ziegen gehen immer wieder auf die Gleise hinunter. »Mach dir keine Sorgen, ich bin ja nicht blöd. Ich weiß doch, dass es für Ziegen auf den Gleisen Bußgeld gibt. Aber in meinem Gemüsegarten kann ich sie ja auch nicht hüten. Sie sind keine Fleischberge mit Hörnern, gebildet sind sie, meine Schätzchen«, erklärt Großmütterchen Raja. Eine Tonbandstimme kündigt einen durchfahrenden Schnellzug an. Großmütterchen Raja klopft mit dem Krückstock auf den Boden. »Ein Sapsan, Belka! Hoch mit dir! Ein Sapsan kommt!« Und die Ziegen gehen wirklich hoch und warten, bis der weiße windschnittige Zug vorbeigerauscht ist.

Der Vorortzug Moskau-Klin

13 Kilometer bis Moskau, 637 Kilometer bis St. Petersburg
In Chimki stehen wir vierzig Minuten auf dem Reservegleis. Die Menschen bleiben ruhig sitzen, beschweren sich nicht. Sie schauen nicht mal aus dem Fenster. Der Sapsan ist in vier Sekunden vorbeigerauscht, aber der Zug rührt sich nicht vom Fleck – zehn, fünfzehn, zwanzig Minuten.
Schließlich steht ein Großväterchen mit Krückstock krächzend auf und geht zur Sprechstelle. Er drückt den Knopf und fragt den Zugführer: »Wann fahren wir denn endlich?«

»Gleich«, erwidert der.

Und die Bahn setzt sich in Bewegung.

Die Leute fangen an zu lachen: »Dass wir nicht eher drauf gekommen sind!«

Schljus

213 Kilometer bis Moskau, 437 Kilometer bis St. Petersburg

Die Station Schljus: Das sind vier zweistöckige Backsteinhäuser und ein Bahnsteig. Fertig. Das Dorf Lissji Gory liegt zwei Kilometer entfernt und ist von einem Waldstreifen verdeckt; es wirkt, als sei Schljus vom Rest der Welt vollkommen abgeschnitten – ist es ja auch.

Mittlerweile hält an der Station Schljus genau eine Straßenbahn am Tag. 8.26 Uhr, von Bologoje nach Twer, Haltezeit eine Minute. In die andere Richtung hält gar nichts. Aber es rauschen täglich 22 Bahnen, 16 Sapsans und Dutzende anderer Schnellzüge vorbei.

»Wir leben hier in der Tat ab vom Schuss«, sagt Anna Tscheslawowna.

Anna Tscheslawowna Matischewa (Mädchenname Senkewitsch) erinnert an die Damen von Kustodijew-Gemälden. Üppig, wohlgenährt; sie fuchtelt nicht mit den Händen, ihre Bewegungen sind fließend. Eine echte Polin, die in ihrer Jugend nicht im Traum daran gedacht hätte, dass es sie in so ein Loch verschlagen könnte.

Geboren wurde sie in Belarus, in Lada. Später hat sie einen Militär geheiratet und ist mit ihm nach Feodossija –»hab mich von den Sternen an den Schulterklappen und dem Meer blenden lassen«. Als ihr Ältester drei war und der Jüngste eins, ließ ihr»der Stolz keine Ruhe mehr«. Sie nahm die Kinder und ist auf nach Moskau. Aber bis Moskau kam sie nicht, sie landete in Schljus.

Die Einheimischen nennen die vier Backsteinhäuser Kasernen. Aber was da früher einmal drin war, wissen nicht einmal die Dorfältesten. Als Anna Tscheslawowna in ihre Kaserne eingezogen ist –»besetzt und später dann legalisiert« – klaffte in der Decke ein großes Loch, und es wurde schwarz geheizt, das heißt, der Ofen hatte keinen Schornstein und alles war von Ruß überzogen. »Die erste Zeit hab ich hier geheult wie ein Schlosshund. Aber mittlerweile geht es.«

Mittlerweile geht es wirklich. Anna Tscheslawownas Haus hat Kunststofffenster, es gibt drei Fernseher, eine Waschmaschine und einen Papagei, der sprechen kann, »ein Schimpfwort und einen Kraftausdruck«. Außerdem noch eine Banja[4], drei Katzen, zwei Hunde, zwölf Hühner, »von denen drei Hähne sind«, Pflaumenbäume, Beete mit roten Rüben, Erbsen und Bohnen und einen kleinen Teich mit Schusterkarpfen. Und der absolute Luxus: Es gibt sogar eine Backsteintoilette.

Anna Tscheslawowna war Gleisgängerin und »gewöhnliche Schienenarbeiterin«. In ihre Zuständigkeit fiel ein Abschnitt von drei Kilometern, aber an manchen Tagen waren es auch 15. »Schwellen und Gleise habe ich ausgewechselt.« Im Sommer achtete sie darauf, dass es zu keiner »Gleisverwerfung« kommt – in der Hitze dehnen sich die Schienen aus, das Gleis verformt sich und im schlimmsten Fall entgleist der Zug. 2005 gab es das Gesetz, »dass alle Weiber runter von den Gleisen sollen«, also wechselte Anna Tscheslawowna auf den Bahnsteig. Sie war Bahnsteigwärterin in Twer und auch mal Schaffnerin, aber dafür fehlte es ihr an »Härte«. Also suchte sie sich einen Job im städtischen Krankenhaus von Twer, brachte den Patientinnen und Patienten in der Chirurgie das Essen.

Doch dann fingen die Bahnen an, die Station Schljus zu ignorieren. Sie hätte auch zu Fuß nach Lokotzow, zur nächsten Station, gehen können – drei Kilometer an den Gleisen entlang. Doch plötzlich merkte sie, dass es mit einem Bandscheibenvorfall und Blutdruck von 260/140 zu Fuß über die Gleise gar nicht einfach war, obwohl sie das ihr halbes Leben lang gemacht hatte. So wurde Anna Tscheslawowna arbeitslos.

»Ohne körperliche Arbeit geht es hier nicht«, sagt Anna Tscheslawowna. »Was du nicht in den Beinen hast, hast du auch nicht im Bauch.«

Heute erscheinen ihr die Heimatstadt Lada und sogar Feodossija »wie ein flüchtiger Traum am Morgen« – schön, und schon verronnen. Rückwirkend betrachtet, war ihr ganzes Leben an die Schiene gebunden. »Früher dachte ich, die Eisenbahn wäre das sicherste Ding der Welt. Es ist ja kein Flugzeug und kein Auto – einfach nur zwei Eisendinger und ein Zug«, sagt Anna Tscheslawowna. »Aber in Wahrheit ist es gruselig.«

Beim Aufzählen ihrer Tätigkeiten an der Schiene lautet eine: »in Stücke geschnittene Menschen einsammeln«.

In 20 Jahren Arbeit hat sie an die hundert »eingesammelt«. »Die Leute schlafen in der Bahn ein, verpassen ihre Station und steigen schnell bei Schljus aus. Warten nicht auf die nächste Bahn, laufen über die Gleise zurück. Meine Erfahrung: Wenn einer was getrunken hat und auf den Gleisen läuft, stehen die Chancen, dass er ankommt, 50:50. Im Winter sogar noch schlechter. Am Bahndamm sind die Schneewehen hoch, deswegen laufen die Leute direkt auf den Gleisen. Nicht jeder schafft es rechtzeitig zur Seite.«

»Einmal war es direkt vor meinen Augen. Ein Junge rennt an meinem Haus vorbei, ich frag ihn noch: ›Wo willst du hin?‹ Und er: ›Nach Lichoslawl.‹ ›Warte‹, ruf ich, ›gleich kommt eine Bahn, die kannst du nehmen.‹ Und er nur: ›Ich muss weiter, sorry.‹ Und ist mit einem Satz auf den Gleisen. Da kommt der Schnellzug Junost. Ein roter Regenbogen. Und schon liegt er da – ein Sack voll Hackfleisch. Schneller als die Polizei kamen die Möwen und die Krähen angeflogen, die pickten schon an ihm herum. Ich sag noch zu meinem Mann: ›Lass uns ein Laken holen und ihn zudecken.‹ Später hieß es, er wäre bekifft gewesen. Er hatte keinen Ausweis und nichts dabei, wurde anonym beigesetzt. Seine Mutter und Großmutter haben ihn dann über ein Foto in der Zeitung gefunden.«

»Merken Sie sich eins: Wenn ein Zug einen Menschen überrollt, hält er nicht an«, erklärt Anna Tscheslawowna. »Es hat keinen Sinn. Wenn jemand direkt vor ihm auf die Gleise springt, bremst der Lokführer nicht mal. Der Bremsweg ist bei einem Schnellzug nämlich über Tausend. Und mit der Notbremse fliegen die Wagen vorne über. Deswegen ruft man einfach den Fahrdienstleiter an und sagt: ›An Kilometer soundso ist ein Mensch unter den Zug geraten.‹ Sie sagen nicht ›wir haben einen überfahren‹, sondern einfach ›untern Zug geraten‹, und gut ist, weiter geht die Fahrt.«

2000 hat der 182er nach Murom ihren Sohn Gena verkrüppelt. Auch vor ihren Augen. »Gena wollte noch die Bahn kriegen, rannte über die Gleise. Er dachte, ihm entgegen käme auch eine Bahn angekrochen, dabei war es ein Schnellzug.« Ein zertrümmertes Schläfenbein und das rechte Auge hingen über der Wange. Er brauchte eine OP am offenen Schädel, unzählige Gesichts-OPs, drei Jahre verbrachte er in Krankenhäusern.

»Deswegen wollten sie ihn nicht bei der Armee, und eine Ausbildung hat er auch nicht«, seufzt Anna Tscheslawowna. Gena arbeitet schwarz auf Baustellen in Moskau, »was er verdient, versäuft er sofort wieder«.

Vor vier Jahren ist auch noch Anna Tscheslawownas Ältester, Petja, gestorben. Ein Autounfall in Moskau: Die Bremsen haben versagt.

»Ein halbes Jahr haben wir um ihn gekämpft, trotzdem ist er gestorben«, erzählt sie wehmütig. »Ich dachte, ich krepier gleich mit, aber nein, irgendwie lebe ich weiter.« Auch heute noch, wenn Anna Tscheslawowna ans Telefon geht, entschlüpft ihr hier und da ein »Hallo, Petja«. Dann besinnt sie sich.

Anna Tscheslawowna bewohnt mit ihrem Ehemann und ihrem Sohn eine Hälfte des letzten Hauses Richtung Moskau. In der anderen wohnt die hiesige Verrückte: Nina. Nina Iwanowna Smirnowa. Ihre Eltern waren auch Gleisgänger, aber sie sind verstorben. Jetzt ist Nina allein.

Sie trägt irgendetwas zwischen Mantel, Regencape und Kittel und ein rosa Kopftuch. Als Kind hatte sie eine schwere Hirnhautentzündung. Deswegen brüllt sie jetzt vorbeifahrende Züge an: »Was wollen die? Was fahren die hier rum? Weg mit den Schienen! Bombe drauf! Verurteilen und hängen!«

Ninas Hälfte wirkt wie ein anderes Haus. Die Luft steht, Klamottenberge in den Ecken, der Boden ist mit Zeitungsfetzen ausgelegt. Türme aus Einmachgläsern – Nina sammelt sie draußen und wäscht sie. Graue Schlieren an der Decke, früher wurde hier geheizt. Jetzt nicht mehr, es gibt kein Feuerholz. Deswegen schläft Nina komplett angezogen. Auf dem Tisch, dem Schrank und unterm Bett stapeln sich Zeitungen. Wenn Nina ihre Rente von 6200 Rubel bekommt, fährt sie nach Lichoslawl und kauft alle Zeitungen auf, die sie im Kiosk finden kann. »Für knapp 700 Rubel. Meine Bekannte arbeitet dort, für sie ist Nina ein Geschenk, die kauft ja alles: Kreuzworträtsel, Sport«, erzählt Anna Tscheslawowna.

Außerdem stehen auf dem Tisch drei sehr schöne, geschickt zusammengestellte Blumensträuße. Ihre gesamte Freizeit verbringt Nina mit Blumenpflücken.

Ins Bett geht Nina nicht vor zwei. »Ich lauf herum, ich schau mich um«, sagt sie. Anna Tscheslawowna beschwert sich: »Manchmal klopft sie mit einer Flasche gegens Fenster, reißt einen aus dem Schlaf. Ich sag zu ihr: ›Verpiss dich, Nina, ich hab Kopfweh.‹ Und sie: ›Lass mich rein, ich muss dir was erzählen.‹ Natürlich lass ich sie, sonst verwildert sie noch ganz.«

Eine weitere Beschäftigung von Nina: stundenlang die anderen Bewohner von Schljus beobachten – die Romakinder. Die Roma wohnen in zwei Häusern am anderen Bahnsteigende. In einem wohnt der Großvater Nikolaj mit seiner russischen Frau Nadja, in dem anderen eine Großfamilie: Lena, ihr Mann Sascha und deren sieben Kinder. Das jüngste ist anderthalb, das älteste 17.

»Sascha, Mascha, Kolja, Sweta«, zählt Lena auf und kommt selbst durcheinander. »Verflixt, es sind zu viele!«

Sie steht, die Hände in die Hüften gestemmt, am Hauseingang. Um sie herum turnen Kinder von unglaublicher Schönheit. Sie hängen kopfüber am Geländer, schwingen sich auf den Zaun, hüpfen im Gras herum. Die Russakows haben weder einen Gemüsegarten noch Vieh. Der Garten ist von Beifuß und Brennnesseln überwuchert.

»Wovon wir leben? Schwarzarbeit. Mein Mann auf dem Bau, und ich grabe anderer Leute Gemüsegärten um. Außerdem bekommen wir 4000 Kindergeld. Das ist unser Geschäftsmodell.« Die Kinder sammeln Pilze und Fallholz, Beeren und Altmetall. Zur Schule geht keins von ihnen. »Welche Schule, wenn hier nur eine Bahn am Tag fährt!«, ruft Lena aus. Das ist aber die halbe Wahrheit: Die Russakows sind erst vor einem Jahr aus der Region Nowgorod hergezogen, dort gab es eine Schule. »Das ist bei uns einfach nicht üblich. Ich war selbst nur bis zur vierten Klasse. Ich unterrichte sie ein bisschen.« Lesen und schreiben können die kleinen Russakows nicht. Nur Mascha, die Älteste, kann ihren Nachnamen schreiben. Die ganze Hausmauer ist mit Kreide vollgekritzelt – Mascha hat geübt.

Im Haus gibt es einen Fernseher, ihr gesamtes Wissen über die Welt jenseits von Schljus beziehen die Kinder daraus. Die älteren waren schon mal in Lichoslawl. In Moskau war noch keiner. »Ich hab doch keine Zeit, mit ihnen rumzukurven!«, sagt Lena lachend.

Ein Telefon gibt es nicht. Es gab mal ein Handy, aber das wurde verloren. Als der Kleinste vor zwei Wochen Fieber hatte, musste man deswegen zu Tscheslawowna rennen, um einen Krankenwagen zu rufen. Der Krankenwagen ließ sich überreden, »bis zur Kurve« vorzufahren. Lena »hastete« erst über die Gleise und dann noch mal zwei Kilometer mit dem Kleinkind auf dem Arm.

Anna Tscheslawowna will mit den Roma nichts zu tun haben. Erstens seien sie »schmutzig«. Zweitens hätten sie ihre Kartoffeln ausgegraben. Und drittens: »Ich habe mal ein kleines Ferkel geschlachtet, das zarte Fleisch gepökelt und auf Einmachgläser verteilt. Und die haben mir doch tatsächlich ein Glas geklaut!« Die Sache hat sich Folgendermaßen zugetragen: Tscheslawowna vergaß einmal, den Keller abzuschließen ... Aber was heißt hier Keller? Eine Schatzkammer mit den Vorräten mehrerer Jahre. »Früher habe ich von den Zügen aus dem Süden Pfirsiche, Süß- und Sauerkirschen gekauft, die habe ich eingemacht, und dazu noch so einiges aus dem eigenen Garten. Ein Letscho hatte ich! Und Pilze! Pro

Sommer waren das gut 200 Gläser.«Und eines Tages kommt Anna Tscheslawowna von der Arbeit heim, und ihr Mann sagt ihr:»Da ist jemand aus dem Keller raus, mit einem Glas, direkt an mir vorbei.«»Ich bin also schnurstracks zu den Roma. Ich mach die Tür auf, und die hocken da um das Glas herum. Das waren sicher vier, fünf Kilo Fleisch gewesen, und kaum noch was übrig. Die hatten offensichtlich kein Brot, und überhaupt nichts anderes zu essen, deswegen haben sie das Fleisch pur verdrückt! Ganz ohne Beilage!« Anna Tscheslawownas Empörung ist grenzenlos.»Ich schrei sie an, da greift der Vater zu einer Schaufel. Um ein Haar hätte er mir den Schädel eingeschlagen. Da hatte ich die Nase voll und hab die Polizei gerufen. Zum Glück hab ich dort Freunde. Seitdem halten die sich von meinem Haus fern. Nur manchmal bitten sie ganz kleinlaut:›Gib uns doch ein paar Pilze.‹«

Die Abendunterhaltung an der Station Schljus ist Sapsan-Schauen. Eine halbe Stunde im Voraus versammelt man sich auf dem Bahnsteig. Alle sind dabei: Anna Tscheslawowna, Nina, Lena mit den Kindern, der alte Nikolaj mit seiner Frau Nadja. Als Erstes reißt man ein paar Fliederzweige ab, um die Mücken,»die giftigen Mistviecher«, wegzuwedeln.

Aber statt eines Sapsans kommt irgendein Ungetüm mit roter Schnauze über die Gleise gekrochen.

»Eine Rangierlok, oder?«, wirft der siebenjährige Kolja ein.

»Quatsch, bist du blöd, oder was? Das ist ein Güterzug«, korrigiert ihn Sweta.

Der alte Nikolaj ist ein Rom wie er im Buche steht, mit einer Belomor-Papirossa zwischen den Zähnen berichtet er stolz:»Reich bin ich an Enkeln. Dreißig sind es insgesamt. Vier Söhne hatte ich, aber jetzt sind nur noch zwei am Leben. Und eine Tochter. Eine gute Familie habe ich. Eine echte. Eine große.« Nikolaj hat 16 Jahre als Gleisgänger gearbeitet. Jetzt schaut er nach den Kindern.»So schnell kann ich gar nicht schauen. Die Teufel springen ständig auf die Gleise!« Die Teufel lachen zufrieden.

Zwei Abend-Sapsans lassen die Schljus-Bewohner schweigend

vorüberziehen. Nur Mascha klimpert mit einem Halskettchen, an dem ein Kreuz und ein einsamer Goldohrring hängen.

Am Ende bleibt man noch ein bisschen stehen, raucht und schaut dem letzten »Vögelchen« hinterher, das Richtung Moskau verschwindet.

»Für kein Geld der Welt würde ich in diesem Moskau leben wollen«, sagt Lena plötzlich. »Dort ist jeden Tag dieses ... so ein ... Gewusel.«

»Das ist ja auch nicht unser Los«, sagt Nikolaj.

»Nein, das ist nicht unser Los«, stimmt Lena zu.

Kalaschnikowo

231 Kilometer bis Moskau, 419 Kilometer bis St. Petersburg

»21.03 Uhr, der Sapsan ist durch«, sagt Wanja in ein Funkgerät, und dann zu uns: »Nur noch ein paar, dann kann ich schlafen gehen.«

Wanja ist ein sogenannter Zerberus –also jemand, der den Sapsan bewacht.

Es ist nicht leicht, ein Zerberus zu sein. Alle hassen Zerberusse. Nicht, weil sie das »Vögelchen« bewachen, sondern weil ihr Gehalt, gemessen am Durchschnittseinkommen der hiesigen Einwohner, unverhältnismäßig hoch ist. Ein Zerberus bekommt 1300 Rubel täglich. »Ich arbeite also den halben Monat und mache locker 20 Riesen in zwei Wochen«, erklärt Wanja. »Wo könnte ich sonst so viel verdienen?«

Wanja kommt ursprünglich aus Tambow. Er war bei der Armee, danach Wachmann für 10 000 im Monat. Dann hatte er Glück und fand einen Job in Moskau, von dort schickte man ihn auch als Sapsan-Wächter nach Kalaschnikowo.

»Die Arbeit ist nicht wirklich schwer, aber ermüdend«, erzählt Wanja. »Du beobachtest jedes ›Vögelchen‹, und gibst die Zeit an den nächsten Posten durch. Und du checkst die Lage vor der Durchfahrt. Steinewerfer hatte ich bisher nicht, aber Leute, die über die

Schienen rennen wollten. Die muss man mit Gewalt aufhalten und davon überzeugen, dass sie warten müssen.«

Die Zerberusse wohnen gleich vor Ort, am Bahnsteig, in einem Wagen auf dem Abstellgleis. Strom haben sie im Wagen keinen, Wasser auch nicht. An die Mücken gewöhnt man sich »so einigermaßen«. Um sich zu waschen, gehen die Zerberusse in die öffentliche Banja von Kalaschnikowo. Heißes Wasser für die Instant-Nudeln bekommen sie von den Mitarbeiterinnen am Schalter.

»Ich muss mich nur 15 Tage quälen, und dann ab nach Hause«, sagt Wanja lächelnd.

Zu Hause wartet übrigens niemand auf ihn. Wanja hat weder Frau noch Kinder. »Ich weiß selbst noch nicht, was ich mit dem ganzen Geld soll«, gibt Wanja zu. »Die Arbeit ist ein Luxus, zu so etwas sagt man nicht Nein. Vielleicht reisen. Letztes Jahr war ich am Meer in der Ukraine. Das war gut, das könnt ich wieder machen. Außerdem war ich noch nie in Petersburg. Laufen da in den weißen Nächten wirklich junge Frauen mit Sonnenbrille rum?«

Aus dem Bahnhofsgebäude kommt Uljana, sie arbeitet am Schalter. Schweigend schüttet sie dem Zerberus Sonnenblumenkerne in die Hand, stellt sich neben ihn, und sie knabbern. »Was, jammerst du?«, fragt ihn Uljana. »Du hast kein Recht zu jammern, dir geht's viel zu gut.«

Beide lachen.

Uljana wohnt im Dorf Gristwjanka, das man auf der Karte gar nicht findet, es sei denn, man hat eine vom Militär. Täglich stapft sie elf Kilometer zum Bahnhof und wieder zurück. »Ein kostenloses Sportprogramm«, schmunzelt sie. »Im Winter habe ich noch 104 gewogen, jetzt sind es 73, traumhaft.«

Eigentlich hat Ulja sogar zwei Abschlüsse: einen als Verwaltungsangestellte in der Forstwirtschaft und einen als Kulturmanagerin. Aber wie sich herausgestellt hat, ist es einträglicher, am Ticketschalter zu arbeiten.

»Ich habe in Twer, Kalaschnikowo und Lichoslawl nach Jobs gesucht, habe Theater, Kulturhäuser und Konzertsäle abgeklappert.

Aber das höchste der Gefühle sind 5000 Rubel«, sagt Ulja spöttisch und auch bitter. Am Ticketschalter verdient sie »fast 12 000«. Und auch wenn sie sich einredet, es sei ein guter Job, ist es natürlich schmerzhaft. »Ich wollte ja Kulturmanagerin sein. Sechs Jahre Studium, ein guter Abschluss. Unzählige Bücher habe ich gelesen. Aber offensichtlich braucht unser Land Ticketverkäuferinnen dringender«, sagt Ulja lachend. »Aber nächstes Jahr versuche ich, ans Moskauer Filminstitut WGIK zu kommen, um Drehbuch zu studieren.«

Uljas weitere Jobmöglichkeiten im Umkreis von elf Kilometern sind ein Sägewerk und eine Glühbirnenfabrik. »Die wurde lange Zeit vom Verteidigungsministerium finanziert, weil man die Geräte von der Glühbirnenproduktion leicht für die Herstellung von Granaten verwenden kann. Aber neulich hat irgendein Typ die Fabrik gekauft und macht jetzt, was er will. Man muss schon jede Selbstachtung verloren haben, um dort zu arbeiten.«

In Kalaschnikowo wohnen 4700 Menschen. »Die meisten leben von ihren Gemüsegärten«, erklärt Wanja. »Außerdem fällt man Holz, manche mit Genehmigung, manche auch ohne. Und man wildert natürlich, ich meine, man jagt. Denken Sie bloß nicht, dass die Leute das zum Angeben machen, um sich ein Fell an die Wand zu hängen oder das Fleisch auf dem Markt zu verhökern. Nein, ein Elch – das sind hundert Kilo Fleisch, damit bringt man eine Familie einen Winter durch.«

Im Wald bei Kalaschnikowo gibt es Wildschweine, Bären und sogar Luchse. »Vor zwei Jahren ist eine Alte aus Fedoskino zum Pilze sammeln in den Wald und ward nie mehr gesehen«, erzählt uns Ulja Schauergeschichten. »Später hat man sie ganz abgenagt und ohne Kopf gefunden.« Im Winter sieht man hin und wieder sogar Schnee-Eulen.

Noch seltener als Schnee-Eulen sieht man hier Polizisten. »Heute waren zwei auf dem Bahnsteig«, erzählt Ulja, »die Mädels von den Schaltern sind gleich alle rausgerannt, um zu gucken.«

Vom Bahnhof bis zum Stadtzentrum sind es fünf Minuten. Ein paar Bänke, Rasen.

Und ein Lenin wie im Nachbardorf.

Aber der sei doch anders, erklären mir die Einheimischen. Der Kalaschnikowo-Lenin habe vom Schweißen eine Narbe an der Brust. Letzten Monat wollte ein Jugendlicher den großen Anführer als Altmetall verkaufen.

»Er hat die obere Hälfte abgesägt, und die ist auf ihn drauf gekracht«, erzählt die beschwipste Aljona mit ihrer zweijährigen Nichte auf dem Arm, deren Geburtstag man gerade feiert. »Lenin hat ihm den Bauch aufgeschlitzt und die Milz beschädigt, der arme Kerl ist immer noch im Krankenhaus. Und den Lenin hat man vor ein paar Tagen wieder zusammengeschweißt und mit Silberstahl bepinselt.«

Drei Wochen stand die untere Hälfte des großen Anführers mit einem Bettlaken bedeckt herum.

Dann kommt der Kulturpalast, benannt nach eben jenem Anführer. An jeder Säule hockt ein Grüppchen Jugendlicher. Stark geschminkte Mädchen halten sich mit Birkenzweigen die Mücken vom Leib. Der Boden vor dem Kulturpalast ist mit leeren Flaschen übersät. Die Jugend in Kalaschnikowo hat aber noch ein Hobby: Feuerkarten – derjenige, der beim Kartenspiel verliert, muss ein Gebäude anzünden.

»Dafür gehört die Feuerwehr in Kalaschnikowo mittlerweile zu den besten der Region«, sagt Ulja.

Dahinter liegt eine Schule (120 Jahre alt), eine Fachschule, die ist »etwas neuer«, nur 75 Jahre. Und die Brandruinen einer Klinik, von lila Blümchen überwuchert. Ulja erzählt, dass jeder Wahlkampf in der Region mit dem Versprechen beginnt, die Klinik wieder aufzubauen. Aber weiter als bis zum Fundament ist man noch nie gekommen. Die Leute fahren nach Twer, wenn sie eine Behandlung brauchen – das sind 64 Kilometer.

Gegenüber den Ruinen gibt es eine Ambulanz. Hier kann man sich im Notfall erstversorgen lassen. Zwei junge Krankenschwestern mit weißen Kopftüchern lehnen sich über einen Zaun und lachen. Daneben schreitet ein Großmütterchen auf und ab: Galina

Michailowna, 73 Jahre alt. Sie hat gehört, dass in der Ambulanz demnächst ein Altenheim eröffnet werden soll, und ist gekommen, um sich »schon mal anzustellen«. »Ich hab ja niemanden, und meine Kräfte lassen nach, wer soll sich um mich kümmern? Ich komme zu euch. Ich grab nur noch meine Kartoffeln aus, und danach komme ich.«

Schon ist Kalaschnikowo zu Ende, es beginnt ein Waldweg, der sich, Ulja zufolge, bald in »unpassierbaren Matsch« verwandelt. Ulja muss zurück zum Bahnhof, und ich habe sieben Kilometer Fußweg nach Buchalowo vor mir.

Vorher will ich Ulja noch meine Nummer geben, damit sie jemanden hat, bei dem sie bleiben kann, wenn sie für die Aufnahmeprüfung am WGIK nach Moskau kommt. Aber sie lehnt ab.

»Ach, nicht nötig. Und weißt du ... Was soll ich denn in eurem Moskau? Dort muss man ständig bitten, katzbuckeln, und dann steht man bei irgendwem in der Schuld. Im Fernsehen sagen sie es ja: Ohne Beziehungen geht gar nichts. Dafür bin ich wahrscheinlich doch zu stolz. Ich bin lieber hier mein eigner Boss, in meiner Hütte, mit Solaranlage, fließend Wasser, Pferden, Hunden und einem Geländewagen. Dafür muss ich noch viel arbeiten, ich weiß. Ich arbeite ja auch viel. Ich bin 26 und arbeite ständig. Aber damit mein Traum in Erfüllung geht, muss ich wohl in einem anderen Land leben.«

Danach erklärt mir Ulja noch ausführlich, was ich tun soll, wenn ich einem Bären begegne: »einen Stock nehmen, die Arme in die Luft und damit rumwedeln, damit er denkt, du bist ein großes Tier, dann geht er höchstwahrscheinlich weg. Aber brüll bloß nicht rum, das können Tiere echt nicht leiden.« Und verschwindet.

Bahnübergang Buchalowo
236 Kilometer bis Moskau, 414 Kilometer bis St. Petersburg
Von der Siedlung Kalaschnikowo bis zum Dorf Buchalowo läuft man etwa zwei Stunden.

Ein Waldweg, der anfangs noch ganz anständig ist, wird mit jedem Schritt unebener, dann biegt er ins Feld ab und verliert sich einfach. Von da an geben tiefe Fahrrinnen, die Lkws hinterlassen haben müssen, die Richtung an. Ich muss schnell gehen, um nicht einzusinken. Zusätzlich treiben mich dichte Mückenschwaden an. Die Insekten kriechen mir in Nase und Ohren, stechen durch den Baumwollstoff der Chucks. Ich muss den Blick am Boden halten, um nicht umzuknicken oder auszurutschen und in den Dreck zu fallen. Dann versinke ich knietief in einem Wasserloch, und damit hat sich der Versuch, einigermaßen auf dem Trockenen zu gehen, erledigt. Ich habe kein Zeitgefühl mehr, ich stapfe einfach immer weiter. Irgendwann biegt der Weg wieder in den Wald ab.

Als ich in Buchalowo ankomme, ist es Nacht. Über zwei Reihen von Holzhütten erheben sich zwei Funkmasten sowie eine einzige Laterne. Daneben langweilt sich ein im Schlamm versunkener Traktor, mittlerweile schon von Gras bewachsen und verrostet.

Buchalowo besteht aus 65 Häusern. Kaum zu glauben, dass es hier einmal eine Sowchose für Tierzucht, eine Schule, einen Lebensmittelladen, ein Kulturhaus und eine Klinik gab. Auch mal eine Straße.

Heute ist die einzige Verbindung mit dem Rest der Welt die Schiene. Früher hielten hier unzählige Bahnen aus den umliegenden Orten, aber mit der Einführung der Sapsans hat sich ihre Anzahl schlagartig halbiert. Und nun wurden auch noch der erste Morgenzug und alle Abendzüge Richtung Bologoje gestrichen.

Die Verwaltung der ländlichen Region um Krasnodar, die auch für Buchalowo zuständig ist, hat ihren Sitz in der Siedlung Berditschewo und lässt sich nur alle paar Jahre auf einem Traktor im Dorf blicken – vor den Wahlen. Aber seit wutentbrannte Alkoholiker den »Kerl mit der Urne« vor zwei Jahren durch das ganze Dorf gejagt haben, ward die Verwaltung in Buchalowo nicht mehr gesehen.

Am 30. Mai ging Walja – Valentina Michailowna Alexejewa – in Rente. 39 Jahre hatte sie in der Baumwollfabrik in Twer als Schlosserin geschuftet – es reichte langsam. Das ganze Dorf versammelte sich, um zu feiern. Sie schickten einen Boten los, damit er per Zug Lebensmittel holt, deckten den Tisch, setzten sich hin, und da krachte der Ofen ein.

»Im Vergleich dazu sieht eine Atombombe harmlos aus!«, erzählt Walja und schüttelt sich vor Lachen. »So eine Explosion, und der Staub ... wir konnten gar nicht aufhören zu niesen, wir waren grau von Kopf bis Fuß, und auch das ganze Essen war grau gepudert.« Der Ofen wurde bis heute nicht repariert. Baumaterialien bekommt man nur mit der Bahn ins Dorf.

»Bald wohnen wir in diesen Zügen!«, beschweren sich die Einheimischen. Zum Einkaufen kommt man auch nur mit dem »Hund«, wie sie die Bummelzüge hier nennen.

Früher kam wenigstens ab und an ein Händler aus Kalaschnikowo. Der wackere Dagestaner Ragim nahm vier, fünf Stunden Fahrt mit seinem Bulli auf sich. Er hatte sich sogar eine Art Weg durch den Wald gefahren, aber die Holztransporter haben alles wieder zerstört. Und Ragim warf das Handtuch, weil ihn nach jedem Buchalowo-Besuch die Reparatur des Autos mehr kostet, als er hier verkauft.

An Lebensmitteln kann man im Dorf jetzt nur noch »Fusel« kaufen – gestreckten Glasreiniger.

Einen Bahnsteig im städtischen Sinne des Wortes gibt es in Buchalowo nicht. Am schwierigsten ist es, in die Bahn zu kommen. »Mit den Händen, mit dem Kinn, mit allem, was man hat, kraxelt man über die Leiter, Hauptsache, man kommt rein«, erzählt mir Walja. »Wenn man Glück hat, rauchen gerade ein paar junge Männer im Gang, die ziehen einen hoch. Alte Frauen schiebt man noch von unten an. Die können das Bein ja nicht einen Meter hochschwingen.« Oft enden solche Versuche, die Alten in die Bahn zu wuchten, allerdings im »Abseits«. »Die Alten fallen wie Käfer auf den Rücken und zappeln mit den Armen und Beinen.«

Wenn ein Sapsan ihre Station passiert, merken die Dorfbewohner das am Flackern ihrer Fernseher. In Buchalowo empfängt man nur zwei Sender – das Erste und das Zweite. »Wenn Krieg ausbricht, bekommen wir es schon mit«, sagen sie ernst. Wirklich aufmerksam schauen sie nur Malachow Plus, schreiben alle Rezepte mit. Die Moderatorin verkündet mit aufgeregter Miene: »Unser nächster Gast hat sein unheilbares Magengeschwür mit einem Cocktail aus Schöllkraut und Huflattich besiegt.« Eine Ärztin war zum letzten Mal vor zwei Jahren im Dorf. »Wir haben uns alle im Haus von einem Großmütterchen versammelt. Sie hat alle nacheinander untersucht, Blutdruck gemessen und Rezepte ausgestellt.«

Wenn im Dorf einer mal ernsthaft krank wird, lädt man ihn auf den »Scheißwagen« – die Mistkarre – und bringt ihn zur Station. Dort wuchtet man ihn in die erstbeste Bahn und bittet den Lokführer über die Lautsprecheranlage, einen Krankenwagen zum nächstgrößeren Bahnhof zu bestellen. Die Lokführer sind das gewohnt. Einmal hat sich Walja beim Herunterspringen aus der Bahn ein Bein gebrochen. »Es war auch noch die letzte Bahn, ich musste bis zum Morgen auf die nächste warten. Über Nacht ist das Bein so angeschwollen, dass es nicht mal in einen Gummistiefel passte. Dann hat man mich in meinem weißen Mantel im Scheißwagen zur Bahn gebracht. Bis Twer saß ich wie eine Obdachlose im Gang. Dort hat mich dann ein Krankenwagen abgeholt.«

Ist ein Kranker nicht transportfähig, wird es richtig spektakulär: Behandlung per Telefon.

So hat Anatoli Strelzow vor drei Jahren einen Schlaganfall überlebt. »Er hatte starke Kopfschmerzen, hat sich kurz hingelegt«, erzählt seine Frau Walja. »Und als ich nach ihm schauen will, sind seine Augen verdreht und der Kiefer ausgerenkt.« Walja rief den Notarzt an. Die diensthabende Ärztin fragte sie lange über die Symptome aus und kam zu dem Schluss: nicht transportfähig. Sie riet, die Medikamente aus dem ganzen Dorf zusammenzusammeln. Es fanden sich darunter auch Korwalol, Korinfar, Adelfan, Furosemid und Enap, die einigermaßen passten. Glück gehabt. Die Ärztin gab Anweisungen für die Dosierung und trug ihnen auf, sie jede halbe Stunde anzurufen. Am nächsten Tag entschied sie, immer noch telefonisch, man könne »jetzt einen Transport versuchen«. Also wurde Anatoli nach Spirowo gebracht – mit der Bahn, versteht sich. Und hat überlebt.

Die Strelzows gelten im Dorf fast schon als Oligarchen. Sie haben als Einzige ein Pferd namens Venus und einen Karren ohne Seitenwände. Deswegen können sie es sich erlauben, eigenständig nach Kalaschnikowo zu fahren.

Sie haben auch Anna Kruschanowa, die man nicht schnell genug zur Bahn gebracht hatte, mit ihrem Karren nach Kalaschnikowo gebracht, auf eindringliche Bitten ihrer Angehörigen hin. Da war sie schon tot. Normalerweise transportiert man auch die Toten mit der Bahn, und auch die im Gang.

Großmütterchen Tonja – Antonina Andrejewna Markowa – ist 89 Jahre alt und hat seit vier Tagen kein Brot. In die Bahn kommt sie nicht mehr hinein, die Beine schmerzen, deswegen ist sie beim Einkauf auf die Nachbarn angewiesen. Und die haben gerade nicht vor, in die Siedlung zu fahren.

»Gefräßig bin ich geworden«, bemerkt Großmütterchen Tonja selbstkritisch. Wenn man nämlich sparsam isst, reicht ein Brotlaib für fünf Tage. Sonst hat sie noch ihren Notvorrat in einem Topf unter dem Fernseher: eine Tüte Hirse, Buchweizen, Nudeln, Mehl und Zucker. Großmütterchen Tonja hat mehr Glück als andere Rentnerinnen im Dorf. Sie hat eine Tochter, die sie jeden Winter zu sich nach Karelien nimmt, in die Stadt Segescha. Wobei Großmütterchen Tonja dieses Segescha noch nie gesehen hat – die Beine wollen nicht mehr, deswegen geht sie nicht aus dem Haus. Aber diesen Winter will sie in Buchalowo bleiben. »Es wird Zeit für mich, ihr Lieben. Meine Freunde sind alle schon drüben. Und in Karelien sterben will ich nicht. Da gibt es keine Erde, überall nur Steine.« Großmütterchen Tonja klagt nicht. Sie erinnert sich noch an ihre Evakuierung aus Schepetowka auf der Krim in das Saratower Gebiet im Jahr 1941: Züge, Güterzüge, und dann noch 70 Kilometer Fußmarsch mit der anderthalbjährigen Tochter auf dem Arm. Das Mädchen hat nicht überlebt, ist in ihren Armen gestorben. Damals war es wirklich schwer, jetzt ist es nur sehr langweilig und sinnlos.

»Ich habe mehr erlebt als diese Anna Karenina«, sagt Großmütterchen Tonja beiläufig.

Zum 65. Tag des Sieges[5] hat ihr der Gouverneur des Twerer Gebiets zwei Frotteehandtücher geschickt. Ein pinkes und ein rotes. Sie hat sie noch nicht ausgepackt. »Groß baden« kann man in Buchalowo ja nicht.

Die Kreisverwaltung von Spirowo bewies bei ihrem Geschenk etwas mehr Kenntnis der Sachlage: eine Packung Tee, Pralinen und ein Fläschchen Wodka.

Leontjewo

294 Kilometer bis Moskau, 356 Kilometer bis St. Petersburg

Durch Leontjewo fahren die Sapsans ganz langsam, sie schleichen geradezu. Hier wird gebaut, auf der Strecke nach Moskau sägen 17 junge Männer in orangefarbenen Westen Gleise. Die werden dann inklusive der Schwellen mit einem Gerät, das einer Spinne ähnelt, herausgehoben und im Graben abgeladen, ein Bagger trägt den alten Schotter ab und schüttet neuen auf. Gearbeitet wird schnell. Zum einen muss man bis 14 Uhr fertig werden – da müssen die Züge wieder fahren; zum anderen macht der Koch Kolja heute Plow, und man weiß jetzt schon, dass es darin nur 14 Stück Hühnerfleisch geben wird.

Am 12. Januar warf der 35-jährige arbeitslose Michail aus Leontjewo einen Eisbrocken auf einen Sapsan. Das Eis schlug in Wagen sechs ein Fenster ein. Die Russische Eisenbahn bezifferte den Schaden auf 120 000 Rubel.

»Ich glaube nicht, dass er das war«, sagt seine Mutter Nina Fjodorowna. »Die Polizei hat einfach ein Grüppchen Betrunkener am Bahnhof eingesammelt, und er hatte als Einziger keinen Pass dabei, deswegen hat man ihm das alles angehängt.«

Nina Fjodorowna wohnt in der Siedlung Solnetschny – gegenüber von Leontjewo, auf der anderen Seite der Gleise –, wo sie als Lehrerin arbeitet. Sie unterrichtet die dritte Klasse: insgesamt acht Kinder.

Ihr Mann Wladimir entschuldigt sich und geht den Gemüsegarten umgraben. Um über die Runden zu kommen, bauen sie Kartoffeln an und halten Schafe.

»Mischa hat alles aus dem Haus geschafft«, klagt Nina Fjodorowna. »Sogar das Nudelsieb, dabei ist das nicht mal richtiges Metall. Und alle Pfannen. Und dann kommt er und verlangt etwas zu essen. ›Worin soll ich es denn warm machen?‹, frag ich ihn. Mein Mann sagt, es sei meine Schuld, aber was kann ich dafür? Schau dir meine Tochter Lena an. Die beiden sind zusammen aufgewachsen.«

Lena ist der ganze Stolz der Familie. Sie hat in Twer die Universität abgeschlossen, ist Biologin »mit Schwerpunkt Ökologie«. Sie interessiert sich auch für Philosophie, »Aristoteles und Kant sind ihre Liebsten«, und fährt auf wissenschaftliche Konferenzen. Sie spricht Italienisch, schreibt Gedichte und Prosa. Lena arbeitet als Buchhalterin auf einer biologischen Station in Waldai. Und in ihrer Freizeit übersetzt sie Gedichte des jungen italienischen Lyrikers Marcello Menni, die sie online veröffentlicht.

»Vielleicht ist es besser, nicht dagegen anzukämpfen und keine Hoffnungen zu hegen ...« Nina Fjodorowna sucht Fotos von Mischa heraus. Auf dem aktuellsten ist er zehn. »Vielleicht hatte er einfach nicht genug Kraft?«, versucht sie den Sohn zu rechtfertigen. »Nicht genug Kraft für ein Leben ... An einer Schule hat er Glasbläser gelernt, wollte im Roten Mai arbeiten, das war eine Fabrik hier in der Nähe, dort haben sie damals die Sterne für den Kreml hergestellt. Aber die Fabrik wurde geschlossen. Da hat er mit dem Trinken angefangen. Aber man darf doch nicht gleich aufgeben! Vielleicht wurde allen unterschiedlich viel Kraft gegeben?«

Wenn Nina Fjodorowna die Kraft ausgeht, wechselt sie das Thema und erzählt von ihrer Klasse aus dem letzten Jahr: »22 Kinder, und alle fabelhaft, so lieb und nett. Zwei haben es aufs Gymnasium geschafft.« Sie kann gar nicht aufhören, von ihren Schulkindern zu erzählen: »Es gab da einen Fall, ein Junge, der irgendwann nicht mehr zur Schule kam. Zuerst meinte die Mutter, sie hätte kein Geld für die Materialien. Und später hat man ihn erfroren auf dem Heuboden gefunden. Und im Jahr darauf sind zwei Kinder bei lebendigem Leib verbrannt – Bruder und Schwester, neun und sieben Jahre alt. Deren Mutter, meine Nachbarin von unten, ist auf den Strich gegangen. Eines Abends ist sie los, es gab mal wieder keinen Strom, und hat den Kindern noch eine Öllampe angemacht ... Jetzt trinkt sie.«

»Wie soll man das Leben danach noch verstehen?«, ruft Nina Fjodorowna aus. »Einer kommt durch, der andere nicht. Warum? Ich glaube mittlerweile an die Moiren – diese blinden griechischen Weiber. Die spinnen den Menschen ihre Schicksale aus dem, was grad zur Hand ist, und wenn ihnen danach ist, schneiden sie den Faden einfach durch. Nur so kann ich mir einen Reim drauf machen.«

»Ich glaube nicht mehr dran, dass Mischa noch die Kurve kriegt«, sagt Nina Fjodorowna, sie weint schon lange, ohne es zu merken. »Wenn ich als seine Mutter schon zu ihm sage: Nimm dir doch den Strick ...«

Vor dem Lebensmittelladen saufen einige junge, kräftige Männer, versaufen das Gehalt von Schenja. Schenja arbeitet als Holzfäller bei der Eisenbahn. Er fällt die Bäume, die weniger als 15 Meter von den Gleisen stehen. Wenn man täglich 40 Kubikmeter Holz schlägt (zehn bis zwölf Stunden Arbeit), macht das ein astronomisches Gehalt von 40 000 Rubel. Genau das versaufen die Jungs gerade.

Schenja kommt zu mir und bittet: »Richte denen in Moskau aus, dass die alle Wichser sind!« Schenja hat so einiges an der Regierung auszusetzen. Er ist Waise, und Waisen steht eine Wohnung zu, die hat er nicht bekommen, sondern lebt mit seinen Großeltern zusammen in einer Hütte. Außerdem hat Juschkowa, die Chefin der Lokalverwaltung, zugelassen, dass die zwei öffentlichen Banjas in Leontjewo geschlossen werden.»Und wo sollen unsere Rentner sich jetzt waschen?«, brüllt Schenja, der schon ordentlich was intus hat.»Und ich? Wo soll ich mich waschen? Und diese Fotze Juschkowa hat eine Villa am See.« Das habe ich später überprüft: Die Villa ist ziemlich bescheiden, es ist eher ein altes Holzhaus, und auch kein See in Sicht.

»Deswegen drücke ich mich auch vor der Armee! Und schäme mich nicht dafür! Ich schulde diesem Land rein gar nichts.«

Schenja stellt mir seinen Kumpel Anton vor. Anton Abdulchanow sitzt mit seiner Großmutter Lidija Viktorowna auf einer Bank. Er hat beide Tschetschenienkriege mitgemacht und steigt beim Thema Armee gleich mit ein.

»Mosdok, Chankala, Alchan-Jurt, Komsomolskoje, Tscherwlenoje«, zählt er ruhig Kriegsschauplätze auf.

»Mein Bruder war in Tschetschenien!«, brüllt Schenja.»Einmal hatte er schlechte Laune und hat seine Frau an die Wand genagelt! Arme und Beine mit Gabeln an die Wand! Daran ist Putin schuld, verflucht! Und Medwedew! Können ihr Volk nicht beschützen!«

»Zwei Prellungen, viermal verwundet – zwei Schusswunden und zwei Granatsplitter«, fährt Anton fort.

»Ich brauche einen Panzer! Ich mach Kleinholz aus der Verwaltung dieser Juschkowa!«, keift Schenja.»Und aus dem Kreml! Sollen sie mich doch einsperren, ich bring Putin trotzdem um! Und Medwedew! Warum können unsere Rentner sich nicht waschen?«

»Ja, meine Liebe, das stimmt wirklich, ich kann mich nirgends waschen. Ich mache mir Wasser in einem Bottich warm und mache es dann mit einem Lappen«, stimmt Lidija Viktorowna eine Klage an.»Die sollen diese Juschkowa absetzen und jemand Guten an die Stelle tun.« Sie weint leise und bekreuzigt sich.

»Oma, nicht weinen. Reg dich nicht auf«, versucht Anton sie zu beruhigen und legt den Arm um sie.

»Nur Scheißwichser an der Macht!«, brüllt Schenja.

Weder Schenja noch Anton, zwei kerngesunden Kerlen, noch ihren Freunden, die vor dem Lebensmittelladen saufen, ist je die

Idee gekommen, eine Banja selbst zu bauen oder jemanden damit zu beauftragen. Aber noch schlimmer ist, dass auch Lidija Viktorowna nicht auf die Idee kommt, ihren Enkel darum zu bitten.

Der Sapsan

Im Vorbeifahren an Uglowka, 381 Kilometer bis Moskau, 269 Kilometer bis St. Petersburg

Er ist gar nicht so schnell, wie alle sagen und wie es von außen betrachtet scheint. Die Durchschnittsgeschwindigkeit liegt bei 190 Stundenkilometern, nur einmal beschleunigt er auf 223.

Die Sitze sind mit weichen Kopfkissen ausgestattet, es gibt große Panoramafenster, auf einem Monitor läuft *Dark Planet*. Über Kopfhörer gibt es auch Musik.

Die Zugbegleiter tragen hübsche graue Uniformen mit Namensschildchen, auf denen kleine Flaggen sind, meistens britische. Die Flagge steht für die Sprachkenntnisse. Fragt man einen dieser Briten:»Do you speak English?«, erwidert er:»A little bit.«

Ein Kaffee kostet 50 Rubel, ein Mittagessen schon 500.

Das Rauchen ist verboten, die Leute springen bei den seltenen kurzen Stops auf den Bahnsteig und ziehen gierig an den Zigaretten. Zu den Reisenden kommen sofort fliegende Händler angerannt und bieten ihre Waren feil: Räucheraal, folkloristisch bemalte Holzlöffel, Trockenfisch, Sonnenblumenkerne, Wodka, Aprikosen. Die Zugbegleiter sind außer sich und rufen zur Ordnung:»Herrschaften, wir fahren weiter!« Aber ein paar schaffen es immer, ein Porzellanglöckchen oder eine Brasse zu kaufen.

Die Gespräche:

»75 Leute müssen jede Woche rüber. Das war die Aufgabe. Ich habe doch gleich gesagt, dass das Unsinn ist – Bohrarbeiter ohne Hubschrauber dorthin zu bringen ...«

»Wenn Sie eine Versicherung brauchen, finden wir die richtige für Sie ...«

»Viktor Iwanowitsch, ich grüße Sie, mein Lieber ...«

»4+4... 8+6... 12+7... 30+7...« (eine Kinderstimme)

»Das wird ein Durchbruch im russischen Schiffbau – ein Schiff mit Propeller-Antrieb, das in zehn Stunden ...«

»Weißt du, die Ausstellung war total unspektakulär, und dann noch dieser politische Subtext.«

»Warten Sie bitte einen Augenblick, wenn ich mit meinen Kunden fertig bin, bin ich sofort für Sie da.«

Eine sehr gut angezogene und gepflegte schwangere Frau tippt lustlos etwas in ihr Notebook, dann widmet sie sich einem Papierstapel: »Der Fall A. A., oder Was bei sich widersprechenden Versionen zu tun ist«. Sie macht sich Notizen am Rand, runzelt die Stirn. In dem Aufsatz geht es um den Streit einiger Psychiater aus Moskau und St. Petersburg wegen einer Erweiterung des Schizophreniebegriffs.

Genka Matischew, ein Anwohner der Station Schljus, sagte mal zu mir: »Es ärgert mich gar nicht so sehr, dass sie in diesem Palast an uns vorbeirauschen, sondern, dass sie nicht mal aus dem Fenster schauen. Sie drehen sich nicht mal um.«

Ich bemühe mich, aus dem Fenster zu schauen, aber plötzlich tun mir die Augen weh – vermutlich wegen der Geschwindigkeit.

In vier Stunden und vierzehn Minuten ist der Zug in Moskau.

Kapitel 4

Gerechtigkeit vs. Anstand

Ich glaube, es war Ira Bergalijewa, eine Freundin und Menschenrechtlerin, die mich anrief. Sie sagte, bei einer Nachbarin aus ihrem Wohnheim, Manana Dschabelija, sei die Abschiebung angeordnet worden. Ich schreibe »ich glaube«, weil ich mich an diese Tage schlecht erinnern kann. Am 7. Oktober 2006 wurde Anna Politkowskaja ermordet – sie wurde im Aufzug ihres Wohnhauses erschossen, fünf Kugeln. Anna Politkowskajas Artikel waren es, die mich dazu bewogen hatten, Journalistin zu werden. Es gab wohl keinen Menschen, den ich mehr bewundert hätte. Mein Büro war nur ein Zimmer weiter. Manchmal legte ich ihr Äpfel auf den Schreibtisch, aber ich sprach sie nie an – ich war noch zu klein und dumm, ich hatte noch genug Zeit. Der Gedanke, dass sie sterben könnte, war mir nie gekommen. Als sie ermordet wurde, feilschte ich stundenlang mit dem Tod: Wenn man jetzt sofort ihre Mörder fände, würde sie dann auferstehen? Oder wenn ich verspräche, dass ich ihr alles sagte, was ich ihr immer sagen wollte, aber wofür ich zu feige gewesen war – wie krass sie mein Leben und das so vieler Menschen verändert hatte, wie dankbar ich ihr war – würde sie dann auferstehen? Sie ist nicht wiederauferstanden. Ich quälte mich, ein brennender Schmerz fraß sich durch mein Inneres – bis er plötzlich aufhörte und blanker Hass an seine Stelle trat. Mit dem Hass ließ es sich viel leichter leben und arbeiten. Ich schlug morgens die Augen auf und dachte: an die Arbeit. Ich sank aufs Bett und dachte: ausschlafen und weiterarbeiten.

An Arbeit fehlte es mir nicht. Georgien hatte russische Offiziere wegen Spionage des Landes verwiesen. Russland wollte Vergeltung. In Russland lebten viele Georgierinnen und Georgier: noch aus Sowjetzeiten, als wir ein Land gewesen waren, seien es die, die vor dem Krieg geflohen waren, seien es die, die zum Arbeiten gekommen waren. Nun wurden sie festgesetzt und deportiert.

Ob die Menschen die erforderlichen Papiere hatten oder nicht, spielte keine Rolle. Man brachte sie nicht einmal in den Gerichtssaal, es lief einfach alles über die Polizei. Auf diese Weise wurden innerhalb von zwei Monaten über 2500 Menschen abgeschoben.

Im Fernsehen erzählte man, die Georgier seien schon immer Russlands Feinde gewesen. Man brach die Verkehrs- und Postwege nach Georgien ab, der Verkauf von georgischem Wein wurde verboten. Die Polizei forderte von Schulen Namenslisten georgischer Schülerinnen und Schüler an. Auf den Straßenmärkten in Moskau gab es Razzien.

Die Polizisten griffen Menschen mit georgischen Namen heraus. Unter ihnen war auch Manana Dschabelija.

Sie war 50 Jahre alt und während des Krieges nach Russland geflohen. In Georgien hatte sie weder ein Zuhause noch Familie. Ihre Familie bestand aus ihren zwei Söhnen. Der Jüngere, ihr Ein und Alles, hieß Nika und studierte an der Moskauer Universität für Rechtswissenschaft. Manana verkaufte Kräuter auf dem Domodedowski-Markt. Am 4. Oktober kam die Polizei dorthin. Alle georgischen Händlerinnen und Händler, mehr als 20 Menschen, wurden festgenommen.

Auch Manana wurde festgenommen. Niemand hatte auch nur einen Blick auf ihre Papiere geworfen. Als Nika auf das Polizeirevier kam, um ihr Essen zu bringen, ließen sie ihn nicht zu seiner Mutter. Manana musste hungrig in der Zelle übernachten. Am nächsten Tag entschied das Bezirksgericht Nagatinsk, sie und sechs weitere Menschen nach Georgien zu deportieren. In einer Viertelstunde war über das Schicksal von sieben Menschen entschieden worden. Manana weigerte sich, den Beschluss zu unterschreiben. Man fälschte ihre Unterschrift.

Sie wurde in ein Sondergefängnis für Ausländer verlegt. Dort sitzen Menschen in Abschiebehaft. In neun Tagen sollte Manana deportiert werden, ohne eine Möglichkeit, Widerspruch einzulegen.

Aber Ira bekam die Sache mit und rief erst mich und dann die Menschenrechtlerinnen und Menschenrechtler der Moskauer Helsinki-Gruppe an. Die Menschenrechtsorganisation Moskauer Helsinki-Gruppe setzte durch, dass Mananas Urteil von ihren Söhnen eingesehen werden konnte. Uns blieben anderthalb Tage, um Widerspruch einzulegen. Das haben wir geschafft.

Aber das Gericht setzte keinen neuen Anhörungstermin an. Manana blieb im Gefängnis. Sie trat in den Hungerstreik. Den verkraftete sie sehr schwer, sie hatte Herzprobleme und zu hohen Blutdruck. Fast täglich kam ein Krankenwagen. Den Gefängnisleuten gefiel das ganz und gar nicht. Die Aufsichtsbeamtin Jekaterina Sokolowa brachte ihr einen Vordruck zur Rücknahme ihres Widerspruches, den sollte sie unterschreiben, um dann unverzüglich abgeschoben zu werden. Manana weigerte sich. Jekaterina redete auf sie ein: Sie sind doch erwachsen, warum quälen Sie sich selbst und Ihre Mitmenschen? Das ist doch unanständig.

An dieser Stelle muss ich ein paar Worte darüber verlieren, was man in Russland unter Anstand versteht. Anstand hat nichts mit Moral zu tun, wohl eher mit dem Gegenteil. Ein anständiger Mensch hält sich an die Regeln. Hat er die Geschwindigkeitsbegrenzung überschritten, zahlt er ein Schmiergeld – so gehört sich das. Er hört auf Ältere. Beharrt nicht auf seinen Rechten – erst recht nicht, wenn er eine georgische Geflüchtete im fortgeschrittenen Alter ist. Wenn das Gericht ihm eine Abschiebung befiehlt, dann lässt er sich gefälligst abschieben und ärgert nicht diejenigen, die stärker sind als er.

Manana benahm sich nicht anständig, sie benahm sich schlecht. Sie veranstaltete einen Hungerstreik, verärgerte die Gefängnisleute, zog die Aufmerksamkeit von Menschenrechtlern und Journalistinnen auf sich, versuchte zu beweisen, dass sie im Recht war, anstatt sich mit dem gleichen Schicksal wie so viele andere abzufinden.

Auch wir benahmen uns nicht anständig. Die Menschenrechtlerinnen und Menschenrechtler veranstalteten Pressekonferenzen. Ich schrieb Artikel. Endlich gab es einen Gerichtstermin. Zu der Anhörung kamen ich, Ira und Mananas Söhne – zwei erwachsene Männer. Man brachte Manana aus dem Abschiebegefängnis zum Gericht. Ich sah sie zum ersten Mal. Eine füllige kleine Frau mit weichen Gesichtszügen, warmen braunen Augen und komplett ergrauten Locken. Es war ihr sichtlich unangenehm, dass ihretwegen so viele Menschen gekommen waren, sie bemühte sich, ganz gerade zu sitzen und sehr deutlich zu sprechen. Der Richterin war zu heiß in ihrer Robe. Sie hielt sich nicht lange mit dem Fall auf, alles war offensichtlich. Die Abschiebung wurde ausgesetzt.

Aber Manana wurde nicht freigelassen, denn die Anhörung war am Donnerstag, und wer arbeitet schon freitags. Freitag ist ja quasi Wochenende. Man brachte sie zurück ins Abschiebegefängnis, mit dem Versprechen, sie am Montag freizulassen. Vorher durften wir noch ein Foto auf der Treppe vorm Gericht machen. Ira hatte es vorgeschlagen: Machen wir ein Foto, damit wir diesen Tag niemals vergessen. Auf dem Foto stehen wir zu dritt: Manana, Ira und ich. Manana lächelt, aber ihr ist anzusehen, dass ihr das Stehen schwerfällt.

Dann wurde sie wieder eingesperrt. Bis Montag. Die Frauen aus ihrer Zelle erzählen, sie habe gelacht und ein bisschen getanzt und versprochen, sie zu besuchen. Und am Samstag ist sie gestorben. Sie ist einfach nicht aufgewacht. Die Frauen hämmerten gegen die Tür und schrien, bis endlich jemand von den Gefängniswärtern kam.

Ihrer Familie sagte man es erst einige Stunden später, als man den Papierkram erledigt hatte. Mananas Söhne waren den ganzen Morgen in der Stadt unterwegs gewesen, um den verbotenen georgischen Wein zur Feier ihrer Freilassung zu besorgen. Als mich Nika anrief, dachte ich, mein Telefon wäre kaputt, es gluckerte und jaulte.

Wir trafen uns vor dem Abschiebegefängnis. Im Dunkeln fiel der erste Schnee. Der georgische Konsul Surab Pataradse stand neben Mananas Söhnen. Man ließ sie nicht hinein. Ich schrie den Konsul an: »Warum kommen Sie erst jetzt? Jetzt, wo sie tot ist!« Er nahm mich in den Arm – ich riss mich los – und sagte: »Jetzt sollten wir nicht mehr schreien. Ich fahre Sie nach Hause, es ist ein harter Winter.«

Mananas Leichnam wurde nach Georgien gebracht. Es gab einen Trauergottesdienst in der Sameba-Kathedrale, der größten Kathedrale Georgiens. Zur Beerdigung der einst geflüchteten Frau kamen Parlamentsabgeordnete und Ministerinnen, es kamen aus Russland deportierte Georgierinnen und Georgier und Leute, die zufällig in der Nähe waren. Neben dem Sarg standen ihre zwei Söhne. Sie sind nicht mehr nach Russland zurückgekehrt.

Ira Bergalijewa, die mir von Manana erzählt und sie verteidigt hatte, ist vier Jahre später auf einem Gerichtsflur in Podolsk gestorben. Sie war dort, um Menschen, denen eine Ausweisung drohte, zu verteidigen. Sie ist nicht mehr dazu gekommen. Sie ist einfach umgefallen. Man rief den Krankenwagen, aber sie hatte keinen Puls mehr. Auch sie hatte Herzprobleme, von denen sie niemandem erzählte. Ich dachte immer, sie wäre allmächtig. Sie schminkte ihre Lippen mit dem knalligsten Rot und hatte das tollste Lachen auf der Welt. Polizisten, Richterinnen und Beamte, die mit ihr zu tun hatten, dachten, hinter ihr stünde die Mafia, weil sie vor überhaupt nichts Angst hatte und alle verteidigte. Iras tatsächliche Schutzlosigkeit kam ihnen nicht in den Sinn.

Man beerdigte sie auf dem Perepetschinskoje-Friedhof. Dort besteht die Erde nur aus Lehm, und es gibt kein Gras. Zu ihrer Beerdigung kamen Menschen, die sie einst gerettet hatte.

Ihre Telefonnummer weiß ich bis heute auswendig – 89 169 262 706 –, und manchmal würde ich sie zu gern wählen. Ich habe sie oft angerufen, wenn es draußen vor dem Fenster völlig finster war und schwerer Schnee fiel, wenn ich keine Kraft mehr hatte und dieses Ziehen in der Brust. Sie sagte mir: »Hab niemals Angst, vor gar nichts, ein Mensch kann alles schaffen.« Und ich hatte vor nichts Angst. Ira, Manana, Anna sind nicht mehr da. Wenn ich jetzt Angst bekomme, renne ich einfach vorwärts.

Vom Morgengrauen bis zum Morgengrauen

27. Mai 2009

Die Wache, auf der ich ein Praktikum bei der Kriminalpolizei absolviere, ist ein zweistöckiger Plattenbau in einem Randbezirk von Moskau, also praktisch schon in der Provinz. Im Erdgeschoss befinden sich die Dienststelle (hier landen die Anrufe), das Zimmer der SEG (Schnelleinsatzgruppe) und die Verhörräume. Im ersten Stock, der von der Außenwelt am besten abgeriegelt ist, sitzen die Polizisten, das Archiv und die Spurensicherung. Im zweiten sind die Büros der Ermittlerinnen und Ermittler.

Um 9 Uhr morgens ist der Appell. Der diensthabende Polizist kontrolliert das Vorhandensein der Waffen und ihren Zustand. Auch der Leiter der Polizeiwache ist anwesend, aber er hat, wie es scheint, eher eine dekorative Funktion. Danach verschwindet er in sein Büro und lässt sich nicht mehr blicken.

Verschlafene Streifenpolizisten fahren zu ihren Einsatzpunkten. Ich darf nicht mit. »Das ist eine besondere Arbeit«, heißt es. Das kann man wohl sagen. Die Streifenpolizisten kassieren Gebühren von Touristen, erpressen Schmiergelder, fingieren Protokolle. Praktikanten nimmt man nur mit, wenn sie sich schon als absolut vertrauenswürdig erwiesen haben.

Die Dienstelle ist das Herz einer jeden Polizeiwache. Ein großes Zimmer mit einem vergitterten Glasfenster, das die halbe Wand einnimmt, außerdem noch eine Küche (Kühlschrank, Tisch, Mikrowelle), ein kleines Zimmer mit zwei Sofas (da holen die Diensthabenden abwechselnd ihren Schlaf nach) und eine Waffenkammer. Pausenlos klingelt das Telefon, Zigarettenrauch erfüllt die Luft, und es herrscht Geschrei wie jeden Morgen. Heute ist es Sascha, der herumbrüllt, er hat Dienst. Vom Morgen bis zum ersten Bier regt ihn alles auf. Alle halten Sascha insgeheim für einen Versager. Er war mal bei den Sondereinsatzkräften des Militärgeheimdienstes und ist dann bei der Polizei gelandet. Außerdem ist Sascha ein großer Fan von *Herr der Ringe*. Er liebt es, über den unweigerlichen Sieg des Guten über das Böse zu philosophieren. Was ihn übrigens nicht daran hindert, seelenruhig dabei zuzuschauen, wie Gefangene zusammengeschlagen werden. Als Gefangene bezeichnet man hier einfach alle, die festgenommen wurden.

Geht ein Anruf ein, kommt vom Diensthabenden eine Durchsage, wer »zum Einsatz« muss: Ermittler, einfache Polizisten, manchmal auch Kripo-Beamte.

Im Gehen fragt man noch:

»Helles oder dunkles Vergehen?«

»Dunkles.«

»Ein ›Hänger‹ also.«

Mit hellen Straftaten hat man es zu tun, wenn der Geschädigte den Täter gesehen hat.

Sich selbst nennen die Polizisten untereinander Mitarbeiter. Ein Mitarbeiter tut alles für den anderen: Er gibt Deckung, hält dicht beim Chef, unterschreibt fingierte Protokolle, bringt seine Kinder an der Uni unter. Die Welt jenseits der Polizeiwache wird unterteilt in »Übeltäter« – die Tatverdächtigen –, und in »Schädis« – die Geschädigten. Die einen wie die anderen sind den Mitarbeitern feindlich gesinnt. Und das beruht auf Gegenseitigkeit.

Die Zeit zwischen den Einsätzen vertreibt man sich mit endlosen Fernsehserien über die tapfere russische Polizei. Ganz oben auf der Skala stehen die erste Staffel der *Straßen der zerschlagenen Laternen* und der *Fasan* – sie gelten als die realistischsten. In dem Hang der Mitarbeiter zu »Bullenserien« liegt eine Art ungesunde Sublimierung: Die Serien überzeugen sie davon, dass die Menschen die Polizei tatsächlich brauchen. Aber noch viel wichtiger ist, dass die Serienhelden immerzu gegen das Gesetz verstoßen, was (der Filmlogik zufolge) unvermeidlich und richtig ist.

Mein Praktikumschef, der Kripo-Beamte Jegor, und ich schauen schon die vierte Folge von *Die Bullen*. Dort gibt es eine Figur, die einiges mit ihm gemeinsam hat: Ein Typ, der zur Polizei ging, um dem Armeedienst zu entgehen, der sich eingearbeitet hat, Gefallen daran fand, ein echter Profi wurde. Irgendwann kam zwar die Enttäuschung, aber gehen kann er trotzdem nicht, seine »Jungs« lassen ihn nicht.

Kripo-Beamte, die alle Vergehen ihrer Mitarbeiter decken und mit gefälschten Beweismitteln dabei helfen, »Übeltäter« hinter Gitter zu bringen, lässt man sehr ungern gehen.

»Denk nur nicht, dass ich Angst habe. Ich habe keine Angst vor den Jungs. Aber sie brauchen mich.«

Ein Anruf von der Dienststelle:

»Ein Schädi. Geht mal runter, seine Karre abfotografieren.«

»Wir schauen grad einen Film. Er soll warten.«

»Er wartet schon zwei Stunden. Regt sich auf.«

»Soll er sich aufregen«, erwidert Jegor und springt kurz auf. Wer wichtig ist, muss ab und zu Charakter zeigen.

Wir gehen runter und machen Aufnahmen vom Wagen, den der Geschädigte zur Polizeiwache gebracht hat. Der ganze Wagen ist mit Scheiße vollgeschmiert – sorgfältig, bis ans Dach.

Der Geschädigte, ein junger Mann in einem guten Anzug, ist sichtlich geschockt. Er beschwert sich bei den Mitarbeitern: »Klar kommt so was öfter bei uns vor. Da ist eine Schule in der Nähe, und dieses Gesocks vertreibt sich so die Zeit. Sonst trifft es irgendwelche Schigulis und Ladas. Aber ich hab doch einen *teuren* Wagen!«

»Sind bei Ihrer Versicherung Verunreinigungen des Fahrzeugs mit Fäkalien vorgesehen?« Polizist Schenja spottet gern.

»Mir geht es nicht ums Geld. Ich will, dass die bestraft werden. Könnt ihr sie finden? In der Schule anrufen ...«

»Ich sag es dir ganz ehrlich«, der Polizist wechselt ganz ungeniert zum Du. »Wir werden sie nicht suchen. Und auch in keiner Schule anrufen. Das lässt sich schwer beweisen, außerdem ist das Höchste, was man ihnen aufbrummt, eine Geldstrafe und ein Eintrag im Register. Wasch lieber dein Auto und park es an der Einfahrt zur Schule. Und dann beobachte die Lage. Kriegst du den Kerl, dann stopfst du ihm das Maul mit dieser Scheiße.«

Anruf. Die erste Leiche heute. Kein Kriminalfall, die Kripo müsste eigentlich nicht hin. Aber die Polizisten bestehen darauf, dass ich mitkomme. Mit den zwei Polizisten fährt noch ein Mann in schwarzem Anzug mit, den ich nicht kenne.

»Ein Mitarbeiter?«

»Hmm, ein Freier.«

Später wird sich herausstellen, dass er Bestattungsunternehmer ist.

Ein bewährtes Prinzip: Der Diensthabende gibt bei jeder Leiche eine inoffizielle Benachrichtigung an die Bestatter heraus, und man nimmt einen von ihnen zum Einsatz mit. Pro Einsatz kassiert der Diensthabende 3500 Rubel. An der Tür kommen uns die Ärzte des Krankenwagens entgegen. Die Wohnung ist nicht schlecht eingerichtet. Eine Frau, 40 Jahre alt, liegt zugedeckt auf der Couch.

In der Wohnung sind noch ihr 20-jähriger Sohn und seine perplexen Freunde. Alle ordentlich betrunken. Als die Mutter starb, tranken sie Bier in der Küche. Er berichtet ruhig:

»Ich hab gehört, wie sie mich ruft. Bin hin, dachte, sie hat sich eingeschissen. Sie hat schon seit ein paar Tagen ins Bett gemacht. Aber sie meinte nur: Ich will kotzen. Also hab ich ihr eine Waschschüssel gebracht, die da. Und dann hat sie angefangen zu röcheln und ist gestorben.«

Vor genau 40 Tagen war die Beerdigung des Vaters. Beide haben heftig gesoffen.

»Hilf mir mal, sie umzudrehen.«

Der Polizist sieht sich ungeniert den Körper an. Arme und Beine hängen von der Couch herunter. Dann wirft er unachtsam wieder die Decke drüber. Eine Freundin des Sohnes rennt aus dem Zimmer.

Wir halten fest: Keine Anzeichen einer Fremdeinwirkung.

Wir tragen die Merkmale der Toten ins Protokoll ein.

»Es ist zu dunkel hier drin. Praktikantin, schau mal, was für eine Haarfarbe sie hat.«

»Kastanienbraun, gefärbt.«

»Und die Augen?«

»Graublau. Die Pupille stark geweitet, fast bis zum Rand der Iris.«

»Ist sie unter den Armen rasiert?«

»Die Spalte gibt es im Protokoll nicht.«

Die Polizisten sehen einander an, lachen.

»Du bist nicht übel, Praktikantin. Bist schwer auf Zack!«

Kaum sind wir zurück, kommt schon der nächste Anruf.

Der Diensthabende ergeht sich fluchend in den Hörer:

»Ein Kinderfahrrad? Ein verficktes Kinderrad? Habt ihr den Arsch offen?«

Dann hört er schweigend zu. Legt auf.

»Los. Der Schädi ist die Frau eines Mitarbeiters.«

Die Frau des Mitarbeiters erwartet uns am Hauseingang.

»Das Fahrrad meines Sohnes wurde geklaut. Er ist vier, es war ein Geburtstagsgeschenk! Es stand im Hauseingang. Die Nachbarn sagen, der Alki von nebenan hat es mitgenommen.«

Eine versiffte Wohnung. Ein alter Mann, der kaum noch laufen kann. Und das Kinderfahrrad.

»Was willst du damit, Alter?«

»Hä?«

»Was du mit dem Fahrrad willst? Herumfahren? Verkaufen? Verschenken? Wozu hast du es geklaut?«

»Keine Ahnung. Das stand da, also hab ich es mitgenommen.«

Im Nachbarzimmer sucht ein Polizist die Schubladen ab. Sucht Geld für unser Bier. Flucht, weil er keins findet.

Wir führen den Alten sehr langsam die Treppen hinunter. Er scheint nicht zu kapieren, wo es hingeht, und fängt an, herumzuschreien. Ein Polizist rammt ihm gefühlvoll die Faust in den Bauch. Der Alte verstummt. Mit Mühe kriegen wir ihn ins Auto. Bei der Wache angekommen, wird er in die Arrestzelle gebracht.

Gegen sieben gehen wir in den Supermarkt. Wir kaufen etwas zum Essen und Alkohol: Bier, Wodka, Cognac. Die jungen Ermittlerinnen nehmen Wein.

Zurück in der Wache ist das Klirren der Flaschen am Drehkreuz nicht zu überhören. Aber der Bulle, der Wache schiebt, hat uns aufgetragen, ihm ein paar Bier mitzubringen. Wir zahlen ihm den Wegzoll und gehen entspannt weiter.

Die Ermittlerinnen haben schon einen Salat geschnippelt. Wir schenken Wein ein. »Aber ganz schnell«, sorgen sich die Ermittlerinnen, »da ist noch irre viel zu tun.«

Die Polizeiwache muss Bericht erstatten. Die Vorgabe sind 40 Fälle ans Gericht pro Monat. Sonst gibt es keine Prämie.

Den Ermittlerinnen zufolge arbeiten von sieben Leuten in ihrer Abteilung tatsächlich nur drei. Und diese drei sitzen schon die vierte Nacht infolge im Büro, gehen nur kurz heim, um zu duschen und sich umzuziehen. Auf der Fensterbank steht eine fast leere Kiste Red Bull.

»Gehen wir noch mal den März-Fall durch, wenn wir schon alle hier sind.«

Der März-Fall ist die Plage der gesamten Polizeiwache. Am 8. März besuchten zwei Männer eine junge Frau, um ihr zum Weltfrauentag zu gratulieren. Es kam zu einer Eifersuchtsszene, die sich zu einer Prügelei auswuchs. Das Ergebnis: eine Stichwunde.

Der Verwundete behauptet, der Gegner habe ihn mit dem Messer angegriffen. Der andere behauptet, er habe das Messer gezogen, um den um sich Schlagenden abzuschrecken und die Prügelei zu beenden, aber dieser habe versucht, ihm das Messer wegzunehmen und sei dabei selbst ins Messer gerannt.

Die Polizei rief man erst am 9. März. Da hatte die vielbegehrte Frau schon den Boden, den Tisch und die Wände gewischt. Das Messer wurde nicht gefunden. Zeugen gab es auch keine; die Frau war während der Schlägerei erschrocken aus dem Zimmer gerannt.

Die Verletzung ist eine Stichwunde, und passt damit zu beiden Varianten. Eigentlich ein glasklarer »Hänger«.

Wären da nicht die einflussreichen Angehörigen des Opfers. Also nahmen die Ermittlungen doch knirschend ihren Lauf. Die Mitarbeiter fanden ein passendes Messer, fälschten Fingerabdrücke. »Präparierten« einen Zeugen. Das Durchsuchungsprotokoll musste fünfmal umgeschrieben werden. Gleichzeitig wurde mit dem Festgenommenen »gearbeitet«. Der wollte seine Schuld partout nicht eingestehen.

So was wie den März-Fäll nennt man im Fachjargon einen »Nullfall«, sprich er ist komplett aus den Fingern gesaugt. Aber auch andere Fälle brauchen ein paar »Korrekturen«, bevor sie ans Gericht gehen. Vor meinen Augen unterschreibt der Kripo-Beamte einen Stapel leerer Durchsuchungsprotokolle.

»So, jetzt haben wir uns was zu saufen verdient!«

Oxana, eine gefärbte Blondine, behangen mit Goldschmuck, erzählt zum x-ten Mal davon, dass sie in weniger als einem halben Jahr hier raus sein wird, um zur Steuerfahndung zu gehen: »Mein Onkel wurde nämlich zum stellvertretenden Leiter der Steuerfahndung von Moskau befördert, er hat versprochen, nachzuhelfen.« Alle lauschen andächtig, die Steuerfahndung ist der Traum eines jeden Polizisten.

Ein Mitarbeiter kommt mit aufgerissenen Augen reingerannt: »Schklowski kommt!« Schklowski ist Chef der Abteilung. Mit einer routinierten Bewegung lässt man die Becher hinter den Stuhlbeinen verschwinden. Die Flasche steckt ein Polizist unter die Jacke. Alle zünden sich Zigaretten an und beginnen Witze zu erzählen.

Schklowski, ein kleiner stämmiger Mann, betritt den Raum: »Habt ihr schön Spaß?«

Er türmt sich auf und grinst. Alle außer Oxana gehen raus.

Hinter verschlossener Tür hört man Gebrüll:

»Du reißt mir hier das Pensum ein! Und zwar ständig! Ich schmeiß dich raus, noch bevor du auf dein vetternwirtschaftliches Plätzchen wechseln kannst!«

Ein paar Minuten später rennt Oxana weinend aus dem Zimmer. Nach ihr kommt ein zufriedener Schklowski raus.

»Was schaust du so, Praktikantin? Tut sie dir etwa leid?«

»Ja.«

»Sollte sie nicht. Sie schuftet ohne Unterlass, von wegen! Wackelt hier seit einem Monat mit dem Arsch herum. Zur Steuerfahndung will sie!«

Der immer noch wütende Schklowski schickt mich und Schenja zum Verhör eines »Pushers« – eines Drogendealers. Begleitperson bei einem Verhör zu sein, ist äußerst unangenehm, das weiß Schklowski natürlich.

Unweit vom Verhörzimmer lümmelt ein Grüppchen herum: zwei Jungs und ein paar Mädchen. Sie trinken Bier und Alkopops, hören Musik über ihr Smartphone.

»Unsere Dauerzeugen«, erklärt Schenja. Dauerzeugen sind Leute, die bei irgendwelchen Kleinigkeiten erwischt wurden. Ein paar fanatische Freiwillige gibt es auch, aber die sind in der Unterzahl. Wir lösen die anderen Begleiter ab, setzen uns vor die Tür. Das Verhör läuft bereits.

Der Pusher ist ein knapp 30-jähriger Mann mit schläfrigen Augen. Man hat ihm Handschellen angelegt, er versucht, sich die Handgelenke zu reiben. Der »Übeltäter« hat schmale, lange Finger mit frischen Schürfwunden. Neben ihm sitzen eine Ermittlerin, eine zierliche Brünette mit einem Red Bull in der Hand, und ein in die Jahre gekommener, ausgelaugter Anwalt. Ein Pflichtverteidiger, der von der Polizeiwache bestellt wurde.

»Man hat Druck auf mich ausgeübt. Psychisch«, sagt der Übeltäter leise. »Die Polizisten haben das Geständnis selbst geschrieben.«

»Ein grober Verstoß«, kommentiert der Anwalt.

»Verteidigen Sie ihn doch nicht«, sagt die Ermittlerin mit einem Grinsen. »Die Sache ist längst klar: Ein Unschuldiger unterschreibt doch nichts, nur damit er aus der U-Haft rauskommt.«

»Als könnte man bei Ihnen irgendwas nicht unterschreiben«, gibt der Anwalt mit ebensolchem Lächeln zurück.

»Ich würde es nicht unterschreiben«, sagt die Ermittlerin. Und wendet sich an den Festgenommenen: »Also, die Polizisten können dir sagen, was sie wollen. Das Gericht entscheidet. Und woher weißt du überhaupt, dass es Polizisten waren. Weißt du ihre Namen?«

»Im Dezember wurden übrigens Polizisten von der Hauptwache eingesperrt. Sie hatten Aussagen erpresst«, lässt der Anwalt nachdenklich fallen.

»Und im Januar wurde Markelow[6] ermordet«, erwidert die Ermittlerin. »Also, arbeiten wir hier, oder was?«

»Ich kann nicht sprechen«, röchelt plötzlich der Übeltäter.

»Du verweigerst also?«

»Nein, gebt mir was zu trinken.«

Er kippt einen halben Liter Bonaqa in einem Zug herunter. Verlangt noch mehr.

»Wie lange hast du nichts getrunken?«, fragt der Anwalt.

Es stellt sich heraus, dass der Übeltäter seit seiner Verhaftung um 14 Uhr nichts gegessen oder getrunken hat und nicht auf der Toilette war.

»Habt ihr sie noch alle? Und wenn dem irgendwas platzt?«, fragt der Anwalt.

Wir führen ihn auf die Toilette. Füllen die Flasche noch einmal mit Wasser. Ich habe Kekse in der Tasche, die ich dem Übeltäter auf dem Rückweg gebe. Er schlingt sie herunter, leckt sich die Handflächen.

Schenja ist baff: »Spinnst du, Praktikantin?«

Wir holen die Zeugen für die Gegenüberstellung. Die Ermittlerin flucht – beide Zeugenberichte sind wortgenau voneinander abgeschrieben. Sie bessert aus.

Die Zeugen schauen weg und beantworten die Fragen nur sehr langsam. Die Berichte widersprechen sich.

Der Anwalt schaltet sich ein: »Hast du gesehen, wie der Kontrollkauf stattfand? Mit deinen eigenen Augen?«

»Nein«, sagt der Zeuge leise. »Hab ich nicht.«

»Hat er nicht!«

»Wie war das?«, fragt die Ermittlerin und durchbohrt den Dauerzeugen mit ihrem Blick.

Der murmelt etwas Unverständliches.

»Er hat es nicht gesehen. Hat er doch gerade gesagt.«

»Natürlich hat er es gesehen. Wir sind einfach alle schon müde.« Sie liest eine der identischen Aussagen vor. »Stimmst du dem zu?«

»Ja, mach ich.«

Wir bringen den Übeltäter wieder in die Zelle.

Im Dienstzimmer wird die Tagesbilanz gezogen: Die Berichte an die Kreisverwaltung werden rausgeschickt, die Protokolle werden fertiggestellt.

»Sascha, reich mal ein paar Zeugen rüber«, bittet Dima, der zweite Diensthabende heute.

Namen und Adressen werden aus einem Notizbuch in die Durchsuchungsprotokolle abgeschrieben. Vor Gericht werden diese toten Seelen die Version der Ermittler bezeugen.

»Hat unser Junkie Angehörige?«

»Eine Mutter, glaube ich.«

»Ist das Verhör schon durch? Dann ruf sie an.«

Er ruft sie an: »Ihr Sohn ist bei uns. Er wurde verhaftet. Sie können vorbeikommen. Aber schnell, er wird bald weggebracht.«

Und macht sich gleich danach ans Ausfüllen eines Formulars: Wegen fehlender Angehöriger in Moskau keine Ausstattung des Verhafteten mit Kleidung und Unterwäsche möglich.

»Lasst uns die Mutter doch noch mal anrufen und ihr sagen, was sie mitbringen soll«, schlage ich vor.

Die Polizisten lachen.

»Das ist ein Standardformular, Praktikantin. Das füllen wir für alle aus«, sagt Dima. Und fügt mit gesenkter Stimme hinzu: »Fang gar nicht an, darüber nachzudenken, sonst wirst du irre.«

Eine Viertelstunde später ist die Mutter da. Wir bringen sie in das Besucherzimmer. Fünf Minuten später kommt »Scheherazade«, die Dienstabende der Hauptverwaltung für Moskau, die den Gefangenentransport verwaltet. Die große, dunkelhaarige, verblüffend schöne Frau in Wattejacke raucht ihre Zigarette auf, beschwert sich über den Haufen Arbeit: Die Quartalsberichte stehen an, da fangen jetzt alle wie verrückt irgendwelche Übeltäter. Sie bringt den Gefangenen weg.

Bei uns ist Zeit fürs Abendessen. Wir decken den Tisch, schneiden Wurst, schenken Cola mit Cognac ein.

Die Feiertage stehen vor der Tür, man kommt ins Plaudern, und die Polizisten erzählen facettenreich von ihren Nebenjobs. Auf den unteren Posten kommt man selbst mit Schmiergeldern nicht über die Runden. Wassja arbeitet zwischendurch als Florist und berichtet, dass die schönsten, größten Blumensträuße aus Müll gemacht werden – den Blumen, die einzeln keiner kaufen würde. Der häufigste Nebenjob zwischen den Schichten ist Wachmann. Alle träumen davon, den Job zu wechseln. Der heiß ersehnte, unerreichbare Traum ist besagte Steuerfahndung oder der Zoll.

Dima, der seit sieben Jahren bei der Polizei ist, schwelgt in Erinnerungen: »Ich weiß noch, diese eine Baustelle, auf der die ganzen Tadschiken gearbeitet haben. Ständig haben sie Handtaschen geklaut! Jede Nacht: ein bis zwei Schädis! Und wir erwischen diese Schlitzaugen einfach nicht. Der Chef sitzt uns schon im Nacken. Eines schönen Tages ziehen wir uns nach der Schicht zivile Klamotten an, holen ein paar Freunde dazu, greifen uns Schlagstöcke und verdreschen die so richtig. Wie die Kakerlaken sind die in alle Richtungen von der Baustelle gekrochen. Fertig, kein einziges Verbrechen mehr an dieser Baustelle.«

Die Polizisten lachen wohlwollend. Dima erzählt weiter: »Aber das war noch nicht das Schärfste. Vor zwei Jahren standen wir bei einer Straßensperrung auf der Brücke, da kommt irgendein Oberst aus der Region und mault uns an, von wegen, wir sehen scheiße aus, stehen da rum wie Esel. Es ist November, Schnee fällt in Massen, aber der Fluss ist noch nicht zugefroren. Da springt plötzlich eine Frau von der Brücke. Ohne nachzudenken, renne ich unter die Brücke, ziehe im Rennen die Klamotten aus. Der Idiot brüllt mir noch irgendwas hinterher. Aber ich bin mit einem Satz im Wasser. Ich dachte echt, mein Herz bleibt stehen. Ich kraule nach allen Kräften, aber ihr Kopf ist schon nicht mehr zu sehen.

Ich tauche, die Eiseskälte brennt in den Augen, ich sehe fast nichts. Trotzdem habe ich sie gefunden. Sie hat nicht mehr geatmet. Ich hab sie an den Haaren rausgezogen. Hab sie auf den Asphalt gelegt und bin daneben zusammengebrochen. Man hat uns beide ins Krankenhaus gebracht. Später hat man mir gesagt, sie hätte überlebt. Keine Ahnung, mich hat sie im Krankenhaus nicht besucht, war wahrscheinlich zu schüchtern. Dafür hab ich eine Abmahnung bekommen – weil ich die Waffe auf den Boden geworfen und die Befehle eines Ranghöheren missachtet habe. Und die Prämie haben sie mir gestrichen.«

Wir schweigen.

»Meine schönste Erinnerung«, schließt Dima.

Die anderen schmunzeln und ziehen ein Tütchen Gras hervor. Mich schickt man zu den Kripos, um Alufolie zu besorgen. Aus einer leeren Flasche basteln sie eine Bong.

»Habt ihr keine Angst?«

»Ach was, wir sind doch alle Menschen.«

Mit den Dienststellen der Umgebung gibt es die Abmachung, sich gegenseitig zu benachrichtigen, wenn Kontrollen kommen.

Irgendwas plärrt aus den Telefonapparaten, auf denen die Notrufe landen. Wir hören nichts. Endlich kriecht einer, der noch am nüchternsten ist, zum Hörer – und bricht in Gelächter aus. Wir stimmen ein.

»Habt ihr Arschlöcher euch schon wieder die Birne weggekifft?«, brüllt es aus dem Hörer. »Nehmt den Anruf an!«

Wir versuchen ehrlich, die Adresse zu notieren. Es klappt nicht. Keiner fährt hin.

Dima und ich schleppen uns in den Eingangsbereich zum Schwarzen Brett. Das Schreiben des Ministers Nurgalijew an die Polizeibeamten kommt uns unwahrscheinlich, unfassbar, unerträglich lustig vor. Wir lachen, bis wir Bauchschmerzen bekommen.

Nach ein paar Stunden ununterbrochenen Vergnügens fallen wir zum Schlafen auf die Sofas im Dienstzimmer. Der nüchternste der Polizisten bleibt am Telefon. Kurze Zeit später weckt man uns schon wieder. Am Fenster zum Dienstzimmer steht eine prächtige Blondine im Business-Kostüm. Sie wurde im Hausflur überfallen, man hat ihr die Tasche abgenommen. Sie ist ruhig wie eine Boa.

»Die Tasche ist egal, aber da war mein Reisepass drin. Mein Flug geht in zwei Tagen. Kann ich bis morgen einen neuen Reisepass bekommen?«

»Wenn Sie den Moskauer Polizeidirektor persönlich anrufen, dann vielleicht.«

»Wladimir Wassiljewitsch? Er ist bis 10 Uhr in einer Besprechung, nicht?«

Wie sich herausstellt, ist diese Schädi die Managerin einer Tochterfirma von Gazprom. In ihrem Porsche Cayenne fährt sie uns zum Tatort. An ihrem Haus angekommen, verzieht ein Polizist das Gesicht.

»Ach, junges Fräulein, Sie sollten lieber umziehen.«

»Warum?«

»Dort im Nachbarhaus haben die Kanaken ihr Nest. Die verticken hier Drogen. Und die Junkies brauchen immer Geld, deswegen überfallen sie Anwohner.«

»Indeed, dann muss ich wohl umziehen. Danke für den Rat.«

Sie fragt nicht, warum man nicht einfach das Nest aushebt.

Irgendwann sind wir wieder zurück.

In der Zelle liegt ein Mann mit blutigem Kopf und irrsinnigen, glasigen Augen auf dem Boden. Vor zwei Wochen hat er wegen Raubs zwei Wochen auf Bewährung bekommen, und heute hat er sich besoffen und die Scheiben von neun Autos eingeschlagen, beim zehnten hat man ihn geschnappt. Er hat versucht, sich rauszuwinden, da hat man ihn vermöbelt.

»Was hast du denn davon?«, fragt Dima plötzlich und hockt sich neben die Zelle. »Hm, Zwejtschik? Warum hast du das gemacht?«

»Scheiß drauf.«

»Du hast doch eine Freundin, und jetzt wanderst du in den Knast. Du krepierst da drinnen, Zwejtschik.«

»Scheiß drauf.«

Dima stürmt ins Dienstzimmer, holt den Zellenschlüssel und macht sich wie wild daran, den »Käfig« aufzuschließen, um Zwejtschik noch eine zu verpassen. Ein Kollege hält ihn zurück:

»Wir müssen den noch abliefern. Die werden den so schon nicht nehmen wollen ... Was regst du dich so auf, bist du mit dem verwandt, oder was? Reinster Hooliganismus, Zwejtschik, gut gemacht! Mach weiter so, das hebt unsere Aufklärungsrate!«

Zwejtschik grinst betrunken.

Draußen ist es hell.

Kapitel 5

Hilflosigkeit

Ich weiß nicht mehr, welche Wohnung es war. Wahrscheinlich die fünfzigste. Kein Sonnenlicht, es war fast Nacht. Der Eigentümer ließ mich rein und blieb im Flur stehen. Niemand wohnte hier, die Wohnung stand leer. Die Luft roch süßlich nach Staub, die Tapete löste sich von den Wänden, das verzogene Parkett knarrte unter jedem Schritt und lud zum Stolpern ein. Ein riesiges Fenster. Draußen umschlangen lange Lindenzweige den smogroten Himmel, gleißende Stille und die Ruinen von verlassenen Bauten auf der anderen Straßenseite.

Nein, da war kein Glockengeläut, aber ich fühlte eine bemerkenswerte Ruhe. Ich weiß bis heute, was ich dort gefühlt habe.

Meine Mutter sagt oft, ich sei verrückt und mir dessen nicht bewusst. Aber ich wusste natürlich, worauf ich mich einließ. Ich hatte meine Wahl getroffen, und sie hätte nicht besser sein können. Es gibt einfach Dinge, die man seiner Mutter lieber nicht sagt.

Könnte ich ehrlich zu ihr sein, würde ich meiner Mutter Folgendes sagen: Wenn du dich in Russland dafür entscheidest, eine unabhängige Journalistin zu sein, bringt das gewisse Einschränkungen mit sich: Du darfst im Privaten keine Feinde haben, keine Schmiergelder geben oder lügen. Du darfst dich nie lange mit Kollegen streiten, beziehungsweise, schon, aber wenn sie plötzlich sterben, bleibt der Schmerz für immer. Du stehst am Rande der Journalisten-Community, über dich schmunzelt man. In den kuscheligen Nullerjahren waren wir die Verrückten, die aus irgendeinem Grund

Schlechtes über das gute Leben schrieben. Als dann der Kreml ein unabhängiges Medium nach dem anderen dichtmachte, sah man uns an wie eine Sekte, die versuchte, im luftleeren Raum eine überregionale Zeitung zu machen, anstatt sich in Sicherheit zu bringen. Aber du denkst nicht daran, dich in Sicherheit zu bringen, sondern nur daran, was mit deinen Angehörigen passiert, wenn du im Gefängnis, im Exil oder im Grab landest.

Und dann ist da natürlich noch das Geld. Genauer gesagt, da ist wenig oder kein Geld. Aber daran gewöhnt man sich, das halbe Land lebt so.

Deswegen habe ich auch nie damit gerechnet, ein eigenes Zuhause zu haben. Aber dann habe ich zwei internationale Preise gewonnen. Und die Redaktion hat noch etwas draufgelegt. Da hat sich eine Bank bereit erklärt, einen Kredit zu prüfen, wenn auch zu einem höllischen Zinssatz. Also fing ich an, nach Wohnungen zu suchen.

Es musste die allerbilligste Wohnung sein. Aber es musste die richtige sein. Meine Maklerin weigerte sich bald, mit mir zusammenzuarbeiten. Ich spazierte durch die abgefucktesten Bezirke und träumte: Wenn ich hier eine Wohnung habe, könnte ich ein Kind bekommen. Ich stellte mir vor, ich bekäme eine Tochter. Ich kaufte mir ein Heft mit einer Prinzessin auf dem Umschlag und machte mir für jede Option Notizen: Pro, Contra, Entfernung zur Metro, Kindergarten und Schule, Ausrichtung zur Sonne. Ich wollte gern von der Sonne geweckt werden.

Als ich also die besagte Ruhe spürte, zog ich mein Smartphone aus der Tasche und öffnete die Kompass-App. Die Fenster gingen nach Süd-Westen raus.

Ich kaufte die Wohnung.

Ziemlich bald stellte sich heraus, dass man da gar nicht wohnen konnte. Die Stromleitungen waren hin. Nach der Reparatur folgte eine schleppende Sanierung. Die übernahm Denis. Ich verstehe bis heute nicht, warum er sich darauf eingelassen hat. Normalerweise sind seine Kunden Anwälte, Ermittlerinnen, TV-Moderatoren oder Leute aus der Ölindustrie. Ich zahlte ihm lächerliche Beträge, die er nicht immer annahm. Ab und zu verschwand er, um Geld zu verdienen, und kam wieder. Ohne Unterlass verspachtelte er die Wände. Wir rauchten zusammen. Er war ein orthodoxer Nationalist. Wahrscheinlich dachte er, dass eine Lesbe von der *Nowaja Gaseta* Hilfe brauchte. So war es auch.

Ich fuhr zum Arbeiten in den Donbass, mein erster Krieg. Zwischen den Dienstreisen suchte ich Fliesen, Farbe und Lichtschalter aus. Baumärkte und die Front, Sanitärtechnik und Landminen, Streichen und Leichen. Denis fragte mich nie nach dem Krieg, aber wenn ich wegfuhr, ging er in die Kirche und bat den Priester um seinen Segen. Denis sagte: »Versuchen Sie bitte, lebend wiederzukommen. Die Wände sind so schön, Sie werden hier glücklich.« Denis ist Ukrainer. Ich bin Russin, die von Berufs wegen darüber schreibt, wie sich Ukrainer und Russen gegenseitig umbringen. Wir verbesserten die Welt dort, wo wir es konnten: in einer winzigen Wohnung am Rande Moskaus. Mit der Zeit wurde Denis unruhig. Er sagte, in der Wohnung sei irgendwer, oder irgendwas. Er lieferte mir Beispiele für die übernatürliche Präsenz: blaue Flüssigkeit, die unter der Badewanne hervorkam, ein Klopfen, das Verschwinden seines Lieblingspinsels. Er sammelte Beweise, die er mir vorhielt. Auch ich machte mir Sorgen: Was, wenn Denis geht? Auch ich spürte die Präsenz – sie war nicht feindselig, aber immer vorhanden. Ich war mir sicher, dass der Geist und ich gut miteinander auskommen würden.

Nach einem knappen Jahr waren wir beim Hängeboden angekommen. Offenbar war der Verkäufer faul gewesen und hatte die Dinge oben nicht entsorgt. Wir fanden Lederreste, hölzerne Gussformen, Messer und einen Stock mit Schnitzereien an der Spitze, der aussah wie ein Zauberstab. »Hier wohnte mal ein Schuster«, schlussfolgerte Denis. Da waren mehrere Koffer, in einem fanden wir zwischen zusammengerollten Lumpen einen Haufen sowjetischer Wertpapiere – nutzlos gewordene Reichtümer. In einem anderen waren Quittungen für Schuhreparaturen. Auf der Rückseite einer solchen war der Entwurf für ein Gesuch.

Es schrieb ein Mann: Ich, Name soundso, bin Schuster. Meine

Frau soundso ist Hausfrau. Wir haben zwei Kinder, einen Sohn und eine Tochter. Unseren Sohn haben wir in ein Kinderheim gegeben, in die Obhut des Sowjetstaates, weil wir ihn nicht ernähren konnten. Wir bitten um Zuteilung eines Krippenplatzes für unsere Tochter, weil wir andernfalls gezwungen sind, auch sie in ein Heim zu geben.

Die Tochter hieß Tamara.

Sie müssen einen Krippenplatz bekommen haben, denn Tamara ist erwachsen geworden und hat die Wohnung übernommen. Sie sei nicht sehr umgänglich gewesen, sagten die Nachbarn. Gearbeitet habe sie in der Fabrik Moskwitsch, habe immer allein gelebt, sei nie verheiratet gewesen. Sie habe Nierenprobleme gehabt und sei erblindet. Sie hatte keine Kinder. Sie hat ihren Bruder nie kennengelernt. Er war ins Kinderheim verschwunden, als sie drei war.

»Jetzt hat unser Gespenst eine Geschichte«, sagte Denis beruhigt. Ich war es auch. Manchmal redete Denis leise mit Tamara, verlangte seinen Lieblingspinsel zurück. Irgendwann war die Sanierung zu Ende. Doch der Krieg war es nicht. Denis bat einen Freund, der Usbeke ist, uns einen Kessel duftenden Plow zuzubereiten. Ich lud meine Liebsten ein. Wir aßen Plow und lachten viel. Ich hätte glücklich sein müssen, und ich war es auch, aber zwischendurch, immer nur phasenweise, überkam mich wieder eine Unruhe. Ich konnte es mir nicht erklären. Wahrscheinlich bin ich so von Unruhe durchtränkt, dachte ich, dass es Zeit braucht, bis sie sich legt, und Glück an ihre Stelle tritt.

Ein halbes Jahr später beschloss mein Staat, die kränkelnde Wirtschaft anzukurbeln. Baumaßnahmen begannen: Alte Häuser wurden abgerissen und die Grundstücke an Immobilienfirmen verkauft. Die Bewohner wurden umgesiedelt. Mein Haus war eines dieser alten Häuser.

Ich versuchte, einen Widerstand zu organisieren. Die Nachbarn sagten, ich sei verrückt, mich mit dem Staat anzulegen. Ihre ganze Erfahrung, ihre ganze Familiengeschichte lehrten sie: Wenn du dich dem Staat widersetzt, landest du bestenfalls im Knast, schlimmstenfalls im Grab. »Wir würden auch auf den Mars umziehen, wenn man das von uns verlangt«, riefen sie auf den Versammlungen. »Wenn unsere Regierung das beschlossen hat, dann ist es besser so. Wer bist du überhaupt?« Eine ältere Frau sagte, sie hoffe zu sterben, bevor das Haus abgerissen wird. Ein junger Familienvater weigerte sich, auch nur einen Blick in die Dokumente zu werfen, mit den Worten: »Ich habe Angst.« Meine Nachbarin aus dem vierten Stock sagte, es liege in Gottes Hand. Wenn Gott möchte, dass das Haus stehen bleibt, dann bleibt es stehen, aber Gott wolle offenbar etwas anderes, und dem dürfe man sich nicht widersetzen.

Ich zog vor Gericht. Und verlor alle Prozesse.

Mein Haus kam auf die Abrissliste.

Ich schloss mich in der schönen Wohnung ein. Ich weinte. Ich schlief viel. Ich spazierte auf der Route Zimmer-Küche, lag auf dem Boden. Vor meinem Fenster lachten Kinder, sie stapften zur Schule, auf die meine Tochter nicht gehen würde. Über die Gegenwart und Zukunft nachzudenken, war unerträglich. Deswegen dachte ich über die Vergangenheit nach.

Ich dachte über meine Familie nach. Wie viel Glück wir doch gehabt hatten. In dem ganzen 20. Jahrhundert hatten wir niemanden verloren. Weder während der Revolution noch während des Bürgerkriegs oder der Repressionen. Der Erste Weltkrieg hatte auf meinem Großvater herumgekaut – und ihn gehen lassen. Auch der Zweite Weltkrieg hatte niemanden aus meiner Familie verschlungen, auch wenn er alle mal in sein Maul genommen hatte. Afghanistan, zweimal Tschetschenien, die Ukraine, Syrien – das alles war an uns vorbeigegangen, hatte niemanden getötet.

Ich dachte an meine Großmutter. Wie stark und ernst sie gewesen war. Eine Bäuerin, die in der Fabrik gearbeitet hat. Nach dem Tod ihres Mannes hat sie sich um die Imkerei gekümmert, um ihre Mutter und ihren Bruder durchzubringen. Ihr Leben lang hat sie gearbeitet und immer ein bisschen was zur Seite gelegt. Später brachte sie das Geld zur Bank und legte es auf meinen Namen an. »Deiner Tochter wird es nie an etwas mangeln«, sagte sie zu meiner Mutter. »Wenn sie will, kann sie sogar in Moskau wohnen und muss nie heiraten.« Dieses Geld verlor einen Monat nach ihrem Tod seinen gesamten Wert. Als ich erwachsen war, hob ich es vom Sparbuch ab. 1000 Rubel – zwei Paar Socken und zwei Unterhosen.

Ich dachte an meine Mutter, ein Mädchen aus den Baracken von Jaroslawl, die erste in der Familie, die einen Schul- und sogar einen Hochschulabschluss hatte. Auch sie wollte ursprünglich in die Fabrik, aber am Ende stellte sie Farbe her – ihr ganzes Leben lang, bis die Sowjetunion zusammenbrach. Dann arbeitete sie als Putzfrau, danach als Lehrerin. Ihr Traum war ein eigenes Haus auf dem Land, und sie hatte auch schon das Geld zusammengespart, aber es kamen die 1990er, und ihr Geld war plötzlich wertlos. Sie schaffte es gerade noch, einen Kühlschrank zu kaufen. Den hat sie immer noch – das materielle Resultat ihres gesamten Lebens. Sie bringt es nicht übers Herz, ihn wegzuwerfen.

Ich dachte an Tamara. Hatte sie die Worte auf der Rückseite der Quittung je gesehen? Wusste sie, dass sich ihre Eltern zwischen ihr und ihrem Bruder entscheiden mussten? Wusste sie, dass ihr Bruder noch lebte?

Wie war ich überhaupt auf die Idee gekommen, mein Leben könnte anders verlaufen?

Ich stand auf und verließ meine schönen vier Wände. Ich verkaufte die Wohnung. Das brachte mir nicht gerade viel Geld, aber es reichte, um einen neuen Kredit zu bekommen. Jetzt renoviere ich schon wieder. Denis blieb mir treu. Wir sind gute Freunde. Während meiner Dienstreisen geht er immer noch in die Kirche.

Tamara ist in der alten Wohnung geblieben. Irgendwann ließ sie sich immer seltener blicken, ich fühlte ihren schwindenden, entschlafenden Atem. Sie hatte ihre Botschaft überbracht. Ich hatte sie empfangen.

Ich habe großes Glück. Ich bin bei meiner Familie. Das Schicksal verpasst uns nur sanfte Schläge.

»Du musst ein Kind kriegen«, sagt meine Mutter. »Besser wird es nicht, tu es jetzt.«

Zahlen

Im Jahr 2021 haben russische Gerichte über das Schicksal von 783 000 Menschen entschieden. Es gab genau 2190 Freisprüche. Zweitausendeinhundertneunzig. Die Chancen, freigesprochen zu werden, liegen bei 0,28 Prozent.

Kapitel 6

Eine Frau sein

Es war der letzte Tag vor meinem Urlaub. Ich kam in einem weißen Kleid zur Arbeit. Es war nicht ganz weiß, der Stoff hatte einen leichten Gelbstich, als hätte man es aus einer alten Truhe genommen. Es war ein Rüschenkleid mit dünnen Trägern. Ich hatte es mir in einem Einkaufszentrum gekauft – ich ganz allein. Zu dem Kleid trug ich weiße Plateau-Sandalen mit bunten Schnallen. Ich wollte der Redaktion zeigen, wie schön ich in den Urlaub ging.

Bei der Arbeit gab es nicht viel zu tun. Ich lief im Büro auf und ab. Sommer. Hitze. Ich dachte darüber nach, einen Last-Minute-Trip nach Ägypten zu buchen und ans Meer zu fahren.

Das alles – das weiße Kleid, die weißen Sandalen, der August, das Meer in Aussicht, und mein erster Urlaub, ein echter Urlaub von meinem echten Job – stieg mir angenehm zu Kopf, ich bekam weiche Knie. Das war ein Leben! Wäre es doch nur immer so. Die Arbeit war erledigt, die Anträge ausgefüllt, ich saß da und scrollte durch unsere Webseite; las Artikel und suchte ein Reisebüro aus.

Der Tag ging in einen Sommerabend über. Draußen wurde es sanft dunkel, der Himmel färbte sich rot, dann mischte sich etwas Blau hinzu. Ich dachte mir: Zeit, heimzugehen.

Da rief mich mein Redakteur an. In Malaja Wischera war ein Zug entgleist, ein Terroranschlag. 25 Verletzte, vielleicht auch noch Tote. Jemand muss hin.

Ja, natürlich, ich fahre.

Ich wollte unbedingt über Anschläge schreiben. Das brachte

mich meinem Traum näher: im Nordkaukasus zu arbeiten wie Anna Politkowskaja. Ich war froh, dass der Redakteur mich angerufen hatte und nicht einen meiner Kollegen. Sie hielten also was auf mich. Ich durfte sie nicht enttäuschen.

Malaja Wischera ist eine Kleinstadt zwischen Moskau und St. Petersburg. Nach Wischera fuhren keine Züge, die Verbindung war unterbrochen. Aber es fuhren welche nach Twer. Ich schaute auf die Karte. Von Twer sind es vier Stunden mit dem Auto. Und die Straße war sicher nicht gesperrt, ich würde bestimmt Glück haben.

Ich druckte die Meldungen über den Anschlag aus, hob Geld ab – alles, was ich auf dem Konto hatte, 6500 Rubel – und rannte zum Bahnhof.

Im Zug las ich die Meldungen und betete, dass der Zug nicht vor Twer stehen blieb. Ich hatte keine Ahnung, wie ein Anschlag aussieht, welche Bauarbeiten am Gleis erforderlich sind. Was, wenn man uns auffordert, aus dem Zug zu steigen? Meine Mitreisenden hatten schon vom Anschlag gehört und tauschten sich darüber aus. Die vorherrschende Meinung war: Die Kanaken, die Tschetschenen, die Feinde sind es gewesen. Ich sah sie überlegen an: Ihr wisst gar nichts und ihr werdet nichts erfahren, wenn ich nicht darüber schreibe. Manchmal war mir, als hörte ich im Hintergrund den Soundtrack eines Films: Eine junge Reporterin fährt an den Tatort eines Terroranschlags. Atemberaubend schön, in einem weißen Kleid – das ist doch wie im Film. Zweifellos wird ihr alles gelingen.

Der Zug fuhr in Twer ein. Ich stürmte hinaus auf den Bahnhofsplatz. Parkende Taxis. Ich gehe die Autos ab. Der erste Fahrer weigert sich, der zweite nimmt an. Wir einigen uns auf 4500 Rubel – es ist Nacht, ein weiter Weg, unterwegs könnten uns Bullen anhalten.

Als wir aus der Stadt waren, nahm der Fahrer das Taxi-Schild vom Dach. Er sagte, wenn man Touren zwischen den Städten fährt, verlangen die Bullen Schmiergeld. Oha, sagte ich. Wir sprachen über Schmiergelder.

Wir kamen auf die Schnellstraße. Die Lichter, der Gegenverkehr, die Geschwindigkeit. Der Fahrer hielt das Lenkrad sicher in den

Händen. Er war rothaarig, füllig, etwa Mitte vierzig. Ob er schon lange fahre. Seit der Kindheit, sozusagen. Ich mag Autos. Aber es ist nicht mehr wie früher. Zu viele Kanaken. Die nehmen Aufträge an und kennen die Gegend nicht. Die Leute kommen nicht ans Ziel. Sie zum Beispiel, junge Frau, haben Sie keine Angst? Nachts auf der Schnellstraße? Nein, ich sehe doch, dass Sie ein Profi sind. Da haben Sie recht.

Wo kommen Sie denn her? Ich bin aus Jaroslawl. Und ich aus Twer, da hat es Sie ja weit verschlagen, waren Sie schon mal in Twer? Nur auf Durchreise. Sollten Sie aber, ist eine schöne Stadt. Lebt Ihre Familie auch hier? Ja, meine Frau und meine Tochter. Haben Sie Familie? Noch nicht. Wie alt sind Sie denn, wenn ich fragen darf? Frauen stellt man solche Fragen doch nicht, aber was soll es, 19 bin ich, im September werde ich 20. Ich wusste gar nicht, dass es so junge Reporterinnen gibt. Sicher doch, es gibt auch jüngere. Ich arbeite schon seit meiner Schulzeit. Und, macht es Spaß? Natürlich, man kommt viel rum, lernt tolle Menschen kennen. Aber das ist doch keine anständige Arbeit, also meiner Tochter würde ich so was nicht erlauben, mitten in der Nacht herumzufahren. Sie fahren doch auch mitten in der Nacht herum. Ich bin ein Mann, bei Frauen ist es was anderes.

Wir hielten zum Tanken an. Der Fahrer wollte das Geld im Voraus – für den Sprit. Ich gab es ihm. Er wirkte unzufrieden, verzog häufig das Gesicht, als hätte er Kopfschmerzen. Ich hätte beinahe gefragt, ob er sich nicht wohl fühle, aber ich wollte ihm nicht zu nahe treten. Er kaufte uns Kaffee, den wir an der Tankstelle schnell austranken. Lkws rasten an uns vorbei, die Stadt war bereits außer Sichtweite.

Eine Zeit lang fuhren wir schweigend.

Und trotzdem sind Sie ganz schön mutig. Einfach so mit einem Fremden mitzufahren. Ich sehe doch, dass Sie in Ordnung sind, wovor soll ich denn Angst haben? Was weiß ich, sagen Sie es mir, Sie sind das Mädchen. Und dann auch noch in diesem Kleid. Ja, ich wollte morgen in den Urlaub. Es konnte ja niemand wissen, dass es einen Anschlag gibt. Hmm. Wie viel kriegen Sie denn in Ihrem Job? Fast gar nichts, wenn ich ehrlich bin. Das heißt? Na ja, ich bin eine einfache Korrespondentin, das ist so ziemlich die unterste Stufe. 12 000 plus Spesen. Das ist wirklich gar nichts. Sag ich doch. Und ich hab zu wenig von Ihnen verlangt. Was meinen Sie? Na, wenn wir mal so rechnen, von Stadt zu Stadt, das sind mindestens 6000. Ich dachte einfach, eine nette junge Frau, der muss man helfen. Aber jetzt denke ich, das rentiert sich nicht. Was meinen Sie? Na, was wohl, weißt du, was der Sprit kostet? Und die Reparaturen? Das ist mein Auto, ich repariere alles selbst. Du weißt wahrscheinlich gar nicht, was das heißt, ein Auto reparieren! Natürlich nicht, ich habe keinen Führerschein. Sag ich doch, du weißt es nicht. Und dann nennst du einen Preis, 4500! Gar nichts ist das, bei so einer Entfernung! Und dann auch noch ein Anschlag. Aber wir hatten doch eine Abmachung. Eine Abmachung! Was interessiert mich unsere Abmachung, ich sag dir doch, ich habe noch mal nachgerechnet, zu wenig ist es! Wie soll ich es dir noch erklären. Stell dich nicht dumm. So was kann ich nicht leiden.

Also, 6000, oder ich schmeiß dich hier am Straßenrand raus. Dann hält dich der nächste Fernfahrer für eine Nutte und zerrt dich ins Gebüsch. Oder ich fahre dich, zum neuen Preis. Was sagst du? Sie lassen mir keine Wahl. Und wer lässt mir die Wahl? Ich sag dir doch, ein Auto ist kein Pferd, das frisst kein Gras. Ich hab Familie, die muss ich ernähren. Weißt du, was das heißt, eine Familie zu ernähren? Ja, woher sollst du auch! Hast ja gesagt, dass du grad mal 19 bist, Studentin.

Ich sehe, wie er sich in Rage redet, gebe ihm das Geld. Wir schweigen.

Was bist du jetzt so still? Bist wohl beleidigt? Nein. Was, nein, ich sehe es doch. Sei nicht beleidigt. Ich sag dir doch ... weißt du, was die Wartung kostet? Ich hab nicht drüber nachgedacht, dass es so weit ist. Na, wir hatten doch eine Abmachung, da müssen Sie doch nachgedacht haben. Hab ich halt nicht. Ich habe Ihnen schon mein ganzes Geld gegeben. Gut, du musst nach Wischera, ich fahre dich.

Sag mir lieber mal, hast du einen Freund? Hab ich. Und der lässt dich fahren? Wie meinen Sie das? Na so, nachts. Klar. Sieh einer an. Das kommt davon, dass ihr jungen Leute das Leben noch nicht kennt. Wenn ihr wüsstet, was ich weiß, würdet ihr nie im Leben fahren. Was wissen Sie denn? Wir Taxifahrer kriegen alles mit. Bei uns auf der Fernstraße sind schon mehr als einmal Mädchen verschwunden. Vielleicht ein Triebtäter, vielleicht sind sie selbst irgendwo versackt. So ist sie ja, die Jugend von heute, denkt nicht nach, steigt in den erstbesten Wagen, und dann gute Nacht.

Schon gut, hab keine Angst, das mit dem Triebtäter habe ich nur so gesagt. Hier gibt es keine Triebtäter. Es will mir bloß nicht in den Kopf, wie du hier mitten in der Nacht im weißen Kleid ... der Wahnsinn!

Habt ihr denn Sex, du und dein Freund? Was? Schon gut, ich frag doch nur. Wir schweigen.

Ich will ja nicht angeben, aber ich bin wirklich gut. Bei dieser Sache. Weißt du, was meine Frau sagt? Solange ich dich habe, brauch ich keinen anderen. Und meine Frau ist unersättlich, was das angeht. Alle Weiber sind es, wenn sie einmal auf den Geschmack gekommen sind. Aber nicht alle haben Glück. Wie sieht es mit dir aus? Magst du es? Was? Na, Sex. Darüber möchte ich nicht sprechen. Aha, dann bist du also eine von denen. Von welchen? Die kein Glück haben, aber mach dir nichts draus, du bist noch jung. Das Fest kommt auch in deine Straße.

Er lacht, zeigt seine goldenen Zähne.

Du kannst es glauben oder nicht, aber ich seh es auf Anhieb. Ob eine Pech hat. Ich schäme mich sogar für ihre Männer. Ich finde, ein Mann muss seine Frau befriedigen. Das ist das Allerwichtigste. Weißt du, was ich alles kann. Ich kann so einiges. Wer hat es Ihnen denn beigebracht? Na, meine Frau natürlich. Dann haben Sie ja Glück mit Ihrer Frau. Wie heißt sie denn? Wieso willst du das wissen? Einfach so. Einfach so, na klar, meine Familie geht dich nichts an, kapiert? Natürlich nicht, Verzeihung.

Ach was, Verzeihung. Als wäre ich beleidigt. Ich nehme es dir nicht übel. Ich nehme dir nichts übel – und du mir auch nicht, gut? Wir haben einen langen Weg vor uns. Sonst wird das nichts.

Er biegt von der Schnellstraße ab, sagt: »Ab hier fahren wir durch die Dörfer.« Ich greife in meine Handtasche, da ist nichts, womit man sich verteidigen könnte. Heft, Diktiergerät, die Meldungen, Kuli, leeres Portemonnaie, Münzen. Ich presse den Kuli fest in der Hand zusammen.

Wir passieren zwei schlafende Dörfer. Der Fahrer murrt: Wenn man wen nach dem Weg fragen könnte. Nacht. Wir fahren über einen Feldweg, der in den dunklen Wald führt. Die Bäume kratzen rechts und links am Auto.

Das Auto bleibt stehen. Der Fahrer legt den Sitz zurück.

Ich stoße die Tür auf und springe raus.

Er steigt auf seiner Seite aus.

Was ist mit dir? Was ist mit Ihnen? Ich bin müde, ich muss eine Runde schlafen. Ich kann ja nicht die ganze Nacht durchfahren. Ich habe es eilig. Eilig hat sie es! Eilig ist gefährlich, wenn der Fahrer müde ist. Ich schlafe ein bisschen und du kannst daneben sitzen. Nein. Was, nein? Ich warte draußen, schlafen Sie. Draußen sind Mücken. Macht nichts, ich warte hier. Ruhen Sie sich aus, wenn Sie es brauchen.

Er steigt in den Wagen. Ich mache ein paar Schritte zu den Büschen, überlege, wohin ich rennen soll? Im Wald hinter mir raschelt etwas. Mir ist heiß.

Er steigt wieder aus. Und, hast du es dir anders überlegt? Was? Du könntest auch ein bisschen Schlaf vertragen, ich sehe doch, dass dir die Augen zufallen. Nein, ich bin nicht müde. Doch, bist du. Nein. Hast du etwa Angst vor mir? Du schaust so, als würde ich dich gleich ins Gebüsch zerren.

Ich habe keine Angst. Wieso sollte ich?

Ja, das hab ich gleich gesehen, dass du furchtlos bist. Jede andere Frau wäre nachts nicht gefahren. Warum hast du nicht bis zum Morgen gewartet? Ich habe es eilig, das habe ich Ihnen doch erklärt. Es gab einen Terroranschlag, Menschen könnten umgekommen sein.

Und durch dich werden sie wieder auferstehen, oder was? Ich versteh euch Journalisten nicht. Fliegt wie die Fliegen zur Scheiße.

Na komm, fahren wir, was hast du? Wollten Sie nicht schlafen? Mit dir findet man ja keinen Schlaf. Ich bringe dich nach Wischera.

Eine halbe Stunde später geht die Sonne auf. Wir irren durch den Wald, bis wir an einen Bahnübergang kommen.

Wischera ist da hinten, weiter musst du zu Fuß. Scheiße, war das eine Nacht. Für lausige 6000! Du sagst nichts dazu? Dann halt nicht. Auf die Idee muss man erst mal kommen, im weißen Kleid! Ich habe ja selbst eine Tochter. Mit deinem Redakteur würde ich ja ein paar Wörtchen reden – ein Mädchen so rauszuschicken! Du hattest Glück, dass ich in Ordnung bin. Und was für eins! Nicht alle sind so nett. Merk dir das, Journalistin.

Er steigt ins Auto, wendet. Ich sehe ihn davonfahren. Gehe zu den Gleisen, setze mich. Ich muss warten, bis die ersten Menschen kommen, und fragen, wo der gesprengte Zug steht.

Die Straße

Wir wachen gegen 17 Uhr auf. Vika hat gar nicht geschlafen – sie hat auf dem Küchenboden gelegen und mit Andrej telefoniert. Andrej sitzt in einem Gefängnis unweit der Kreisstadt. Um ihn zu erreichen, musste Vika der schlafenden Nina das Telefon aus der Tasche ziehen.

»Er kam damals zur Straße«, erzählt mir Vika ihre Liebesgeschichte, »hat mich für zwei Stunden gekauft. Und jetzt sind wir schon anderthalb Jahre zusammen.«

Wirklich zusammen waren sie von diesen anderthalb Jahren nur einen Monat – haben gesoffen, sich geprügelt, dennoch sind diese vier Wochen in Vikas Erinnerungen ihre schönsten. Nun wartet Vika schon ein Jahr und vier Monate auf Andrejs Entlassung, gibt ihr ganzes Geld für die Fahrten zur Strafkolonie, »Hemdchen«, Zigaretten, Lebensmittel und Handyguthaben für ihren Liebsten aus. Sie trinkt extrem viel, in diesen anderthalb Jahren hat sie ihre Schneidezähne verloren. Und obwohl Vika gut verdient – 40 000 im Monat, der vierfache Durchschnittslohn in dieser Gegend –, hebt sie sich die Zahnbehandlung für »später« auf, wenn Andrej wieder rauskommt.

»Mein Püppchen!«, schreit Vika in den Hörer, sie ist endlich durchgekommen. »Wie geht es dir? Du fehlst mir!«

Aber anstatt eines Austausches von Zärtlichkeiten muss Vika sich rechtfertigen. Andrej hat mit Sweta, Vikas Chefin, telefoniert und erfahren, dass sie gestern nicht bei der Arbeit war.

»Ich hab eine Verbrennung im Gesicht, ich kann nicht!«, erklärt Vika. Die Anderthalb-Liter-Flasche Bier, die dafür gedacht war, ihr

Gespräch zu versüßen, leert sich innerhalb weniger Minuten. »Ich bin nach Hause gekommen und gleich eingeschlafen! Ich habe mit niemandem gefickt, wenn du das wissen willst!«

Seit zwei Jahren arbeitet Vika als Prostituierte. Andrej weiß, woher das Geld für seine »Hemdchen« und all die anderen hübschen Dinge kommt. Andrej findet, dass es zu wenig Geld ist, und dass sie, wenn sie ihre Arbeit schwänzt, ihn nicht liebt. Und eine Frau, die ihn nicht liebt, kann er nicht gebrauchen. Er legt auf.

Sofort ruft Vika wieder an: »Andrej!«

Das Gespräch dauert zwei Stunden, unterbrochen von Tränen. Im Endeffekt setzt sich Vika vor den Spiegel und macht sich daran, die braunen Flecken am Kinn zu überschminken: eine Verätzung, im Suff, mit Peroxid. Von hinten sieht Vika wie eine filigrane Marmorstatue aus, aber von vorn zeigt sich einem ihr betrunkenes, aufgedunsenes Gesicht, der verlorene Blick und die schwarze Lücke in ihrem Mund. Vika ist Fellatio-Spezialistin. Nina und Sweta gehen nacheinander duschen. Die Badezimmerwände sind von einer hartnäckigen, uralten Schimmelschicht überzogen, in den anderen Zimmern löst sich die Tapete, die Wohnung ist erstaunlich zugemüllt. Sie ist gemietet und gehört einer gewissen Marfa, genau wie der Arbeitsplatz der jungen Frauen. »Sie ist wie eine Schwester für mich«, sagt Sweta, »ich nenne sie sogar so.« Wir machen uns fertig, Sweta ruft ein Taxi. Gegen 18 Uhr fahren wir zum Einsatzort.

18.30 Uhr. Der Einsatzort befindet sich auf dem Markt, etwa sieben Kilometer von der Stadt entfernt. Der Markt ist eine Aneinanderreihung von Bauwagen aus Spanplatten oder Blech auf beiden Seiten einer Fernstraße. Insgesamt sind es um die 50: Autowerkstätten, Imbisse und Mädchen. Die Mädchen arbeiten in fünf Wagen, stehen aber in Konkurrenz mit den Verkäuferinnen, »die mit jedem mitgehen, der sie zum Saufen einlädt«, und mit den »Straßenmädchen«, die allein arbeiten, direkt am Straßenrand. Swetas Wagen gilt als der beste auf dem Markt. Genau genommen sind es zwei: einer »zum Ficken« und ein »Hauptwagen«. In dem zum Ficken sind zwei Zimmer mit zwei Betten und sonst nichts.

Im Hauptwagen gibt es außer einem Bett auch noch ein »Barzimmer« – einen Tresen, zwei Kühlschränke und Geschirr.

Sweta klebt künstliche Wimpern auf, schminkt die Lippen großzügig perlmuttrosa. Die Mädchen fegen die Wagen, wechseln die Bettwäsche und stellen Tische und Stühle davor auf, außerdem ein Radio und Boxen: »Russisches Radio, alles wird gut!« Auf dem Tisch liegen eine Wasser- und eine Honigmelone, die gleich von einer vorbeikommenden Familie gekauft werden. Sweta holt sofort neue.

»Ich kann alles verkaufen«, sagt Sweta, »und das unendlich oft.«

Sweta ist 41, »eine echte Große Vaterländische«[7]. Klein, blond, herausfordernder Blick. Auf dem Markt ist sie seit 15 Jahren. Davor gab es Verschiedenes in ihrem Leben: eine irrsinnige Liebe zu einem Drogendealer, die damit endete, dass man sie an Zuhälter verkaufte – »in anderthalb Wochen hatte ich seine Schulden abgearbeitet« –, eine Ehe mit einem Dagestaner – »bin ihm davongelaufen, mir hat keiner was zu sagen« –, die Arbeit als Kellnerin in einem Café in den Bergen von Karatschai-Tscherkessien. An diese Phase ihres Lebens erinnert sie sich besonders gern: »Sogar die Regierung von Karatschai-Tscherkessien habe ich bedient! An Silvester gab es allein an Trinkgeld schon 5000.« Aber Sweta ist auch jetzt glücklich. Stolz zählt sie auf: »Ich hab zwei Schränke voll mit Kleidung, einen Schrank voller Schuhe, meine ganzen Cremes habe ich schon dreimal weggeschmissen – hatte Lust auf was Neues.« Swetas Kinder sind bereits erwachsen: ein Sohn und eine Tochter. Zur Tochter hat sie fast keinen Kontakt. »Sie ist ganz gebildet, Lehrerin, raucht und trinkt nicht«, berichtet Sweta stolz.

Außerdem hat Sweta einen Traum, nämlich die Sängerin Valeria. »Ein einfaches Mädchen aus Saratow, ist aber ganz groß rausgekommen!« Sweta war auch schon mal mit Marfa, der die beiden Wagen gehören, auf einem Konzert in der Kreisstadt. Noch so ein Augenblick des Glücks. Sie hat es bis zur Bühne geschafft, Valeria einen Strauß grüne Rosen geschenkt und ein Autogramm bekommen. Das Autogramm hängt jetzt am Spiegel, direkt neben den Fotos ihrer Tochter.

Fast alle Prostituierten aus Swetas Wagen haben Kinder. Die Fellatio-Expertin Vika hat einen sechsjährigen Sohn; Nina eine zwölfjährige Tochter. Die Kinder leben bei den Großeltern. Manche haben auch mehrere Kinder, wie Taja. Eine Tochter geht in die dritte Klasse, ein Sohn wurde gerade eingeschult. Taja kommt in den Wagen und legt sich sofort schlafen, solange noch keine Kunden da sind. Bis Taja bei Sweta gelandet ist, war sie auf Opium. Wegen der Opiumwürfel hat sie auch den Spitznamen Kubik, Würfel. »Jetzt reißt sie sich offenbar zusammen, aber wer weiß«, bemerkt Sweta. »Arbeiten tut sie jedenfalls gut, ist nicht wählerisch.«

Wählerisch ist Nina. Erstens: »Keine Bullen, für kein Geld der Welt.« Und zweitens: »Keine Kanaken, die hasse ich.« Die »Kanaken« hasst Nina, wie sie findet, aus ideologischen Gründen: »Die respektieren Frauen nicht«.

Nina ist kein typisches Mädchen der Straße: Sie ist über 30, hat kurze Haare, ist etwas mollig, sehr intelligent und scharfzüngig. Sie hat sogar ein abgebrochenes Studium in Wirtschaftswissenschaften. Auf die Straße wurde Nina vor zehn Jahren von einer Freundin mitgenommen. »Ich brauchte nur Geld für ein Ticket und bin dabei geblieben. Hätte mir jemand ein Jahr vorher gesagt, dass ich als Prostituierte arbeiten werde, hätte ich es nie im Leben geglaubt.« Geblieben ist Nina wegen ihrer Tochter – sie war damals zwei und Nina alleinerziehend. Heute geht die Tochter in die fünfte Klasse und gewinnt einen Lesewettbewerb nach dem andern. Nina ist sehr stolz auf sie.

Nina will bald heiraten. Ihr Verlobter Wassja ist zehn Jahre jünger und arbeitet gerade auf einer Baustelle in Moskau. Ständig schreibt sie ihm liebevolle SMS. Wassja ist ein Ex-Schnüffler, Nina sagt, er habe die Sucht nur dank ihrer Liebe überwunden. Ihre Gefühle für ihn seien zwar eher mütterlicher Natur, aber »ich denke, wir werden glücklich«, sagt sie.

19.30 Uhr. Der erste Kunde kommt, Region 05, ein Dagestaner. »Mama kunem«, ruft Nina, »Assalam Alejkum! Im Namen des Katers, des Lohnes und des eiligen Meisters! Omon!«

»Blasen 300, Anal 200, ein Mal – 20 Minuten – für 500, eine Stunde für 1000, eine Nacht 4000«, rattert Sweta ihren Text herunter. Kurze Verhandlungen. »Lajla, für dich!«

Lajla springt vom Stuhl auf, zupft ihr kurzes Kleid zurecht und lächelt. Lajla ist selbst Halb-Dagestanerin, und wohl die Einzige, die sich aufrichtig über Gäste aus dem Kaukasus freut. »Mit denen lässt sich sehr gut arbeiten, die ficken, als wäre es das letzte Mal«, erzählt sie. »Rein, ein paarmal zucken, raus.« Lajla setzt auf Tempo. Pro Nacht bedient sie bis zu 20 Kunden. Sie kommt vom Dorf und gibt damit an, dass sie einen Kühlschrank für 17 000 und einen Flachbildfernseher gekauft hat – »die haben vielleicht Augen gemacht bei uns«.

»Lajla und ich schaffen alleine schon 20 000«, prahlt Sweta. »Überhaupt war das eine gute Auslese damals.«

Das Recruiting von Dorfmädchen für die Straße ist nichts Ungewöhnliches. Marfa hat dafür ihre eignen Leute, die fahren die Dörfer ab und werben Mädchen aus armen Großfamilien an. Dorfmädchen sind auf der Straße gern gesehen – sie sind fleißig, bescheiden, »bringen Motivation mit«. Manche kommen auch von sich aus. Die nimmt man ganz genau unter die Lupe, versucht, die Drogenabhängigen auszusieben. Andere werden im Kofferraum gebracht – müssen Schulden abarbeiten. So ein Mädchen kostet den Wagen 5000 bis 20 000. Aber auch die kauft man mit Bedacht. Einmal hat Sweta eine gekauft, und die ist gleich am nächsten Tag getürmt, »das undankbare Miststück«.

20 Uhr. Die Sonne geht unter, nach und nach kommen mehr Kunden. Zwei junge Männer kaufen Bier (100 Rubel die Dose), feilschen mit Sweta. Setzen sich zu den Mädchen, schweigen aber, beantworten die Fragen der Mädchen nicht. Einer kneift sachkundig in Vikas Schenkel. »Jungs, warum kauft ihr nicht paar Hähnchen?«, bezirzt sie Sweta. »Die Mädchen haben Hunger, Fleisch würde ihnen guttun.« Einer der jungen Männer kommentiert: »Das beste Fleisch auf diesem Markt ist hier im Wagen.« Dreckiges Lachen. Sie buchen Vika und Taja.

Sascha, die »Puffmutter« aus dem Nachbarwagen, kommt vorbei. Man lästert über die gemeinsame Kollegin »Siff-Sojka«. Sojka schickt ihre Stieftochter anschaffen, aber das ist nicht das Problem, sondern dass ihr Wagen seinen Anteil von 1000 Rubel fürs Aufräumen des Grundstücks nicht bezahlt hat.

Sascha erzählt, dass sie ihre Mädels alle selbst anwirbt: »Ich setze mich ins Auto und fahre durch die Stadt. Auf dem Platz vor den Kulturhäusern oder an den Bushaltestellen sitzen sie … na, du weißt schon, diese Mädchen: Bauch raus, Pulle und Fluppe in der Hand. Da fahr ich mit meinem weißen Mazda vor und sage: Mädels, ihr sitzt hier rum, reißt Typen auf, trinkt Bier, gebt euer Geld aus. Bei uns könnt ihr dasselbe machen, nur kriegt ihr auch noch Geld dafür, und Getränke gibt es umsonst, so viel ihr wollt. Kommt mit, schaut es euch mal an.«

Sascha brüstet sich damit, dass die Tochter vom Stellvertreter des hiesigen Polizeichefs ein Jahr lang bei ihr gearbeitet hat. »Die Eltern wollten ihren ganzen Schnickschnack nicht bezahlen, also kam sie von selbst zu uns. Aber ich hab sie nie an Leute aus der Stadt gegeben, damit es sich nicht rumspricht, und sie auch nicht draußen am Tisch sitzen lassen. Immer nur im Wagen. Wenn der Freier sauber und nicht von hier war, hab ich sie gerufen. Heute studiert sie im ersten Semester Wirtschaft.«

Man diskutiert, warum es entlang der Straße so wenig Bauwagen mit Mädchen gibt. Dabei ist es ein einträgliches Geschäft, die Ausgaben sind niedrig: Der Wagen selbst kostet 50 000 bis 150 000, anderthalb kommen noch für die »Pacht« drauf, und drei für die Betriebskosten. Für die Protektion sorgt die lokale Polizei, wenn auch eher zum Schein. Einmal im Monat lassen sich die Bullen zum »Subbotnik«[8] blicken. Dafür muss man sie sonst nicht bezahlen. Die Puffmütter einigen sich darauf, »dass der Job einfach zu stressig ist«.

20.30 Uhr. Aus einem Taxi steigt ein kleiner Glatzkopf mit breitem Grinsen im Gesicht. Einer vom Militär, der gerade zum Major befördert wurde und das nun feiern möchte. »Sweta!«, brüllt er. »Hähnchen und Wodka, aber dalli! Sonst eröffne ich das Feuer.«

Die Mädchen lachen. »Geld«, fordert Sweta. »Was? Du kennst mich doch!«, entrüstet sich der Major. »Das Geld zuerst. Und ob ich solche wie dich kenne.«

Der Major zeigt Nina Fotos auf dem Handy: neuer japanischer Sportwagen, ein Schnäppchen.

Er klimpert mit dem Schlüssel, sodass der Anhänger möglichst gut zu sehen ist: die Fledermaus der Militärnachrichtendienst-Spezialeinheit. Erzählt von seinen Plänen: Nur noch vier Monate bis zur Rente, dann macht er sich selbstständig als Privatdetektiv. »Mein Onkel ist bei der Steuerfahndung und die Tante beim Obersten Gerichtshof. Die helfen mir, wir bringen das Geschäft ins Rollen.« »Mein süßer Teletubby«, umgarnt ihn Nina.

Sie leeren eine Wodkaflasche – 300 Rubel, er verlangt die nächste. »Hab mich mit meiner Freundin gezofft«, erzählt er mit geschwollener Brust. »Dann ruf sie an«, bittet ihn Nina. »Spinnst du? Ich bin ein Mann, die kann sich melden.«

Kurze Zeit später klingelt sein Telefon tatsächlich. Der Major hält den Hörer betont lässig ans Ohr, springt plötzlich auf und beginnt derb zu fluchen. In der ihm unterstellten Einheit hat sich ein Soldat erschossen. Direkt auf dem Posten.

»So eine Schwuchtel!«, brüllt der Major. »Seine Tussi hat ihn verlassen! Und? Dann hätte ich mich seinerzeit auch erschießen können. Wo sind die echten Kerle? Diese Memmen, Jahrgang '90, '91. Diese verfluchten Kinder der Krise. Neulich hat so ein Trottel einen Hitzschlag bekommen, liegt jetzt auf der Intensiv. Die Ärzte sagen 50:50, dass er durchkommt. Aber was kann ich dafür, dass es in der Sonne heiß ist?«

Nachdem der Major Dampf abgelassen hat, dämmert ihm, dass er doch fahren muss. Er wählt die Nummer seines Fahrers, dann fällt ihm wieder ein: Er ist betrunken, es ist mitten in der Nacht, und er ist auf dem Markt. Er beschließt, jemanden namens Wolodja anzurufen, schreit in den Hörer: »Also, ich hab frei! Stört mich ja nicht noch mal! Ich fahre nirgends hin. Um acht Uhr liegt der Bericht auf meinem Tisch! Ich unterschreib dann alles.«

»Was für eine Aufregung«, kommentiert er lachend. »Komm, Taja, eine Stunde!«

Er gibt Sweta einen Tausender und sie verschwinden.

23 Uhr. Ein neues Auto. Ein Mann und ein Junge um die 14 steigen aus.

»Ich bringe euch meinen Neffen. Der muss mal ein Weib probieren«, erklärt der Mann.

Der Junge ist verlegen. Er trinkt Wodka und ist sofort beschwipst, er geht mit Taja weg. Der Mann ergeht sich derweil in Erinnerungen an den Knast. Wie sich herausstellt, hat er gerade seine Strafe wegen Raubüberfall abgegessen.

»Dort sind gute Leute. Alle sauber. Nicht so wie ihr.«

»Trink lieber was,« sagt Nina schnell. »Soll ich dir einschenken?«

»Nicht, dass du daraus getrunken hast. Aus dem Glas von einer Nutte trink ich nicht!«

»Ich war auf dem Gymnasium«, sagt Vika plötzlich, »auf einem deutschen.«

»Erzähl mir nichts«, kontert der Häftling.

»Ist wahr. Dann kam meine Mutter wegen Drogen in den Knast, und später bekam ich Bewährung. Aber weißt du: *Die Liebe ist ein Gluck, die Liebe – Schicksalsschmuck. Die Liebe ist ein Traum, die Liebe – Sonnenraum ...*«

Sweta kommt aus dem Wagen. Kippt schweigend den Wodka auf den Boden.

»Du Fotze!«, schreit Vika. »In der Hölle sollst du schmoren!«

»Wenn er Wodka will, dann soll er welchen kaufen!«, schreit Sweta zurück. »Der kommt schon zum dritten Mal zum gedeckten Tisch! Auf dem Markt wird nicht geschnorrt!« Sie geht energisch auf den verblüfften Mann zu. »300! Und noch mal 200 fürs Essen!«

0.10 Uhr. Aus dem Taxi steigt, nein torkelt, ein älterer Mann mit Brille.

»Ach, Stas, mein Schätzchen!«, schreit Sweta. »Setz dich!«

Auf dem Stuhl zu sitzen, fällt ihm schwer, zu reden scheinbar nicht, er kriegt den Mund nicht zu: »Die Kacheln an den Kathedralen von Jaroslawl zum Beispiel – Terrakotta, lasiert, emailliert, mit Tieren oder Pflanzen. Geistigen Reichtum gab es! Innere Schönheit! Und wo ist er jetzt, der Geist? Die Kraft?« Derweil zieht Sweta ihm das Geld aus der Tasche, »für Essen und Wein für die Mädchen«, lässt ihm nur 100 Rubel für das Taxi.

Stas unterrichtet an der hiesigen Universität. Für Sweta bedeutet das viel. An der Universität studiert auch der Sohn ihrer Chefin Marfa. Hin und wieder kommen die Dozenten für einen »Subbotnik« vorbei. Aber Stas bringt Geld mit, deswegen geht Nina mit ihm tanzen.

Eine halbe Stunde später schickt Sweta Stas nach Hause.

»Der ist in mich verliebt. Schon ewig!«, prahlt sie. »Kommt her, bestellt was Kleines und schaut mich immerzu mit diesen Augen an.«

Will man Sweta glauben, ist jeder dritte Freier in sie verliebt. Mit Vergnügen zählt sie alle Namen auf: von denen, die mit ihr zusammenleben, sie heiraten oder ein Kind mit ihr wollten. »Einer kam sogar und meinte: Das ist nicht der richtige Ort für dich, du solltest bei mir arbeiten.«

»Und was für eine Arbeit war es?«, wollen die Mädchen wissen.

»Ach, Grabkränze binden. Der da drüben ist auch in mich verliebt«, sagt sie und deutet auf den Major, der seinen Kopf buchstäblich in Ninas Brüsten vergraben hat. »Ich bin in seinem Telefon als sein Schatz gespeichert.«

1.30 Uhr. Ljoscha kommt auf einen Plausch vorbei, er ist einer der ältesten Betreiber auf dem Markt. Seit 20 Jahren schon hat er seinen Reifendienst gleich nebenan. Er spart nicht an Komplimenten: »Ihr seid es, die den ganzen Laden hier am Laufen halten! Ihr fleißigen Bienchen!« Er wendet sich vor allem an Vika, und erreicht sein Ziel: Sie setzt sich auf seinen Schoß. »Geh sofort runter«, schreit Sweta. Ljoscha lacht.

»Was gibt es da zu lachen?«, brüllt Sweta weiter. »Ich weiß genau, dass sie gestern Morgen bei dir im Wagen war.«

»Na, sie hat mir doch das Geld gebracht.«

»Und dafür musste sie sich von innen einschließen? Na, klar. Scher dich zum Teufel!«

Ljoscha nimmt Sweta für ein Gespräch beiseite. Wieder zurück, teilt Sweta ihre Eindrücke: »Genau das liebe ich an diesem Job, dass man den Kerlen auch mal sagen kann, wo es langgeht. Er liebt sie, sagt er, will sie heiraten. Ich kauf sie dir ab, meint er. Kann er vergessen, das lasse ich nicht zu. Dieser Vika verzeih ich nämlich nie.«

Letztes Jahr hatte Sweta einen schlechten Tag und sich sehr betrunken. Natürlich kam es zu einem Streit mit der Kundschaft. Vika bekam Angst und rief Marfa an. Marfa schmiss die Männer raus und verpasste Sweta eine Geldstrafe von 24 000. Dafür musste Sweta selber auf den Strich. »Nach zwei Wochen hatte ich die Kohle drin. Aber ich bin keine Nutte. Das verzeihe ich der nie.«

3.30 Uhr. »Das waren nur zwölf heute. Dabei kann ich mehr. Ich schaffe locker um die 17. Ich bin nur müde heute«, rechtfertigt sich Lajla vor Wer-weiß-wem. »Aber der Letzte heute war nicht übel, hat mich geküsst und gesagt, ich wäre super. Die meisten reden ja nicht viel.«

Sie raucht.

»Wenn ich mit ihnen ficke, teile ich im Kopf 500 Rubel«, erzählt mir Lajla später. »Das ist für meinen Vater, das für meine Mutter, die liegt nach einem Schlaganfall im Krankenhaus, das ist für die Arbeiten am Haus, das für Kleidung. Ich hab einen kleinen Bruder und eine Schwester, die jetzt auch auf dem Markt angefangen hat, aber als Verkäuferin, und geheiratet hat sie auch gleich. Mit der Rechnerei vergeht die Zeit. Ich bin ja die Alleinverdienerin in der Familie.«

»Zum Glück bin ich unfruchtbar«, fügt sie hinzu. »Ich werde nie Kinder haben, also muss ich mich um die nicht auch noch kümmern.«

Sweta ruft: »Lajla, für dich!«

Ein aufgedunsener Mann mit glasigen Augen: »Komm.« »Ja,

ja, sofort«, erwidert Lajla und kippt ein Glas Wein herunter. Ihre Hände zittern.

Sie kommen schnell wieder. Der Mann führt sie zu seinem Auto, um Fotos zu machen. Er packt sie, versucht, sie auf die Motorhaube zu setzen. Sie wehrt sich und zerkratzt dabei aus Versehen den Lack mit ihrem Absatz.

»Spinnst du«, flüstert der Mann. »Kapierst du, was du angerichtet hast?«

»Mein Mitleid, Kumpel«, ruft der Major.

Am Tisch entspinnt sich eine lebhafte Diskussion, wie teuer die Reparatur wohl sein wird. Summen von 5000 bis 7000 machen die Runde. Die Männer heizen einander an. Wegen des Lärms kommt Sweta aus dem Wagen.

»Was gibt es hier zu meckern? Du hast sie selbst dadrauf gesetzt!«

»Deine Schlampen ...«

»Schlampen? Was willst du hier überhaupt?«, brüllt Sweta ihn an.

»Willst du, dass ich die Polizei rufe?«

»Das kann ich selber machen! Mach doch! Glaubst wohl, ich könnte mich nicht wehren!«

Die Mädchen bleiben ruhig bei den Kunden auf dem Schoß. Der Mann geht wirklich ins Auto, telefoniert, kommt wieder.

»Also, ich schlage vor, dass wir das friedlich regeln. Sonst wird dein Rattenloch in einer Woche dichtgemacht. Überleg es dir.«

»Verpiss dich!«, schreit ihn Sweta an und malt über seinem Auto Kreuze in die Luft. »Verflucht seist du! Dass du es nicht nach Hause schaffst!«

Der Mann fährt weg. Sweta bricht in Lachen aus.

»Was war denn das? Ich weiß noch, wie ein Dieb hierherkam. Der sagt zu mir: ›Leg mal die Hand auf den Tisch.‹ Und dann zieht er ein Messer und sticht danach. Ich hab die Hand noch gerade so weggezogen. Und der so: ›Gutes Reaktionsvermögen.‹ Danach haben wir zusammen getrunken, hab ihm ein paar Tausend aus der Tasche gezogen ... Und dann gab es noch einen, der kam mit einer

Granate her. Total zugedröhnt. Spielt die ganze Zeit am Stift herum, rein, raus. Und einmal, als er ihn rauszieht, leg ich meine Hand ganz fest auf die Granate und sag: ›Fliegen wir zusammen in die Luft!‹ Der war sofort wieder nüchtern. Hier auf dem Markt sollte man gar nicht trinken, man muss immer nüchtern bleiben. Sonst finde ich meine Mädchen noch im Graben wieder, letztes Jahr haben sie da welche gefunden.«

»Jetzt hasse ich dich noch mehr«, ruft der Major aus. »Trinken wir einen!«

»Schenk ein.«

Wodka wird eingegossen. Sweta kippt ihren unauffällig in den Sand.

4 Uhr. Der ehemalige Häftling war austreten und hat unterwegs »Kanaken« entdeckt, die Wassermelonen transportieren und direkt am Straßenrand zum Übernachten angehalten haben.

»Fünf Lkws voll mit Wassermelonen, und in jedem zwei, drei dieser Tiere. Und nur einer dieser Wichser hat mir eine Melone gegeben! Und das auf unserem russischen Boden!« Man ist sich schnell darüber einig, dass die »Kanaken aufgemischt gehören«. Der Major und der Häftling stehen auf. Aber sie kommen nicht weit, der Häftling legt sich sofort lang, der Major hievt ihn hoch und schleppt ihn wieder an den Tisch. Aber ihre Stimmung bleibt kampfeslustig.

»Ninalein, sag mir, wen ich umnieten soll. Für die gute Sache darf man schießen …«

»Komm runter, Renten-Rambo!«, weist Nina ihn zurecht. »Erzähl mir lieber was über dein Auto.«

Das Straßenmädchen Anja kommt zum Licht geflattert. Sie ist 23, sieht aber aus wie 40: tiefe Falten, schmutziges, zerzaustes Haar, abgezehrter Körper. Ein langjähriger Junkie.

»Ich bin Fachangestellte in der Baumwollfabrik! Ich arbeite in Halle Eins, in der A-Schicht.« Sie wiederholt es noch ein paarmal.

Dann kann sie nicht mehr still sitzen und verschwindet.

»Offensichtlich hat die ihre Norm noch nicht erfüllt«, sagt Sweta. Anjas Norm sind 700 Rubel, ein Schuss.

4.30 Uhr. Sweta schickt Vika für zwei Stunden mit einem Kunden in die Stadt. Bald verschwindet auch Lajla, ins Dorf zum nächsten Zug.

Danach ruft Taja sich ein Taxi: Ihr Sohn hatte am Vortag Husten, am Morgen will sie ihm Kompressen machen. »Wegen der gibt's ständig Terz«, sagt Sweta. »Ihr Mann ist im Gefängnis, bei einer Schlägerei wurde ihm ein Auge ausgestochen – sie hatte ihn mit einem Wachmann betrogen und er wollte das klären ... Lass dich nicht davon täuschen, dass sie so nett aussieht. Sie ist verflucht.«

Aberglaube ist auf der Straße stark verbreitet. In beiden Wagen stehen Ikonen. Flüche, Bannsprüche, der böse Blick ... Diese Frauen glauben, dass die Welt ein Ergebnis unsichtbarer Kräfte ist, die sich ihren Einflüssen entziehen. Wahrscheinlich hält man es anders hier nicht aus.

Ein Taxi bremst so abrupt, dass der Sand nur so in alle Richtungen fliegt. Zwei junge Männer in schicker Kleidung steigen aus – sie kommen aus einem Club und wollen bald zurück. Einer ist aufgesetzt fröhlich, der andere sehr betrunken. Sie feiern schon die fünfte Nacht. Der sehr betrunkene braucht Ablenkung – seine Frau ist gestorben.

»Sechs Jahre war sie krank. Und vor vier Tagen dann ... Seltsamerweise kann ich nicht mehr schlafen.«

»Wollt ihr einen Wodka? Wein für die Mädchen?«, fragt Sweta.

»Nein, ich nicht.«

»Und was willst du dann hier?«, blafft Sweta ihn an. »Geschnorrt wird nicht.«

Aber Nina wirft ihr einen Blick zu, sie verstummt und geht.

»Mein Vater ist 2006 gestorben«, sagt Nina. »Wir haben noch meinen Geburtstag gefeiert, und eine Woche später rufen sie mich an und sagen: Du musst kommen.« Tränen laufen ihr die stark geschminkten Wangen herunter. Das kommt so unerwartet, dass alle wegsehen. Nur der junge Mann mit der verstorbenen Frau streichelt ihr die Hand und murmelt: »Gesundheit wünsche ich euch, Mädels, allem voran Gesundheit.«

Nina trinkt den Wodka aus und geht in den Hauptwagen schlafen.

»Verfluchte Alkoholikerin«, kommentiert Sweta. »Zu Hause wollen sie die seit dem Tod ihres Vaters nicht mehr sehen. Ist auch richtig so. Als Marfa und ich noch gearbeitet haben, haben wir die Kunden abgefüllt, aber selbst sind wir regelmäßig hintern Wagen und schnell zwei Finger in den Mund, um in Form zu bleiben. Aber die da ... Es kommen ja viele zu uns, um ihren Alkoholismus in den Griff zu kriegen. Aber so einfach ist das nicht. Für Vika hat Marfa sogar eine Hypnosetherapie bezahlt. Die hat eine Woche durchgehalten. Aber Nina will es nicht einmal versuchen. Die meint: Ich hab kein Alkoholproblem.

Die werden es nie zu was bringen. Weil sie nichts im Kopf haben. Hätten sie was im Kopf, hätten sie sich hochgearbeitet. Marfa hat sie ja auch mal an der Kasse arbeiten lassen. Aber sie bringen es nicht ... Deswegen sind sie auch Prostituierte, und zu nichts anderem gut, als dass man Geld mit ihnen verdient.

Nina war auch mal verheiratet, mit einem Reifenhändler von hier. Eine Weile hat sie mit ihm zusammengelebt, und dann war sie wieder auf der Straße – ist mit irgendeinem Typen durchgebrannt, und drei Tage später war sie wieder hier. Ihr Ex hat jetzt eine andere geheiratet, auch eine von den Mädels. Dass dich einer heiratet – das muss man sich verdienen. Aber auch die nächste – merk dir meine Worte! – steht einen Monat nach der Hochzeit wieder hier. Die Straße lässt einen nicht los.«

5 Uhr. Aus einem Auto klettern sechs junge Männer. Ein Rätsel, wie sie da alle reingepasst haben. Kahl rasierte Muskelprotze – Gespenster aus den 1990ern. »Dorfjungs«, flüstert Sweta, »völlig zugedröhnt. Die werfen sich Pillen ein und dann ab hierher.«

»Wir wollen ein Mädchen!«

»Keine mehr da.«

»Sei mal nicht unhöflich, Alte.«

»Wen nennst du hier alt? Verzieht euch. Fahrt woanders hin!«

»Da waren wir schon, die haben auch keine.«

Einer der Jungs, offensichtlich auf Speed, läuft um den Tisch herum und brüllt: »Die regt mich auf. Ich hasse alle hier.«

»Wenn das so ist, gibt es erst recht keine Mädchen«, sagt Sweta.

Man setzt den Aufgeputschten an den Tisch, schenkt ihm Wodka ein. Aber er greift gleich den Jungen an, der auf einem Stuhl schläft. Schlägt ihm mit der Faust ins Gesicht. Der Tisch kippt um. Blut, Saft und Wasser sickern in den Sand.

»Ich ruf die Polizei«, schreit Sweta und wirbelt mit ihrem Handy über dem Kopf herum. »Dann könnt ihr in der Zelle weiterfeiern.«

Der Junge und sein frisch entlassener Onkel fahren schnell davon.

»Wir sitzen hier ein bisschen«, sagt einer der Dorfjungs. »Bring uns Bier.«

Die Situation heizt sich immer weiter auf. Vika fährt mit einem Taxi vor. Sie ist völlig betrunken und trägt nur einen BH.

»Hallo Jungs!« Sie lässt sich auf den Schoß von einem fallen.

»Ah, die kenne ich doch«, sagt einer. »Die hat mich mal auf die Hand geschlagen. Total widerspenstig ist die.«

»Ja, die ist berufsuntauglich!«, urteilt ein anderer in einem gelben T-Shirt. »Eine Nutte muss daliegen wie ein Brett und die Klappe halten. Ich bezahle die Ware und will sie auch genießen. Wenn sie nicht nach der Gebrauchsanweisung funktioniert ...«

»Das ist ne Nutte, Junge«, klärt ihn der nächste auf. »Die haben überhaupt kein Rückgrat. Und dann noch zwanzig Schwänze in der Nacht ...«

»Ne, Alter, man muss seinen Job lieben. Oder wie siehst du das? Ich zum Beispiel bin Schienenarbeiter. Und wenn ich zwanzig Schienen pro Tag verlegt habe, und man mich dann bittet, noch die einundzwanzigste zu verlegen, dann mache ich das, ohne zu murren. Wir sind doch alle Roboter. Und die da, die muss so viele Schwänze nehmen wie reingehen. Außerdem kann man am Sex auch Spaß haben. Vielleicht ist sie ja Nymphomanin. Vielleicht kommt sie ja.«

Seine Kumpels begrabschen fachkundig Vikas Brüste, grinsen. Sie ist völlig betrunken, starrt gleichgültig ins Leere.

»He, wofür lebst du überhaupt?«, fragt der im gelben T-Shirt.

»Ich leb nicht, verfickt noch mal«, sagt sie plötzlich deutlich. »Aber sag mir das nicht, ok?«

»Ab ins Bett mit dir!«, sagt Sweta, schubst Vika in den Wagen und verriegelt die Tür. »Ich setz mich mal zu euch, Jungs.«

Die Dorfjungs trinken träge ihr Bier. In der Ferne schrillt die Knastsirene. Es wird schnell hell. Auf der anderen Straßenseite trotten Kühe und Pferde vorüber. Jurka, der Hirte, reitet auf einer braunen Stute und lässt die Peitsche knallen. »Noch zwei Monate, dann hab ich frei!«, ruft er herüber. »Zwei Monate, Sweta, warte auf mich!«

Endlich stehen die Dorfjungs auf.

»Sorry, Alte, wenn was nicht ok war. Morgen kommen wir in besserem Zustand.«

Doch da stellt sich heraus, dass sie den Schlüssel im Auto haben stecken lassen. Während die Jungs darüber nachdenken, wie sie die Tür aufkriegen, schlägt der Aufgeputschte mit einem Stein die Scheibe ein und macht sich daran, das Glas herauszubrechen, schneidet sich, Blut fließt.

»Sweta, bring mal Wasser!«

Bevor sie ins Auto steigen, wäscht der Aufgeputschte noch lange und sorgfältig das Blut von seinen Schuhen, bis sie glänzen.

5.50 Uhr. Sweta weckt Nina und Vika. Sie tragen den Tisch nach drinnen. Die halb leeren Falschen stellt Sweta in den Kühlschrank – »die verkauf ich ein weiteres Mal«. Über dem Markt ertönt eine Pop-Version der russischen Nationalhymne. Die Mädchen tanzen, lassen all ihre Erschöpfung, Bitterkeit und ihren Ekel vor der Welt in die Bewegungen einfließen.

»Ruhm unserm Vaterland!«, brüllen sie im Chor.

Zu der Musik fährt ein Lada vor, zwei Männer. Einer bleibt im Auto sitzen, der andere steigt aus und zeigt seine Polizeimarke.

»Die da gefällt mir.« Er zeigt auf Vika. Er greift um ihren Oberkörper und schleift sie zum Auto. »Mach die Tür auf!«, ruft er seinem Partner zu.

Vika zappelt. Die Mädchen versuchen, sie ihm kreischend zu entreißen. Er kriegt sie nicht ins Auto und wendet sich an Sweta: »Du haftest, wenn sich deine Mädchen nicht benehmen.«

»Warum bist du nicht zuerst zu mir gekommen? So macht man das hier nicht.«

Sie gehen in den Wagen. Leise Verhandlungen. Nina stürmt hinterher: »Habt ihr sie noch alle, ihr Scheißwichser? Denkt ihr, sie ist ein Gegenstand, oder was? Den man einfach so ins Auto schmeißt?«

»Halt die Klappe, Nina«, schreit Sweta.

»Wir kommen morgen wieder«, sagt der Polizist zum Schluss. »Zu dritt, dann ist der Tisch gedeckt, und die Mädchen sind da.«

Er zwinkert Vika zu, steigt lässig in den Wagen, fährt davon.

»Hast du den Arsch offen?«, fährt Sweta Nina an. »Die hätten euch alle ins Auto zerren können. Verfluchte Säuferin!«

»Schon gut, komm runter.« Nina lehnt sich an die Wand, sie zittert.

»Scheißalki. Du bist keine Prostituierte, eine Nutte bist du. Gib mir ne Kippe.«

»Säufer haben keine Kippen«, erwidert Nina ruhig. »Und was die Nutte angeht ... du bist nicht besser als wir, du arbeitest genauso auf dem Strich.«

»Ich? Ich hab es zu was gebracht, zum Glück ...«

»Dafür bin ich ein Mensch geblieben. Und du bist ein alter Haufen Scheiße.«

»Das wirst du mir büßen.«

6.20 Uhr. Bevor sie ein Taxi ruft, holt Sweta ein Heft heraus und zieht Bilanz. Die Nacht brachte 13 670 Rubel. 8000 haben die Mädchen eingebracht, davon bekommen sie 4000, 4670 Rubel gehen an Sweta (ihr Anteil an der verkauften Ware). Den Rest bringen wir zu Marfa.

Die Mädchen bleiben im Auto, Sweta geht nach oben.

Eine dicke Frau mit aufmerksamen, gierigen Augen verteilt das Geld auf mehrere Stapel, murmelt dabei: »Scheine zu Scheinen, Schweine zu Schweinen.« Im Nachbarzimmer schläft ihre anderthalbjährige Tochter.

Marfa gibt Sweta einen Fünfhunderter für jedes Mädchen. »Gib ihnen das, als Taschengeld.« Das restliche Geld der Mädchen bleibt bei Marfa.

Sweta beschwert sich lange und ausführlich über Nina.

»Wir klären das«, sagt Marfa.

Die Mädchen überlegen, ob sie noch an die Wolga fahren sollen, fahren dann aber doch nach Hause. Nina schaltet sofort den Fernseher ein. Im Morgenprogramm laufen Trickfilme – »die liebe ich wie verrückt«. Vika geht in die Küche und wählt Andrejs Nummer. Statt des Klingeltons ertönt aus dem Hörer ein Popsong. »Oh, das hat er extra für mich gemacht«, flüstert mir Vika zu.

»Andrej«, schreit sie in den Hörer. »Andrej, mein Püppchen, wie hast du geschlafen?«

Am nächsten Tag wird Nina bestraft – angeblich für ihren Suff, in Wirklichkeit aber für den »alten Haufen Scheiße« – und für eine Nacht den Dorfjungs überlassen.

Kapitel 7

Meine wahre, unsichtbare Liebe

Anja und ich lernten uns in einem Lesbenclub kennen, als es in Moskau noch welche gab. Es war mein zweiter Besuch in diesem Club. Vor nicht allzu langer Zeit war mir klar geworden, dass ich lesbisch bin; ich hatte mich verliebt, meine Liebe gestanden und war zurückgewiesen worden. Ich weinte und googelte, wie man lesbisch sein heilt. Gar nicht, stellte sich heraus. Meine Tränen reichten für eine Woche und zwei Tage. Dann sammelte ich meine Kräfte und beschloss, mich mit dem neuen Leben zu arrangieren – so wie sich Rollstuhlfahrer, Taube, Diabetiker oder AIDS-Kranke mit ihrem Leben arrangieren. Dafür ging ich in den Club.

Wir schauten *Lost and Delirious* und diskutierten anschließend über den Film. Später spielten wir ein Spiel: Jede bekam eine Zahl, und man musste auf einen Zettel die Zahlen der Frauen schreiben, die einem gefielen. Passten die Zahlen zusammen, würde man Telefonnummern austauschen. Ich ging ohne Telefonnummern nach Hause.

Aber es ergab sich irgendwie, dass Anja und ich zusammen zur Metro gingen. Wir sprachen über Politik. Anja war offensichtlich älter, stellte aber sehr naive Fragen. Ich hatte den Eindruck, dass sie sich auf diese Art über mich lustig machte, und wurde immer mürrischer. Wir stiegen schweigend in die Metro. Nach ein paar Stationen musste Anja raus, vom Bahnsteig aus rief sie: Gib mir deine Nummer. Und ich rief ihr die Ziffern zu. Sie schrieb mir eine SMS. Und ich schrieb zurück.

Wir zogen schnell zusammen. Es war meine erste ernsthafte Beziehung. Es war albern. Ich stand zwei Stunden eher auf, um Anjas Hemd zu bügeln und ihr pochierte Eier mit Sauce Hollandaise zuzubereiten. Einen Monat später stellte sich heraus, dass sie ihre Hemden gern knittrig trägt und Nudeln mit Würstchen mag. Anja kaufte nur billige Lebensmittel, und sie wusch, trocknete und faltete die Einkaufstüten. Sie war älter als ich und erinnerte sich nicht nur an die 1990er (Bandenkriminalität, Armut, panische Angst vor der Zukunft), sondern auch an die 1980er (alles Mangelware, Lebensmittelmarken, die Ahnung des Zusammenbruchs des Landes).

Wir lebten arm, mieteten eine Ecke in einer Einzimmerwohnung. Später gab mir meine Redaktion eine Gehaltserhöhung, und wir mieteten eine Einzimmerwohnung nur für uns. An den Wochenenden schliefen wir aus und schauten Filme. Manchmal fuhren wir auch in den Park. Manchmal – wenn Sommer und die Kraft dafür da war – machten wir auch Ausflüge in die Kleinstädte um Moskau. In einer solchen Stadt kaufte mir Anja mal ein Flieder-Gemälde, das mir aufgefallen war. Wir hängten es über unser Bett.

Anja hatte einen dunklen, sonnengebräunten Teint, braune lachende Augen und eine Zahnlücke. Ihr blauer Lieblingspulli war altersbedingt grau. Sie hatte vier Hochschulabschlüsse: Physik-Mathematik, Übersetzen, Wirtschaft und Jura. Sie arbeitete als Analytikerin in der Erdölindustrie. Eines blauen Wintertages wachte ich auf und dachte, ich hätte Bauchschmerzen. Aber ich konnte es nicht lokalisieren. Ich lag auf dem Rücken, befühlte meinen Körper mit den Händen, und plötzlich verstand ich, dass ich Anja liebte, wirklich liebte, mit dem ganzen Körper. Ich fing an, über die Zukunft nachzudenken. Ich stellte mir vor, wir hätten Kinder.

Am 14. Februar gab die Alpha Bank bekannt, dass alle Liebenden ein Eigenheim erwerben könnten. Unabhängig davon, ob sie verheiratet waren oder nicht, könnten Paare einen Kredit zu einem guten Zinssatz aufnehmen. Ich erfuhr davon, als ich auf der Arbeit war, weil ein Werbefenster aufploppte. Ich rief sofort bei der Bank an und fragte, ob das wahr sei. Ja. Man fragte mich, wie lange ich in meiner Beziehung sei. Anderthalb Jahre. Und Sie sind bereit, gemeinsam Immobilien zu kaufen? Ja, erwiderte ich, wir lieben uns sehr. Dann notiere ich mir Ihre Namen für einen Beratungstermin und wir erstellen eine Kalkulation. Gern. Ich nannte unsere Namen. Da sagte die Frau am Telefon: Nein, daraus wird nichts. Ein Paar besteht aus Mann und Frau, nicht so wie bei Ihnen. So ist die Firmenpolitik unserer Bank. Während ich darüber nachdachte, was ich erwidern sollte, legte sie einfach auf.

Ich konnte es nicht glauben. Ich rief bei anderen Banken an. Mir kam das so seltsam vor, dass ich nicht einmal auf die Idee kam, in den Flur zu gehen. Ich telefonierte in unserem Gemeinschaftsbüro. Ich fühlte, wie mir der Boden unter den Füßen entglitt. Wir sind beide berufstätig, wir haben Hochschulabschlüsse, wir wohnen zusammen, erklärte ich. Das ist irrelevant, irrelevant, auf Wiedersehen, sagte man mir. Bei einer Bank hieß es: 18,9 Prozent. Wie viel?, fragte ich ungläubig. Jemand anders nimmt Sie sowieso nicht, das ist Ihnen doch klar, sagte der Mann.

Ich las alles über die Ehe und die damit einhergehenden Rechte. Dann las ich alles über die Ehe in anderen Ländern und wie diese Länder zur Ehe für alle gekommen waren. Ich las alles über LGBT-Aktivistinnen und -Aktivisten in Russland, sie kamen mir hässlich, unhöflich und verrückt vor. Dann nörgelte ich meiner Freundin ein Jahr lang vor, Russland hätte schlechte LGBT-Aktivsten, die schlecht für meine Rechte kämpften. Meine Freundin sagte nichts dazu. Ich schämte mich, ich schämte mich immer mehr, aber ich konnte mir nicht erklären, woher die Scham rührte.

Ein Jahr später saßen Anja und ich in einem Café. Ich wollte ihr sagen, dass ich sie liebte. Stattdessen sagte ich: Anja, wir müssen auf den CSD. Anja sagte: Daran habe ich auch gedacht, ja, wir müssen hin.

Die CSDs sahen damals folgendermaßen aus: Aktivistinnen und Aktivisten – es waren selten mehr als zehn – gingen ins Moskauer Zentrum und hielten Regenbogenfahnen in die Luft. Nationalisten, Kosaken[9] und Orthodoxe kamen zu dem Ort, den die Aktivisten bekannt gegeben hatten, und prügelten auf sie ein. Die Bullen warteten, bis die Aktivisten zusammengeschlagen worden waren, und nahmen sie dann fest – die Zusammengeschlagenen, nicht die, die geschlagen hatten.

Journalistinnen und Journalisten standen daneben und lachten. Ich war auch mal als Journalistin auf einem CSD. Ein CSD-Besuch war ein großer Spaß für Journalistinnen und Journalisten.

Anja und ich gingen auf den CSD. Auf unsere Regenbogenfahne schrieben wir: Hass ist öde. Wir falteten die Fahne auseinander und standen zehn Sekunden da. Dann traf mich ein Schlag gegen die Schläfe. Anja wurde festgenommen. Ich landete im Krankenhaus, es bestand die Gefahr, dass ich das Gehör verliere. Mich riefen Journalistinnen und Journalisten an und wollten Kommentare. Sie fanden es lustig, wenn Homosexuelle zusammengeschlagen wurden, aber wenn eine Kollegin, eine von ihnen, zusammengeschlagen wurde, war es plötzlich nicht mehr lustig.

Seitdem gingen wir jedes Jahr auf den CSD. Wir wurden zusammengeschlagen und danach festgenommen. Einmal wurde mein Kleid zerrissen und ich stand mitten in Moskau nackt da. Ich freundete mich mit LGBT-Aktivistinnen und -Aktivisten an – sie waren gar nicht so verrückt, sondern nur sehr erschöpft.

Dann entschied die Duma, ein Gesetz gegen sogenannte Homosexuellenpropaganda zu verabschieden. In diesem Gesetz stand, wir seien sozial minderwertig. Ich sei sozial minderwertig. Ich entschied, dass ich nicht länger mit Fahnen und Plakaten herumstehen möchte. Ich sagte, ich gehe zur Duma, um mich dort mit Anja zu küssen. Und ich lud alle ein, mitzukommen, die auch küssen wollten.

Es gab vier Kuss-Tage. Man schlug uns und man nahm uns fest. Orthodoxe Aktivisten brachten Pisse und faule Eier mit, bewarfen uns mit Scheiße. Sie brachten ihre Kinder mit, damit sie uns schlugen – gegen Kinder darf man sich nicht wehren, sie sind klein, man könnte sie verletzen. Die Duma verabschiedete das Gesetz.

Als Russland die Olympischen Spiele ausrichtete, beschloss ich, die russische Hymne mit einer Regenbogenfahne zu singen. Ich und alle, die mitgekommen waren, wurden festgenommen und auf dem Polizeirevier zusammengeschlagen. Ein Bulle spuckte mir ins Gesicht. Ich wischte meine Hand an der Hose ab. Bullenspucke auf meiner Hose – ich brach in Lachen aus.

All diese Zeit war Anja bei mir. Und ich war bei ihr. Uns gingen die Kräfte aus, aber wir bemerkten es nicht. Eines Tages waren unsere Kräfte aufgebraucht. Und wir hörten auf, uns zu lieben.

Ich fühlte es, weil in meinem Bauch – dort, wo die Liebe gewesen war – nun Leere klaffte. Wir lebten noch eine Weile zusammen. Dann verließ sie mich. So verschwanden meine Liebe und meine ungeborenen Kinder, und für das Glück der anderen kämpfen wollte ich nicht. Ich hörte auf, Aktivistin zu sein. Jetzt wurde nicht mehr ich zusammengeschlagen und festgenommen. Getötet wurde nicht mehr ich.

Ich überlegte, wofür ich meine Liebe verwendet hatte?

Wofür verwendet man seine Liebe? Sie brennt und brennt, bis sie einmal erlischt. Manchmal schafft sie es, ihr Licht auf ein Stückchen Leben zu werfen: auf einen Fliederzweig zum Beispiel, dann tritt das Leben aus der Dunkelheit, erstrahlt in allen Farben. Und dann kommt die Dunkelheit zurück.

»In Liebe und Trauer«

2. Februar 2019

Der Schnee

In Ilski ist flauschiger Schnee gefallen. Alle Linien sind weiß umrandet: die Äste, die Karosserie eines alten Busses ohne Räder, der grüne Zaun, die Kirschbäume in den mit Autoreifen umkränzten Beeten, der kleine Laden Echte Blumen.

Wasser rinnt in Strömen über die Straßen. Es sammelt sich in kleinen Seen, mündet in Gräben oder kleine Aquädukte. An allen Straßen wurden Gräben ausgehoben. Hunde und Kinder springen über sie hinweg, ältere Frauen gehen über Brücken. Aber die Gräben und Wehre können das viele Wasser nicht fassen, es rinnt immer weiter.

Der 70-jährige Wladimir Dubenzow und der 64-jährige Nikolaj Galdin wurden am Abend des 10. Januar gefunden. An ihrem Haus war seit zwei Tagen niemand gesehen worden. Und es war still gewesen.

»Ich komme von der Arbeit, und es herrscht so eine ungesunde Stille. Also schau ich über den Zaun: Das Vorhängeschloss ist nicht an der Tür. Die haben immer abgeschlossen, wenn sie weggegangen sind. Da haben wir die Telefonnummer der Schwester rausgesucht. Sie meinte, keine Ahnung, wo die sind. Wären sie normale Menschen und hätten mit allen andern Umgang, dann wäre uns viel früher aufgefallen, dass sie weg sind. Aber so waren alle einfach froh, dass sie nicht störten. Der Mann der Schwester kam dann doch rüber und wir sind zusammen hin. Alleine wollte er nicht. Es hat heftig nach Verbranntem gerochen. Wahrscheinlich hatte jemand versucht, sie anzuzünden. Zum Glück hat es nicht geklappt, sonst hätte das Feuer noch auf die Nachbarn übergegriffen. Wir haben die Polizei gerufen.

Einer lag gleich neben der Tür: Nikolaj, kurz Kolja. Wir sind gar nicht erst rein, haben nichts angefasst. Es war auch so schon alles klar.«

Die Straße

Die Uliza Proletarskaja, in der der Mord passiert ist, ist gar nicht mal so kurz. Aber sie wird von einer Schnellstraße gekreuzt, von Krasnodar nach Noworossijsk. Deswegen sind zehn Häuser quasi abgeschnitten von der Stadt. Der Autolärm vermischt sich mit dem Wasserrauschen (gerade hier ist sehr viel Wasser), man könnte meinen, das Meer sei in der Nähe.

Dubenzows Haus war das ärmste in der Straße. Backstein, mit Ockerfarbe gestrichen, ein Holzdachboden, fleckige Fassade, die Fenster mit Folie verschlossen. Aus einer Hundehütte linst ein schwarzer Welpe. An dem grünen, unzählig oft gestrichenen Zaun ist ein Erdwall aufgeschüttet – die alten Männer wollten sich vor dem Wasser schützen. Vor ein paar Jahren haben alle Nachbarn ihre Grundstücke angehoben, deswegen rinnt das ganze Wasser nun hierher.

Edik Gorbenko macht gerade seinen Graben sauber, fuhrwerkt mit eine Hacke darin herum.

»Alle sind furchtbar traurig darüber, dass sie umgebracht wurden. So traurig, dass wir gar nicht wissen, wohin mit all der Freude.« Er schüttet sich vor Lachen, zählt auf, was man an den Nachbarn auszusetzen hatte: »Erstens haben sie Nägel auf die Straße geworfen. Und Wasser auf den Zaun gekippt. Und die ewigen Streitereien, alle Nachbarn waren schlecht, alle Frauen Schlampen. Kolja, der Mitbewohner von diesem Wladimir, hat meine Frau ständig beleidigt: ›Das Miststück, die Nutte kommt wieder nach Hause.‹ Meine

Kinder wissen von klein auf, was Schwule sind und was die treiben. Was soll man davon halten? Die haben es auch kein bisschen verborgen. Deswegen ist es auch kein Wunder, dass man sie umgebracht hat. Aber hätten wir sie umbringen wollen, hätten wir denen einfach den Wodka vergiftet, fertig. Das habe ich der Polizei auch gesagt.«

Die Nachbarin Tatjana Nikanorowna – »Sagen Sie lieber Nikolajewna, ich arbeite mein Leben lang im Kindergarten, Nikanorowna können die Kleinen sowieso nicht aussprechen« – Chartschenko: »Dass ein Mensch es fertigbringt, einen anderen zu töten! Eine Schlägerei – das verstehe ich ja noch. Aber umbringen? Ich weiß nicht.

Wladimir hatte mit den Nachbarn nichts zu tun. Höchstens mit Nadja Petrowna, aber die ist vor über einem Jahr gestorben. Manchmal kamen sie zu mir, wollten einen Rat, wenn sie sich wieder einmal mit einem Nachbarn gezofft hatten, oder einfach reden. Und ich nur: Tja. So ein Leben, das wünscht man niemandem, und dann noch so ein Tod.«

Ihre Urenkelin Ewelina tobt um uns herum. Sie gehört zu den Kindern, die gegen die ermordeten Alten Krieg führten. Ohne einen Funken Scham gegenüber ihrer Urgroßmutter erzählt sie, wie sie deren Haus verminten.

»Diese Röhrchen vom Feuerwerk, kennen Sie die? Daraus haben wir Bomben gebastelt. Außerdem hat Kirill denen allen möglichen Müll rübergeworfen und Nüsse zwischen die Bretter gesteckt.«

Sie rattert die Chronologie der Kampfhandlungen herunter: »Diesen Sommer, und den letzten, und den davor.«

»Wozu?«, frage ich.

»Einfach nur so, aus Langeweile.«

»Die Ohren muss man denen lang ziehen!«, meckert die Urgroßmutter.

»Von wegen, Großmama! Du hast nicht mal geschimpft!«

Ihr elfjähriger Bruder sitzt im Nachbarzimmer und schmust mit einem Chinesischen Schopfhund. »Der hat eine Haut wie ein Mensch.«

Wer sie waren

Die Biografie von Wladimir, auch Wowa genannt, und Nikolaj muss ich Stück für Stück zusammenpuzzeln, am Ende bleibt sie trotzdem lückenhaft.

Wladimirs Mutter – Jewdokija Nikititschna – hat im Russisch-Japanischen Krieg gekämpft. »1945 wurde sie einberufen. Damals lebten sie im Fernen Osten. Sie war Funkerin bei der Marine. Sie war im Krieg, ihr Schiff war an Kampfhandlungen beteiligt. Sie ist also eine Veteranin des Großen Vaterländischen, aber nicht gegen die Deutschen, sondern eben dort. Die Japaner haben uns ja auch angegriffen«, erzählt mir Jelena, Wladimirs Schwester.

Der Vater starb vor Wladimirs Geburt. Auch er war beim Militär. Nach Kuban kam Wladimir mit der Mutter und dem Stiefvater, auch ein Veteran. Dort machte er auch seinen Abschluss in Pädagogik. Er arbeitete an Grundschulen in Ilski und im benachbarten Sewerski. Mit 42 ging er wegen Krankheit in Frührente. Alle (ausnahmslos alle) Nachbarn sind überzeugt, es sei eine psychische Erkrankung gewesen. »Die hatten doch beide ein psychiatrisches Gutachten.« Verschiedene Diagnosen wurden auch genannt. Doch das scheint nicht den Tatsachen zu entsprechen, Wladimir kaufte zwar verschreibungspflichtige Medikamente, »aber nichts Besonderes«, sagen mir die Apotheker.

Außerdem kaufte er Knochen – für Suppenbrühe und für die Hunde. Er lebte sehr arm und klagte über seine Armut.

Nikolaj lernte er über eine Anzeige im Lokalblatt kennen.

»Ich hab die Zeitung abonniert, ich hab es selbst gesehen: Suche einen Mann für ein gemeinsames Leben, kein Trinker, keine Vorstrafen, Meldebescheinigung möglich«, erzählt die Nachbarin Valentina Wassiljewna. »Er braucht doch Hilfe auf dem Hof, und was soll er mit einem Weib? Mit Weibern konnte er nichts anfangen. So ist dieser Kolja aufgetaucht.«

Über Nikolaj weiß man noch weniger. Er stammt aus der Kosakensiedlung Kanelowskaja. Auch die Siedlung Medwedowskaja wurde mal erwähnt – dort hätten »entweder Verwandte oder er selbst irgendwann« gelebt. Er arbeitete als Fernfahrer, als Wachmann und ging in Rente.

Vor zehn Jahren sind die beiden zusammengezogen. Seitdem waren sie nie mehr getrennt. Ihre Beziehung haben sie nicht verheimlicht. »Haben offen rumgeschmust.« Sie hatten einen eingespielten Alltag: Wladimir ging einkaufen und erledigte Verwaltungsangelegenheiten, Nikolaj arbeitete auf dem Hof.

Alle Nachbarn erinnern sich daran, wie Nikolaj jeden Tag die Straße vor ihrem Haus fegte. »Blitzblank war es bei denen.« Ansonsten lebten sie zurückgezogen, waren sehr vorsichtig. Doch in den letzten fünf Jahren entspann sich ein Nachbarschaftskrieg. Sie traten geschlossen auf. »Kaum streitest du mit Kolja, ruft er Wowa dazu, und der schreit gleich die ganze Straße zusammen.« Die beiden Männer standen immer füreinander ein.

Gleichzeitig kämpften sie mit der Stadtverwaltung. »Und zwar auf allen Ebenen.« Wladimir rüstete sich mit Gesetzen aus und schrieb Beschwerdebriefe, verlangte die ihnen zustehenden Leistungen: die Installation eines Wassertanks, die Installation von Strom- und Wasserzählern, die Aushebung eines Grabens. »Er kannte seine Rechte und hat die Leute gezwungen, ihre Arbeit zu machen.«

Was die Siedlung den beiden Männern aber besonders übel nimmt, ist, dass sie sich auf die Liste für eine Sozialwohnung haben setzen lassen. »Und wählerisch waren die! Wir haben ihnen ein Zimmer angeboten, als Wladimirs Mutter noch am Leben war«, erzählt Alewita Pawlowna Kokorewa von der Verwaltung. »Sicher, mit einer Gemeinschaftstoilette auf dem Stockwerk, aber die Lehrer leben bei uns auch nicht besser. Und die wollten nicht!«

Es ist herauszuhören, dass Wladimir schon lange schikaniert wurde. »Die Kinder, die seinen Zaun mit Schimpfwörtern beschmiert haben, sind längst erwachsen.« Nicht selten haben sie ihn auch geschlagen.

Von einem Konflikt mit den Kosaken ist die Rede: Wladimir wollte als Veteranensohn am Tag des Sieges an der Parade teilnehmen, die Kosaken hätten ihn nicht gelassen, hätten ihm erklärt, dass er »kein Mann« sei. Die Kosaken bestreiten das vehement.

Alle, die von den Schikanen erzählen, wollen anonym bleiben. Dabei schämen sie sich nicht dafür, dass die beiden Männer schikaniert und sogar ermordet wurden – sie schämen sich, weil sie »mit solchen« in einer Siedlung und in einer Straße gewohnt haben. Die Schikane bestätigt nur deren »Besonderheit« und soll deswegen unerwähnt bleiben. »Sie hätten auch gar nicht herkommen sollen und darüber schreiben.«

Wladimirs Schwester arbeitet als Notärztin. Ein persönliches Treffen hat sie abgelehnt: »Ich möchte nicht darüber sprechen, es fällt mir noch zu schwer.« Nikolaj habe sie als Untermieter ihres Bruders gekannt, aber »gar nichts mit dem zu tun gehabt, was interessiert der mich?«. Ich frage, wie es für sie jetzt sei, hier zu leben. »Ich kenne alle, und alle wissen, dass er mein Bruder war und dass er eben seltsam war. Alle haben Mitleid.« Davon, dass ihr Bruder schikaniert wurde, will sie nichts gewusst haben: »Das hätte er mir doch erzählt.«

Die Kosakensiedlung

Der Ermittlungsführer Viktor Finko vom Ermittlungskomitee in Sewerski sagt, das Motiv der Homophobie werde prioritär untersucht. Er ist optimistisch: »Wir klären das schon auf. Uns bleibt ja nichts anderes übrig.«

Auf der Polizeiwache der Siedlung wurde ein Ermittlungsstab eingerichtet, er tagt rund um die Uhr. Der stellvertretende Abteilungsleiter erklärt, man habe bereits alle Homosexuellen der Siedlung ausfindig gemacht und befragt.

Lachend kommentiert er: »Ich wusste gar nicht, dass wir so viele haben. Und dann noch in diesem Alter.«

Den Mord beschreibt er folgendermaßen: »Jemand hat einen

Stock genommen und auf sie eingeschlagen, wollte den Schädel zertrümmern und hat nebenbei natürlich alles Mögliche getroffen. Wahrscheinlich ein Einzeltäter.« Anschließend habe er versucht, das Haus anzuzünden. »Vielleicht haben sie sich wegen einem Kerl gestritten?«, scherzt der Polizist. Geld – die beiden Männer hatten gerade ihre Rente bekommen – habe der Mörder nicht mitgenommen, auch sonst sei aus dem Haus nichts entwendet worden.

Letzte Woche hat jemand von der Polizeiwache in Krasnodar angerufen: Dort wurde am 12. Januar die Leiche eines Mannes in einer Decke eingewickelt am Fluss gefunden, auch er war homosexuell.

»Jemand bringt Schwuchteln um«, sagt der Polizist, und entschuldigt sich für das Wort »Schwuchteln«.

Die einheimische Jugend hat aus Neugier ihre eigenen Ermittlungen aufgenommen. »Wir haben alle Verdächtigen überprüft, vor allem alle Vorbestraften. Aber die waren es wahrscheinlich nicht, die scheinen an dem Abend alle gesoffen zu haben.« Die Freizeitbeschäftigungen sind hier denkbar schlicht: Massenschlägereien gegen die Jungs aus Sewerski (»auch heute kommen sie, um uns zu vermöbeln«), die Bar 777 und ein Club. Außerdem kann man noch »driften« – durch die Siedlung rasen und Wasserpfeife rauchen. Sie sagen, es gebe weder Neonazis noch irgendwelche Jugendbewegungen in der Siedlung. Von den zwei älteren Homosexuellen wussten sie nichts. »Sonst hätten wir die selber aufgemischt.«

Der Kosakenführer Viktor Nikolajewitsch Pikalow kann das bestätigen: »Wir haben hier keine Gothics oder Emos. Wir leben hier nach anderen Gesetzen. Neulich kamen die Tschetschenen, um unsere Jungs zu verprügeln – aus gutem Grund. Also bin ich selbst nach Krasnodar, um mit der Diaspora zu sprechen. Ich sag denen: Ihr kommt doch mit Knarren, aber wozu das Geballer, wegen der zwei Idioten? Wir haben sie schon selbst bestraft.«

Er ist enttäuscht, dass ich den Kosakenball verpasst habe.

Die Mordopfer (genauer gesagt, einen von ihnen, Wladimir) kannte er, fuhr hin, wenn jener Beschwerden einreichte. »Ich weiß natürlich, was die Leute reden. Aber bis ich es nicht selbst sehe, glaub ich es nicht. Den anderen hab ich auch gesehen: seinen Untermieter oder Helfer, was weiß ich. Und vor einem Jahr hat Wladimir mich gebeten, einen Platz auf dem Friedhof für ihn frei zu halten, neben seiner Mutter. Ich habe gesagt, ich schaue, was ich tun kann.« »Klang er irgendwie besorgt, als er Sie darum gebeten hat?« »Nein, wo denken Sie hin! Das war ein ganz gewöhnliches Gespräch.«

Es ist finster. Der Kosakenführer lässt drei Männer vor dem Verwaltungsgebäude antreten. Mittwochs, donnerstags, freitags und samstags patrouillieren die Kosaken durch die Siedlung. Sie greifen Minderjährige auf – nach dem Kubaner Gesetz gilt für sie ab 22 Uhr eine Ausgangssperre. Er verliest den Befehl: Straßenpatrouillen, Hauskontrollen. Wir fahren mit zwei Autos los, der Kosakenführer befiehlt, das Anschnallen zu lassen – »mit mir ist das nicht nötig«. Wir fahren nicht die erwartete Route.

Während der Fahrt wird er nicht müde zu betonen, was für ein Glück er mit der Leitung hätte – »wir marschieren im Gleichschritt«; er weist mich darauf hin, dass die Straßen in Ilski zwar überschwemmt seien, aber das Wasser sei vollkommen sauber.

Wir besuchen eine »schlechte Familie«. Man steht lange am Gartentor, ruft nach dem Besitzer. Eine kleine Frau kommt mit nackten Füßen in den Schnee hinaus. Sie empört sich, dass man ihre Familie zu den »schlechten« zählt. Ihr Mann hatte sie zusammengeschlagen, und »aus Dummheit« rief sie die Polizei. »Wann war das?« »Noch im Sommer.« »Warum hast du auch die Polizei gerufen? Hättest du lieber gleich mich angerufen«, erklärt der Kosakenführer.

Ein elfjähriger Junge kommt aus dem Haus. Seine Mutter und der Kosakenführer schreien wie aus einer Kehle:

»Geh wieder rein.«

Aus irgendeinem Grund halten wir vor einem ehemaligen Fabrik-Wohnheim. Der Kosakenführer klopft an eine Zimmertür, steckt seinen Kopf hinein, knallt sie wieder zu und ruft: »Zieht euch an, wir haben Besuch.«

Ein junger Mann in schwarzem Strickpulli kommt aus dem Zimmer, sehr eingeschüchtert.

»Warum wird auf dem Stockwerk geraucht?«, tadelt ihn der Kosakenführer. »Und was ist im ersten Stock für eine Randale?«

Der junge Mann begleitet die Kosaken bis zum Ausgang.

»Über den wurde ja auch gemunkelt«, erklärt mir der Kosakenführer. »Aber jetzt hab ich es mit eigenen Augen gesehen. Da lag ein nackter Kerl auf seinem Bett. Als ich die Tür aufgemacht habe, ist der gleich in den Schrank.«

»Und jetzt?«

»Gar nichts. Dem gebe ich nicht mehr die Hand. Ansonsten ist das seine Sache. Demokratie ...«

Nachdem die Kosaken mir lebende Homosexuelle und ihren »vernünftigen« Umgang mit diesen demonstriert haben, fahren wir zu einem Nahkampf-Wettbewerb: Kinder verdrehen einander die Arme, werfen sich gegenseitig auf die Matten, kicken. Danach fahren wir in den Wald zur Badestelle: ein Quadrat mit kaltem azurblauem Wasser.

»Dort hinten auf dem Berg sitzen die Krishnas. Und noch weiter hinten die Wedrussen, Anastasia-Anhänger[10] und andere Sekten. Erst wollten die niemanden mehr in den Wald lassen. Da hab ich denen gesagt: Ich lasse eure Ansiedlung umzingeln, dann kommt ihr auch nicht mehr bei uns rein.«

Der Verdächtige

Am nächsten Morgen ist lauter Krempel im Hof der Mordopfer: Kleiderbündel, Bücher, Koffer, abgetragene Schuhe, die kümmerlichen Überreste eines Lebens. Der Welpe scheint nun zu begreifen und heult. Hinter dem Nachbarzaun linst vorsichtig eine Frau hervor, sie heult auch. Am Vorabend wurde ihr 55-jähriger Sohn Alexander, kurz Sascha, von der Polizei abgeholt. Sie selbst, Valentina Wassiljewna Pantelejenko, ist 82 und hat große Angst.

»Mittlerweile haben wir vor allen Angst! Ich bin völlig aufgelöst, die ganze Nacht habe ich nicht geschlafen. Wir gehen nirgends hin, reden mit niemandem, was wissen wir schon? Und jetzt quälen sie ihn schon seit dem elften, holen ihn von der Arbeit ab. Dabei hat er Hepatitis C und Arthrose. Er arbeitet als Verlader in Afipski. Am Abend kamen sie mit einer ganzen Horde, haben nach Waffen gesucht! Mit Zeugen! Und gestern ist er von der Arbeit nach Hause und hatte noch gar nichts gegessen, da haben sie ihn schon wieder abgeholt. Ich rufe auf der Wache in Sewerski an. ›Ja, er ist hier‹, sagen sie mir, ›wir haben ihn wegen Rowdytum festgenommen.‹ Wahrscheinlich hat er sich gewehrt. Heute ist der Gerichtstermin. Aber was soll er vor Gericht? Er hat doch keiner Fliege was getan. ›Du verheimlichst was‹, sagen die und drohen: ›Wir sperren dich in eine Zelle mit den Schwuchteln, mal sehen wie dir das gefällt.‹ Was soll ich bloß machen? Was wollen die von ihm?«

Alexander Pantelejenko kam 2000 wegen Drogendelikten in Haft, zwei Jahre später wurde er freigelassen. Kurz vorher verlor er ein Auge, auf dem anderen sieht er kaum noch etwas.

Es ist ein armer Haushalt, Valentina Wassiljewna schneidet Brot zum Tee, weint. Sie seufzt und fängt von vorne an: »Der hält sich ja nur mit Tabletten aufrecht, er hat rheumatoide Arthritis, und jetzt bekommt man ja nicht einmal mehr Rente, man muss sich erst eine Behinderung bescheinigen lassen. Als ob das hier so einfach wäre! Noch nimmt er seine Tabletten und geht arbeiten. Nachts ist er immer zu Hause. Er hat zu niemandem Kontakt, hat nicht mal eine Freundin! Wir wohnen hier allein. Er hat Angst vor diesem ganzen Dunkel! Als der Polizist es uns erzählt hat, hat Sascha das Licht auf dem Hof eingeschaltet und es die ganze Nacht brennen lassen. Und zu mir hat er gesagt: ›Schließ dich nicht ein!‹«

Sie ruft auf der Polizeiwache an: »Schlagt ihr ihn auch nicht? Er wäscht für mich, bringt meinen Nachttopf raus! Ich bin doch alt!«

Drei Tage später wird Alexander Pantelejenko freigelassen. Er sagt, er sei nicht geschlagen worden, aber fast sei es so weit gekommen.

»Gesteh jetzt, sagen die zu mir. Aber was soll ich denn gestehen?«

Er hat Angst, man könnte ihn entlassen, hat Angst vor der »Gerüchteküche«, bittet, ihn deutlich von den Mordopfern abzugrenzen. »Nur, weil ich allein lebe, ohne Frau und Kinder ... aber ich will ja welche. Ich bin nicht so wie die!«

Der Friedhof

In den letzten Jahren gingen die beiden Männer nur noch zu Beerdigungen. »Also zumindest Wowa, Kolja nicht. Wenn einer gestorben ist, kam Wowa immer; fragte vorher extra nach: Datum, Uhrzeit, damit er es bloß nicht verpasst. Wenn er kam, dann konnte er wenigstens mal vernünftig essen. Und nahm noch eine Tüte für zu Hause mit. Sein Freund musste ja auch was essen! Männer ... Was sollten die schon füreinander kochen?«

»Und am 13., da gehe ich zum Markt und sehe, dass ihr Gartentor mit einem Handtuch zugebunden ist. Sie wurden also schon beerdigt. So macht man das bei uns: Wenn ein Toter aus dem Haus getragen wird, bindet der Letzte ein Handtuch ums Tor. Danach kann jeder kommen und es mitnehmen. Reiche binden teure Handtücher um, aus Frottee, Arme nehmen einfache. Jeder, was er hat. Die beiden hatten ein gestreiftes Frotteehandtuch. Weiß-grün gestreift.«

Beerdigt wurde aber nur Wladimir. Nikolajs Leichnam befindet sich immer noch in der lokalen Leichenhalle. Wladimirs Schwester sagt, sie habe »den auch mitnehmen wollen, ist ja immerhin ein Mensch«, aber sie habe seinen Pass verloren. Nun sucht die Polizei nach Angehörigen. Zusammen wird man die Männer nicht begraben.

Das sei auch richtig so, findet Tatjana Nikanorowna. »Ich habe meinen Mann in Tschornomorka beigesetzt, den guten Alten – da liegen seine erste Frau und sein Sohn begraben. Ich habe mir gedacht: Es ist rechtmäßig, ihn dort zu beerdigen. Wir haben 19 Jahre zusammengelebt, aber wir waren nicht verheiratet. Also sind wir Fremde füreinander. In den Augen der Leute.

Im Frühling sind es schon zwei Jahre, dass er tot ist. Und sein Tod war vielleicht seltsam! Er lag in Afipski im Krankenhaus. Ich komme am Morgen, um ihn zu besuchen, die Ärztin ist auch da, und er sagt: ›Hört mal, entlasst mich doch, ich will so gern nach Hause! Dort trinke ich Ziegenmilch und schlafe vernünftig – hier kann ich ja weder essen noch schlafen.‹ Die Ärztin sagt, dass sie einverstanden ist, und entlässt ihn. Ich rufe seinen kleinen Bruder in Krasnodar an, sage: Fahr uns nach Hause! Wir bringen ihn im Rollstuhl zum Auto, setzen ihn hinein, ich geh auf den Rücksitz neben ihn. Der Bruder dreht sich um und sagt: ›Hör mal, ist er am Leben oder was – sieht komisch aus.‹ Und ich: ›Wahrscheinlich schläft er bloß.‹ Wir fahren am Krankenhaus von Ilski vorbei, ein Arzt kommt raus, horcht ihn ab, sagt: ›Er ist tot.‹ So wie er mir den Kopf auf die Schulter gelegt hat, so ist er auch gestorben.

Jegor Matwejewitsch, er fehlt mir! Er war ein guter Alter! So aufmerksam. Ich wusste immer, da ist ein Mann im Haus. Immer war er am Werkeln. Ich wusste, dass ich nicht allein bin. Es ist unheimlich, allein zu sein. Und wichtig, dass man liebt.«

In Ilski gibt es drei Friedhöfe: den alten, den neuen und den ganz neuen. Wladimir wurde auf dem neuen begraben. Und das ist gut, denn auf dem ganz neuen steht alles unter Wasser, und hier ist nur fetter Lehm. Neben seinem Grab ist das Grab seiner Mutter, Jewdokija Nikititschna, mit einem Foto auf dem Grabstein: sehr strenger Blick, zusammengepresste Lippen. Ich muss daran denken, dass sie den Krieg überlebt hat. Das Foto von Wladimir ist von einer Schneeschicht bedeckt, nur die Augen sind zu sehen. Ich fege den Schnee mit der Hand herunter. Auf dem Bild ist er 40. Der gleiche Blick, er versucht zu lächeln, aber es klappt nicht.

Auf dem Grabkranz steht: In Liebe und Trauer.

Hinter dem Friedhof weiden Pferde, das Wasser rinnt über die Straße.

PS: Kurz vor Redaktionsschluss wurde bekannt, dass der mutmaßliche Mörder verhaftet und angeklagt wurde. Es handelt sich um den 23-jährigen Alexander Fet-Olgy, einen Bewohner von Ilski. Er ist wegen Wohnungseinbruch vorbestraft, leistete Sozialstunden für die Siedlungsverwaltung ab (»fällte Bäume auf dem Friedhof«) und ist danach als Arbeiter dabei geblieben. Er war Mitglied der örtlichen Kosaken. Wobei der Kosakenführer Pikalow behauptet, sein Vater sei bei den Kosaken gewesen, »aber den haben wir nicht auf unsren Listen«. Die Lokalpresse rühmte Alexander und die Kosaken für ihr Engagement nach der Überschwemmung in Krymsk. Angeblich hatte er sich als Zeitsoldat beworben und hätte am 1. Februar seinen Dienst antreten sollen. Am Vorabend wurde er verhaftet.

Fet-Olgy hat gestanden. Er behauptet, er habe mit den beiden getrunken, dann hätten sie ihn angemacht, er habe sich gewehrt. »Er hat es mit der Gegenwehr ein bisschen übertrieben«, kommentiert die Polizei.

Kapitel 8

Nichtrussen

Ein Engländer, ein Franzose und ein Russe wurden von Außerirdischen entführt. Die Aliens sperren sie in Einzelzellen, geben ihnen zwei Stahlkugeln und sagen: Wir kommen in einer Stunde wieder, dann müsst ihr uns überraschen. Wenn ihr es nicht schafft, schneiden wir euch zu Versuchszwecken auf. Eine Stunde später kommen sie zum Engländer. Er rollt eine Kugel gegen die andere und sagt: Das ist Billard. Die Aliens schauen und sagen: Langweilig. Sie schneiden ihn auf. Dann gehen sie zum Franzosen. Der jongliert. Langweilig, sagen sie und schneiden ihn auf. Sie kommen zum Russen – der schläft. Sie wecken ihn auf und fragen, wo die Kugeln sind. Der Russe sagt: Eine hab ich kaputt gemacht, die andere verloren. Hahahaha! Erzähl uns noch einen.

Ich bin Russin. Ich bin in Russland geboren. Meine Mutter ist Russin, mein leiblicher Vater auch. Mein Name ist unter Russen sehr verbreitet. Manchmal nennen mich die Leute auch Aljona, und ich reagiere darauf. Ich trage einen ukrainischen Nachnamen, weil meine Mutter ihn aus erster Ehe hat. Ihr Mädchenname ist Malyschewa. Ich habe blaue Augen, helle Haut und slawische Gesichtszüge. Meine langen Haare flechte ich zu einem Zopf. Meine Muttersprache ist Russisch, ich spreche es ohne Akzent und Dialekt.

Ich habe mich in meinem Land nie fremd gefühlt. Ich gehöre dazu.

Über unsere Nachbarin Maria Markowna wurde immer gesagt, sie sei vorsichtig. Ich dachte: Sie ist feige. Wenn der Gasinstallateur klopfte, machte sie nicht auf. Sie hatte Angst vor »dem Staat«: vor Beamten, Vertretern, der Polizei, dem Militär. Sie ging nicht zu Hausversammlungen, blieb immer für sich. Aber mich mochte sie und ließ mich in ihre Wohnung. Blank gewischte Böden und Bücher vom Fußboden bis zur Decke. Maria Markowna unterrichtete Latein an der Universität.

Mama erzählte mir, wie Maria Markowna einmal zu uns nach Hause gekommen war. Mama war damals ein Kind, es war noch zu Zeiten der Sowjetunion, in den Zeitungen ging es um Ärzte, die man als Mörder überführte und die wie durch Zufall alle Juden waren und mit dem internationalen Zionismus zu tun hatten. Maria Markowna brachte so eine Zeitung mit und fragte: Zählen Sie mich immer noch zu Ihren Freunden? Obwohl ich Jüdin bin? Mamas Mama sagte: Ja.

Als ich anfing, an LGBT-Aktionen teilzunehmen, kam Maria Markowna noch einmal zu uns nach Hause. Sie war schon sehr alt. Sie sagte: Sie müssen Ihre Tochter aufhalten. Sie weiß nicht, was es bedeutet, eine Staatsfeindin zu sein.

Ich wusste es wirklich nicht. Ich wusste nicht, warum Maria Markowna nach einem Studium in Moskau zum Unterrichten nach Jaroslawl zurückgekehrt war. Damals war man bestrebt, keine Juden an den Unis der Hauptstadt zu behalten. Das nannte sich: Kampf gegen den Kosmopolitismus. Noch vor den Zeiten der Sowjetunion gab es das Ansiedlungsrayon, ein Gebiet, auf dem Juden leben durften. Das waren kleine Teile der Ukraine, von Belarus, Polen, Litauen und Lettland. Aber war ein Jude sehr reich, hatte er in der Armee gedient oder einen nützlichen Beruf, dann durfte er überall leben, wie ein Russe.

Es ist gut, Russe zu sein. Man kann leben, wo man will.

Meine Mutter singt mir ein Schlaflied: Schlaf, Kindlein, schlaf, und blök nicht wie ein Schaf, Sonst kommt der graue Wolf hinein, Und trägt davon mein Kindelein, Schlaf, Kindlein, schlaf.

Ich liege da und stelle mir vor, wie der Wolf mich in den feuchten, dunklen Wald trägt.

Meine Mutter stammt aus Larino.

Von dort stammten auch ihre Eltern und die Eltern ihrer Eltern. Sie alle waren Bauern. Larino war ein kleines Dorf in der Oblast Jaroslawl. 20 Höfe und eine Straße, die am Fluss entlangführt, erzählt Mama. Unser Haus hatte drei Fenster, und es war aus Baumstämmen. Ein Zimmer mit Ofen, auf dem Ofen wurde geschlafen, und eine dunkle Ikone der Gottesmutter mit einer Kerze in der Ecke. Weiße Vorhänge, weißes Tischtuch, eine Truhe mit weißem Mehl. Nach hinten hinaus war ein Viehstall angebaut. Die Malyschews hatten Hühner, Gänse, Enten, Schafe und eine Ziege. Keine Kuh. Mama träumt bis heute von einer: Hätte ich doch eine Kuh. Was willst du denn in der Stadt mit ihr?, frage ich sie. Und Mama seufzt.

Eine Kuh riecht und hat Augen, sagt sie.

Mein Großvater hatte Bienenstöcke und produzierte Honig. Nach seinem Tod – er war unversehrt aus dem Großen Vaterländischen heimgekehrt und hatte dann einen Herzstillstand – kümmerte sich meine Großmutter um die Imkerei. Sie lebte längst in der Stadt, kam aber über das letzte Eis ins Dorf und blieb bis Mai. Wenn es taute und der Fluss über die Ufer trat, gab es kein Durchkommen mehr ins Dorf. Mit dem Honig, den sie auf dem Markt verkaufte, brachte sie die Familie durch.

Mama erzählte, dass sie im Haus eine zahme Schwalbe hatten. Und einen zahmen Igel. Die Schwalbe sei davongeflogen, und den Igel habe der Nachbar mit einer Heugabel aufgespießt, weil er seinen Hühnern die Körner weggefressen haben soll. »Wie viel kann so ein kleiner Igel denn schon essen?«, rief Mama aus, ihr tat der Igel leid.

Das Dorf lag an dem Fluss Pachma. Der Fluss beschreibt einen lieblichen Bogen. Er führt viel Wasser, es gibt einen Staudamm und eine Mühle. Über den Fluss fuhren die Menschen auch ins Nachbardorf zur Kirche. Im Fluss gab es Krebse, die wurden nachts gefischt. Mama hatte Angst vor den Krebsen, die scharrend über den Bootsboden krabbelten – was, wenn sie einen in den Fuß kniffen?

Im sandigen Grund gab es kleine Schlammfische. Sie wanden sich lustig unter den Fersen hervor, das kitzelte.

Man mähte Heu, wendete das Heu, schwadete es, sammelte es zu kleinen Ballen, dann zu kleinen und zu großen Haufen. Man brauchte viel Heu, auf jedem Hof gab es Vieh. »Es blieb kein Fleckchen ungemähter Erde.« Sogar im Wald wurde gemäht, es war ein lichter Wald mit niedrigem, weichem Gras. Kinder rannten durch den Wald, pflückten Geißblattbeeren – auf dem Dorf nannte man sie Woronjaschki, Krähenfüßchen; man verkochte sie zu Kompott, buk damit Kuchen. Es gab Himbeersträucher. Butterpilze waren auch zu finden – sie zu sammeln war ein Spaß, aber eine Plage, sie zu putzen: Ihr Hut ist schleimig, sie rutschen einem ständig aus den Fingern, eklig ist das.

Einmal hat Mutter einen Elch im Wald gesehen. »Wir haben einander angeschaut, und dann ging jeder seines Weges.«

Der Weg von Jaroslawl nach Larino sah so aus: erst eine Busfahrt und dann zwei Stunden zu Fuß über die Felder. Man pflanzte Hafer, Erbsen, Weizen, Gerste, Kohl, Flachs. Unterwegs war man nie allein. Kiebitze hüpften über den staubigen Weg, und über einem sangen Lerchen. Kiebitze haben eine lange Federholle auf dem Hinterkopf und regenbogenfarbene Flügel.

Als ich klein war, nahm Mama mich oft mit nach Larino.

Ich erinnere mich, dass die Felder mit kupferfarbenem Unkraut zugewuchert waren. Die Vögel waren nicht mehr da.

Das Dorf starb bereits. Nur noch selten begegnete einem jemand auf der Straße. Das Unkraut überragte bereits meinen kleinen Kinderkörper. Ich kam gar nicht so leicht durch.

Unser Haus hatte keinen Fußboden. Mamas erster Ehemann wollte das Haus vor dem Vermodern retten und das Fundament anheben – aber dann haben sie sich getrennt. Das Haus vermoderte.

Statt eines Fußbodens wuchs hohes Gras. Es war seltsam, durch die Zimmer zu gehen. Es gab nicht überall ein Dach, manche Wände ragten in den Himmel. Wenn es regnete, stellten wir uns neben der Ofenruine unter, und ich sang: »Regne, regne, Wölkchen, auf mich und auf die Leutchen, und auf die bösen Hexen aus riesengroßen Kesseln.« So beschwor ich den Regen, damit er schneller aufhörte.

Wir fuhren nicht einfach so ins Dorf – es waren die 1990er, es gab nicht genug zu essen, deswegen bestellte Mutter dort ein Fleckchen Erde und versuchte, Gemüse heranzuziehen. Unkraut erstickte die zarten Triebe, die Ernte fiel mager aus. Wir rupften das Unkraut, schnitten uns die Finger an den Grashalmen. Wir bestreuten den Kohl mit Asche, damit die Raupen fernblieben. Ich holte Wasser vom Fluss. Die Pachma hatte keinen Damm mehr und kaum noch Wasser. Ich ging in den Fluss hinein, und er reichte mir kleinem Kind bis zur Hüfte. Ich dachte: Der Fluss kann fühlen, dass die Menschen weggegangen sind, dass er niemandem mehr gehört.

Nach unserer Gartenarbeit setzten wir uns an den alten Holztisch mitten im Hof, und Mama gab mir ein Einmachglas mit Borschtsch. Auf das Glas galt es gut aufzupassen. Im Dorf lebte nämlich eine alte Krähe, die Essen klaute. Einmal haben wir sie dabei beobachtet, wie sie mit ihrem Schnabel im Glas wühlte – sie suchte Fleisch. Vergeblich. Worüber sie sich krächzend beschwerte.

Hinter dem dunklen Haus war Brachland, und dann Wald. Ein grauer Erlenwald kämpfte sich vor, streckte seine Wipfel dem grauen Himmel entgegen. Jeden Sommer kam er etwas näher.

Ich sah, wie er voranschritt.

Eines Tages fuhren wir nicht mehr nach Larino, Mama hatte keine Kraft mehr. Aber sie versuchte, in der Stadt herauszufinden, wie wir unser Grundstück offiziell als unseres eintragen lassen könnten. Das Land hatte seinen Namen geändert, und Grundstücke konnten nun privatisiert werden. Dafür musste man einen Gutachter bestellen. Aber der Gutachter allein nützte nichts, denn laut Unterlagen befand sich auf dem Grundstück ein Haus. Doch ein Haus ohne Ofen galt nicht als solches. »Baut irgendeinen Ofen ein«, hieß es. Mama hatte weder Geld für einen Gutachter noch für einen Ofen.

Ein paar Jahre später erreichten uns Gerüchte, das Dorf sei abgebrannt. Komplett, bis aufs letzte Haus.

Und der Wald reiche nun bis zum Fluss.

Mama hat Angst, dorthin zu fahren.

Ich habe keine Angst, nur ein beklemmendes Gefühl, als würde mir der Boden unter den Füßen weggezogen.

Zu meinem 30. Geburtstag schenkte Mama mir ein großes Buch. Es war leer. Es sollten Fotos hineingeklebt und beschriftet werden.

»Wir werden sie beschriften, und sie werden bleiben«, sagte Mama.

Ein Stapel unbeschrifteter Fotos, schwarz-weiß. Mama diktiert: dein Großvater Fjodor, deine Großmutter Jewdokija. Dein Urgroßvater hieß Pawel, von ihm gibt es kein Foto.

Vor drei Jahren wurden Dokumente aus dem Ersten Weltkrieg online frei zugänglich gemacht. Es gab Listen zu verschiedenen Ortschaften. Ich gab Larino ein und fand meinen Urgroßvater. Er war einfacher Soldat. Von ihm gibt es ein einziges Dokument: einen blauen Zettel, der seine Entlassung aus der Armee bescheinigt. Am 12. Juni 1916 wurde er bei Wilna verwundet. Heute ist es Vilnius, die Hauptstadt Litauens. Sein Name ist mit schwarzer Tinte geschrieben: Malyschew, Pawel Ossipowitsch. Neben dem Vatersnamen steht mit einem lila Bleistift: Josefowitsch.

Mein Urgroßvater hieß also Josef, nicht Ossip, wie der Name im Russischen lautet.

Ich rief Mama an.

»Sind wir Juden?«

»Natürlich nicht«, erwiderte Mama. »Wir sind Russen, alle Russen, russischer geht es nicht.«

Die letzten Hubschrauber

19. März 2021

Am Ufer

Nina Dentumejewna Tschunantschar sitzt am Flussufer. Der Fluss heißt Awam, er ist breit und grau. Hinter Nina befindet sich ein Betonstern mit den Namen der Gefallenen, vor ihr ist ein Abhang. Unten sind Boote. In der Ferne sieht man Kinder Netze kontrollieren. Die Tundra färbt sich von Orange zu Schwarz. Es ist noch kein Schnee gefallen.

Nina Dentumejewna sagt: »Unsere Götter: Sjudju Nguo ist eine Seuche. Kotura ist der Gott des Selbstmordes, wenn sich jemand erschießt. Die meisten hier erschießen sich – das ist Kotura. Und Djojba ist ein Waisengott. Wahrscheinlich ist der Gott der Waisen selber Waise. Ob wir zu Gott beten? Nein.«

Nina ist 74, sie war zweimal verheiratet. Beide Männer sind tot. Sie hatte sechs Kinder. Auch sie sind alle tot.

Vier sind als Kleinkinder gestorben. Den Kleinen näht man Gänseflügel an und bestattet sie auf Bäumen. Die toten Kinder verwandeln sich dann in Vögel.

Zunächst konnte sie die Grabstätte ihrer Tochter vom Fenster aus sehen, doch dann wurde genau davor ein Haus gebaut. Dann ist das Haus abgebrannt, und jetzt kann Nina Dentumejewna ihre Tochter wieder sehen, so oft sie möchte.

Am längsten lebte ihr Sohn Ljonja. »Sein nganasanischer Name war Ngotesija. Das bedeutet so was wie, der Vater und ich sind nicht mehr zusammen, und ich allein habe das Kind bei mir. Das nennt man Ngotesija.« Er war 31, als er sich erhängte. Er tat es auf dem Boden sitzend, neben dem Eisenbett der Mutter.

Am Kopfende baumelt immer noch ein Strick, »aber das ist nicht derselbe«.

Aus Ljonjas Tasche schauten Geldscheine heraus, er hatte gerade seine Frührente bekommen.

Warum er sich erhängt hat? »Weiß ich nicht«, sagt Nina, »wahrscheinlich war er betrunken.«

Nina Dentumejewna hatte drei Schwestern und drei Brüder, mittlerweile sind sie alle tot.

Sie lebt allein, heizt den Ofen nur alle drei Tage, füttert aber jeden Morgen ihre zotteligen Hunde. Sie wollte ins Altenheim in Dudinka, aber man hat sie nicht aufgenommen. »Geh mal und werd noch ein bisschen älter«, hieß es.

»Wäre es Ihnen in der Stadt nicht zu langweilig?«

»Quatsch! Was sollen wir denn jetzt noch mit der Tundra? Jetzt brauchen wir sie nicht mehr.«

Sie ist die Letzte ihrer Sippe.

Sie ist Nganasanerin.

Die Nganasanen

Es gibt noch 700 Nganasanen.

Sie sind das nördlichste Volk unseres Kontinents.

Viele waren sie nie. Dennoch waren es vor 30 Jahren fast zweimal mehr als heute: 1300 Menschen.

Sie sind die Nachfahren der einheimischen Rentierjäger. Sie haben eine wahrhaft alte Kultur, so besteht ein Teil des Pantheons der Nganasanen nicht aus männlichen Göttern, sondern aus »Müttern« des Wassers, des unterirdischen Eises, des Feuers und der Erde.

Anfang des 17. Jahrhunderts haben die Russen den Nganasanen einen »Jassak« auferlegt, eine Abgabe in Form von Pelzen.

Das Eintreiben des Jassaks sah folgendermaßen aus: Wichtige

und angesehene Mitglieder der Gemeinschaft wurden als Geiseln genommen, und damit sie am Leben blieben, mussten die Nganasanen zahlen.

Die Nganasanen hatten es nicht eilig, sich den Russen zu unterwerfen. Es gab Aufstände. Aber für einen erfolgreichen Widerstand fehlte es dem kleinen Volk an Kräften. Der größte Aufstand war 1666 und endete mit dem Tod von 30 Russen – Soldaten und Handelsleuten – und vier Ewenken. Die Schuldigen wurden gehängt.

Die Sesshaftigkeit der Nganasanen erfolgte per Direktive von oben. In der Sowjetzeit wurden Völker, deren »Nomadenzivilisation von ihrer Natur her« mit der Idee einer kommunistischen Gesellschaft unvereinbar sei, massenhaft und landesweit von der Regierung sesshaft gemacht. In den 1930er-Jahren wurden für die Nganasanen Siedlungen angelegt, die südlicher lagen als ihre eigentlichen Routen, und obendrein auf dem Gebiet einer anderen Ethnie, der Dolganen. Heute sind die Siedlungen durchmischt – die Hälfte ihrer Einwohner sind Nganasanen, die andere Dolganen. Die Russen repräsentieren nach wie vor die Zentralregierung: Sie sind »Bürgermeister«, Lehrerinnen, Polizisten und Ärztinnen in den Siedlungen, in denen die Nganasanen nach wie vor leben, in Ust-Awam und Wolotschanka.

Sie fischen, jagen Rentiere.

Aber dieses Jahr gibt es keinen Fisch, und die Rentiere sind schon vor drei Jahren in ein anderes Land weitergezogen.

Ust-Awam

Durch eine unbefahrbare Tundra und durch Flüsse abgeschnitten von der Welt liegt Ust-Awam. Von der nächsten Stadt trennen es 300 Kilometer undurchdringliche »Wildnis«.

Es gibt vier Straßen: die Fluss-, die Sonnen-, die Ufer- und die Hauptstraße. Von den Häusern bröckelt der Putz, sie sind mit Glattblech verkleidet. Das Blech kommt von Ölfässern, deswegen prangen an den Hauswänden auch Logos der Ölindustrie.

Jedes Haus ist in vier Wohnungen unterteilt. Eine Wohnung ist ein 13 Quadratmeter großes Zimmer mit einer Kochnische – vorgesehen für eine Familie.

Eine Kanalisation gibt es in der Siedlung nicht. Seine Notdurft verrichtet man in Eimer und kippt diese möglichst weit weg vom Eingang aus.

Fließend Wasser gibt es auch nicht. Man holt es entweder vom Fluss oder kauft es am Wassertank für 50 Rubel pro Kanister.

Am Ufer erhebt sich das graue Schulgebäude, es ist mit Wellblech verkleidet. Die Schule ist riesig – die Einheimischen nennen sie Weltraumbahnhof.

In der Schule gibt es fließend Wasser und eine Kanalisation.

Ein weiteres Kennzeichen von Ust-Awam sind Kohlesäcke. Berge von großen weißen Säcken türmen sich neben jedem Hauseingang. Die Regierung teilt jeder Familie zehn Tonnen Kohle zu, damit sie durch den Winter kommt. Der Winter dauert hier sieben Monate. Die Kohle »siebt« man durch die Metallnetze alter Betten, sonst ersticken der Kohlestaub und der »Kleinkram« das Feuer. Das muss gemacht werden, bevor der erste Schnee fällt. Alle Straßen sind mit schwarzen Krümeln übersät.

Hunde streunen herum, manche haben blaue Augen.

Die Häuser sind um den Hubschrauberlandeplatz angeordnet, einen leeren Platz mit Lichtern. Dahinter liegen das »Feld der Wunder«, wie man hier die Müllhalde nennt, und die Leichenhalle. Von der anderen Seite wird die Siedlung durch den Fluss begrenzt. Darin ertrinken ständig Leute, aber momentan ist das Wasser ganz seicht, der Fluss grau und sicher.

Hinter dem Fluss beginnt die Tundra. Hügelig und rostig wie aus Draht. Und noch ein Fleckchen Erde deutlich eingerahmt durch kleine Pfähle und Kreuze. Das ist der Friedhof. Zum Friedhof gehen wir nicht. Den zu betreten ist verboten.

Warum es keinen Fisch gibt

Die Nganasanen fischen in kleinen Gruppen organisiert in den Flüssen Pjassina, Awam und Dudypta.

Aus dem Pjassina verschwand der Fisch nach einer Dieselkatastrophe. Am 29. Mai letzten Jahres liefen 21 000 Tonnen Brennstoff aus einem durchgerosteten Tank aus, der Nornickel gehörte, dem weltweit größten Nickel- und Palladiumproduzenten. Bereits im Sommer berichteten die *Nowaja Gaseta* und Greenpeace darüber.

Im Awam und in der Dudypta scheint aber etwas anderes passiert zu sein.

Die Fischer sagen, in diese Flüsse käme der Fisch aus den Seen, die über die Tundra verstreut liegen. Im Herbst und Frühling werden die Seen durch Bächlein mit den Flüssen verbunden, und die Fische schwimmen zum Ablaichen in den Awam und den Dudypta.

Die Nganasanen sagen: Klimawandel. Der Frühling sei dieses Jahr einen Monat zu früh eingetreten, und zwar schlagartig. Das große Wasser sei gekommen und fast sofort wieder verschwunden. Die Seen seien in so kurzer Zeit nicht aufgetaut – die Fische konnten nicht raus.

Über die Fischerei im Sommer spricht man hier vorrangig in Kraftausdrücken. Immerhin habe man »etwas« gefangen. Dieses etwas ist ein Drittel des üblichen Fangs.

Den Fisch tauscht man gegen Benzin und Lebensmittel.

Benzin bedeutet auch Fisch, Jagd und Licht in den Fischerhütten auf Stelzen in der Tundra. Zum Herbst ging fast allen das Benzin aus.

Der Bürgermeister

Im rechteckigen weißen Zimmer gibt es zwei Fenster. Einige Männer und eine junge Frau sitzen am Tisch. Die Frau trägt als einzige eine abgegriffene medizinische Maske. Die Ecken zieren eine rote

Fahne, ein Porträt des jungen Stalin, ein Munitionsgurt und ein Helm, Ikonen, Mammutknochen (keine wertvollen, nur Gerümpel), Geweihe und Polarfuchsfelle.

Auf gleicher Höhe mit den Ikonen hängt ein Porträt von Putin. Putin blickt nach oben, auf seinem Sakko steht geschrieben: »Dem Norden schenken wir besondere Aufmerksamkeit!«

Der Verwalter der Siedlung – alle nennen ihn den Bürgermeister, er sich selbst auch – spricht:

»Ein Hund hat drei Menschen angegriffen. Wir müssen Maßnahmen ergreifen.«

»Der Hund beißt, weil er sein Revier verteidigt. Er kann nichts dafür«, erwidert jemand.

»Wenn er nur einen gebissen hätte, könnten wir noch drüber diskutieren, aber drei!«

»Hunde sollten an der Leine geführt werden und einen Maulkorb tragen. Wenn wir es schon städtisch haben wollen.«

Man stellt eine Truppe zusammen, die zum Hundebesitzer aufbricht. Draußen hört man Jaulen und Gebell.

Der Bürgermeister heißt Sergej Michailowitsch Nabereschnew. Er ist Russe, vollständig ergraut und trägt Tarnfarben von Kopf bis Fuß. In Tajmyr lebt er seit 37 Jahren. Früher war er Polizist, »als noch die Tschums[11] um die Siedlung herumstanden«. Man habe ihn zum Bürgermeister »berufen«, sagt er. »Putin lehnt die Aufgaben ja auch nicht ab, die man ihm stellt, also habe ich angenommen.«

Die Sitzung geht weiter. Der leitende Feuerwehrmann von Tajmyr hat eine Forderung geschickt, den Brandschutz zu verstärken. Außerdem sind Mitarbeiter von MTS mit dem Hubschrauber gekommen, um Mobilfunkverbindungen einzurichten. Das ist ein historisches Ereignis. Die Ankömmlinge wurden direkt in der Verwaltung untergebracht, sie brauchen noch Kissen.

Der Bürgermeister sagt: »Wir lassen den Hubschrauber so lange nicht abheben, bis sie hier fertig sind. Wir sagen, es ist zu neblig.«

In seiner Siedlung genießt der Bürgermeister kein hohes Ansehen. »Der redet nur und nützt niemandem«, sagen die Leute. Außerdem sind sich alle sicher, dass er Baumaterialien im Keller hortet – die zweitgrößte Kostbarkeit gleich nach dem Benzin. Sie nehmen ihm übel, dass er hinter seinem Haus eine Banja bauen lässt.

Während unseres Gesprächs verdeckt er mit dem Arm ein Dokument: »Liste der Einwohner von Ust-Awam, die einen asozialen Lebenswandel führen«.

In der Siedlung gibt es 359 Menschen und 54 Arbeitsplätze.

Zu seinen größten Leistungen zählt der Bürgermeister die Verringerung der Sterblichkeit auf sechs bis sieben Leute pro Jahr – früher waren es zwölf bis 14.

»Aber ich habe nachgerechnet. Wenn es so bleibt wie jetzt, also zehn von uns gehen und nur zwei auf die Welt kommen, dann gibt es unsere Siedlung 2054 nicht mehr«, sagt er.

Olja

Der Hubschrauber zeichnet lärmend einen flachen Kreis und landet auf dem runden Bauch.

Um zu sehen, wie die Metallfüße die Erde berühren, hat sich das ganze Dorf versammelt.

Die Leute tummeln sich am Feldrand. Schwarze Quads haben ihre Reifen tief in den Kohlestaub eingegraben.

Die Menschenmenge geht zum Hubschrauber, dessen Propeller sich weiter dreht. Der Hubschrauber spuckt Leute aus. Einheimische stopfen Pakete und Päckchen in den Bauch hinein. Der Pilot schimpft.

Gleich hebt er wieder ab und fliegt nach Wolotschanka, die Nachbarsiedlung. Dann kommt er wieder und nimmt die Leute mit, die in die Stadt wollen.

Aus dem Hubschrauber hüpft eine junge Russin. Sie trägt einen grauen Pulli, ihre langen roten Haare wehen im Wind. Mit gespitzten Lippen blickt sie um sich.

Ihr Gepäck, bestehend aus zwei Taschen, wird auf ein Quad geladen. Später bekommt sie eine Führung durch das Dorf.

Sie ist die neue Lehrerin für Mathematik, Physik und Informatik. Olga Andrejewna Bespalowa. Olja genannt. 22 Jahre alt und zum ersten Mal in Ust-Awam. Sie hat gerade ihr Studium in Nowosibirsk abgeschlossen. In ihrer Familie sind alle Lehrer, nun also auch sie.

Olja ist direkt in der Schule untergebracht, in einem kleinen Zimmer ohne Fenster, dafür mit Dusche und Toilette. Sie packt ihre Bücher aus: *Die Kunst des guten Lebens*, *Naokos Lächeln* und *20-Something*. Mit geschwungener Schrift schreibt sie einen Zeitplan: 7.00: Yoga und Atemübungen ...

Bunte Umschläge mit Briefen ihrer Freunde, auf allen steht: Zu öffnen am Rand der Welt.

Morgen hat sie ihre erste Stunde, Mathe. Morgen wird sie feststellen, dass die Neuntklässler das Einmaleins können, aber nicht komplett.

In der Klasse sitzen zwei Leute: Eva und Stepan.

»Holde Dame, könntest du mir bitte eine Klassenliste erstellen?«

Eva schreibt drei Namen auf.

»Zwei Drittel sind also erschienen, gut.«

Olja ist festlich gekleidet: braune Hosen, eine geblümte Bluse und eine gigantische Rose im roten Haar.

»Wisst ihr noch, was Quadratwurzeln sind? Unser Thema heute sind Wurzelrechnungen und lineare Gleichungen.«

Sie schreibt geschwungen an die Tafel: $2x+4=0$.

»Wie lautet die Variable?«

Stille.

Sie schreibt: $24+3=27$

»Was ist 27 in dieser Gleichung?«

Stille.

»Ich weiß, dass es offensichtlich ist. Ich möchte nur, dass wir miteinander warm werden.«

Stepan mustert seinen Tisch, Eva starrt geradeaus. Olja schreitet an der Tafel auf und ab.

»Das Ergebnis – was ist das?«

»Ergebnisse gibt's nur im echten Leben.«

»Ausgehend vom Thema unserer Stunde ...«

Stille. Stille. Stille.

»Gut. Jetzt erinnern wir uns erst mal daran, was Wurzeln sind. Und schreiben es gleich auf. Schnappt euch eure Stifte!«

Olja berührt die Rose in ihrem Haar.

»Möchtest du mit der Schule weitermachen, Stjopa?«

»Nur noch die Neunte.«

»Und dann?«

»Keine Ahnung. Ich hab genug gelernt.«

»Man lernt sein Leben lang, bildet sich weiter, um ein gefragter Experte zu sein.«

Eva stützt den Kopf auf, in ihrem Blick: gähnende Leere.

»Deine klugen Augen leuchten, Stepan«, lässt Olja nicht locker.

Zur nächsten Stunde kommt Jewdokija, die einzige Elftklässlerin und die beste Schülerin von Ust-Awam. Olja blüht auf. Jewdokija, kurz Dussja, hat blondiertes Haar und lange grüne Nägel. Die jungen Frauen beugen sich über die Lehrbücher und unterhalten sich euphorisch.

»Kennst du den Trick mit negativen Potenzen?«

»Ja, ich mag das da, und das. Und Gleichungen an sich – die mag ich auch.«

»Du weißt ja, Graphen machen süchtig«, sagt Olja und lächelt zum ersten Mal.

»Man kann alles auf der Welt mit einer Funktion beschreiben«, sagt Dussja. »Wirklich alles.«

Wadenfischen

Eine Messernarbe durchzieht Artjoms Gesicht. Er sagt, dass sein ganzer Körper versehrt ist, 19 Stichwunden, »aber Gott hält mich, warum auch immer, am Leben«. Er hat seinen Armeedienst an der karelisch-finnischen Grenze abgeleistet, war als Flugzeugmechaniker eingesetzt, wollte danach als Zeitsoldat bleiben – »aber die haben mich nicht genommen«. Sieben Jahre hat er in Norilsk gelebt und in einer Fabrik mit riesigen Treibstoffspeichern gearbeitet. Dann ist er zurückgekommen, um »den Rentieren die Hörner langzuziehen«.

Das Genörgel der Leute gehe ihm auf die Nerven, sagt er. »Die sollten sich einfach mal über das Leben freuen und es genießen!«

Über seinen Partner Igor Falkow munkelt man: »Gott hat ihn zwar mit Talent, aber nicht mit Verstand gesegnet.« Sein dunkles Gesicht ist nach innen gewölbt, die Augen fahl. Er hat die Stelzenhäuser am Flussufer bemalt, und sogar Bilder gezeichnet, aber als seine Mutter starb, hat er mit dem Malen aufgehört.

Die Sonne berührt die Tundra, sie entflammt, und dann wird es dunkel.

Artjom und Igor brechen zum nächtlichen Wadenfischen auf.

Das Wadennetz hat Artjom noch von seinem Vater, es ist lang, grau und unzählige Male geflickt. In der ganzen Siedlung gibt es zwei.

Großen Fisch gibt es in den Flüssen nicht mehr. »Nur noch Quappen – Drecksfraß!«

Aber nachts kommt der Tugun zum Ufer. Man lagert und verkauft ihn nicht, der Tugun ist ein Fisch zum Sofortverzehr. Man brät, man salzt ihn, oder isst ihn roh. Fettiges, süßes Fleisch.

Der Himmel tut es der schwarzen Erde nach und erlischt leise. Igor lenkt das Boot am Ufer entlang, lässt das Netz ins dunkle Wasser gleiten. Das Wadennetz fasst einen Flussabschnitt. Die Jungs gehen ans Ufer, machen die Stirntaschenlampen an, fassen die Netzenden und gehen langsam, ganz langsam aufeinander zu.

Es ist, als hätte jemand Münzen in das engmaschige Netz geworfen. Sie hieven die Fische heraus, knackend brechen Flossen ab. Ein Kaulbarsch hat sich im Netz verfangen – er ist nutzlos, aber wunderschön: regenbogenfarben, transparent, mit lauter Glasnadeln. Artjom holt ihn heraus und wirft ihn auf den kalten Sand – »die Möwen fressen ihn schon«. Der Kaulbarsch ist noch winzig, keinen Finger lang. Ich trage ihn zurück ins Wasser. Artjom schnauft. Nimmt den nächsten Zeitgenossen mit Kammschuppen und lässt ihn frei.»Vielleicht passiert mir im Gegenzug dafür ja mal irgendetwas Gutes.« Gegen Mitternacht wird es vollkommen dunkel, aber das Ufer ist noch zu erkennen. Das weiße Licht der Siedlung strahlt am Horizont.

Artjom erzählt von Kostja Tuglakow, dem Psychopathen von Ust-Awam. Kostja erschoss zwei junge Männer mit dem Gewehr und verschwand, kam wieder, brachte eine Frau um und verschwand, kam noch mal wieder.»Aber da haben wir ihm gesagt, dass er sich in der Siedlung nicht mehr blicken lassen soll. Wo der jetzt wohl steckt?« »Ausweiden sollte man den«, sagt Igor Falkow, der sonst wenig spricht.

Das Boot geht schwer in Ufernähe. Als er es vom Grund abstoßen will, zerbricht Igor ein Ruder. Er rudert mit dem Styroporsitz weiter.

Fertig gefischt. Die Jungs machen sich auf den Heimweg.

An unsichtbaren Steinen wird Artjom langsamer, er kann sich im vielschichtigen Dunkel orientieren. Er zeigt in den Himmel: »Der da, das ist der Polarstern. Die anderen bewegen sich.«

Wenn das Boot mit Motor fährt, zittern und tanzen die Sterne.

Nachts sind in Nähe der Siedlung viele Boote. Man angelt Quappen. Chinesische Stirntaschenlampen drehen sich nach uns um – jeder Angler sitzt in seinem eigenen Lichtkegel.

Am Ufer warten Hunde auf ihre Herrchen, tapsen auf dem nassen Sand herum.

Uns begrüßt Malysch, ein dunkelbrauner, großer Köter. Er bettelt nach Fisch und bekommt ihn.

Kinder

Der Wachmann schaut auf sein Handy und läutet eine Bronzeglocke. Pause. Kinder rennen zum alten Verwaltungsgebäude. Dort haben jetzt die Stadtwerke ihren Sitz, und dort gibt es Internet. In Ust-Awam gibt es WLAN. Ins Internet zu kommen, ist beinahe unmöglich, aber die Schulkinder kriegen es hin.

Was sie schauen? TikTok. Like. *Batman gegen Pennywise*. Auf den Bildschirmen flackert fluoreszierendes Leben.

Ein Junge kauert in der Ecke hinter einer Tür, große Kopfhörer verdecken seinen halben Kopf. Er schaut nur Horrorfilme, einen nach dem anderen. Sascha ist sein Name.

Die Schule hat einen Spielplatz, dort spielen die Kleinen. Sonst kann man auf die Müllhalde, das »Feld der Wunder«, und schauen, ob sich da was Interessantes findet. Oder auf den Berg Lyssaja, einen sanft ansteigenden Hügel hinter der Siedlung, aber dafür muss man am Friedhof vorbei.

Die Mädchen pflücken Preiselbeeren, die Jungen klauen die Boote der Erwachsenen und fahren Quappen angeln. Man kann auch am Ufer sitzen, Energydrinks trinken und die Dosen den Abhang hinunterwerfen. Man kann das rauchen, was man den Eltern geklaut hat, während sie ihren Rausch ausschlafen. Oder man kann durch die Siedlung cruisen – Straße, Straße, Kurve.

Nachts brennen die Mülltonnen und spenden Licht. Man zeichnet ein Quadrat in den Kohlestaub, beschriftet die Ecken: König, Dame, Prinz, Scheiße. Man streitet bis zum Umfallen, ob der Ball über der Linie war. Ein großes Mädchen droht einem kleinen Jungen an, »ihm einen ordentlichen Arschtritt« zu verpassen. Der kreischt, es gebe keine Gerechtigkeit auf der Welt. Verflucht sie.

»Entschuldige dich!«

»Die verzeiht mir sowieso nicht!«

»Mach es für dich selbst!«

»Dumme Kuh!«, sagt der Knirps und stapft davon in die Dunkelheit.

Ein anderer sagt: »Unsere Siedlung ist echt groß, nicht? Also, wenn man den Friedhof mitzählt.«

Die Schamanentochter

Jewdokija Demnimejewa erzählt: »Es gab einmal ein Volk, die Nganasanen. Zäh waren sie.«

Sie ist blind. Dunkle Augen mit einem weißen Punkt anstelle der Iris. Sie kann ein bisschen Licht und Schatten unterscheiden.

Für die Nganasanen beginnt das Leben mit den Augen. Die Erde nennt man: die Mutter aller Dinge, die Augen haben. Seine Augen bekommt der Mensch geliehen. Tote Augen in einem lebenden Gesicht schauen hinter die Linie, dorthin, wohin man nicht schauen sollte.

Jewdokija Demnimejewa ist 82 Jahre alt. Ihr nganasanischer Name lautet Djusimjaku. Sie ist die Tochter eines Schamanen.

Am Türrahmen hängt ein Foto: Eine junge Frau schaut mit ganz untypischem Ausdruck in die Kamera. Sie durfte nicht in den Komsomol. Sie wollte aber. Sie hat Pelztierzucht gelernt, aber nicht abgeschlossen, hat an Rentierrennen teilgenommen und gewonnen. Mit 27 hat sie einen Teppich aus Rentierfell genäht mit einem Bild des Raumschiffs Wostok 2 darauf. Als Dank an ihre Heimat.

Ihr Haus steht ganz am Rand des Dorfs, dahinter sind nur noch der Fluss, die Hügel und der Friedhof.

Sie ist die älteste Nganasanin in Ust-Awam. Ihr Vater, Demnime, war der vorletzte Schamane. Er kam in Haft, weil er sich geweigert hatte, in die Kolchose einzutreten. Er lebte nicht in der Siedlung, sondern an einer Fangstation. Seine Schamanenkräfte nutze er vor allem für die Familie. Manchmal ließ er mit seiner Willenskraft ein Motorboot liegen bleiben, wenn es »ohne ein Gastgeschenk« vorbeigefahren war. Seine größte Leistung war die Wiedererweckung eines ertrunkenen Kindes. Der Junge sei wieder ins Leben zurückgekehrt, sagt man, aber seine Augen hätten für immer aufgehört, sich zu bewegen.

Auch Demnimes Bruder war Schamane, und ebenfalls in Haft. Als er aus dem Gulag zurückkehrte, verkündete er, er habe sich selbst gegen Stalin eingetauscht.

Jewdokija berichtet: »Er war im Februar aus dem Straflager zurückgekommen, hat bei Wolotschanka seine Magie betrieben. Dort hat er mir erzählt: ›Eigentlich solltet ihr mich heute, an diesem Tag, gar nicht unter euch haben. Als ich im Lager war, hat Djojba Nguo mir gesagt, wenn ich nach Hause möchte, soll ich ihm statt meiner selbst, statt meines Kopfes, einen anderen großen Menschen geben, dann würde ich meine Kinder wiedersehen.

Hätte ich ihm diesen Menschen nicht gegeben, wäre ich nicht freigekommen. Aber weil ich ihm diesen Menschen gegeben habe, konnte ich nach Hause. Kein Arzt der Welt wird ihn noch retten.‹

Und dann kam irgendwann der März, und wir hörten: Stalin ist gestorben. Niemand, kein Arzt der Welt, konnte ihn retten.«

Die Generationenfolge der Schamanen darf nicht unterbrochen werden. Nach Demnimes Tod hätte sein Enkelsohn Igor das Amt übernehmen müssen. Igor wurde darauf vorbereitet. Demnime nahm ihn in der dritten Klasse von der Schule und nahm sich seiner Ausbildung und Erziehung an. Aber aus Igor wurde kein Schamane.

»Großvater ist tot, aber es kommt und kommt nicht. Ich sehe keine Geister. Echte Schamanen gibt es gar nicht. Nirgends«, sagte er.

Er lebte ich der Siedlung, ging fischen, buk Brot und gab es denen, die ihn darum baten. Er fuhr den Wassertanker, war ein einfacher Arbeiter. Am 17. Juli 2012 feierte Jewdokija Demnimejewa ihren Geburtstag, Igor fuhr los, um Fisch zu angeln. Man fand ihn im See, mit dem Gesicht nach unten, tot.

Die Schamanenlinie, Ngamtusuo, endet mit Jewdokijas Urenkelinnen. Sie leben in der Stadt. »Sie wissen selbst nicht, wer sie sind«, kommentiert sie.

Wenn ein Schamane seine Magie betreibt, braucht er einen Helfer, jemanden, der zwischen ihm und dem Volk vermittelt. Meistens ist es die Frau oder die Tochter. So lernen die Frauen, mit den Geistern zu kommunizieren. Jewdokija Demnimejewa stimmt ein rituelles Lied an, aber ihre Stimme bricht. Sie hustet, sagt: »Früher habe ich sogar in Paris gesungen, an der Seine. Da waren wir mit unserem Ensemble.«

Ihr Sohn Oleg siebt Kohle: Er wirft sie auf ein altes Bett-Metallnetz und schaut zu, wie es rieselt.

Er fragt mich nach 600 Rubel, damit er Lebensmittel »für die

Großmutter« kaufen kann. 600 Rubel kostet eine Flasche Wodka in der Siedlung.

Nganasanisch-Unterricht

Es gibt eine Nganasanisch-Stunde in der Woche, samstags. Aber auch die ist diesmal fast ausgefallen. Ein Junge hat sie mit einem Kuli aus dem Stundenplan gestrichen, und die Hälfte der Klasse hat es geglaubt und ist zu Hause geblieben.

Englisch gibt es zweimal in der Woche. Als die Lehrerin die Klasse auffordert, das nganasanische Alphabet zu wiederholen, beginnt ein Mädchen mit: A, B, C, D ...

Die Drittklässler versuchen sich an die Zahlen zu erinnern, die Lehrerin will nachhelfen, kommt aber selbst durcheinander. Man sucht nach den Wörtern für Mutter, Großmutter, doch es drängen sich die englischen mother und granny auf.

»Warum auch nicht? Das Englische können sie wenigstens gebrauchen. Wenn die paar Alten, die noch leben, in ein paar Jahren von uns gehen, dann war es das«, sagt Alexandra Sajbanowa. »Über die Sommerferien vergessen sie sowieso wieder alles, weil es zu Hause keiner spricht.«

Die Kinder sprechen im Chor: »Ich – mene, du – tene, wir – myng«.

Im Nganasanischen versteckt sich noch eine zweite Sprache: Keingeirsja. Es ist eine sinnbildliche Sprache, jedes Wort hat eine weitere Bedeutung. In dieser Sprache dichtet man und singt man Lieder. Ein junger Mann gesteht einer Frau seine Liebe, sie weist ihn zurück – ein Fluss, der sich in zwei Ströme teilt, einen guten und einen schlechten. Freundinnen besprechen, welchen von mehreren Brüdern sie heiraten sollen – welchen Polarfuchs spannt man vor den Schlitten. Jäger übertrumpfen sich so in ihrem Scharfsinn. Jeder Fehler, ob grammatisch oder semantisch, entstellt die gesamte Aussage und beschädigt das Ansehen des Sprechers. Ein paar der Lieder konnten noch von Russen aufgezeichnet werden.

Schwer zu glauben, dass 1979, vor nur 40 Jahren, 90 Prozent der Nganasanen Nganasanisch als ihre Muttersprache bezeichneten.

Der Linguist Valentin Gussew erklärt den Sprachverlust durch das Erziehungssystem der Internate. Dort wurde den Kindern verboten, Nganasanisch zu sprechen, für jedes nganasanische Wort wurden sie durch Schläge mit dem Zeigestock oder Verweise bestraft. Die Schikane zeigte nicht sofort ihre Wirkung, sondern erst in der nächsten Generation. Haben die Kinder in den 1960ern mit ihren Eltern noch in ihrer Muttersprache gesprochen, so waren deren Kinder bereits komplett russischsprachig. Der Ethnologe Popow berichtet außerdem vom Purismus der Nganasanen; sie hätten eine übermäßige, geradezu religiöse Hochachtung vor ihrer Sprache. Darin sieht er einen der Gründe, warum ältere Nganasanen aufhörten, ihren Enkeln, die russische Schulen besuchten, Nganasanisch beizubringen. Ein schlechtes Nganasanisch schmerzte sie mehr als die andere, fremde Sprache.

Nina Dentumejewna spricht manchmal mit ihrer Nachbarin Jelisaweta Barbowna. Das sind die einzigen Gespräche auf Nganasanisch, die man in Ust-Awam hören kann.

»*Auf Wiedersehen* gibt es bei uns nicht, man sagt *Bis morgen*«, beendet Alexandra Sajbanowa die Stunde. Aber sie nennt das nganasanische Wort nicht.

Der Laden

»Verkauf sie mir doch, Mascha!«

»Nein.«

»Willst du, dass ich tanze? Ich tanz für dich! Schau her!«

Die Frau verbiegt sich, stampft mit den Füßen, dreht sich, springt.

Mascha schaut weg.

Die Frau tanzt, weint, geht.

Der Laden gehört dem Unternehmer Salamtow, den man auf Taimyr als Eigentümer der Supermarktkette Feuervogel kennt. Verwaltet wird er von seinem Stiefsohn German. Der hat es nicht leicht.

Die Lebensmittellieferungen kommen im Sommer mit dem Lastschiff und im Winter mit den Lkws über die Eisstraßen der Tundra. Aber vor den Lebensmitteln müssen noch Kohle und Benzin geliefert werden. Das letzte, vierte Lastschiff ist diesmal nicht angekommen. Der Kapitän hat sich geweigert, in so seichtem Wasser zu fahren. Er wurde gefeuert.

Mehl und Salz sind alle. Mascha ruft German jeden Morgen an, aber German weiß nicht weiter. Der Wasserstand ist niedrig, der erste Schnee ist nah.

Mascha Barchatowa ist die Verkäuferin und »hat das Sagen« – eine kräftige, schöne, Frau mit kurzem, blonden Haar und kräftig geschminkten, dunklen Augen. »Halb Dolganin, halb keine Ahnung was.« Unter ihren Vorfahren ist auch der Schamane Roman Barchatow, der den letzten Aufstand gegen die Russen angeführt hat. Mascha ist nicht von hier, sie ist aus Wolotschanka weggelaufen, sobald sie 16 war. Dort lebte sie mit Mutter und Großmutter zusammen. Was sie über ihre Kindheit zu erzählen hat, ist schrecklich.

Sie hat getrunken, aber dann hat sie geheiratet, und zusammen haben sie aufgehört zu trinken. Mit ihrem Mann lebte sie viele Jahre in Jagd- und Fischerhütten. »Aus dem Nichts haben wir uns was aufgebaut«, erzählt sie. Nach allem, was sie durchgemacht hat, hat sie kein Mitleid mehr für andere übrig.

Um in Ust-Awam als Verkäuferin zu arbeiten, muss man alles über die Leute wissen. Wer wie viel Rente kriegt, wer Kredite hat, wer trinkt, wer jagt, wer Benzin hat, um mit dem Motorboot rauszufahren, wer mit wem im Streit liegt und nicht mehr zusammen fischt.

Mascha hat ein Heft. Da drin stehen die Schulden aller Dorfbewohner.

Die überwältigende Mehrheit von ihnen lebt von Schulden zu Schulden. Die Renten und Sozialleistungen werden in den ersten Tagen jedes Monats mit dem Hubschrauber gebracht – das ist die Zeit, wenn alle in den Laden kommen, alte Schulden tilgen und neue aufnehmen. Ein paar Tage sind dann nur »Zombies« auf der Straße – so nennt man hier die Betrunkenen.

Die Preise sind doppelt so hoch wie in Moskau.

Das meistverkaufte Produkt ist selbstverständlich Wodka. Der kommt mit dem zweiten Lastschiff, zusammen mit der Kohle, und er geht nie aus. Die Kammer ist bis zur Decke voll mit Kisten, lauter ungewöhnliche Marken: Derewenka, Jamskaja, Russkaja waljuta.

Eine Flasche kostet 600 Rubel. Schwarz und nachts sind es 1000. Aber nachts verkauft Mascha nichts, nein, nein.

Ihre Vorgängerin wurde in der Nacht direkt im Laden umgebracht. Sie hatte in dem Kämmerchen gewohnt, wo heute der Wodka lagert. Sie war mit zwei Kindern aus der Ukraine nach Ust-Awam gekommen, sie kämpfte gegen Krebs, trug immer ein Kopftuch. In der Siedlung erinnert sich zwar niemand an ihren Namen, aber daran, dass sie nicht geschrien hat, als sie vergewaltigt und ermordet wurde, um ihre Kinder nicht zu wecken. Das rührt die Leute, und als ihr Leichnam in den Hubschrauber geladen wurde, kamen alle, um Abschied zu nehmen. Sie hatte beim Klopfen eines Bekannten aufgemacht: Kostja Tuglakow, der Psychopath von Ust-Awam. Verkäufe in der Nacht sind einträglich.

Denen, die Wodka anschreiben lassen, gibt Mascha Sachen mit, die sich nicht verkaufen: Borschtsch in Konserven, Kindershampoo, Dosenmais. Sie drückt es ihnen in die Hand, ohne zu fragen. Die Leute nehmen es, und Mascha schreibt es an.

Die Frachtschiffe und Lkws verlassen Ust-Awam immer beladen. Jäger und Fischer geben ihre Ausbeute in Maschas Laden ab: Fleisch, Pelze, Fisch. Im Gegenzug bekommen sie Lebensmittel. Für ihre paar Monate an einer Fangstation leihen sich die Fischer Lebensmittel, Tee, Kaffee und Grütze. Später bezahlen sie mit ihrem Fang.

Am Fenster kleben Preisschilder: Hecht – 50 Rubel das Kilo, großer Muksun 140 Rubel, ein sauberes Geweih – 500 Rubel das Kilo. »Deswegen leben wir hier auch wie die Knechte«, klagen die Einheimischen.

Mascha ist eine einflussreiche Person in Ust-Awam. Nicht zu vergleichen mit dem russischen Bürgermeister.

Die Erziehung der Nganasanen

Yuri Slezkine beschreibt in seinem Buch *Arctic Mirrors* ausführlich, wie sich das Verhältnis der russischen Regierung gegenüber den Völkern des Nordens wandelte. Ihr Status änderte sich von »edlen Wilden«, die ihre Gefangenen freikaufen mussten, zu neuen Untertanen, den »jüngeren«, deren Pflichten (Pelzbeschaffung) gesondert verhandelt wurden. Den Russen gleichgestellt waren sie nie, »ein Mangel an neurophysiologischen Fähigkeiten« stand außer Frage.

Kurz vor der Revolution, während der Jahrhundertwende, beschäftigten die »edlen Wilden« die Gemüter der Intelligenzija. Die Narodniki[12] suchten in Sibirien »junges, kraftvolles Land«, das unentwickelt und daher unverdorben, unkultiviert und daher authentisch sei, ein mögliches Beispiel für die Zukunft des russischen »Kollektivismus«, der unweigerlich kommen sollte. »Die Moral der fremden Völker«, so Schischkow[13], »stellt eine merkwürdige Mischung aus widerwärtigen Lastern und patriarchalen Tugenden dar.« Man betrachtete die Indigenen als einen Spiegel, um durch das Fremde sich selbst besser zu verstehen. Der Ethnograf Jadrizew[14] schrieb ein ganzes Buch darüber, was für gute Kolonialisten die Russen seien – »nicht schlechter als die Spanier oder Engländer«.

Die Bolschewiki schließlich sahen in der Existenz der kleinen Völker eine Herausforderung.

Man bildete ein Komitee des Nordens, das keine geringere Aufgabe hatte, als die ursprünglichen indigenen Wirtschaftsformen in die lichte Zukunft des Kommunismus zu überführen, und die Leibeigenschaft, den Feudalismus und den Kapitalismus zu überspringen.

Auf Taimyr kam die neue Regierung erst in den 1920er-Jahren an. In den Nomadensiedlungen in der Tundra wurden Räte und Ausführungskomitees gegründet.

Der Geologe Juri Leonow beschreibt in seinem Buch *Die Räte der Ureinwohner* (1929) die ersten Verhandlungen der Nganasanen mit den Bolschewiki. Die Nganasanen waren bemüht, herauszufinden, »ob wir verpflichtet sind, dem Instruktor widerspruchslos zu gehorchen, so wie wir früher dem Verwalter des Zaren gehorchen mussten«. Der »Instruktor« erklärte, sie seinen nicht dazu verpflichtet, doch beim ersten Widerspruch hieß es: »Ihr Alten habt das alte Gesetz in euren Köpfen, betet zu Gott und widersprecht der Sowjetregierung. Wenn ihr das noch mal tut, kommen aus Krasnojarsk Soldaten mit Gewehren und sperren euch in einen Eisenkäfig.« »Da bekamen wir Angst, die Verhandlungen endeten mit Schweigen.«

Auch die Theorie der Klassengesellschaft griff bei den Nganasanen nicht.

Die Bolschewiki suchten nach Kulaken. Aber die gab es bei den Nganasanen nicht. Ihr ganzer Reichtum waren domestizierte und wilde Rentiere. Ein Wolfsrudel, eine Krankheit oder ein Schneesturm konnte einen ganze Herde »verschwinden machen«. Deswegen sicherte ein Rentierzüchter, der gerade Glück hatte, die anderen, die Pech hatten, mit ab: Er weitete den Kreis der Menschen, die er versorgte, aus und stellte diejenigen, die Pech hatten, als Helfer ein.

Dennoch machte man Kulaken unter den Nganasanen aus und legte ihnen Repressionen auf. Die Bolschewiki verboten die Rentierschlachtung an Flüssen als Wilderei. Die Rentierzucht wurde in Kolchosen und dann in Sowchosen umgewandelt. 1973 befiel die Hufkrankheit die Rentierherden. Die gesamte, mehrere Tausend Tiere umfassende Herde musste geschlachtet werden.

In Ust-Awam erinnert man sich an dieses Jahr als an das »schwärzeste«.

Die Krankheit sei nicht zufällig aufgetreten, erklärt Nikolaj Wladimirowitsch Pluschnikow von der Russischen Akademie der Wissenschaften. »Die Nganasanen haben über Jahrhunderte erfolgreich die Anzahl und das Verhältnis von wilden und domestizierten Rentieren in ihren Herden reguliert. Taimyr ist der einzige Ort, an dem große domestizierte und wilde Herden koexistierten. Aber mit dem faktischen Verbot der Jagd hörten die Nganasanen auf, die Routen der wilden Herden zu verfolgen, was zu einer Schwächung der gesamten Population und letztlich zum Niedergang der Rentierzucht auf Taimyr führte.«

Nach der Notschlachtung aller Rentiere eröffneten die Bolschewiki einen Staatsbetrieb. Jäger mussten Pelze, Fleisch und Fisch abgeben, ein »sowjetischer Jassak«. Frauen nähten Schuhe und Souvenirs aus Leder. Der Staatsbetrieb überlebte die Sowjetunion um zehn Jahre und wurde 2000 geschlossen. Dann kam der Kapitalismus endlich auch auf nganasanisches Gebiet.

Und mit ihm das merkwürdige Sterben.

Kotura Nguo

Jewgeni Tschuprin verließ Ust-Awam am 9. April. Die Polarnacht war gerade vorbei. Er fuhr zu Frau und Tochter nach Dudinka. Er fuhr allein. Der Schlitten, mit einem erlegten Rentier beladen, war an ein Schneemobil angehängt. »Er war ein erfahrener Jäger, hat so gut wie nie geangelt. Die Tundra kannte er wie seine Westentasche.«

»Seine erste Beute verteilte er immer an die Alten. So will es der Brauch – man gibt sie den Alten, den Schwachen und den alleinstehenden Frauen. Die zweite Beute darf man selbst behalten.«

Tschuprin fuhr am Fluss entlang, kam zur Nomadensiedlung Kresty, wo sich der zugefrorene Dudypta mit dem zugefrorenen Pjassina verbindet. Er trank einen Tee und machte sich in Richtung Stadt auf. Da zog ein Schneesturm auf.

In der Siedlung habe man bei dem Schneesturm selbst die Nachbarhäuser nicht gesehen, heißt es. Der Schnee sei nass gewesen, und es habe sich sofort eine Eisschicht gebildet.

Tschuprin setzte seinen Weg fort.

Sein Schneemobil blieb liegen.

Er versuchte es zu Fuß zurück nach Kresty. Er war ganz in der Nähe der Siedlung und hat sie dennoch knapp verfehlt. Er ist erfroren.

»Das war ein wundersamer Tod«, sagt der Bürgermeister. »Am

nächsten Tag wollten wir los, um ihn zu suchen, aber der Schneesturm hörte nicht auf, er dauerte noch zwei Tage. Als er endlich vorbei war, wollten wir einen Hubschrauber nehmen. Aber jetzt stürmte es in Dudinka. Wir kreisten ewig über der Gegend, in der er hätte sein müssen. Bei Kresty haben wir auch gesucht. Keine Ahnung, warum wir das Schneemobil nicht gesehen haben. Immer wieder haben wir ihn um zwei, drei Kilometer verfehlt.«

Am 19. April wurde Tschuprin auf dem Friedhof in der Tundra, gleich hinter der Siedlung begraben. Das erlegte Rentier, das er zu Frau und Tochter bringen wollte, kam bei der Trauerfeier auf den Tisch.

Der Tod von Jewgeni Tschuprin ist ein guter Tod. Über ihn reden die Leute gern.

Was man von anderen Todesfällen nicht behaupten kann.

In Ust-Awam sterben jedes Jahr sechs Menschen. Einer davon eines natürlichen Todes. Zwei oder drei erfrieren oder sterben im Suff. Und zwei oder drei bringen sich um.

In einer 300 Seelen großen Siedlung gibt es zwei Selbstmorde pro Jahr.

Die Umstände lassen einen ratlos zurück:

Ein Familienvater isst sein Frühstück, sein Mittagessen und erhängt sich.

Ein Mann fährt in die Stadt, ohne seiner Frau Bescheid zu sagen, die Frau bringt sich um.

Vater und Sohn trinken einen zusammen, gehen dann in ihre Zimmer. Irgendwann scheint dem Vater, dass der Sohn allzu gerade sitzt. Er geht hin und stellt fest: er hängt.

Ein Einheimischer fährt den Fluss hinab, der Motor seines Bootes geht kaputt. Er versucht, ihn wieder zu starten, vergeblich. Er erschießt sich und verblutet.

Suizide sorgen hier weder für Verwunderung noch Mitleid. Sie kommen in jeder Familie vor. Sie sind an der Tagesordnung.

Galina Durakowa erzählt, wie sie nach 14 Jahren Ehe ihren Mann verloren hat.

»In jenem Sommer war es, ja, im Juni. Erhängt hat er sich. Ich weiß nicht, warum. Am Morgen war er eigentlich wie immer. Alles war in Ordnung. Gegen Mittag bin ich dann zu Freunden ... zu Besuch. Kaum bin ich da, heißt es: Galja, geh schnell heim, es ist etwas passiert. Der Arzt und der Polizist sind auch gleich hin. Als ich ankam, hatte man ihn schon runtergeholt. 45 war er. Vollkommen nüchtern. Ab und zu hat er getrunken, klar, aber nicht an diesem Tag. Wir haben drei Kinder. Zwei Mädchen und einen Jungen; die Älteste ist nicht von ihm, sondern von meinem ersten Mann. Der ist auch tot, ertrunken.«

Die Einzige, die ihrem Verlust einen Ausdruck zu verleihen versucht, ist Tatjana Tkatschenko. Sie wird Tanja genannt und ist Waise. Ihre älteste Schwester Ljudmila Popowa war wie eine Mutter für sie. Vor vier Jahren nahm sich Ljudmila das Leben. Nachdem Tanja ihre Schwester nach nganasanischem Brauch bestattet hat (ihr Gesicht verdeckt, dreimal ein Feuer an der Schwelle ihres Hauses überschritten), wandte sie sich dem christlichen Glauben zu. »Ich brauchte euren Gott«, sagt sie.

Sie spricht nicht über den Suizid – zu unangenehm. Aber sie schreibt Gedichte, »die nicht viele verstehen«. »Schreien möchte ich, damit alle verstummen! Und damit du mir Antwort gibst. Wofür, warum hast du uns verlassen? Hast deinen Sohn allein gelassen. Dabei hast du gesagt, du liebst ihn. Wenn er groß wird, fragt er mich: Wo ist meine Mami? Mir tut es weh, zu lügen und zu schweigen. Warte nur, sie kommt bald, sag ich ihm. Er wartet, dabei weiß er es ...«

Ljudmilas Sohn heißt Sascha. Nun zieht Tanja ihn groß, zusammen mit ihren eigenen zwei Kindern.

Sascha ist gerade elf geworden, sie haben eine Torte in der Stadt bestellt.

Sascha schaut ununterbrochen Gruselfilme.

Wir haben ihn bereits im ehemaligen Verwaltungsgebäude gesehen, wie er mit großen Kopfhörern in der Ecke saß.

Tanjas Erklärung ist: »Er hat einfach Angst, Phobien. Das ging nach der Sache mit seiner Mutter los. Er sitzt am Computer, manchmal will er es gar nicht sehen, aber er will seine Angst überwinden und schaut den Film. Anfangs hat er mir immer kleine Briefchen geschrieben, Herzchen ausgeschnitten. Oder er malte seine Mutter im Himmel. Und schreibt mir: Tatjana, ich habe Sie lieb. Und steckte mir den Zettel in meine Kosmetiktasche. Aber wenn ich ihn umarmte und küsste, wurde er ganz schüchtern. Sascha denkt, dass meine Jungs eifersüchtig sind, dass wir ihn zu wenig lieben. Aber wir lieben alle Kinder gleich. Mittlerweile hat das mit den Briefchen aufgehört. Dann waren Zeiten, da schien er wie in einer anderen Welt. Er fing plötzlich an zu schießen und warf sich auf den Boden; das kam sogar in der Schule vor: Er stand auf, tat, als würde er schießen und ging raus. Wie in einem Computerspiel.«

Mascha Barchatowa schreit einer Käuferin hinterher: »Genau, hau ab! Für Wodka hast du Geld, aber für Essen und Kippen hast du keins.«

»Gibt es viele Selbstmorde in der Siedlung?«

»Mehr als anderswo. In Wolotschanka und in Ust-Awam gibt es mehr Selbstmorde als natürliche Tode. Die Menschen zerbrechen, vor allem die Jugend. Die meisten Toten unter den Jungen waren Selbstmörder. Es gibt ja keine Arbeit mehr, gar nichts gibt es hier. Wohin man schaut, nur Leere.

Wassja, zum Beispiel, der hat sich im Frühling erhängt. Ist aus dem Gefängnis raus, hat hier und da Ärger gemacht, aber keiner hat ihn angezeigt. Da ist er heim und hat sich erhängt. Man hatte Mitleid mit ihm, wollte ihn nicht anzeigen, aber er hat sich umgebracht. Wahrscheinlich wollte er ins Gefängnis zurück. Da gibt es wenigstens irgendwas zu tun und Essen.

Hier muss man ja für Strom zahlen und Geld für Essen verdienen. Kein Essen, keine Arbeit, kein Geld, damit sie einem den Strom nicht abschalten, der Vater ist ständig besoffen, die ganze Verwandtschaft säuft, die Verwandtschaft hat ihm nicht geholfen, hat ihn verstoßen und fertig ...

Wir haben ihm geholfen, so gut wir konnten, aber er wollte unsere Hilfe nicht – jetzt ist es vorbei.

Oder Andrej Sotnikow, ein völlig rätselhafter Fall. Er hat sich erhängt, dabei hatte er alles. Jäger, Rentiere hat er geschossen, und zwar sehr gut. Ein Bulle war da offenbar der Grund, der wollte ihm sein Gewehr wegnehmen. Aber wie sollte er dann seine Familie ernähren? Womit? Er konnte ja nur damit Geld verdienen.

Nur die Stärksten überleben. Wer zerbricht, der stirbt. In der Stadt haben viele unserer Einheimischen angefangen zu saufen. Und sich totgesoffen. Einige sind spurlos verschwunden. Die Hälfte der Leute ist unfähig, in der Stadt zu leben. Hier ist es ja anders: Wenn du was brauchst, gehst du zum Nachbarn, der gibt dir Zucker oder Salz. Aber was machst du in der Stadt? Da kannst du niemanden fragen. Die Hälfte ist im Gefängnis, die andere spurlos verschwunden. Hier bei uns ist es einfacher, scheint mir.«

»Warum?«

»Einfacher zu überleben. Hier sind die Wohnungskosten niedrig: 200 bis 300 Rubel. Versuch mal in der Stadt eine Wohnung zu bezahlen, und hier kostet die Wohnung kaum Miete, man zahlt nur Strom. Der Kindergarten kostet 300 Rubel, und in der Stadt sind es 6000 oder sogar 12 000, denn dort sind die ja mit allem Drum und Dran. Hier fährst du einfach raus und stellst ein Netz auf, aber auf dem Festland geht das nicht, ohne eine Genehmigung gibt es gleich ein Bußgeld. Und wovon will man das bezahlen? Auf dem Festland braucht man sogar eine Genehmigung, um Hecht zu angeln. Und sogar für die Hasenjagd: Erst eine Genehmigung kaufen, dann einen Hasen schießen. Auf dem Festland sind um dich rum nur fremde Menschen, da gibt es nichts geschenkt. Wenn du hier aufgewachsen bist, dann helfen dir die Menschen in der Not, aber auf dem Festland ist das Leben hart.

Maschas jüngere Schwester Olja hat sich in der Stadt erhängt. Aber vorher hat sie noch eine Einweihungsparty veranstaltet und ihren Geburtstag gefeiert.«

Der Bürgermeister erzählt: »Wir haben die Sterblichkeit von

zwölf bis 14 auf sechs bis sieben reduziert. Dabei wären zwei normal, das wäre in Ordnung, weniger als zwei schafft man natürlich nicht. Am schlimmsten ist, dass sie so jung sind. Von zehn Toten ist nur einer alt und stirbt eines natürlichen Todes.«

Die Verwaltungsmitarbeiterin Galina Turkina rennt jeden Tag zum Fluss, um sich zu ertränken, wenn der Bürgermeister mit ihr schimpft. »Taucht ihr Gesicht ins Wasser und blubbert vor sich hin.« »Auch im Winter?«, frage ich. »Nein, im Winter nicht.«

Marianna

Als ein besonderer Selbstmord gilt der von Marianna. Sie war 27. Schön sei sie gewesen, heißt es. Aber es sind keine Fotos erhalten geblieben. Sie starb 2017. Die allgemein herrschende Meinung ist: Der Bürgermeister hat sie in den Tod getrieben.

Ihre Mutter Rosa Timurowna läuft durch die Siedlung, ein Rotkäppchen mit Ohren, tränende Äuglein, ein winziges Gesicht. Man schenkt ihr zu trinken ein. Sie lädt uns nicht zu sich ein, ihr Haus hat keine Glasscheiben, die Fenster sind mit Folie zugezogen, wie es drinnen aussieht, kann man nur erahnen.

Rosa Timurowna sagt: »Sie war vom Kindergarten heimgekommen, ich habe mich noch gefragt, warum sie so traurig aussieht. Das war das letzte Mal, dass ich sie gesehen habe.«

Über den Bürgermeister sagt sie: »Mit dem rede ich nicht!« »Der muss weg«, ist ihre Meinung.

Nach einer Runde durch die Siedlung geht Rosa von der üblichen Route ab, um Wodka zu holen. Mascha gibt ihr nichts, Rosa verlässt widerspruchslos den Laden. Mascha murmelt: »Ich habe sie lang genug bemitleidet. Immerhin hat sie ihre Tochter verloren. Die Beerdigung hab ich bezahlt, aus Mitleid, und hat sie es mir gedankt? Natürlich nicht. Eine kleine Rente hat sie, deswegen hatte ich Mitleid. Ihre Tochter war ein gutes Mädchen. Die Marianna. Getrunken hat sie, aber sie war gut, so fröhlich, hat sich von nichts die Laune vermiesen lassen, hat immer getanzt. Aber dann wollten sie ihr das Kind wegnehmen, und sie hat sich erhängt. Nüchtern. Seitdem nimmt man in der Siedlung niemandem mehr die Kinder weg. Ein paarmal haben sie es ihr weggenommen, also versucht. Da hat sie immer eine Riesenangst bekommen, ist durch das Dorf gerannt. Ich weiß auch nicht, was die von ihr wollten. Dabei gibt es andere, denen sollte man die Kinder wirklich wegnehmen. Sie hat nie gebettelt, sogar ihr Mann war noch am Leben. Gut war sie, obwohl sie in alldem hier aufgewachsen ist. Und ein Handy hatte sie sogar! Andere die trinken, die versaufen ja alles, aber Marianna, die hat zwar getrunken, aber hat ihrem Sohn alles über Internet bestellt. Gut war sie, und auf ihre Mutter war sie auch nicht böse, obwohl die ihr Leben lang getrunken hat.

Es sollte eine Dorfversammlung geben. Das hatte man beschlossen, dass ihretwegen eine Versammlung abgehalten werden muss. Wer hätte denn geahnt, dass sie sich zu so etwas entschließt? Sie hat einen Strick genommen und hat sich in dem alten Haus, in dem sie früher gewohnt haben, erhängt.

Ihr Sohn kam zur Versammlung angerannt, hat gesagt, Mama ist mit einem Seil weg. Der Vater ist schnell hinterher, aber da war es schon zu spät.«

Der Bürgermeister sagt: »Wegen Marianna gab es noch keinen Gerichtsprozess. Das Jugendamt hatte entschieden, dass ihre Akte ans Gericht überstellt werden soll. Ich habe mit ein paar Leuten gesprochen. Der Ablauf ist ja immer gleich. Ich habe mit denen abgemacht, dass ich aussagen und erzählen werde: Klar haben sie getrunken, so was kam vor, aber jetzt tun sie es nicht, alles in Ordnung. Und dass wir darum bitten werden, dass das Jugendamt die Beobachtungszeit noch um ein halbes Jahr verlängert. Darauf hatten wir uns geeinigt, zu bitten, die Beobachtungsfrist zu verlängern und nichts ans Gericht zu schicken. Fertig, wir haben uns auf die Versammlung vorbereitet, ich komme hin und da sagt man mir, sie hat sich erhängt.

Es gab eine Ankündigung der Versammlung, da standen die Diskussionspunkte drauf. Dies und das, und eben auch: Prüfung der

Angaben des Jugendamtes im Fall der Erziehung des Kindes von Marianna Alexandrowna Kosterkina.

Wir haben so ein Programm ›Unsere Siedlung ist unser Zuhause‹. Marianna war da auch aktiv, hat daran mitgearbeitet, die Siedlung zu verschönern. Sie hat sehr gute Arbeit geleistet. Sie war die Sekretärin, hat am Computer gearbeitet. Sie war mir eine gute Helferin. So viele Sachen hat sie geordnet, hat eine Einwohnerliste erstellt. Eine kluge Person. Einen Vorfall gab es: Sie hat ihre Mutter verprügelt. Sehr heftig verprügelt. Als sie wieder nüchtern war, haben der Polizist und ich sie auf die Wache geholt. Da hat sie uns gesagt: Ich werde mich erhängen. Und wir: Marianna, du hast doch ein Kind, den kleinen Aljoscha.

Ich habe ein gutes Verhältnis zu dem Knaben. Ich hab Sachen von meinen Enkelkindern, die werden langsam groß, deswegen schenke ich sie ihm, bringe sie ihm ins Kinderheim vorbei – mal ein Auto, mal eine Tafel Schokolade.

Einmal, als ich durch Dudinka gelaufen bin, da ruft mich wer: ›Herr Bürgermeister!‹ Hier nennen sie mich alle Bürgermeister. Ich drehe mich um: Aljoscha. Und neben ihm eine Erzieherin. Ich sage noch zu ihr: Haben Sie keine Angst, alles in Ordnung. Ich habe mich mit ihr unterhalten und ihr einen Tausender mitgegeben, damit sie einen Kuchen für die ganze Gruppe kauft. Sie hat das Geld genommen. Ein guter Knabe ist er! Und Mariannas Mann, Sergej, der hat goldene Hände. Es gibt nichts, was er nicht kann. Aber kaum kommt er in den Laden rein und sieht den Wodka, hat er nichts anderes mehr im Sinn. Der sagt mir immer wieder: Sergej Michailowitsch, ich höre bald auf, dann hole ich den Jungen aus dem Heim. Und dann erwische ich ihn wieder. Du hast es doch versprochen, sag ich ihm. Das war das letzte Mal, kommt dann von ihm. Und das schon seit drei Jahren. Drei Jahre ist Marianna tot, und der Junge ist immer noch im Heim.

Na, bestimmt sagen alle: Der Bürgermeister ist schuld, wegen ihm hat sie sich erhängt. Aber dass die alle trinken, ist das meine Schuld, hm? Versuch mal einer, denen den Wodka zu verbieten.«

Der Wodka

Der Wodka kam mit den Russen hierher. Die Kosaken stellten, als sie die Abgabe in Pelzen holten, Brot und Wodka auf den Tisch. Mit Wodka und »Geschenken des Herrschers« (Zinn, Butter, Tabak) lockte man die Nomaden an, denen man einen Jassak auferlegen wollte – man konnte ihnen ja nicht durch die Tundra hinterher.

Als später die ersten Kaufmannsleute nach Sibirien kamen, behielten sie diesen Brauch bei. Bei Seljoskin heißt es: »Ein unabdingbares Gastgeschenk war immer der Wodka, ohne den kam keine Abmachung zustande, sowohl wegen des leidenschaftlichen Drängens der Jäger als auch wegen der nüchternen Berechnung der Kaufmänner. Theoretisch war der Handel mit Alkohol verboten, praktisch war er allgegenwärtig.«

Poljakow schreibt in seinem Reisebericht von 1877: »Gebt den Ostjaken erst mal ein Glas guten Wodka umsonst; dann verkauft ihr ihnen die erste Flasche für einen Rubel; die nächsten zwei gestreckt mit Wasser wieder für einen Rubel, die nächsten drei Flaschen sind dann schon reines Wasser für je zwei Rubel, und die Ostjaken trinken es und torkeln davon.«

Waren wurden dreimal so teuer verkauft, oft waren sie »unbrauchbar«, bezahlt wurde mit Fisch, Pelzen und Fleisch. Als Gegenleistung für die Versorgung der Indigenen und das Entrichten der Abgaben für sie bekamen die Kaufleute das exklusive Recht auf deren gesamte Produktion und pachteten einen Großteil ihres Landes. Ein Kaufmann am Jenissei ersuchte sogar die Regierung, diesen Zustand zu legalisieren und ihm das Exklusivrecht am gesamten Gebiet Turuchan zuzusprechen. Sein Gesuch wurde abgelehnt – das Land, die Flüsse und die Völker gehörten dem Russischen Reich.

Empfang!

Eine riesengroße Antenne wurde vom Postgebäude ab- und am Klubgebäude angeschraubt. Drei Russen, umgeben von unzähligen Gaffern, fuchtelten tagelang herum für den richtigen Winkel, suchten den Satelliten. Die Vorfreude über die Verbindung mit der Außenwelt wuchs von Tag zu Tag, schließlich kannte sie kein Halten mehr. Die Menschen bestellten SIM-Karten in der Stadt und ließen sie mit dem Hubschrauber liefern. Die Einwohner von Ust-Awam liefen nun mit Handy in der Hand herum, starrten erwartungsvoll auf die Bildschirme.

Am Mittwoch um 22 Uhr ist es endlich so weit. Ein Jubelruf hallt durch die Straßen.

Die Leute schreien und lachen.

Nun gibt es in dem ganzen Dorf Empfang, aber die Menschen tummeln sich aus Gewohnheit am alten Verwaltungsgebäude. Im Dunkeln leuchten die Gesichter, von Handyleuchten angestrahlt.

Man ruft einander an. Zu sagen gibt es nichts, nur Ausrufe der Begeisterung. Ein Mädchen schaltet auf Lautsprecher und bittet den Vater, ihre Karte aufzuladen. Beide lachen.

Das Gerücht geht um, Ilja Turdagin, Mascha Barchatowas Mann, habe die Karten seiner Kinder mit je 5000 Rubel aufgeladen.

Jura, der Künstler

Die Dieselstation ist das Herz der Siedlung. Strom ist Leben. Von drei mit Sensoren beklebten Zisternen schlängeln sich glänzend grüne Rohre, verbreiten ratternden Lärm. Zwei Glühbirnen baumeln von der hohen Decke, werfen grellweißes Licht auf den Betonboden.

»Die Heizung für die Kühlflüssigkeit immer drei Stunden vor dem Motor anmachen!«

Neben dem Maschinensaal befindet sich ein winziges Zimmer

mit gelbstichigen Wänden, darin steht ein Tisch mit Teetassen, einem Wasserkocher und einem Stück Rohr als Aschenbecher.

Ein junger Arbeiter im Blaumann sitzt über ein Blatt gebeugt. Darauf entfaltet sich die Tundra.

Er geht mit sattem Blau über die Seite, berührt den Himmel mit kleinen Strichlein, und schon verwandeln sie sich in Luftbewegung. Er denkt nicht lange nach, nimmt rote Farbe auf den Pinsel. Aus 16 Kästchen Aquarell werden ein Fluss, schnell ein Wald und die Luft über ihnen. Die kupferfarbene Tundra pulsiert, die grauen Wolken verstellen eine Sekunde lang das Licht und lassen Schatten über die Erde laufen.

Jura Kostjorkin ist der Dieselwart von Ust-Awam. Seine Frau Bedti (sie wollten sie eigentlich Betty nennen, aber die Dame in der Passbehörde wusste nicht, wie man das schreibt) bringt den Kleinen im Kindergarten Obstsorten bei. Obst gibt es in der Siedlung nur im Winter, der Winter kommt nicht so bald.

»Das, was ich ständig sehe, das male ich auch. Hier ist es der Sommer. Der Sommer ist schon fast vorbei, ich vermisse ihn jetzt schon.«

Er malt aus der Vogelperspektive, arbeitet die Linien auf dem Fluss nach, schon wird der Fluss gefährlich.

Normalerweise versucht er, bei der Arbeit nicht zu malen. Er malt von 5 bis 9 Uhr morgens, wenn Frau und Kinder schlafen – auf den Pritschen und auch auf dem Boden. Sie haben 13 Quadratmeter für fünf Leute. Jura zieht sich in die Nische zurück, die sie Küche nennen, und hört mit Kopfhörern Musik. Er hat das Malen nicht gelernt. Nach der Schule hat er sich an einem Kunstcollege eingeschrieben, aber nach einem halben Jahr wurde er rausgeschmissen – »hab Unsinn gemacht, mich herumgetrieben. Außerdem war Bedti gerade schwanger, also bin ich zu ihr zurück.«

Er signiert seine Arbeiten nie. »Ich erinnere mich auch so«, sagt er. Er verschenkt sie oder lässt sie bei Freunden. Aber jetzt, als ein Moskauer Festival gebeten hat, Aquarelle von den Wilden mitzubringen, waren es nicht genug. Deswegen musste er die Farben auf die Dieselstation mitbringen. Drei Vögel, einer wird vom Wind ein bisschen weggetrieben. »Etwas Leben.«

Für ein Bild braucht Jura eine halbe Stunde. Seine Schicht dauert zwölf Stunden. Eine Morgen- und eine Nachtschicht, danach zwei Tage frei. »Wir betanken, behalten die Sensoren im Auge, dann muss man den Diesel löschen oder ausschalten. Druck, Spannung, Häufigkeit. Brennstofflevel – man muss immer nachgießen. Wenn man was reparieren muss, ist man von Kopf bis Fuß voller Schmieröl.«

Es gibt fünf Dieselwärter, zwei junge und drei Greise. »Der Job ist ein Kinderspiel«, bringt ein stabiles Einkommen, es ist einer der besten in der Siedlung.

»Die erste Zeit hatte ich Kopfschmerzen. Der ganze Lärm. Ich komme nach Hause und schreie, statt zu reden.«

Er arbeitet hier seit fünf Jahren. Früher hat er gesoffen. In der Siedlung fragen ihn Leute:

»Warum trinkst du nicht?«

»Weil ich es nicht kann.«

»Dann lern es doch.«

Jura erzählt: »Früher habe ich mit den Jungs in Dudinka getrunken. Fünf Tage Urlaub habe ich komplett durchgesoffen. In den fünf Tagen war ich dreimal auf dem Polizeirevier. Am vierten Tag will man eigentlich gar nichts mehr trinken, tut es nur noch, um sich zu vergessen. Spaß macht es nicht mehr. Bedti hat mich damals in die Wohnung geholt und alle meine Sachen gewaschen, damit ich nicht weg kann. Aber ich wollte unbedingt was trinken. Ich hab die nasse Jeans angezogen und ging zur Tür, aber die war abgeschlossen. Bedti sagte zu mir: Wenn du gehst, lass ich mich scheiden. Und ich: Gib mir den Schlüssel. Sie schwieg, hielt mir den Schlüssel hin, ich wieder zur Tür, die ging trotzdem nicht auf. Ich hab sie einfach nicht aufgekriegt. Ich bin abergläubisch. Also bin ich nach Norilsk gefahren und hab eine Hypnosetherapie gemacht.«

»Leute, die nicht trinken, mag man hier nicht besonders, hält sie für eingebildet.«

»Wahrscheinlich hat sie mir das Leben gerettet.«

Ugarnaja

Die Siedlungsbewohner sind auch an Fischereipunkten gemeldet, um »Nomadengeld« zu kriegen – ein Zuschuss für Menschen, die »eine traditionelle Lebensweise führen«. So kauft sich der Staat für die Kolonialisierung frei. Derzeit beträgt sie 6000 Rubel.

Der Punkt Ugarnaja liegt 50 Kilometer von Ust-Awam entfernt, drei Stunden geht es mit dem Schnellboot über Flüsse, übers kalte Wasser.

Die Tundra zieht flimmernd vorüber wie im Trickfilm, die Kleidung peitscht im Wind. Kostja, ein junger Mann mit kugelrundem Kopf, bringt einen Arbeiter zum Punkt, einen Nachbarn, den er zum Fischen überredet hat. Eigentlich braucht man keine Helfer, nur Gesellschaft, damit man »nicht dem Suff verfällt«.

Im Boot wirken ihre Gesichter völlig anders: gelassen, konzentriert, genau. So als wären sie dort, wo sie sein wollen, und täten das, wovon sie was verstehen.

Bei den Nganasanen gibt es das Verb »argischit«, das heißt: der Rentierherde mit einer Schlittenkarawane hinterherziehen. Früher haben das alle gemacht. Sie lebten in ständiger Bewegung, und wir haben sie aufgehalten.

Ein Hase rennt am niedrigen Gebüsch vorbei. Ein Vogel fliegt im Sturzflug. Kostja deutet schweigend mit der Hand: da plätschert ein Fisch, da, überm Fischernetz, segelt eine Möwe, da ist gestern ein Mensch langgegangen.

Am Ufer wird Kostja von Ljocha begrüßt, seinem kleinen Bruder und dem wichtigsten Fischer auf Ugarnaja. Ljocha ist 32, aber er erzählt allen, er sei 29. Er schämt sich dafür, dass er erwachsen ist, aber keine Frau und Kinder hat. In der Siedlung spottet man über ihn – er schaut »die Blinde« im Fernsehen und nimmt sich ihre TV-Weissagungen zu Herzen. Über die Siedlungsbewohner sagt er: »Quasselstrippen sind das. Saufen können sie, aber wenn es ans Kohle schaufeln geht ...« Er ist der einzige junge Mensch, dem ich begegne, der noch Nganasanisch kann. Er spricht es nicht – er hat niemanden, mit dem er sprechen könnte, aber er kennt Wörter, 200 Stück: Koly – Fisch, Kobtuaku – junge Frau, Lapseke – Kind, Tuj – Feuer. »Kodjumu tejngu?«, fragt er mich. »Hast du einen Mann?« Und schaut verlegen weg.

In den Fluss Ugarnaja gelangt kein Wasser aus dem Pjassina, zum Glück – so blieb Ugarnaja von der Dieselkatastrophe im Mai verschont. Kostja sagt: »Mit dem Pjassina ist es jetzt vorbei.« Er erzählt, wie er mit dem Motorboot in die Stadt gefahren ist und an den Sandbänken flächendeckend toten Fisch gesehen hat. »Mein Akku war leer, sonst könnte ich euch Beweisfotos zeigen.«

Ein einziges Haus, groß und schwarz, steht am Uferhang. Mit einem ausladenden russischen Dach und Blechstreifen an den Mauern, daneben ein kleiner Tschum zum Dörren von Fisch. Vor unseren Füßen balgen zwei Welpen. Vor dem Haus wuchert hohes weißes Gras, im Gras kaum sichtbar liegt ein blaues Stahlboot. Am Horizont schaukelt der Wind eine Vogelschar, die Vögel erinnern an eine einsame Perlenkette. Hinter dem Haus schlängelt sich der Ugarnaja hervor und mündet in den Dudypta. Das trübe, rauschende Wasser steigt schon den dritten Tag in Folge, die Netze sind vom Schlick verschmutzt – die Fische sehen sie und lassen sich nicht fangen.

Ljocha will die Netze kontrollieren. Er zieht einen neonfarbenen Anzug an, grelles Orange, damit man ihn von überall sieht. Genau an dieser Stelle ist sein Cousin ertrunken. Ljocha konnte ihn nicht retten, er hat ihn im trüben Wasser nicht gefunden.

Der Fluss brennt unter Ljocha – er reflektiert sein glühendes Orange.

Ruckartig zieht er die Netze hoch, prüft sie mit geschickten Händen. Es funkeln goldene Maränen, silberne Sandfelchen, Hechte mit listigen Mäulern. Der Fisch windet sich, Blut flutet das Boot, vermischt sich mit dem Gold und Silber. Die langsame Sonne des Nordens färbt alles weiß: Ljocha, das Boot und den Fluss.

Zu Ljochas Füßen liegen tote und sterbende Fische. Fischblut ist greller als das des Menschen.

Das Eishaus, ein glitzerndes Königreich, ein Tunnel in der Erde, der in zwei Bereiche unterteilt ist. Ljocha sortiert den Fisch, legt den zappelnden auf die Haufen von bereits gefrorenem. In diesem Sommer haben sie zwei Tonnen gefangen. Eine Tonne haben sie an das Geschäft von Salamatow verkauft. Davon haben sie Benzin gekauft, und schon war das Geld alle.

Die andere Hälfte des Fangs haben sie versteckt.

Im Winter werden Schwarzhändler kommen. Deren Kaufpreis ist deutlich lukrativer. Auch der Fisch im Eishaus wartet auf den Winter.

Zu Hause zerlegt Ljocha einen fetten Sandfelchen, vermischt das Fleisch mit Salz und Zwiebeln. Ein vollgerußter Teekessel gluckert auf dem Herd. Die Männer werfen die Dieselheizung an und strecken sich vor dem Fernseher aus.

Im Fernsehen heißt es, ein Mann aus Uljanow wurde verurteilt, weil er ein Foto von Hitler auf die Webseite des Unsterblichen Regiments[15] hochgeladen hat. Für E-Scooter wurde eine Geschwindigkeitsbegrenzung von 20 Stundenkilometern festgelegt. Das Forum der Agrarindustrie in Samara wurde erfolgreich beendet, der Gouverneur hat einen Hirten ausgezeichnet.

Die Männer liegen da.

»Wozu brauchen wir Putin?«, fragt Kostja. »Diese beschissene Mafia. Mal Putin, mal Medwedew.«

Die Nacht ist größer als das Haus. Größer als wir. Über dem Flussufer sind unzählige Sterne. Und zwischen ihnen das Polarlicht – die grüne Sonne der Toten. Ein Auge, das über den halben Himmel geht. Und als Streiflicht daneben die unmögliche Stadt. Der Schnee ist nah.

Ljocha träumt vom toten Cousin.

»Wenn du hinschaust, wirst du krank«, erklärt er mir am Morgen. »Und grüßen darfst du nicht, aber hab ich auch nicht.«

»Das Geschirr nie mit der Schürze abtrocknen, das bringt Unglück«, erklärt die Blinde, Ljocha hört aufmerksam zu.

Die alte Nomadensiedlung

Witja-Amba wohnt in der anderen Haushälfte, sein Zimmer hat einen separaten Eingang. Er fischt mit einem Ruderboot und kocht für alle. Sein Kopf ist kahl rasiert, ein stacheliger Schnurrbart, die runden Augen blicken fröhlich drein. Er fragt mich, ob es in der Stadt Vampire gäbe – »in den Horrorfilmen zeigen sie ja welche«. Ljocha und Kostja halten ihn für verrückt.

Lange weigert er sich, uns zu der alten Siedlung zu bringen. Er sagt, sein Bein tue ihm weh. »Was wollt ihr da überhaupt?«

Wir reden auf ihn ein. Amba dreht eine gefrorene Rentierleber durch den Fleischwolf. Dann setzt er sich ins Boot und nimmt den Motor auseinander. »Der Mond nimmt zu, deswegen kommt bald Wind«, sagt er in einem Singsang und schüttelt sich vor Lachen.

Um zur alten Nomadensiedlung zu gelangen, müssen wir den Fluss Ugarnaja überqueren. Dann über aufgeplatzten Sand gehen. Und einen gigantischen Hügel hinaufsteigen.

Der Hügel ist mit Beerenpflanzen zugewachsen: schwarze Krähenbeeren, rote Preiselbeeren. Amba stopft sie sich haufenweise in den Mund und brummelt etwas vor sich hin.

Er läuft schnell, wir kommen kaum hinterher.

Der Hügel erinnert an ein zotteliges Tier. Er ist leer.

Der Wind bläst in die Welt wie in eine Muschel.

Unten mündet der Ugarnaja in den breiten Dudypta.

Aus dem Gras schaut ein weißes Geweih wie ein Ast hervor. Sieht man genauer hin, entdeckt man überall in der Tundra Gegenstände. Ein Teekessel. Ein Kinderschlitten (»Das ist ein Grab, bleib weg da«, sagt Amba). Ein Holzsattel für Rentiere.

»Hier war mein Tschum. Hier sind wir rumgerannt, als ich in der dritten und vierten Klasse war. Hier haben wir gewohnt. Hier bin ich rumgerannt, barfuß, nur in Unterhose. Auch wenn es regnet, ich renn draußen rum.

Überall auf dem Hügel waren Tschums. Da drüben haben zwei

Greise mit ihren Frauen gewohnt. Ich bin immer zu Walja. ›Was willst du, Söhnchen?‹ – ›Mama sagt, ich soll Zucker holen.‹ Die Kinder drum herum schimpfen mich einen Bettler. Aber die alte Walja bringt sie schnell zum Schweigen.«

Amba setzt sich ins Gras.

»Könnt ich mir doch hier ein Haus bauen«, seufzt Amba. »Und hier wohnen. Von hier oben sieht man alles, auch die Rentiere, wenn sie mal zurückkommen. Und vom Wasser bleibt man auch verschont.«

Ambas Frau ist in der Siedlung erfroren. Sie war betrunken und ist hingefallen. Danach hat man ihm die Kinder weggenommen. Er sagt, die Älteste müsste mittlerweile erwachsen sein. Sie lebt in Krasnojarsk. Amba will wissen, wie teuer ein Ticket nach Krasnojarsk ist.

Am Fuß des Hügels wächst auf dem grauen Sand Gras mit flaumigen weißen Buscheln. Amba zeigt auf den Sand vor seinen Füßen: »Hier ist ein Hermelin langgelaufen. Und hier ein Polarfuchs. Und hier geh ich entlang.«

Bestattungen bei den Nganasanen

Nina Dentumejewna erzählt, wie die Nganasanen sterben.

Ein Mensch kommt unter die Erde. Dort läuft er einen dunklen Pfad entlang und gelangt dorthin, wo die Toten leben. Er sieht einen Fluss, der rot vor Blut ist. Dahinter ist das Land der Toten. Der Mensch wird aber nicht sofort von den Toten aufgenommen, erst muss er drei Jahre allein am anderen Ufer leben. Er gilt noch als unrein. Nach drei Jahren darf er dann zu ihnen. Man lässt ihn mit einem Boot übersetzen. Bevor er in das Boot steigt, muss er sich mit dem roten Wasser waschen.

Wie es sich im Reich der Toten lebt? »Genauso wie hier.« In den Tschums, in jedem Tschum, gibt es ein Feuer. Die Toten gehen ihrem Alltag nach. Sie heiraten auch, nur altern können sie nicht mehr. Sie bleiben, wie sie waren.

»Deswegen altert man besser in dieser Welt. Ich will auch hier altern«, sagt Nina Dentumejewna.

Man darf die Toten nicht besuchen, höchstens einmal in den ersten drei Jahren nach der Beerdigung, bevor sie den roten Fluss überqueren. Man sollte auch nicht über sie reden. Die Grenze muss geschlossen bleiben. Man achtet diese Grenze. Wenn man vom Friedhof kommt, muss man über drei Feuer steigen, bevor man das Haus betritt. Eine Frau bleibt extra zu Hause, um die Feuer vorzubereiten. Sie reißt den Hunden Fell aus und wirft das Fell ins Feuer. Worin man diese Feuer macht? Im Sommer auf einer Blechplatte oder in Geschirr, das man nicht mehr braucht, oder in Hundeschüsseln. Wenn die Lebenden wiederkommen, steigen sie über die Feuer, waschen sich die Hände und gehen zu Tisch.

Ein Toter muss auf seine Reise vorbereitet werden. Er braucht drei Parkas – einen trägt er, einer kommt unter seinen Kopf und einer unter die Füße.

Eine Frau bekommt zwei unbearbeitete Kamus (Rentierwadenleder), einen Schaber, eine Nadel und einen Fingerhut mit. Die Nadel zerbricht man, den Fingerhut zerdrückt man. Die Frau soll sich im Land der Toten Schuhe nähen.

Der Mann bekommt eine Axt und einen Gewehrlauf. Mittlerweile gibt man den Männern aber einen Bogen und zwei Pfeile mit – die Gewehre müssen alle registriert werden.

Messer gibt man Männern und Frauen mit, »damit sie gegen die Ratten kämpfen können, die stürzen sich gleich auf sie«.

Heutzutage bestattet man auf russische Art, in der Erde. Früher ließ man die Toten einfach in der Tundra. Im Sommer baute man einen kleinen Tschum und trug den Toten auf den Schultern hinein. Im Winter ließ man die Toten auf den Schlitten, spannte nur die Rentiere aus.

Die ganz Kleinen bestattet man auf Bäumen. In weitverzweigten Bäumen werden sie mit Seilen und Draht festgebunden. Säuglinge sogar ohne Sarg. An die Kleidung des Kindes näht die Mutter kleine Gänseflügelchen. Die Kleidung und der Sarg bekommen eine Markierung, die gleiche wie die Rentiere der Eltern – den sogenannten Kirbir. Man malt ihn mit kalter Kohle. Das ist wichtig, damit die älteren Verwandten oder auch der Vater, falls er schon verstorben ist, das Kind daran erkennen.

Tote Kinder kommen nicht unter die Erde, sondern verwandeln sich in Djamaku – Vögelchen, so groß wie Spatzen. Manchmal fliegen sie in den Himmel, wo die sieben Schwestern sitzen, die singen sie in den Schlaf oder binden den Sack der jüngsten auf. Daher kommt der Sommer.

Wie der Bürgermeister gegen den Alkoholismus kämpfte

»Ich habe es am 9. Mai versucht, habe den Alkoholverkauf eigenmächtig verboten. 2014 war das. Das Fest sollte um 12 Uhr losgehen, der Laden öffnet hier um 10. Gegen 11 Uhr hatte ich schon eine ganze Delegation bei mir, die mir erklärte, ich wäre ein russischer Besatzer, der sie in ihren Rechten einschränkt. Die haben sogar beim Staatsanwalt Beschwerde eingereicht. Der sagte dann: ›Sergej Michailowitsch!‹ Und hat mir erklärt, dass Wodka bei uns genauso ein Lebensmittel ist wie Brot, Speck, Tomaten oder Gurken. Wir hätten kein Recht, ihn zu verbieten.«

»Macht Sie das mutlos?«

»Soll ich ehrlich sein? Wenn ich gewusst hätte, was hier alles los ist ... Als ich noch als Polizist gearbeitet habe, war das eine Sache. Ich hatte klare Aufgaben. Aber jetzt weiß ich gar nicht, wo ich anfangen soll. Und das, was ich will, übersteigt meine Möglichkeiten. Ich weiß nicht, wie ich sie vom Saufen wegbekommen soll. Wir haben schon alles versucht. Ich hab sie an dem Laden abgefangen. Mit jedem Einzelnen geredet. Ich sag zu dem: Walera, schau, da ist dein Kind! Und winke den Jungen zu mir ran. ›Sollen wir einkaufen?‹, frage ich. Wir gehen rein, ich sag zu der Verkäuferin: ›Geben sie uns Süßigkeiten für 500 Rubel.‹ Ich zwinkere ihr zu, und sie versteht mich gleich. Sie wiegt es ab und Walera muss bezahlen. Er schnauft und murrt, aber bezahlt. Ich will nicht wissen, wie sehr er mich innerlich verflucht. Aber das Geld hat er jedenfalls der Verkäuferin gegeben und ist ohne Wodka heim.

Mascha verkauft auch nachts. Ich habe mit ihr darüber geredet. Sie nur: ›Sergej Michailowitsch, ich hab eine große Familie, die muss ich ernähren.‹ Mit den Verkäuferinnen braucht man über dieses Thema gar nicht reden. Alle machen es so. Olja Durakowa, Natascha Barsukowa, Julia Steputenko – die nehmen Lieferungen an und verkaufen sie schwarz. Aber das Schlimmste ist, die Leute machen mit.

Wir haben versucht, einen Kontrollkauf durchzuführen, wollten jemanden für Geld losschicken. Keiner will es machen. ›Mir verkauft danach doch keiner was, Sergej Michailowitsch.‹ Wir wollten sogar das Gesetz zum Kontrollkauf ändern. Damit wir zum Beispiel einen festhalten können, wenn wir sehen, dass er in der Hand oder unter der Jacke Alkohol hat, und ein Protokoll erstellen. Aber die Kreisverwaltung hat uns hängen lassen. Mit solchen Fragen muss man zur gesetzgebenden Versammlung der Region Krasnojarsk. Aber die finden, wir wären nicht Grund genug, um wegen uns Gesetze zu ändern.

Ich habe versucht, einen Freizeitabend für junge Leute zu veranstalten. ›Wie, es gibt nichts zu trinken? Dann kommen wir nicht.‹ Den Tag der älteren Mitbürger haben wir gefeiert. ›Hättet ihr nicht Wodka mitbringen können?‹

Am 9. Mai haben wir Buchweizen verteilt, haben extra eingekauft: Buchweizen, Dosenfleisch, Zucker. Aber jedes dritte Großmütterchen rümpft die Nase: ›Ihr könntet uns ruhig ein Gläschen Wodka einschenken, nicht immer nur Tee.‹

Die lassen sich nicht überzeugen. Was soll ich machen? Sie verprügeln? Darf ich nicht. Es verbieten? Darf ich auch nicht. Kaum wird es verboten, tauchen Schwarzhändler auf. Die bringen es mit Booten her.

Wenigstens haben wir den Transport mit Autos unterbunden. Der Polizeichef und ich haben uns zusammengetan. Wir sagen den Leuten: ›Wir kriegen trotzdem mit, dass ihr es wart. Wir kriegen euch vielleicht nicht für den Wodka dran, aber dann eben für den Zustand eures Wagens, oder schnappen euch, wenn ihr angetrunken hinterm Steuer sitzt und nehmen euch den Führerschein weg. Kapiert?‹ Sie haben es kapiert. Einer sagt: Ich hab nur zwei Flaschen Sekt für Neujahr mitgebracht. Das ist ja noch in Ordnung. Aber andere bringen gleich 20 Kisten Wodka mit! Einmal hab ich mich bei einem hohen Beamten beschwert, da sagt seine Frau zu mir: ›Halt dich da raus, ich verkaufe denen diese Kisten.‹«

Abschied von Ust-Awam

Die Tickets für den Hubschrauber kauft man im ehemaligen Krankenhaus. Ärzte gibt es keine mehr, die Siedlung stirbt aus und schrumpft, jetzt ist hier nur noch eine Notaufnahme. Ich frage die Verwalterin: »Stimmt das, dass Sie mit Alkohol handeln?«

»Ja«, sagt sie unverhohlen. »Einen Tausender die Flasche. Mein Mann ist krank, die Tochter geht zur Uni, wir haben einen Kredit über drei Millionen. Ich habe schon drei Jobs und es reicht trotzdem nicht. Anders kommt man hier nicht über die Runden.«

Ein blauäugiger, junger Russe, der die ganze Taimyrhalbinsel mit Strom versorgt, erzählt mir: »Ich war heimlich auf dem Friedhof. Seltsam ist es dort. Lauter gewundene Kreuze und Pfähle. Und kleine Metallvögelchen darauf. Da sind so viele von diesen Vögeln.«

Der Bürgermeister umarmt mich vor dem Hubschrauber, flüstert mir ins Ohr: »Schreiben Sie nichts Schlechtes über uns. Wir haben es schwer genug.«

Man drückt mir einen Säugling in den Arm, und eine Tüte mit Dokumenten. Der Kleine muss nach Dudinka zu der Mutter.

Das Kind schläft unnatürlich tief.

Ich halte das Kind. Unter mir zieht die graue Tundra vorüber. Sie wartet auf den Schnee, der sie für lange Zeit dick einhüllt. Außer der Tundra gab und gibt es nichts.

Schnee

Der erste Schnee fiel im Oktober und blieb gleich in großen Wehen liegen. Der Fluss gefror. Im Dezember erreichte der Frost minus 50 Grad. Die ganze Siedlung erstarrte, man hockte zu Hause, heizte mit Kohle und wärmte sich an den Öfen.

Im Dezember sprach sich herum, dass Nornickel Entschädigungen für die toten Flüsse zahlt. 250 000 Rubel für jeden, der nachweisen kann, dass er in Fischersiedlungen lebt oder Nomadengeld bezieht.

Die Menschen flogen mit dem Hubschrauber nach Dudinka und fuhren weiter nach Norilsk. Kinder und Alte nahm man auch mit, eröffnete neue Konten. Die bereits vorhandenen waren oft gesperrt, weil sie überzogen waren. Im Büro einer Tochtergesellschaft von Nornickel wurden Entschädigungsverträge unterschrieben.

Punkt 3 eines solchen Vertrags besagt:

»Die Zahlung der Entschädigungssumme entbindet von jeglichen weiteren Zahlungen für Schäden jedweder Art, die mit dem Austritt des Diesels aus Kraftwerk Nr. 3 in der Stadt Norilsk in Zusammenhang stehen.«

Punkt 4 besagt:

»Beide Parteien bestätigen, über gleichberechtigte Verhandlungsmöglichkeiten zu verfügen.«

Man unterschrieb die Verträge, ohne sie zu lesen. Fast niemand war sich darüber im Klaren, was Punkt 3 und 4 bedeuten. Nämlich, dass man für 250 000 Rubel darauf verzichtet, je vor Gericht zu ziehen, Wiederherstellung zu fordern und sich für immer mit den toten Flüssen abfindet. 700 Menschen unterschrieben den Vertrag, in den umliegenden Siedlungen und Städten werden weitere Listen für Mai erstellt. Fast alle kauften sich Schneemobile und kamen in die Siedlung.

In der Siedlung gibt es nun Geld und damit auch endlosen Suff.

Als Erster ist Maxim Porbin gestorben. Er ist an seinem Erbrochenen erstickt.

Danach starb Tolik Popow. An seinem Körper fand man viele Blutergüsse und leitete Ermittlungen ein, aber der eingeflogene Gerichtsmediziner sagte, die seien alt, Popow habe wegen des Alkohols einen Herzstillstand erlitten.

Andrej Bolschakow hat Pawlik Stolypin mit dem Messer verletzt, nicht schwer, nur so ein bisschen. Stolypin lebt noch.

Nun wartet man in Ust-Awam auf zwei Selbstmorde – »die haben wir immer im Frühling oder Sommer« – und auf einen natürlichen Tod wegen Altersschwäche oder Krankheit.

Gräber im Permafrostboden auszuheben, ist schwer. Will man Nina Dentumejewna glauben, kommt nun ein dreijähriges Warten und dann ein Fluss, der rot vor Blut ist, und danach eine andere Welt, in der es immer noch Tschums gibt, in der die Rentiere noch leben, in der der Fisch noch atmen kann, in der es keine Russen gibt, und in der die Nganasanen dann für immer bleiben.

Kapitel 9

Mein erster Krieg (Mama und die Krim)

Für Mama war und bleibt die Sowjetunion das allerschönste Land von allen. 44 Jahre hat sie darin verbracht, ihre gesamte Jugend. Meine Reisen ins Ausland lassen sie kalt, sie fragt weder nach Fotos noch nach Mitbringseln. Sie sagt: Das interessiert mich nicht. Sie sagt: Du kannst dir gar nicht vorstellen, wie das ist, wenn du fahren kannst, wohin du willst, und es ist immer noch dein Zuhause. Sie war in Georgien, in der Ukraine, in Litauen, Estland, Lettland, Belarus – und das alles war ein Land.

Sie sagt: Ich kann nicht glauben, dass es jetzt nicht mehr so ist.

Aber die lebhaftesten Erinnerungen hat Mama an die Krim.

Von klein auf höre ich Geschichten über die zauberhafte Halbinsel, das allerwärmste Meer, den allerblausten Himmel, die Felsen, von denen einige sogar weiß sind. Und Paläste, richtige Paläste, und jeder sieht ganz anders aus. Die Ruinen einer antiken griechischen Stadt, Säulen mitten im Nirgendwo.

Auf die Krim zu fahren war der Traum eines jeden Sowjetmenschen. Über die Krim sagte man scherzhaft, sie sei der Strand der Sowjetunion. Aber es war nicht bloß der Strand, sondern die ganze Insel war sagenumwoben, geradezu unwirklich.

Mama fragte: »Womit hat die Ukraine dieses Glück verdient? Die Insel gehörte doch allen.«

Ich war noch nie auf der Krim. Und wie es aussah, würde ich auch nie dorthin kommen.

Ich schenkte Mama ein Notebook und brachte ihr bei, wie man

mit der Suchfunktion umgeht. »Schau, hier gibt es Musik und da Filme. Hier findest du meine Artikel, ich freue mich, wenn du sie liest. Hier tippst du ›Krim‹ ein und siehst gleich die Paläste, das Meer und den waldbewachsenen Felsen, der aussieht wie ein schlafender Bär.«

Mama lernte mit dem Notebook umzugehen.

Aber meine Schwester wollte zeigen, dass sie meine Mutter mindestens genau so sehr liebt wie ich, und schenkte ihr einen Flachbildfernseher.

Mit dem Fernseher ist es einfacher, man muss ihn nur einschalten.

Und mit einem Fernseher ist man nie allein. Meine Schwester und ich lebten beide schon lange nicht mehr bei Mama, sondern waren zum Arbeiten nach Moskau gezogen.

Mama schaltete den Fernseher ein, wenn sie von der Arbeit kam, und die Wohnung füllte sich mit Stimmen, Geräuschen und Gelächter. Nur wenn ich anrief, machte sie ihn aus. Das tat ich täglich, aber wie lange dauerten schon die Gespräche? Zehn, zwanzig Minuten? Und danach war sie wieder allein, und es war still, sehr still.

Im Herbst 2013 lag ich mit ständigen Erkältungen und meiner Depression flach. Zur ukrainischen Revolution schickte man jemand anderen. Die Revolution war ausgebrochen, weil Janukowitsch, der ukrainische Präsident, sich weigerte, das Assoziierungsabkommen mit der EU zu unterzeichnen, und stattdessen die Beziehungen zu Russland ausbauen wollte. Die Menschen skandierten: Die Ukraine ist Europa. Aus der Ferne beobachtete ich die Zeltstadt am Maidan, die Kämpfe auf den Straßen Kyjiws, meine Kollegen gerieten unter Beschuss der Sicherheitskräfte. Bei einer Revolution gibt es immer zwei Kräfte: das Volk und die Regierung. Das Volk hat gewonnen. Janukowitsch floh aus der Ukraine nach Russland. Ich freute mich über den Sieg der Ukrainerinnen und Ukrainer. Ich dachte, wir sollten von ihnen lernen. Vielleicht ergibt sich auch für uns einmal so eine Chance. Mama rief mich an und sagte: »Gut, dass du nicht dort bist, Gott hat dich davor beschützt.«

»Wovor?«

»Weißt du, wie viele Nazis es dort gibt? Sie hätten dich schon längst gehängt, weil du Russin bist.«

»Was redest du für einen Unsinn, Mama!«

»Die hassen jetzt alles, was russisch ist, die mögen Europa lieber, und wir sind jetzt die Feinde. Diese ganze Revolution ist gegen Russland gerichtet. Kriegst du denn gar nichts mit?«

»Und was kriegst du mit?«

»Ich sehe fern.«

»Und ich lese die Texte meiner Kolleginnen und Kollegen. Sie sind dort, sie sind Russen, und niemand hat sie gehängt.«

»Weil ihr eine russlandfeindliche Zeitung seid. Wahrscheinlich lassen sie euch deswegen in Ruhe.«

»Warum sollen wir eine russlandfeindliche Zeitung sein, Mama?«

»Da rufen sie: Wer nicht springt, der ist ein Moskal.[16] Und dann springen alle.«

»Ja, und? Es ist kalt dort. Sie müssen sich irgendwie warm halten.«

»Findest du das etwa nicht beleidigend?«

»Es ist mir egal, was irgendwer in Kyjiw ruft.«

»Du bist gleichgültig. Für dich ist das ein fremdes Land. Aber ich erinnere mich noch an Zeiten, als Kyjiw uns gehört hat.«

Wir legten auf. Mama machte sich in der leeren Wohnung wahrscheinlich einen Tee und streichelte den weißen Kater. Und setzte sich wieder vor den Fernseher. Ich rauchte und dachte nur: Verflucht, musste sie ihr unbedingt einen Fernseher schenken?

An Neujahr fuhren meine Schwester und ich zu Mama. Wir machten einen Kaninchenbraten mit Datteln, der sehr gut schmeckte, und ein Zwiebelchutney, aus dem nichts wurde und das niemand aß. Wir saßen zu dritt vor dem Fernseher. Nach dem Läuten der Kremlglocken kam die Hymne, und wir sangen sie im Stehen mit, unsere gesamte kleine Familie.

Es war Winter. Im Februar gab es erste Meldungen, dass auf

der Krim Soldaten ohne Erkennungszeichen aufgetaucht waren. Sie besetzten das Parlament und andere Regierungsgebäude. Sie sagten nicht, wer sie waren, die Gesichter waren unter Sturmhauben versteckt. Journalistinnen und Journalisten schrieben deswegen kurzerhand von den »höflichen Menschen«. Sie waren in der Tat sehr höflich, ließen sich mit Einheimischen fotografieren und scherzten viel.

Die ukrainische Regierung sagte, es seien russische Soldaten. Putin stritt es ab und sagte, es seien lokale Selbstverteidigungskräfte. Die Uniformen sehen genauso wie die russischen aus? Na, die kann man sich doch in Geschäften kaufen. Mama und ich telefonierten. Mama machte sich Sorgen.

»Was, wenn das ukrainische Soldaten waren?«

»Wer?«

»Die Soldaten! Ukrainische Soldaten – die Leute, die damals auf dem Maidan geschossen haben. Auf dem Platz, als die Revolution war.«

»Mama, auf dem Platz, das waren Polizeikräfte.«

»Wie kommst du darauf?«

»Es gibt Fotos und ein Video.«

»Wirklich, die Soldaten haben auf die Polizisten geschossen, und in die Menge rein, und die Polizisten haben zurückgeschossen. Und jetzt könnten die Soldaten auf die Krim gefahren sein. Auf die Krim! Da gibt es doch so viele Russen, und alle sprechen Russisch! Diese Nazis hassen sie und werden sie umbringen.«

»Hast du das wieder aus dem Fernsehen?«

»Ja, und? Da arbeiten auch deine Kollegen.«

»Nein, das sind nicht meine Kollegen.«

»Dann bist du keine Journalistin, wenn sie nicht deine Kollegen sind.«

Mama legte auf, und ich ging rauchen.

Aus dem besetzten Parlament wurde verkündet, dass es ein Referendum über den Status der Krim geben wird. Später stellte sich heraus, dass dieses Referendum eine Angliederung an Russland war. Die Ukraine sagte, so ein Referendum sei verfassungswidrig. Das besetzte Parlament verkündete, die Revolution sei verfassungswidrig, weil es keine Revolution, sondern ein Umsturz gewesen sei; nationalistische Kräfte hätten in der Ukraine die Macht an sich gerissen, und jetzt versuchten extremistische Gruppierungen, auf die Krim zu gelangen; die Aufgabe des Parlamentes sei es, die Menschen auf der Krim zu beschützen.

Ich rief Mama an. Sie machte sich Sorgen.

»Was, wenn die Soldaten Terroranschläge verüben? Das ist ganz richtig, dass sie ein Referendum abhalten. Wenn die Krim dann zu Russland gehört, wird es keiner wagen, den Krimbewohnern etwas zu tun. Weißt du, wie gut Russland seine Bürger verteidigt?«

»Manchmal glaube ich, wir leben in verschiedenen Ländern.«

»Manchmal glaube ich das auch.«

Wir schwiegen.

Das Referendum wurde in Städten durchgeführt, die von den »höflichen Menschen« besetzt waren. Uns erzählte man: 96 Prozent der Krim-Bewohnerinnen und -Bewohner hätten für einen Anschluss an Russland gestimmt. Zwei Tage später unterschrieben Putin und der neue Vorsitzende des Parlaments der Krim einen Vertrag über den Anschluss der Krim an die Russische Föderation.

Jetzt rief Mama selbst an.

»Stell dir vor, die Leute gehen auf die Straße, feiern! Tanzen! Die Krim ist in den Heimathafen heimgekehrt, sagen sie. Dass ich das noch erleben darf, ist das nicht toll, Lena?«

»Mir wird schlecht, wenn ich dir zuhöre.«

»Was?«

»Mir wird schlecht, wenn ich dir zuhöre! Wir – wir! – haben ein Stück fremdes Land geklaut.«

»Was haben wir geklaut? Die Krim hat schon immer uns gehört. Mit seiner Geschichte, und mit seiner Seele. Die Menschen dort sind für Russland, sie wollen nicht in der Ukraine leben.«

»Dann sollen sie doch herkommen und in Russland leben.«

»Frech bist du, schämst du dich nicht?«

»Schämst *du* dich nicht? Kapierst du denn überhaupt nichts? Die hatten eine Revolution, gerade haben sie nicht einmal einen Präsidenten. Und wir haben das ausgenutzt!«

»Gar nichts haben wir ausgenutzt! Die Krim war immer schon ...«

»Natürlich haben wir das ausgenutzt! Das ist, als ob bei deinem Nachbarn das Haus brennt, und du klaust seine Ziege.«

»Die Krim ist doch keine Ziege! Die Menschen haben selbst über ihr Land verfügt. Du bist doch sonst so für deine Demokratie!«

»Das ist keine Demokratie! Da sind bewaffnete Menschen auf der Straße – Russen höchstwahrscheinlich!«

»Putin hat gesagt, das sind keine Russen.«

»Als hätte er noch nie gelogen.«

»Hast du gar keinen Respekt vor deinem Präsidenten? Einen Funken Respekt muss man doch haben.«

»Wofür soll ich ihn respektieren?«

»Und vor mir hast du auch keinen Respekt, wie redest du überhaupt mit deiner Mutter? Warum schreist du mich an?«

»Weil ich mich schäme! Und du dich nicht!«

»Dumm bist du. Hör mir mal zu. Hör zu! Wenn du die Krim nicht brauchst, gut. Aber dann kriegen deine Kinder sie. Deine Kinder können hinfahren. Das ist so ein Schatz. Da gibt es weiße Felsen, richtig weiß.«

»Ich kann mit dir nicht weiterreden.«

»Und ich mit dir nicht.«

Wir legen auf. Ich versuche zu weinen. Etwas brennt in meinem Innern, wie in der Kindheit, wenn man sich wehgetan hat oder jemand gemein zu einem war. Mir kommen keine Tränen. Ich rufe Mama noch mal an. Sie geht nicht ran. Dann eben nicht, ich rufe nicht mehr an, soll sie doch vor ihrem Fernseher hocken.

Bei der Arbeit erzählten verstörte Kolleginnen und Kollegen die Gespräche mit ihren Verwandten nach. Ich hörte zu und hörte meine Mutter, meine arme, geliebte Mutter, aus der plötzlich ein gieriges und schamloses Ungeheuer spricht. Wie kann das sein? Was mache ich jetzt ohne sie? Und sie ohne mich?

Die Fotografin Anja Artjomjewa kam zu mir und sagte:

»Hör sofort auf damit. Denk mit dem Kopf. Was ist dir mehr wert – die Krim oder deine Mutter?«

»Meine Mutter.«

»Dann ist die Frage ja geklärt.«

Ich rief meine Mutter an. Wir sprachen darüber, wie sich die Setzlinge auf dem Fensterbrett entwickeln, dass der Kater schon wieder die ganze Nacht auf den Schränken herumgeturnt und erst am Morgen eingeschlafen ist, dass in der Schule die halbe Klasse krank ist – schon wieder die Grippe, nun die zweite Welle.

Und erst am Ende sagte ich:

»Du weißt schon, dass es Krieg geben wird?«

»Quatsch, Russland ist stark, das traut sich keiner.«

»Und wenn man stark ist, darf man alles?«

»Natürlich. Als würde es auf der Welt je anders laufen. Schau dir die USA an, die haben den Irak angegriffen.«

»Die USA sind mir egal!«

»Russland ist dir egal!«

»Ich hab dich lieb.«

»Ich hab dich auch lieb.«

Einen Monat später gab Putin zu, dass die »höflichen Menschen« russische Soldaten waren.

Einen Monat später wurde in den Gebieten Donezk und Luhansk die Unabhängigkeit erklärt, der Krieg brach aus.

»Ihr Mann ist freiwillig
unter Beschuss geraten.«

17. Juni 2014

Ein Lkw mit Kühlcontainer passierte in der Nacht vom 29. zum 30. Mai den Kontrollposten Uspenka und fuhr über die russische Grenze. Noch an der Grenze wurde er von einem schwarzen Land Cruiser empfangen, dem er hinterherfahren sollte. Um 4.30 Uhr sollte der Fahrer schließlich seine Fracht entladen. Wo, weiß er nicht. An irgendeiner Leichenhalle, wahrscheinlich auf dem Militärgelände bei Rostow.

Die Grenzer, die in jener Nacht am Posten Uspenka Dienst hatten, sagen: »Es kamen drei Männer in Tarnanzügen, sie haben die Videokameras ausgemacht und verlangt, dass wir die Handys ausschalten. Solange der Lkw durchgefahren ist, haben sie uns die Handys einfach weggenommen.« Papiere über die Ladung haben die Beamten nicht gesehen, die Durchfahrt wurde nicht dokumentiert. In dem Kühlcontainer waren 31 Leichen – russische Separatisten, die am 26. Mai in der Schlacht am Flughafen Donezk gefallen sind.

Auf Bitten der Führung der sogenannten Volksrepublik Donezk (DNR) hin wurde der Lkw bis zur Grenze von Journalistinnen und Journalisten begleitet. Sie haben zwei Namen herausgefunden: Sergej Schdanowitsch und Juri Abrossimow. Später tauchten in den sozialen Netzwerken zwei weitere Namen auf: Alexej Jurin und Alexander Jefremow, die ihren Armeedienst im 45. Spezialaufklärungsregiment der Luftlandetruppen absolviert hatten. Das war es.

Ich telefonierte alle Leichenhallen in Rostow am Don ab. Obwohl klar war, dass eine »Leichenhalle auf einem Militärgelände« nur am Kreiskrankenhaus 1602 in Wojenwed sein kann, ein abgeschiedener Rostower Bezirk, ein Offiziersstädtchen, das sich ausgewachsen hat und inzwischen über Truppenteile, Verladestationen und einen Flugplatz verfügt. Auf dem Krankenhausgelände gibt es das ZAVG, das Zentrum für Aufnahme und Verschickung der Gefallenen, und eine Kühlkammer für 400 Leichen, ein Überbleibsel aus Zeiten der Tschetschenienkriege. Das ZAVG gehört zum Militärbezirk Nordkaukasus.

Es heißt aber, die Leichen seien nicht in Wojenwed. Der Stellvertretende Leiter Alexej (seinen Nachnamen nennt er nicht) sagt: »Wir haben nur Soldaten, und nur aus Tschetschenien. Familien kommen her und fragen uns aus, irgendein Verein der Luftlandetruppen fragt uns aus, manche lassen wir sogar rein, damit sie sich selbst überzeugen, dass wir hier niemanden haben.« Die Verwaltungsleiterin der Gerichtsmedizin, Jelena Wolkowa, sagt mir: »Ich wurde auch schon aus der Gerichtsmedizin aus Stadt- und Regionalebene angerufen, die suchen ebenfalls, werden von Angehörigen belagert. Wir haben keine Leichen. Wenn wir welche kriegen, dann nur mit Gerichtsbeschluss, das wüsste ich also.« Die Presseabteilung des Militärbezirks Nordkaukasus sagt mir, in den Leichenhallen der Armee seien Soldaten. Da ich aber nach Zivilisten suchte, solle ich also woanders suchen.

Russland bestreitet seine Teilnahme am Krieg im Donbass: »Da sind weder russische Ausbilder noch Sondereinheiten noch Truppen, einfach niemand«, sagt Putin.

Unweit des Krankenhauseingangs in Wojenwed stehen zwei Frauen und drei Männer im schmalen Schatten einer behelfsmäßig gezimmerten Kapelle. Sie wischen durch Fotos auf einem iPhone, suchen ein passendes für einen Grabstein. Einer der Männer ist eindeutig fremd in der Gruppe, ein grauhaariger, großer Mann mit geradem Rücken. Er geht zur Seite, um mit einem riesigen Gerät zu telefonieren.

Nicken: Ja, sie sind hier, um den Gefallenen abzuholen, ja, am Flughafen Donezk. Im selben Atemzug werde ich gebeten »wenigstens zehn Meter wegzugehen, oder besser, ganz wegzufahren, bitte«. »Wenn Sie ein Gewissen haben, dann filmen Sie hier nichts«, sagt gequält eine junge Frau in einem langen türkisfarbenen Kleid zu mir. Sie hat einen seltsamen Gesichtsausdruck. Später werde ich begreifen, dass das nicht der Ärger eines Menschen war, den man in seiner Trauer stört, sondern blanke Angst. Dann gehen sie selbst auf Abstand, in die pralle Mittagssonne. Es sind über 30 Grad, Sitzbänke gibt es hier nicht, nur staubige Betonblöcke. Keine 20 Meter entfernt befindet sich ein Wartebereich mit Stühlen und einer Klimaanlage, aber sie nähern sich weder dem Krankenhaus, noch gehen sie ganz weg. 40 Minuten später kommt eine Gruppe von fünf sonnengebräunten Männern in ausgeleierten, schmutzigen Unterhemden, Soldaten. Sie gehen zum Grauhaarigen, besprechen irgendwelche Einzelheiten. Ich höre nur: »Dafür braucht es den Befehl von jemandem, der Bescheid weiß.« Einer der fünf kommt zu mir rüber und fragt: »Wie hast du erfahren, dass die Leichname hier sind?« Dann ruft er den anderen zu, die in der Nähe rauchen: »Sie ist eine Journalistin, redet nicht mit ihr.« Schnell steigen die Soldaten ins Auto und schließen die Türen. Sie schwitzen, können sich aber nicht entschließen, die Fenster aufzumachen oder den Motor zu starten. Ich entferne mich möglichst weit, gehe in die pralle Sonne. Die Soldaten steigen aus, um etwas Frischluft zu bekommen, aber die Familie kann sich nicht dazu durchringen, wieder in den Schatten zu gehen.

Eine Stunde später ruft einer der Unterhemdträger der Familie aus einem fahrenden Jeep zu: »Fahrt Mittag essen, hier ist noch nichts entschieden.« Die Familie fährt weg. Später erfahre ich, dass es ihnen gelungen ist, den Leichnam mitzunehmen. Von staatlicher Seite hatte sie niemand kontaktiert, sie haben ihren Angehörigen auf eigene Faust gesucht und gefunden. Erst haben sie mit dem Donbass gesprochen, dann hat der Donbass mit Rostow verhandelt, und der Leichnam wurde inoffiziell ausgehändigt. Am nächsten Tag soll, ebenfalls im Geheimen, Sergej Schdanowitsch aus Elektrogorsk abgeholt werden. Dafür wird ein hohes Tier der Regierungspartei Einiges Russland, Roman Tikunow, persönlich nach Rostow fahren, der nebenamtlich noch Vorsitzender der lokalen Soldatenbruderschaft Bojewoje Bratstwo[17] ist.

Auf meine Bitte hin treffen sich Veteranenorganisationen mit der Verwaltung des Militärbezirks Nordkaukasus. Deren Vertreter erklären den Veteranen aufrichtig: Es gibt keine Leichen in Rostow, das ist eine Ente, es gibt hier nichts zu suchen.

Alexander Titow, ein Presseverantwortlicher der Gebietsverwaltung, sagt mir, nachdem er einige Büros abgeklappert hat, ziemlich ratlos: »Ich bekomme auch keine Information, bisher kann ich Ihnen nur mit Sicherheit sagen, dass wir keine Leichname verschicken und keine Angehörigen kontaktieren.«

Am Einkaufszentrum steht eine junge Frau in Armee-Shirt. Schweigend umarmt sie mich ganz leicht und nimmt mich mit, führt mich erst die Rolltreppe hinauf, dann in ein Abstellzimmer neben einem Schuhgeschäft. Dort will ein Mann gerade sein Pausenbrot essen. Als er uns sieht, geht er schnell raus.

Die Frau heißt Ljana Jeltschaninowa. Auf den Rat ihrer Kolleginnen hin postete sie bei VKontakte eine Suchanzeige für ihren verschwundenen Mann Jewgeni Iwanowitsch Korolenko, Jahrgang 1967.

Am selben Tag teilte man mir seinen Namen als einen der Gefallenen mit. Donezk hat es bestätigt, von dort hieß es, der Leichnam sei in ebenjenem Lkw auf dem Weg nach Rostow.

Tränen hat Ljana keine.

»Ich bin froh, dass er wenigstens nicht dort auf einem Haufen liegt. Ich habe gehört, dass sie da schon verwesen. Dass die ukrainischen Soldaten sie verbrennen wollen.«

Ljana sucht ihren Mann Jewgeni, kurz Schenja, schon seit acht Tagen. Kurz erzählt sie mir nach, durch welche Hölle sie gerade gegangen ist.

»Schenja ist weggefahren, ohne mir etwas gesagt zu haben. Ich kam von der Arbeit, ich arbeite bis 10 Uhr abends, und da lag nur eine Notiz: ›Das Auto ist bei Andrik.‹ Am 30. Mai habe ich herausgefunden, dass dieser Andrik mit ihm in Afghanistan gedient hat. Die waren wohl befreundet. Dieser Andrik hat anscheinend auch Schenjas Namen auf der Liste der Gefallenen gesehen. Ich habe ihn also angerufen. ›Ja, er ist tot, aber den Leichnam hab ich nicht gesehen, ich rufe später an und sage dir, wo du ihn abholen kannst.‹ Ich habe bis 11 Uhr abends gewartet, dann habe ich ihn noch mal angerufen. Er meinte, man erkennt niemanden, das wäre wieder wie damals in Tschetschenien, und fing an, mir schreckliche Geschichten zu erzählen. Irgendwann hab ich meinen Kopf eingeschaltet und gesagt: ›Aber an den Händen würde ich ihn doch erkennen, oder an den Füßen, ich kann auch seinen Zahnarzt mitbringen, damit er schaut. Oder an der DNA.‹ ›Nein, eine gerichtsmedizinische Untersuchung ist zu teuer‹, sagte er. Dann ist im Internet die Meldung über den Lkw aufgetaucht. Wie sie transportiert werden.

Ich bin weiter zur Arbeit, aber die Kolleginnen sehen ja, wie es mir geht. Die haben angefangen mitzusuchen, jede, wie sie kann. Aber es bringt alles nichts. Manche haben zwar Bekannte bei der Polizei oder beim Geheimdienst. Doch angeblich hatten sie nicht einmal davon gehört, dass so viele Leichen nach Rostow gebracht werden sollten. Aber mein Chef kennt eine Frau, die im Krankenhaus arbeitet. Die hat bestätigt, dass ein Lkw bei ihnen angekommen war, dass sie aber nicht genügend Kapazitäten gehabt hätten. Daher hätten sie die Leichname nach Wojenwed geschickt. Ich hab da angerufen, war aber so blöd zu sagen, dass der Lkw aus Donezk kommt. Sobald sie ›Donezk‹ und ›Ukraine‹ hörten, hieß es nur noch: ›Nein, nein, nein.‹«

Ljana ist ruhig. Die Tränen kommen und versiegen sofort wieder.

»Wenn ich ihn schon nicht mitnehmen kann, will ich wenigstens seinen Leichnam sehen. Oder ein Foto.«

Ich rufe Tikunow von Einiges Russland an. Ich weiß, dass er genau in diesem Augenblick den Transport von Schdanowitschs

Leichnam nach Elektrogorsk begleitet. Ich erkläre ihm, dass neben mir die Frau eines Mannes ist, der zusammen mit Schdanowitsch gefallen ist. Tikunow behauptet, ich brächte etwas durcheinander, ein Freund von ihm sei gestorben, unsere Zeitung verbreite Lügen und mache keinen Faktencheck. »Die Witwe klappert sei acht Tagen Leichenhäuser ab, soll ich sie Ihnen geben?«, frage ich. »Wagen Sie es nicht, mich noch einmal anzurufen«, sagt er und schaltet das Handy aus.

Wir telefonieren alle ab: die Soldatenbruderschaft, die Afghanistanveteranen, die Militärs. Alle versprechen zu helfen, sagen aber gleich, wir sollten uns keine großen Hoffnungen machen.

Hier ist die Notiz, die Schenja auf seinen Block geschrieben hatte:
»Schnuckel,

gestern konnte ich es dir nicht sagen, ich wollte dich nicht traurig machen, weil du mir nicht gleichgültig bist.

Du siehst ja selbst, in was für ein Schlamassel wir geraten sind.

Es fällt mir schwer, das zu ertragen, ohne Arbeit, ohne Leben, ich steck in einer Sackgasse. Ich mach es kurz: Ich bin in den Donbass, da warten sie auf mich, da hab ich Perspektiven. Ich erzähle dir alles später, wenn ich überlebe.

Ich liebe dich.

Das war's.

Ich hab Roaming, Liebste.«

Die beiden sind seit zweieinhalb Jahren zusammen. Nicht verheiratet. Anfang Mai hatten sie noch überlegt, wo und wie man die Unterlagen einreicht. »Es war einfach ein vollkommenes Glück. Wir haben uns nicht einmal gestritten.«

Von Mai 1985 bis Mai 1987 hatte Jewgeni in Afghanistan gedient, als Scharfschütze bei den motorisierten Truppen. Mit Ljana sprach er wenig darüber. »Er wollte das alles selbst lieber vergessen«, sagt sie. Sie weiß, dass sein Panzeranzug einmal Feuer gefangen hat, dass er mehrfach im Lazarett war. »Während er dort war, hat die Mutter zweimal einen Totenschein bekommen. Nach jedem hatte sie einen Herzinfarkt.« Mittlerweile sind Schenjas Eltern schon verstorben. Als Angehörige hat er nur noch Ljana, außerdem eine sechsjährige Tochter aus erster Ehe und ein paar Cousinen.

Schenja war Schlosser von Beruf. In seinem Soldatenpass steht, dass er vorbestraft ist. Er las viel, vor allem Fantasy. Spielte Videospiele: World of Tanks, War Thunder, Stalker, World of Warplanet. Panzer, Flugzeuge, Schießereien. Die letzten Jahre arbeitete er in einer Reparaturfirma für Computer und Bürotechnik, die Freunden gehörte. Er hat die Bestellungen ausgeliefert. Irgendwann konnten die Freunde sein Gehalt nicht mehr zahlen. Aber er brauchte Geld, für seine Tochter und für sein eigenes Leben. Ljana sagt, die Bezahlung könnte den Ausschlag gegeben haben: »In den Foren heißt es, sie kriegen Geld. Aber ob das stimmt?«

»Warum ist er dorthin gefahren?«, fragt sie mich. »Es gab ja keine Einberufungen. Mit mir hat er nie über den Krieg gesprochen. Nur einmal im Herbst, während des Maidan, als die ersten Schüsse fielen – von den Scharfschützen, die nie gefunden wurden, weißt du noch? Wir haben Nachrichten geschaut, da sagte er: ›Wenn Krieg ausbricht, sind wir hier gleich an der Grenze, wenn es eine Einberufung gibt, werde ich mich gleich melden, an vorderster Front.‹

Wenn er mir gesagt hätte: ›Ich gehe‹, dann hätte ich mich zwar aufgeregt, aber danach mein Hirn benutzt. Wir hätten uns hingesetzt und besprochen, was ich mache, wenn genau dieser Fall eintritt. Aber er ist weg, ohne etwas zu sagen.«

Jewgeni hat sich bei VKontakte nicht ausgeloggt. Ljana erzählt, er habe da mit jemandem gechattet und seine Abreise besprochen. Der Chat war am 19. Mai und dauerte nur wenige Stunden. Schenja nannte sich dort ShivaShiva (den Namen verwendete er auch bei den Computerspielen). Ljana erklärt, Shiva sei ein Kriegsgott. Sein Chatpartner war »Epiphanes der Fette«, ein Helfer der Gruppe Russische Freiwillige/Donbass. Epiphanes bittet ihn, einen Fragebogen auszufüllen: Kampfname, Geburtsjahr, Ausbildung, Größe, Stadt, Ausrüstung, Telefon. Er fragt ihn, wann er bei der »Sammelstelle in Rostow« sein könne. Die Adresse wird nicht genannt. »Wenn du eine Uniform hast, nimm sie mit«, weist Epiphanes ihn an. »Am besten ›Gorka‹ oder ›Surpat‹. Bei den Schuhen nimmst du olivfarbene Cobras, ein Paar reicht, hamstern nicht nötig, russischen Flecktarn lässt du besser zu Hause.«

Ljana erzählt: »Ich habe diesen Epiphanes angeschrieben, und am 23. rief Schenja mich an. Ich hab mich aufgeregt, warum er mich allein gelassen hat. ›Mach dir keine Sorgen‹, hat er gesagt, ›wir sind hier an der Grenze zu Rostow, wir machen nur ein bisschen Sport, rennen hier rum, alles wird gut.‹ Ich hab ihm noch gesagt, er soll sich da aus allem raushalten und überhaupt besser nach Hause kommen, warum zum Teufel ist er überhaupt dahin? Er meinte wieder nur: ›Mach dir keine Sorgen, ich ruf dich an, wenn ich nicht anrufe, darf ich nicht.‹ Das war es, danach war sein Handy wieder aus. Und am 26. wurden sie bombardiert.

Nun schickt Ljana Epiphanes Nachrichten, listet besondere Merkmale von Schenja auf: »Er hatte mal eine Augen-OP an der Linse, eine Krone am oberen Schneidezahn, am Mittelfinger der linken Hand hat er ein Tattoo: eine Krone, er hat versucht, es wegmachen zu lassen, er hat ein Muttermal unter der rechten Achselhöhle, erbsengroß.« »Verstanden«, schreibt Epiphanes zurück.

Ljana lädt Fotos hoch, auf denen man die anderen Tattoos sieht.

Die Gruppe Russische Freiwillige/Donbass bei VKontakte hat 10 000 Mitglieder und ein sehr gutes Sicherheitssystem. Die Administratoren bleiben anonym. An die Freiwilligen gibt es strenge Anforderungen: über 26, nur bestimmte Berufsgruppen, keine Vorstrafen. Gerade sucht man Panzerfahrer, Schützen für Panzerabwehrlenkwaffen, Flugabwehrsysteme, Maschinengranatwerfer, Granatwerfer und Flammenwerfer. Die Freiwilligen scheinen in die Erste Interbrigade Süd-Ost zu kommen. Es werden auch vermeintlich zivile Berufsgruppen gesucht: Mechaniker, Fahrer, Verwaltungsmitarbeiter für die Stabskommandeure sowie Ärzte und Sanitäter im Hinterland.

Neben der Online-Mobilisierung findet die Suche nach Freiwilligen auch direkt über die Rekrutierungsstellen in Rostow am Don statt. Veteranen erzählen, dass einige von ihnen Anfang Mai angerufen und zu Gesprächen eingeladen wurden, aber nur diejenigen mit Kampferfahrung, Offiziere und Unteroffiziere. »Bei den Treffen hieß es, sie brauchen Leute, um Sabotageakte wie in Odessa[18] zu verhindern. Alles auf freiwilliger Basis. Man hat eine Nummer mitbekommen, die man anrufen könne. Die Rekrutierungsstellen haben also das Personal ausgesucht. Und viele sind gegangen. Die Hälfte der Leute in der Oblast Rostow hat ja drüben Verwandte, es gibt also wen zu beschützen.«

Die Oblast Rostow ist in der Tat der perfekte Ort, um Freiwillige zu rekrutieren. Hier leben 68 000 Veteranen der letzten kriegerischen Konflikte, von Afghanistan bis Georgien. Nahezu alle Kosaken der Region waren am Transnistrienkonflikt beteiligt.

Gegen die unvermeidliche Niedertracht eines jeden Kriegs scheinen hier alle immun zu sein. Die Einwohner von Rostow wissen: Kriege können offiziell oder inoffiziell sein, verschiedene oder gar keine Namen haben – Antiterroreinsatz, Einmarsch eines begrenzten Kontingents,[19] Friedensmission oder eben gar nichts. Die Veteranen heißen es nicht gut, dass ich nach den Leichnamen suche. »Solange sich die Regierung keine Erklärung einfallen lässt, wie sie dorthin geraten sind, werden alle schweigen. Wenn herauskommt, dass unsere Jungs da drüben sind, und auch noch welche mit Erfahrung, Soldatenpass und Ausbildung, dann schicken die Amis ihre Truppen hin. Sie sagen ja auch so schon, dass da Russen kämpfen, aber noch haben sie keine Beweise. Wenn es rauskommt, schalten sich auch andere Staaten ein.« Diese Einstellung haben auch die meisten Zivilisten, ob Krankenschwester, Leichenhallen-Mitarbeiter oder Beamtin. Man bittet die Angehörigen, »die politischen Besonderheiten« zu bedenken.

Viele haben sie gesehen, die »Fotos getöteter Kartoffelkäfer 18+«.[20] Die Gesichter von getöteten russischen Soldaten auf Fliesen, die ein ukrainischer Blogger am 31. Mai veröffentlicht hat, mit Triggerwarnung: »ekelhafter Anblick«. Ich scrolle schnell durch, aber Ljana macht es nichts aus. Sie findet Schenja unter der Nummer 16.

Dann sieht sie sich die anderen Fotos an, will, dass wir noch mal nachzählen: Es sind 56. »Hier sind sicher einige, deren Verwandte noch gar nicht wissen, dass sie tot sind«, sagt sie.

Wir kehren zu Schenjas Bild zurück.

»Er sieht ihm nicht ähnlich. Die Kette, ja, so eine hatte er … aber die Ohren stehen nicht ab. Der Kopf sieht gar nicht aus wie seiner, und das Gesicht. Die Tattoos schon. Aber schau, wie scharf die sind, seine sind schon alt, verwischt. Nein, er hat ganz andere Augenbrauen. Er hat kleine … Wie lange er sich nicht rasiert hat. Scheiße, wahrscheinlich ist er es. Doch, ich denke, er ist es. Die Kette. So eine Kette hatte er. Die Nasenflügel und die Nase. Ja. Schluss. Er ist es.«

Hitze. Wir stehen neben einem der Betonblöcke, etwas weiter links als die Familie neulich. Am Morgen hat einer der Veteranen einen Chirurgen des Krankenhauses erreicht, der hat versprochen, uns einen Passierschein zu besorgen. Bei der normalen Anmeldestelle kommt man nicht durch, neuerdings braucht man außerdem für den Zutritt zur Leichenhalle eine Genehmigung des Chefarztes. Und der erteilt sie niemandem.

Der Chirurg ist gerade nicht da, wir warten. Ljana und ihre Freunde Dascha und Igor stehen sich neben dem Betonblock die Beine in den Bauch. Dascha erzählt, was sie herausgefunden hat: Offenbar hat Andrik die Autos einiger Freiwilliger einkassiert und will Schenjas Wagen nicht zurückgeben, »solange nicht alles klar ist«. »Das ist mir egal«, sagt Ljana. »Hauptsache, ich kriege Schenja wieder.«

Der Chirurg kommt, begleitet von einem älteren Herrn, auf der Brust seiner Uniform steht »Rudin«, er stellt sich als der diensthabende Offizier vor. Ljana bewegt sich kaum. Der Chirurg fragt so, als hätten wir nicht den ganzen Morgen miteinander telefoniert: »Und, was kann ich für Sie tun?« Etwas abseits stehen zwei Wachmänner und beobachten uns.

»Mein Mann ist gestorben. Ich muss ihn sehen und mich ver-gewissern.«

»Bei uns ist er ganz sicher nicht. Vielleicht in der Gerichtsmedi-zin«, sagt Rudin.

»Da habe ich schon nachgefragt, die sagen, sie haben ihn auch nicht«, schaltet der Chirurg sich ein.

»Wir wollen die Listen sehen.«

»Ich habe keine Listen.«

»Dann wollen wir in die Leichenhalle, bitte.«

»Direkt in die Leichenhalle?«, tut der Chirurg verwundert. »Wer ist für das Eindringen in die Leichenhalle zuständig?«

»Eindringen?«, fragt Rudin nach.

»Egal, wie heißt der noch mal? Der Abteilungsleiter. Der ist ge-rade nicht da. Da ist gar keiner. Ich habe nachgefragt.«

»In der Leichenhalle sind nur Menschen, die im Krankenhaus verstorben sind. Kranke, ganz gewöhnliche Kranke.«

»Ich bin kein Pathologe«, wirft der Chirurg ein. »Über Gefallene habe ich keinerlei Information. Ich würde sie nur erkennen, wenn sie verwundet worden wären.«

»Aber sie sind tot«, sagt Ljana und beißt sich auf die Lippen.

»Der Assistent ist gerade nicht hier, ich habe ihn zu Hause ange-rufen. Er sagt, da ist niemand.«

»Kann ich rein?«

»Junge Frau, ich kann keine Passierscheine verteilen. Rufen Sie den Chef des Krankenhauses an ... falls Ihnen jemand seine Num-mer gibt. Fragen Sie ihn.«

»Komm, wir gehen«, sagt Dascha.

Wir gehen in das Büro für Passierscheine, setzen Ljana auf einen Stuhl und rufen den Chef des Krankenhauses an. Vergeblich. Eine Rentnerin kommt rein, sie will in die Kirche auf dem Gelände. Die Frau am Schalter sagt: »Das geht nicht mehr, mit der Ukraine hat sich alles geändert, ich darf Sie nicht mehr reinlassen, das ist ein Befehl.«

»Wir könnten über den Zaun klettern«, schlägt Ljana leise vor, in ihren Augen funkelt Wahnsinn.

»Am Eingang zur Leichenhalle wollen sie sowieso wieder den Passierschein. Dafür sperren sie dich nur ein, dann findest du ihn nie«, sagt Dascha.

Zwei Wachmänner kommen rein und gehen zu der Frau am Schalter, tuscheln. Sie schauen zu uns herüber. Einer fragt Ljana ganz naiv: »Warum dürfen wir Sie eigentlich auf gar keinen Fall reinlassen?«

»Ihr Schweine!«, schreit Ljana. Dascha nimmt sie in den Arm und versucht, ihr unauffällig den Mund zuzuhalten.

Ein Wachmann tuschelt wieder mit der Frau am Schalter, wendet sich danach an uns:

»Seid ihr Mädels denn aus Donezk?«

»Nein, wir sind von hier.«

»Ich gebe euch gleich eine Nummer von jemandem vom FSB, den könnt ihr anrufen und die Frage klären. Uns wurde gesagt, wir dürfen euch nicht reinlassen. Klärt das mit denen.«

»Wie kann man so mit Menschen umgehen?«, schreit Ljana. »Er ist doch tot, was wollen die mit ihm?!«

»Das können Sie gleich alles ganz ruhig dem Typen vom FSB erklären, der kann dem Krankenhauschef einen Befehl erteilen, und Sie ... ich würde ja ..., aber dafür bin ich nicht zuständig. Mir wurde gesagt: Nicht reinlassen.«

Er gibt uns einen Zettel mit vier Ziffern, ohne Vorwahl. Stanislaw Alexandrowitsch Kusnezow. Wir beruhigen Ljana. Sie weint schon nicht mehr. Mit ruhiger Stimme erklärt sie in den Telefonhörer hinein, dass ihr Mann verschwunden sei, es gebe die Information, dass sein Leichnam hier sei, sie wolle ihren Mann bestatten. Oder wenigstens sehen. Aber der Krankenhauschef habe verfügt, dass man sie nicht reinlässt.

»Und was wollen Sie von mir?«, höre ich die Stimme aus dem Hörer. »Ich bin nicht einmal beim Militär. Auf Wiedersehen.«

Die Frau am Schalter sagt: »Ihr größter Fehler war, dass Sie ›Kran-

kenhauschef‹ gesagt haben. Nicht Krankenhauschef, sondern
diensthabender Offizier.«

Von einer verrückten Hoffnung getrieben, rufen wir noch mal
an. Noch mal das Gleiche.

Und drei Stunden nach unserer Ankunft in Wojenwed und zehn
Minuten nach dem Anruf bei Kusnezow klingelt Ljanas Handy.

Der Anrufer stellt sich als Sergej vor.

»Ihr Mann ist gefallen, sein Leichnam ist an einem geheimen
Ort ...«

»In Wojenwed?«, fragt Ljana. »Ich bin gerade hier.«

»Ja, er ist hier, aber man wird Sie nicht reinlassen, Ljana. Das ist
jetzt ein Kriegsgeheimnis, verstehen Sie? Aber morgen bringen wir
einen Leichnam raus, dann nehmen wir auch den Ihres Mannes
mit. Jemand wird Sie anrufen, mit der Beerdigung helfen wir Ihnen.
Aber der Sarg wird zu sein.«

»Ich möchte ihn identifizieren.«

»Der Sarg wird zu sein. Aber er ist es, ohne Zweifel. Wir haben die
Tätowierungen abgeglichen, die Sie geschickt haben.«

Zwei Stunden später ruft Sergej noch einmal an und sagt, er könne
den Leichnam sogar heute schon herausschaffen. Ljana möchte
ihn sofort abholen und ihn in eine beliebige Leichenhalle in Rostow zur Aufbewahrung geben, während sie die Beerdigung vorbereitet. Außerdem möchte sie den Sarg öffnen und ihren Mann identifizieren.

Keine Leichenhalle möchte den Leichnam aufnehmen, auch
zwei private nicht. Zuerst läuft alles gut, sie benennen die Kosten,
dann fragen sie nach Dokumenten. Sergej sagte, dass der Totenschein in der Ukraine ausgestellt wurde; diese Information geben
wir weiter, und sofort heißt es: »Ist er etwa von diesem Lkw? Nein,
den nehmen wir nicht.«

Ein Mitarbeiter kann etwas Mitgefühl aufbringen und erläutert:
»Sie müssen verstehen, er ist ein russischer Staatsbürger, der bei
Kampfhandlungen ums Leben gekommen ist. Aber unser Land

führt keine Kampfhandlungen. Ich kann Ihnen nur meinen Rat geben, ich mache diesen Job seit 25 Jahren: Sie müssen eine offizielle Identifizierung erwirken, mit einem Protokoll, und dürfen den Sarg nicht selber öffnen. Wer weiß, was da drin ist. Was sagen die denn? ›Es sind keine Leichname hier eingegangen.‹ Oder sie bestatten einfach, was Sie haben. Wir können ihn nicht aufnehmen, das ist zu riskant. Der Geheimdienst taucht in solchen Fällen aus dem Nichts auf. Vielleicht ist das sogar eine Falle ...«

Die Mitarbeiterin einer städtischen Leichenhalle gibt uns die Nummer eines jungen Mannes, der heute und morgen, also zwei Tage in Folge, Dienst hat, wir könnten es bei ihm ohne Datenerfassung versuchen. Jemand anders rät uns, es bei einem Freund von ihm in einer Leichenhalle in Asow zu probieren, vielleicht wüssten die noch nichts von der Sache.

Dann ruft ein Bestatter namens Oleg an, dem Leute, die er nicht nennen kann, Geld gegeben und aufgetragen haben, Schenjas Beerdigung zu organisieren, den Leichnam würden sie ihm bringen. Ljana bittet Oleg, eine Sargöffnung vorzubereiten.

Sofort wird Ljana von jemandem angerufen, der sich als Kommissar vorstellt: »Es gibt Leichname, die seit dem 26. Mai am Flughafen liegen, weil wir sie nicht holen können. Aber ihn haben wir rausgeholt und nach Russland gebracht. Und Sie wollen den Sarg öffnen? Wollen Sie das Andenken Ihres Mannes beschmutzen? Ist das denn moralisch vertretbar? Ich denke, kaum. Dort kamen schwere Waffen zum Einsatz, verstehen Sie, was das heißt? Und so ist alles fein verpackt in rotem Samt. Es gibt einen Totenschein, es gab eine Identifizierung durch die Kameraden. Natürlich war das alles unter den Bedingungen von Kampfhandlungen, aber trotzdem, eine Identifizierung gab es. Sie sind doch erwachsen. Russland führt keine organisierten Kampfhandlungen. Ihr Mann ist freiwillig unter Beschuss geraten. Mit einer Grabstätte und der Beerdigung werden wir Ihnen natürlich helfen. Wir haben Sponsoren in Russland, die uns unter die Arme greifen. Sie müssen verstehen, dass wir keine staatliche Unterstützung bekommen. Aber die Beerdigung richten wir für Sie aus.«

Hier macht der Kommissar eine Pause, offenbar um Ljana die Gelegenheit zu geben, ihm zu danken. Ljana schweigt.

»Auf Wiedersehen«, sagt er dann. »Entschuldigen Sie, dass es so gekommen ist.«

»Natürlich will ich alles!«, schreit Ljana ihre Freundin an. »Ich will eine Identifizierung, ich will sicher sein, dass er es ist.« Aber wie? Wir können den Leichnam nirgends unterbringen. Den Sarg nirgendwo öffnen lassen. In Rostow sind 35 Grad. Oleg informiert Sergej, dass wir den Leichnam unmittelbar vor der Bestattung entgegennehmen können.

Ljanas Freund Igor versucht sich abzusichern, damit wir den Leichnam definitiv bekommen. Bei seiner Suche kommt er auf einen General, der das Schweigespiel nicht mitspielt, sondern verspricht, persönlich nach Wojenwed zu kommen, sollten sie den Leichnam nicht herausgeben. »Aber nur einen Leichnam, klar?«, vergewissert er sich. »Ruf mich nicht noch mal an für irgendwelche anderen Verwandten. Einen Leichnam hole ich für dich raus.«

Die Beerdigung soll am Montag stattfinden. Ljana und Dascha müssen noch den Grabkranz besorgen.

Ljana sieht sich Videos in der Gruppe der Freiwilligen an: Von Granatsplittern gespaltene Äste, ein Verwundeter wird an der Jacke über den Boden geschleift, eine Frau mit abgerissenen Beinen versucht aufzustehen. »Er kannte das alles nicht nur aus dem Fernsehen, verstehst du? Er wusste, wie es da aussieht. Und er musste da hin.«

Ich fahre zu einem Termin in die Nachbarstadt, komme mitten in der Nacht wieder. Zwei Grabkränze aus Rosen mit schwarzen Bändern stehen auf dem Balkon.

Ljana sitzt auf dem Sofa. Ihr Gesicht sieht aus wie ein Stück rohes Fleisch. »Sie geben mir Schenja nicht«, sagt sie. »Man hat mich heute Abend angerufen und gesagt, dass ich ihn nicht kriege, weil ich mit einer Journalistin gesprochen habe. Mit dir.«

Ich stelle jeden Kontakt zu Ljana ein. Zwei Tage laufe ich nur durch die Stadt, telefoniere nicht mit meinen Informanten, führe keine

Interviews, plane nichts, fahre nicht an die Grenze. Ich habe Angst, diejenigen zu verschrecken, die den Leichnam haben. Aber wegfahren kann ich auch nicht. Ich gehe auf den Markt und esse Beeren, weiche rollschuhfahrenden Kindern aus, es gewittert. In den Ruinen der Paramonow-Lagerhäuser haben Quellen das Fundament ausgehöhlt, Jugendliche springen von den Mauern ins Wasser und legen sich zum Trocknen auf einen Balken. Männer unterhalten sich vor einem Antiquitätenladen: »Poroschenkos Amtseinführung war schon, und die ballern trotzdem weiter.« Sie philosophieren über Ratten, die von Würmern gefressen werden, sobald sie Schwäche zeigen, »genauso ist es mit der Ukraine, ganz nach Darwin«. Geflüchtete Frauen aus Slowjansk im Bus, alle mit Kindern auf dem Arm: »Ich habe mit Mama geskypt und höre ständig nur Peng-Peng-Peng, das geht seit 16 Stunden so.« »Ihr seid einfach oben auf dem Berg«, erklärt die andere, »deswegen hört ihr alles.« »Nein, die sind schon bis zur Tankstelle gekommen.« »Wer?« »Na, die, die schießen. Sie haben die Benzintanks in die Luft gejagt.«

In der Kirche unterhalten sich junge Frauen darüber, dass die Sterne noch zwei Jahre lang auf Putins Seite sind, und die USA wüssten das, »deswegen geben sie den Ukrainern Schutzwesten, aber kein Geld«.

Nach zwei Tagen bekomme ich die Nachricht: Wir haben Schenja bekommen. Und bestattet.

Kapitel 10

Erinnern (und Vergessen)

Der 1. September war ein Feiertag, den ich immer gemocht hatte. Im ganzen Land ist Schulanfang. Kinder tragen ihre schönste Kleidung, versammeln sich in Klassen auf dem Schulhof, die Eltern sind auch dabei und schauen zu. Der größte Oberstufenschüler trägt die kleinste Erstklässlerin auf dem Arm, sie schwingt eine Glocke – das ist das erste Läuten im neuen Schuljahr.

Am 1. September 2004 ereignete sich der schlimmste Terroranschlag in der Geschichte Russlands. In einer Kleinstadt der Republik Nordossetien nahmen Terroristen eine Schule in Geiselhaft. Sie trieben Kinder und Eltern, insgesamt 1128 Menschen, in eine Turnhalle. Am ersten Tag erschossen die Terroristen 23 Männer. Bald gaben sie den Geiseln nichts mehr zu trinken, und die Menschen tranken ihren Urin, um zu überleben. Am dritten Tag der Geiselnahme gab es zwei Explosionen, dann wurde die Schule gestürmt. Beim Sturm kamen Granatwerfer und Flammenwerfer zum Einsatz, es wurde aus Panzern auf die Schule geschossen. Bei der Erstürmung starben 310 Menschen, 186 davon waren Kinder.

Am ersten Tag der Geiselnahme machte sich die Journalistin Anna Politkowskaja mit dem Flugzeug auf den Weg von Moskau nach Beslan. Sie hatte viel in Tschetschenien gearbeitet und wollte Verhandlungen mit den Terroristen organisieren. Während des Flugs verlor sie das Bewusstsein. Sie wurde vergiftet, aber der Flieger machte eine Notlandung, und Politkowskaja konnte gerettet werden. Gleich nach ihr flog meine Kollegin Jelena Milaschina nach Beslan. Die Regierung hatte behauptet, es seien 354 Menschen in Geiselhaft. Milaschina schrieb als Erste, dass es über tausend waren.

Die *Nowaja Gaseta* richtete ein Büro in Beslan ein, unsere Journalistinnen und Journalisten berichteten noch mehrere Jahre abwechselnd aus der Stadt. Durch ihre Arbeit kam allmählich die Wahrheit ans Licht. Es stellte sich heraus, dass in der Nacht vom 3. auf den 4. September, noch bevor die Ermittlerinnen und Ermittler ihre Arbeit aufnehmen konnten, Leichname aus dem Gebäude gebracht worden waren; Trümmer, Kleidung und Körperteile wurden auf eine Müllhalde geworfen. Deswegen konnte bei der chemischen Analyse nicht festgestellt werden, was die Explosionen verursacht hatte, infolge derer die Schule gestürmt worden war. Juri Saweljew, Experte für Explosionstechnik und Mitglied der Parlamentskommission, kam zu dem Schluss, dass die Explosionen durch Aerosolbomben und detonierende Granaten, die von außen auf die Turnhalle abgefeuert wurden, ausgelöst worden waren. Später fanden Einheimische Hülsen von Granatwerfern auf den Dächern der Nachbarhäuser – dort, wo die Scharfschützen des Geheimdienstes gewesen waren.

Die Akten zum Fall Beslan sind nach wie vor unter Verschluss. Meine Kolleginnen und Kollegen sind an einen Teil der Akten aus einem Gerichtsprozess herangekommen, und zwar aus dem Prozess gegen den einzigen Terroristen, der überlebt hat. Außerdem haben sie alle interviewt, die in der Turnhalle gewesen sind. Daraus geht hervor, dass das Ziel der Erstürmung nicht die Rettung der Geiseln war, sondern die Vernichtung der Terroristen.

Das wird später auch der Europäische Gerichtshof für Menschenrechte bestätigen.[21]

Wer den Befehl zur Erstürmung der Schule erteilt hat, ist nicht bekannt. Aber es war wohl niemand anderes als Putin persönlich.

Ich erinnere mich noch sehr gut an die Tage der Geiselnahme. Eine Erstürmung kam niemandem in den Sinn, nur Verhandlungen, nur die Rettung der Kinder. Aber es gab keine Verhandlungen.

Putin sagte: Russland verhandelt nicht mit Terroristen, Russland vernichtet sie.

Ich erinnere mich an die Bilder vom Sturm; westliche Fernsehsender übertrugen sie live. Ich erinnere mich an die Kinder, die aus der Schule durch das Kreuzfeuer rannten. Sie rannten und fielen zu Boden. Ich erinnere mich daran und werde es nie vergessen. Der Sturm legte den Kern von Putins Russland bloß: Die Vernichtung des Feindes kann mit Kinderleben bezahlt werden, und dieser Preis ist nicht zu hoch. Diese Wahrheit war nicht zu übersehen, sie war allgegenwärtig.

Aber der Staat wollte nicht, dass wir uns daran erinnern.

Staatliche Medien verkündeten: Das Sondereinsatzkommando des Geheimdienstes, das die Schule gestürmt hat, hat Verluste davongetragen, also sind das Helden. Die Straße, in der sich die Schule befindet, wurde in »Straße der Helden des Sondereinsatzkommandos« umbenannt. So wurden neue Tatsachen geschaffen und auf der Karte festgehalten. Über Beslan sprach man als eine Tragödie, an der niemand Schuld hatte außer den Terroristen, und die waren bereits tot. Später hörte man ganz auf, über Beslan zu sprechen. Und die Menschen vergaßen Beslan.

Nur die *Nowaja Gaseta* schrieb weiter darüber. Wir empfanden Beslan als einen Wendepunkt in unser aller Geschichte. Wir wussten, dass man für Vergessen und Gleichgültigkeit teuer bezahlt. Jedes Jahr fuhr eine Korrespondentin oder ein Korrespondent nach Beslan, um über die Stadt zu schreiben, die nach dem Unerträglichen weiterlebte, um an die Ereignisse dieser drei Tage im September zu erinnern. Am zwölften Jahrestag des Anschlags war ich an der Reihe.

Ich lief durch die Stadt und sprach mit den Menschen. Die Stadt war wie erstarrt, Augusthitze lähmte die Straßen. Ich schrieb einen Text über die Träume der ehemaligen Geiseln und deren Angehörigen. Träume in Beslan sind mehr als einfach nur Träume, sie ergänzen eine zerstörte Welt. Ich schrieb einen Text und schickte ihn an die Redaktion. Meine Arbeit war getan.

Aber die Menschen in Beslan fragten mich: Bleiben Sie bei uns in den nächsten Tagen? In den ersten drei Septembertagen versammeln sich die Angehörigen der Opfer in den Überresten der Schule, auf den Ruinen der Turnhalle. Die ganze Stadt kommt dahin. Was man mich eigentlich fragte, war: Wollen Sie unseren Schmerz mit uns teilen, oder machen Sie hier nur Ihre Arbeit?

Ich fragte meine Redaktion, ob ich länger in Beslan bleiben könne, und bekam die Erlaubnis.

Am 1. September gingen wir zu den Ruinen der Schule. Die Turnhalle war voll mit Menschen. An den Wänden waren Hunderte ausgeblichener Kinderfotos, jeder Erwachsene stellte sich vor das Foto seines Kindes. Rote Nelken bedeckten wie ein Teppich den gesamten Boden, an den Wänden brannten Kerzen. Man brachte Spielsachen in die Turnhalle und stellte offene Wasserflaschen auf, damit die Seelen der Toten endlich ihren Durst löschen können.

Kameraleute positionierten sich an den Wänden. Sie warteten auf die offizielle Delegation: die Staatsbeamten mit Blumen. In der Turnhalle gingen muskelbepackte Männer in Hemden auf und ab, zivil gekleidete Spezialkräfte.

Ich bemerkte einen Aufruhr in der Menge, die Spezialkräfte eilten hin und schirmten irgendetwas ab. Auch ich ging hin, um zu schauen, was passiert war. Dort standen fünf Frauen, einige von ihnen kannte ich, weil wir miteinander gesprochen hatten. Sie hatten gerade ihre Jacken und Pullover ausgezogen. Darunter trugen sie weiße T-Shirts, auf denen mit schwarzem Filzstift geschrieben stand: Putin ist der Mörder von Beslan.

Die Spezialkräfte drängten die Frauen an die Wand. Die Frauen schwiegen. Die Kameras begannen zu filmen, denn durch die Halle schritt nun das Oberhaupt der Republik mit seinem Gefolge. Die Frauen in Weiß wurden von den Kameraleuten gemieden. Sie durften nicht ins Fernsehen gelangen.

Ich möchte die Namen dieser Frauen nennen.

Emilia Bsarowa. Während der Geiselnahme waren ihre zwei Söhne, ihr Mann und ihre Schwiegermutter in der Schule. Der neunjährige Aslan hat nicht überlebt.

Schanna Zirichowa. Sie war mit ihren zwei Töchtern in Geiselhaft. Die achtjährige Jelisaweta hat nicht überlebt.

Swetlana Margijewa. Sie war mit ihrer Tochter Elvira in Geiselhaft. Die Tochter starb in ihren Armen.

Ella Kessajewa. Ihre Tochter Sarina war in Geiselhaft und wurde verwundet, überlebte aber.

Emma Tagajewa, Ella Kessajewas Schwester. Ihr Mann Ruslan und ihre beiden Söhne Alan (16) und Aslan (13) sind alle ums Leben gekommen.

Ein Spezialbeamter sagte leise zu Emma: »Du bist eine Schande für unsere Republik.« Ein anderer zischte: »Was seid ihr doch für Miststücke.«

Die Spezialkräfte rückten immer dichter zusammen und versuchten die Frauen aus der Halle zu drängen. Ella Kessajewa begann zu schreien: »Wem wollt ihr hier Angst machen? Es gibt nichts Schlimmeres als das, was ich erlebt habe.«

Weitere Eltern getöteter Kinder stellten sich neben die Frauen. Schanna Zirichowa sagte: »Ich habe mit eigenen Augen gesehen, wie etwas von draußen in die Turnhalle geflogen ist, dadurch ist mein Kind gestorben.« Die Spezialkräfte trauten sich nicht, den Frauen vor aller Augen die Arme auf den Rücken zu drehen und sie abzuführen.

Man nahm sie erst draußen vor der Schule fest. Bei der Festnahme wurden sie zusammengeschlagen. Swetlana Margijewa bekam einen Schlag auf den Rücken und musste sich übergeben. Außer den fünf Frauen wurde auch Zemfira Zirichowa festgenommen, weil sie sich weigerte, ihre Schwester allein zu lassen. Zemfira war mit ihren zwei Söhnen in Geiselhaft, der jüngere, Aschanik, wurde beim Sturm von einem Granatsplitter getötet. Er starb in ihren Armen. Er war acht Jahre alt.

Auch ich wurde festgenommen, weil ich versucht hatte, die Festnahme der Frauen zu filmen. Genau wie meine Kollegin Diana Chatschatrjan, sie hatte sich geweigert, ihre Kamera auszumachen. Wir beide wurden wieder freigelassen, während die Frauen vor

Gericht kamen. Sie wurden in zwei Punkten angeklagt: nicht genehmigte Protestaktion und Widerstand gegen die rechtmäßigen Forderungen von Polizeibeamten. Die Frauen baten darum, die Geldstrafe in gemeinnützige Arbeit umzuwandeln – sie hatten kein Geld, um den Staat zu bezahlen. Swetlana Margijewa hoffte, dass man sie zur Arbeit auf den Friedhof schickt, wo ihre zwölfjährige Tochter Elvira begraben ist. Emma Tagajewa antwortete im Gericht ruhig: »Ich hielt es nicht für notwendig, um Erlaubnis zu fragen, um in die Schule zu gehen und mich dort hinzustellen. Meine Familie ist dort umgekommen. Sie war das Wertvollste, was ich hatte.«

Ich saß im Gerichtssaal und konnte nicht glauben, was passierte. Dass jemand diesen Frauen den Prozess machen konnte! Aber sie machten ihnen den Prozess, und sie sprachen sie schuldig. In der Nacht wurden sie freigelassen und gingen wieder in die Schule, um noch ein bisschen bei den Fotos ihrer Liebsten zu sein, mit ihnen zu sprechen.

Am nächsten Tag lief ich wieder durch die Stadt, sie kam mir fremd vor. Mitarbeiter der Polizei, der Stadtverwaltung und des Geheimdienstes kamen immer wieder auf mich zu. Sie erklärten mir sehr deutlich, ich müsse die Situation aus einer anderen Perspektive betrachten, sie positiver sehen, die verurteilten Frauen seien dumm, sie seien betrogen worden oder wollten einfach provozieren, sie brächten Schande über die Republik. Aber vor allem sei »nach so vielen Jahren« nichts als helle Trauer angebracht.

»Und was, wenn sie etwas anderes empfinden?«, fragte ich.

»Sie können nichts anderes empfinden.«

Jeder, der mir über den Weg lief, riet mir, die Stadt »möglichst schnell« zu verlassen.

Ich blieb. Als ich am nächsten Tag mit den verurteilten Frauen in der Schule war, nahmen mir mehrere Männer in Zivil mein Handy und mein Notizheft weg und schubsten mich nach draußen. Dort überschüttete mich ein junger Mann in einem Antiterror-Shirt mit grüner Farblösung. So brandmarkt man in Russland die Staatsfeinde. Diana nahmen sie ebenfalls das Handy weg.

Die Polizei tat so, als sehe sie die Angreifer nicht. Man nahm unsere Aussagen auf und ließ uns gehen. Wir fuhren zum Friedhof, wo es einen Trauergottesdienst für die Opfer geben sollte. Aber wir schafften es nicht bis auf den Friedhof, uns griff ein Mann an, dessen Tochter in der Schule umgekommen war. Er kannte uns nicht, aber jemand hatte ihm gesagt, wir hätten in der Schule randaliert und das Andenken der Opfer beschmutzt.

Er schlug mich auf den Kopf, gegen die Schläfe. Offenbar war es eine schwere Verletzung, was ich nicht gleich merkte, sondern erst am nächsten Tag, als ich nicht mehr wusste, wer und wo ich war. Ich schaffte es noch rechtzeitig nach Moskau – mein Chefredakteur rief mich an und sagte, ich solle umgehend zurückkommen, es sei gefährlich, noch länger in Beslan zu bleiben.

Vor dem Abflug kamen Polizisten zu mir und Diana und gaben uns unsere Handys zurück – jegliche Informationen darauf waren gelöscht.

»Es tut uns leid, dass Sie einen schlechten Eindruck von unserer Stadt bekommen haben«, sagte der Jüngste von ihnen. »Seien Sie nicht traurig und kommen Sie wieder.«

Seitdem war ich nicht mehr in Beslan. Aber ich denke immer noch an diese Frauen, ich denke jeden Tag an sie. Emilia Bsarowa, Schanna Zirichowa, Zemfira Zirichowa, Swetlana Margijewa, Ella Kessajewa, Emma Tagajewa. Mein Land hat ihre Kinder getötet und sie Verbrecherinnen genannt, weil sie sich weigern zu vergessen.

Ich erinnere mich an die Journalistinnen und Journalisten, die ihre Kameras von diesen Frauen abwandten. Ich will mich nicht an sie erinnern, aber ich kann ihre Gesichter nicht vergessen. Sie waren konzentriert, einfach nur konzentriert. Es waren die Gesichter von Menschen, die ihre Arbeit machen.

Die Träume von Beslan

1. September 2016

Beslan ist eine Schlucht. Ein Loch im Gewebe der Welt.

Das Unvorstellbare ist eingetreten und geblieben.

Am 1. September 2004 waren 1128 Menschen in die Schule Nr. 1 gekommen. 334 wurden auf brutalste Weise getötet, 186 davon waren Kinder.

783 wurden verletzt.

Keiner blieb ohne Wunden.

Seitdem sind zwölf Jahre vergangen. Das Loch ist nicht verschwunden. Es klafft.

Es klafft in den Leben der Menschen.

Man stopft es, so gut man kann.

Wir stopfen dieses Loch mit Blindheit und mit der Angewohnheit, einmal im Jahr zu weinen. Wir laufend tastend drumherum, wir riskieren viel.

Der Staat hat mehr Möglichkeiten. Er verdeckt Beslan hinter goldenen Mauern, Geld, staatlichen Initiativen und Veranstaltungen.

Die Menschen in Beslan benutzen Fotografien und Träume.

Träume sind zu einer Ergänzung der Wirklichkeit geworden. Sie kommen in jedem Gespräch vor. Beim Nacherzählen verändern sie sich, erlangen maximale Bedeutung. Es kam vor, dass wegen der Träume, die ein Kind kurz zuvor gehabt hatte, an Schulen von Beslan der Unterricht am 1. September ausfiel.

Alle Gesprächspartnerinnen und Partner erzählten mir unaufgefordert von ihren Träumen, ich hatte nicht danach gefragt.

Ich erzähle sie hier nach.

Die Schule

Von der Turnhalle ist nicht mehr viel zu erkennen.

Sie sieht eher aus wie ein Amphitheater oder ein europäisches Museum. Die Schule Nr. 1 ist nun von einem breiten goldenen Ring umhüllt. An dem Ring sind kleine Schlitze.

Tritt man einen Schritt zurück, nehmen die Schlitze die Gestalt von Kirschblüten an.

Laut den Architekten soll es ein Kranz sein.

Die Einheimischen nennen diese goldene Mauer Sarkophag.

Der Platz ist voller rötlicher Steinstreusel, zwischen diesen kämpfen sich Grashalme mit langen Stängeln durch.

»Also, was machen wir? Die Blumenflaschen in den Müll, einmal durchfegen und fertig?«

»Wischen wir die Fotos ab?«

»Nur fegen? Und unter den Spielsachen.«

»Das da muss auch raus.«

An allen Schulen in Beslan ist heute Subbotnik. Auch an der Schule Nr. 1.

Der Bürgermeister, ein ganz junger Mann, streicht den schiefen Zaun blau.

Frauen fegen den Boden in der Turnhalle, verspritzen Wasser, damit es nicht staubt.

Es sind ihre Kinder auf den Fotos. Eine Frau nimmt mich an die Hand und stellt mich ihrer Tochter vor. »Sie ist in deinem Alter«, sagt sie. Man zählt das Alter der Toten einfach weiter, ganz so, als wären sie noch am Leben.

Die Turnhalle ist vollgestellt mit Wasserflaschen. Von den Wänden blicken ihre Gesichter. Fotos, Zeichnungen und Plakate verdecken die Löcher von den Einschüssen und Granatsplittern. Plüschtiere verdecken die Durchbrüche an den Fenstern. Aus den Löchern im Boden schauen Plastikblumen heraus.

Das Schulgebäude hat sich auch verändert. Vor drei Jahren

wurde der Südflügel abgerissen, der sich parallel zur Turnhalle befunden hatte. Der Südflügel wurde während der Erstürmung aus Panzern beschossen. »Er war halb zerstört, da war nur noch ein bisschen was vom Erdgeschoss übrig. Die Menschen kamen her und fragten: Was war denn das, auch Bomben? Auch dort war alles mit Blut durchtränkt. Dort sind über hundert Menschen umgekommen«, erklärt man mir. Außerdem wurde im Speisesaal eine Mauer neu verlegt, auch die war voller Einschusslöcher.

Den Eltern wurde gesagt, der Umbau habe technische Gründe. Man versprach, jeden Kratzer von jeder Kugel, jedem Splitter anhand von Fotos wiederherzustellen. Das ist natürlich nie passiert.

»Die wollten die Turnhalle ja komplett abreißen. Oder eine Kirche drüberbauen. Ich hab gesagt, wenn sie das versuchen, dann leg ich mich unter die Bagger«, sagt Rita.

Rita Sidakowa ist sehr dünn und trägt ein langes Kleid. Sie sieht aus wie eine Lehrerin, hat aber ihr Leben lang in der Buchhaltung gearbeitet. Sie hat ein erstaunlich freundliches Gesicht.

Rita hat ihre einzige Tochter verloren, Alla, sie war neun Jahre alt. Auf dem Foto sieht man sie vor einem Weihnachtsbaum.

Rita kann nicht über sie sprechen. Sie lackiert Sitzbänke. Der Lack zieht sehr schlecht ein, es kostet viel Aufwand. Danach muss man noch die Farbrolle reinigen.

»Rita, lass das, schmeiß das Ding weg!«, ruft Kasbek Dsarassow.

»Nein, für nächstes Jahr.«

»Ich kaufe dir noch so eine. Rita! Ich schenk dir eine zum Geburtstag.«

Rita schweigt und fummelt weiter an der Farbrolle herum.

»Der Mensch ist ein merkwürdiges Wesen«, sagt Kasbek. »Ein anderes Wesen könnte das alles nicht ertragen.«

Die beiden kennen sich schon lange. Ihre Kinder waren im selben Kindergarten und gingen später in dieselbe Klasse, in die 4A.

»Die Mädchen und zwei Jungen sind hier umgekommen«, erzählt Rita und nennt sie in einem Atemzug: »Allotschka Dudijewa,

Mascha Urmanowa, Alana Dogan, Assik Dsarassow, Sossik Bigo-
naschwili und Georgi Chudalow. Zusammen mit ihrer Lehrerin
Rosa Timofejewna.

»Sarmat! Bist du denn verrückt?!«

Der sechsjährige Sarmat, Kasbeks Sohn, hat aus der Mauer am
Eingang mehrere Ziegel rausgeholt. Er versteckt sich hinter Vaters
Rücken und lacht. Sarmat hat einen Verband um den Kopf, er hat
sich beim Toben verletzt.

»Verzogen ist er«, sagt Kasbek.

Kasbek hat seinen neunjährigen Sohn verloren. Den älteren,
Saur, hatte er aus dem Fenster herausgehoben, die Großmutter
hat sich selbst gerettet. Aber der Kleine, Aslan, ist nicht rausgekommen.

»Er hatte Splitterwunden am Rücken, am Hals, am Kopf. Er war
tot. Oder halb tot ...« Kasbek setzt seine Mütze auf und ab, auf und
ab. Er spricht schnell und lächelt oft, wippt dabei von der Ferse auf
die Fußspitze. Es scheint, als würde er umkippen, wenn er damit
aufhört.

»Er war Nummer 299. Erst nach der DNA-Analyse wusste man,
dass er es ist.«

Nach dem Tod von Aslan hat Kasbek noch zwei Söhne bekommen: den verwöhnten Sarmat und den sechsmonatigen Artur, der
zu Hause wartet.

Ritas Mann ist vor 18 Jahren gestorben. Rita hat nur die Schule.

»Wissen Sie, Lena, Leute kommen sogar nachts in diese Schule.
Aus der ganzen Welt, aus ganz Russland. Sie machen einen Um-
weg, wenn sie ans Meer fahren. Wenn man mal mitzählen würde,
wie viele Menschen pro Tag herkommen! Es sind so viele!«, sagt
Rita zu mir.

»Rita, wir gehen! Die Lappen räume ich weg, sie liegen unterm
Safe. Ich muss meinem Kind etwas zu essen machen, zu Hause ist
nichts fertig.«

»Rita, mach du dich auch auf den Weg, ja?«

Rita geht nicht weg. Sie rupft das Unkraut an der Schulmauer, fegt Laub zusammen. Dann will sie noch den Schulhof fegen, aber Kasbek lässt sie nicht, redet auf sie ein. Er ruft in ihrem Beisein andere Eltern an, die versprechen, zu kommen und die nächste Schicht zu übernehmen.

»Ich denke, jetzt ist es an der Zeit, dass Gott sich zu erkennen gibt. So wie damals, als die Jungfrau Maria Jesus bekommen hat, so etwas sollte jetzt auch wieder passieren«, sagt Rita. »Und zwar bei einer der Beslan-Mütter! Warum denn nicht? Oder, Kasbek? Warum nicht?«

»Wir haben noch die Schulbänke«, sagt Kasbek. »Wir haben sie an einem sicheren Ort versteckt. Es gibt da so eine Idee: Wir wollen die Klasse wiederaufbauen, so wie sie war. Das ist Rita eingefallen. Ich bin rein und habe es mir angesehen. Alles lässt sich nicht wiederherstellen, aber das schon.«

Kasbeks Traum

»Ich habe Großmutters jüngere Schwester im Traum gesehen. Sie ist zu uns nach Hause gekommen, hat sich auf die Schwelle gestellt. Und da stand sie. Mutter hat sie gefragt: ›Was willst du bei uns, du bist doch tot?‹ Sie sagt nichts, steht da nur und schaut. Meinen Sohn hat sie angeschaut. Dann hat sie gelächelt, sich umgedreht und ist gegangen.

Man sagt ja, man soll seine Träume niemandem erzählen. Aber immer, wenn ich nach Hause gekommen bin in den letzten Wochen vor dem Schulanfang, da hatte Aslan so eine komische Angewohnheit. Er hat sich auf den Boden gelegt und die Arme ausgebreitet, es sah aus wie ein Kreuz. Als seine Mutter das zum ersten Mal gesehen hat, hat sie Panik bekommen. ›Was ist mit dir, Aslan?‹, hat sie gerufen. Aber er hat dagelegen und nichts gesagt, eine Minute, dann ist er wieder aufgestanden und hat gesagt: ›Nichts, alles in Ordnung.‹

Dann auf dem Weg zur Schule hat er sich gesträubt. ›Bring mich da heute nicht hin‹, hat er gesagt und sich an meiner Hand festgekrallt. Und mir später die ganze Zeit nachgeschaut und ›Geh nicht weg‹ gerufen. ›Na gut, ich bleibe‹, habe ich gesagt.

Sie hatten diese Vorahnung.

Träume sind wie die Ewigkeit.

Drei Tage vor dem Anschlag hatte ich noch einen Traum: Ein riesengroßer Garten, so ähnlich wie unsere Baumschule. Da waren viele kleine Bäumchen und einige, die größer waren. Und zwischen ihnen gingen Holzfäller einher, fällten diese Bäume und warfen sie in ein großes Feuer. Die Leute haben gefragt: ›Warum zerstört ihr diesen Garten?‹ Und sie: ›Den braucht doch niemand mehr.‹

Ritas Traum

»Ich habe die ganze Zeit von mir in Schwarz geträumt. Und von Alla auch. Stell dir vor, mein Kind und ich tragen nur Schwarz. Einmal. Zweimal. Da dachte ich, dass mir bestimmt was zustößt. Bei wem soll dann mein Mädchen bleiben?

Dann hatte ich noch einen Traum: Ich sitze am Lagerfeuer, das schon aus ist, es ist kalt, ich bin ganz in Schwarz mit schwarzen Strumpfhosen.

Ich dachte: Ja, mir wird etwas zustoßen, ich muss meine Tochter darauf vorbereiten. Eines Tages hab ich zu ihr gesagt: ›Alla, du weißt ja, dass Papa von uns gegangen ist, falls ich einmal ...‹ Sie wurde gleich ganz ... Ich also noch mal ganz sanft: ›Alla, versuch mal zu überlegen, bei wem würdest du gern bleiben wollen?‹ Sie hat die Schwester meines Mannes, Fatja, ausgesucht. Ich habe mich noch gewundert, dass es keine meiner Schwestern war. Gut, dachte ich, dann weiß ich wenigstens Bescheid, dass sie bei jemandem gut aufgehoben ist. Aber siehst du, wie alles gekommen ist?«

Der Hof

Der Hof zwischen den Fünfgeschossern Nr. 37 und 39 in der Nähe der Schule ist von Sonnenlicht durchflutet. Die Sonne spiegelt sich fröhlich in dem Sarkophag, strahlt über die Garagen hinweg, ohne jeden Schatten. Im Hof kreischen Kinder. Fünf- bis Sechsjährige toben herum. Eine Rasselbande traktiert einander mit Stöcken, sie spielen Schwertkampf. Ein Mädchen hängt kopfüber am Reck.

Mitten im Geschehen sitzen ein paar ossetische Rentnerinnen. Sie sind sehr schön, sie tragen Ohrringe und haben frisierte Haare. Rezepte werden ausgetauscht.

Ein Mädchen mit einer Pistole in der Hand stößt mit mir zusammen und rennt weiter.

»Wir erziehen sie gar nicht mehr«, sagt eine der alten Frauen. »Drei Jahre lang war es hier so still. 30 Menschen aus diesem Hof sind ums Leben gekommen.«

Mitten im Hof befindet sich ein Chadzar, ein ossetisches Haus, eine Art lange Garage. Dort findet gerade eine Gedenkfeier statt. Vor einem Jahr ist Magomed Melikow gestorben, sein Herz hat einfach aufgehört zu schlagen. Seine Schwiegertochter Marina geht hinkend an den Tischen entlang. Sie hatte die 1. Klassen unterrichtet. Zwei Monate hat es gedauert, um ihr Bein wieder zusammenzusetzen.

Ein Feuer qualmt, über dem Feuer blubbern »Kopf und Nacken« – man hat ein Kalb geschlachtet. Die Männer heben ihre Gläser, verschütten Wodka und »Maissaft« (lokalen Selbstgebrannten) auf dem Tisch. Bei den Trinksprüchen gibt es eine feste Reihenfolge. Der erste ist »auf den großen Gott«. Die Geiseln hat man in den siebten eingefügt, auf diejenigen, die aus dem Krieg nicht mehr heimgekehrt sind.

In den beiden Häusern gibt es keine einzige Wohnung, die vom Terroranschlag verschont geblieben wäre.

Auf einer Bank raucht eine Gruppe Männer: Partisan Ramasanowitsch Kodsajew, Ruslan Gappojew, Elbrus Tochtijew, Taimuras Konijew. Sie alle sind bei der Erstürmung unter Beschuss von beiden Seiten »immer wieder in die Schule gerannt«. Sie alle haben nicht die eigenen Angehörigen herausgetragen.

Partisan Ramasanowitsch hat seine Frau verloren. Er lebt allein in einer Dreizimmerwohnung. Ruslan Gappojews Frau konnte ihre Söhne kurz vor der Explosion mit ihrem Körper verdecken, »nur einer ist verletzt worden, mittlerweile sind beide Riesenkerle«. Sie hieß Naida, erst hat man nur ihr Bein beerdigt, später wurde »sie dann komplett« bestattet. Elbrus hat einen Sohn beim Brand verloren, und seine Frau ist »verrückt geworden und hat den zweiten mitgenommen«. »15 war er, und größer als ich, ne? Kapitän des Volleyballteams, ne? Was er jetzt für ein schöner Junge wäre, ne?«, fragt er Taimuras. Taimuras schweigt. Von Taimuras waren elf Angehörige in der Schule, alle haben überlebt.

»Was hatten wir hier früher für einen Hof! Russik kam von der Arbeit und hat meiner Frau zugerufen: ›Gibt es was zu essen?‹ Und sie: ›Komm rein, wir finden schon was.‹ Früher hat man zusammen gegessen. Jetzt beneidet man einander um die, die überlebt haben. Um die, die verwundet, aber nicht getötet wurden. Um zugeteilte Wohnungen. Um Enkelkinder, die jemand bekommen hat.«

»Die Politik hat unsere Kinder gefressen. Und unsere Schwestern, Mütter, Ehefrauen.«

In den letzten zwölf Jahren wurden im Chadzar nur Gedenkfeiern veranstaltet. Hochzeiten und Geburtstage feiert man woanders – in Restaurants oder anderen Höfen.

»Meine Nachbarn haben jeweils zwei oder drei Wohnungen bekommen. Und ich wohne auf 18 Quadratmetern. Dabei wurde mir gesagt, dass mir eine Dreizimmerwohnung zusteht. Aber das Zertifikat bei der Bank ist abgelaufen. Obwohl sie das Geld aus Moskau bekommen haben!«

Wladimir Tomajew legt die Hände in den Schoß. Vorhänge bis zum Boden, graue Tapete, kahle Wände – keine Bilder, keine Postkarten, gar nichts. Die Wohnung wirkt unbewohnt.

»Neulich war ich beim Bauministerium. Da haben sie mir gesagt: Wir haben kein Geld auf dem Konto, sobald wir welches haben, bauen wir. Man hört mir gar nicht zu. Dabei hab ich alle Verträge hier bei mir. Hier sind die Verträge!«

Er breitet Unterlagen auf dem Tisch aus.

Seine Frau Ljali bringt Tee.

Auf einer durchgelegenen Couch lümmelt ein kahl rasiertes Mädchen mit himmelblauen Augen.

2009 hat Wladimir zum zweiten Mal geheiratet. Kristina wurde geboren. Sie hat epileptische Anfälle und manchmal Fieber bis zu 39 Grad. Eine genaue Diagnose gibt es nicht.

»Ich hatte Angst zu heiraten. Und es ist auch nicht wirklich was geworden«, sagt Wladimir, ohne sich vor Ljali zu genieren, die neben ihm sitzt. »Wegen der jungen Dame dort bleiben wir zusammen. Wegen ihr müssen wir weitermachen.«

Den Terroropfern wurden sofort Wohnungen versprochen. Aber das Gesetz, das die Zuteilung des Wohnraums regeln sollte, wurde erst 2011 verabschiedet. Die föderale Regierung hat dafür eine Milliarde und 97 Millionen bewilligt. 737 Millionen wurden ausgegeben, 580 Wohnungen wurden den Menschen zur Verfügung gestellt. Was aus den restlichen 370 Millionen geworden ist, weiß niemand. 280 Familien sind ohne Wohnung geblieben. In der Kreisverwaltung erklärt man seelenruhig, man habe die Summe bekommen, eine Milliarde Rubel, aber der Haushalt der Republik habe sich etwas davon »geliehen« und konnte es nicht zurückgeben. Dann wieder heißt es, Moskau und Beslan würden die Quadratmeter nach verschiedenen Sozialnormen berechnen. Oder es heißt, der Schriftverkehr mit Moskau gehe weiter, aber Moskau behaupte, das Geld sei bereits überwiesen und weiteres nicht vorgesehen.

Wladimir hat zwei Menschen verloren: seine Frau und seine Tochter. Sinaida und die zehnjährige Madina.

Wladimir fragt mich zögerlich, ob ich mir die Kassette ansehen will. Kassetten nennt man hier das, was längst auf CDs oder USB-Sticks übertragen wurde. Es gibt sie in fast allen Familien. Es sind Zusammenstellungen von Kinderfotos, TV-Berichten und Aufnahmen von Beerdigungen.

»Eigentlich schaue ich sie nicht in Anwesenheit der jungen

Dame«, sagt Wladimir mit einem Blick auf Kristina, aber er legt die Kassette ein.

Medina auf der Hochzeit von Bekannten, sie trägt ein rotes Kleid und hat einen schelmischen Blick. »Sie sind sehr lieb und nett«, murmelt sie in die Kamera und kichert. Die Aufnahme bricht ab, Fotos wechseln sich schnell ab. »Da hat sie ihr Neujahrskostüm an, das war 2003«, sagt Wladimir und spult schnell vor. Auf dem Bildschirm flimmert Grauenhaftes. »Da lassen wir den Sarg hinunter. Das ist meine Schwester. Da küsse ich das Kreuz.«

Drei Mädchen gehen durch das Schultor.

»Das war in dem Jahr. Wie hübsch sie sind. Siehst du das Mädchen neben Madina? Sie ist auch tot, sie hat im vierten Stock gewohnt.«

»Ist das meine Schwester?«, fragt Kristina, die sechs Jahre nach Madinas Tod geboren wurde. »Papa, ist das meine Schwester? Ja?«

Wladimir hatte Sina schnell gefunden. Er sagt: »Sina hatte keinen Schädel, und ein Loch in der Brust, man konnte durchschauen.« Sina war im vierten Monat schwanger.

»Aber Madina hat man mit einem anderen Mädchen verwechselt. Ich habe das Nachbarsmädchen bestattet, Asa Gumezowa. Erst drei Monate später, als man die DNA-Analysen gemacht hatte, stellte sich heraus, dass mein Mädchen in Rostow gelandet war. Wir haben sie wieder ausgegraben und Madina aus Rostow hierher überführt.«

Wladimir drückt ein Taschentuch an die vollkommen trockenen Augen.

»Als man mir gesagt hat, dass ich nicht meine Tochter beerdigt habe, weißt du, was ich da für eine Angst hatte? Nach allem, was passiert ist, bin ich immer noch nicht zu mir gekommen. Schaut euch die Verträge an. Ich würde sofort umziehen, ganz ehrlich. Ich habe gleich am ersten Tag gesagt, dass man hier nicht leben kann, man sollte ganz weit weg fahren. Damit man diese Schule nicht mehr sieht. Seit sie sie mit Gold verkleidet haben, ist es noch schlimmer. Früher hat man es vom Balkon aus nicht gesehen, jetzt schon. Wenn ich könnte, würde ich das alles niederreißen, ganz ehrlich. Auch die Fotos. Vielleicht würde ich das anders sehen, wenn ich woanders leben würde, aber gerade fällt es mir sehr schwer, diese Schule jeden Tag zu sehen. Und dann der 1. September. Alle gehen hin. Ich auch. Was soll ich machen, natürlich gehe ich auch hin.«

Wladimirs Traum

»Ich will Pflaumen pflücken und stelle eine Leiter an den Baum. Aber von unten ruft ein Mädchen: ›Ich bin nicht dein Mädchen.‹ Ich frage: ›Und wo ist mein Mädchen?‹ Und sie: ›Nicht hier, ich bin eine andere.‹ Sie liegt ja mit meiner Frau zusammen in einem Grab. ›Ich bin nicht dein Mädchen‹, sagt sie, ›pflück mir keine Pflaumen.‹ Ich frage: ›Und wo ist mein Mädchen?‹ Sie sagt: ›Ich weiß nicht, such sie.‹«

Fatima

Fatimas erstes Koma dauerte 17 Tage.

Ihre kleine Schwester Salina (sie war acht Jahre alt und sollte in die dritte Klasse kommen) ist in der Turnhalle verbrannt. Salina war pfiffiger und nahm Fatja, wie sie sie nannte, immer in Schutz. In der Turnhalle sagte sie immer: Du darfst nicht weinen, sonst bringen sie dich um. Fatima sagt, Salina habe nicht geweint, kein einziges Mal, kein bisschen, und trotzdem ist sie gestorben.

Fatima hatte Glück. Irgendwie ist sie nach draußen gelangt. Ein Splitter hat die rechte Hirnhälfte zerfetzt. Als Fatima das Bewusstsein wiedererlangte, wurde sie getauft. Aber bis man ihr Gesicht endlich vom Verband befreit hatte, war sich die Familie nicht sicher, ob sie es wirklich ist.

Der Schädel wurde aus Knochenzement rekonstruiert, die Stirn bedeckt eine Titanplatte. Zunächst konnte Fatima nur mit den Händen sprechen. Dann lernte sie Wörter. Lernte wieder laufen.

Dann bekam sie eine Hirnhautentzündung.

Den zweiten Jahrestag verbrachte sie wieder im Koma, diesmal dreieinhalb Monate.

»Wie geht es dir, Fatja?«

»Lockig!«

Sie ist 22, sieht aber aus wie 14. An einem roten Faden baumelt ein Anhänger mit einer kleinen Ikone. Fatima will Musik von Natascha Koroljowa spielen, muss aber enttäuscht feststellen, dass das Internet nicht geht.

Zuerst tauchten in der Wohnung ein Standmixer und Babyflaschen auf. Dann eine Lauflernhilfe. Dann das Alphabet. Mittlerweile ist Fatimas Zuhause zu einem Fitnesssaal umgerüstet: Kraftstation, Heimtrainer, Crosstrainer, Laufband, Haltungsstütze.

Vor drei Jahren rief jemand vom Kulturministerium an und bat sie, die MSA-Prüfung zu machen. Fatima ist hingegangen und hat die Prüfung abgelegt. In drei Fächern hat sie mit 69 Punkten bestanden.

Nach dem zweiten Koma wurde sie an der Berliner Charité operiert. Seitdem hat sie einen Shunt hinter dem rechten Ohr. Darüber wird gestaute Hirnflüssigkeit aus dem Kopf abgeleitet.

Der Shunt beginnt am Ohr und verläuft unter der Haut bis in den Bauchraum. Er muss gewartet werden, dafür muss Fatima einmal im Jahr nach Berlin.

Eine Reise nach Deutschland kostet 17 500 Euro. »Sobald wir zurück sind, fangen wir gleich wieder mit dem Geld-Sammeln an«, sagt Fatimas Mutter. Mit der Zeit wird es immer schwieriger. In diesem Jahr hätten sie im Mai fahren sollen. Das Visum hatten sie. Aber nicht genügend Geld für die Fahrt.

Nun ist eine Klappe des Shunts verstopft. Der Hirndruck wächst, der arterielle Blutdruck sinkt. Fatima hat Krämpfe, Schmerzen, kann nicht schlafen.

Die ossetischen Neurochirurgen haben schriftlich die Behandlung verweigert.

»Die ossetischen Neurochirurgen sagen, sie soll sich operieren und einen russischen Shunt einsetzen lassen. Wir fragen, ob sie garantieren könnten, dass sie das überlebt. Sie sagen, nein, aber sie würden dazu raten. Was soll ich machen?«, sagt Lana und gibt die Worte der Neurologie-Chefärztin in der Beslaner Klinik weiter: »Ihr nervt mit diesem Kopf!«

Lana erzählt, dass ein Minister der Republik (sie bittet mich, den Namen nicht zu erwähnen) die Reisen nach Deutschland als »Schrullen« bezeichnet habe. Das war vor einem Jahr, daraufhin brachte Lana Fatima in sein Büro und sagte, sie würde sie bis zum Abend dalassen. Der Minister rief eine Versammlung ein, zwei Wochen später hatten sie das Geld.

Aber solche Besuche bei Ministern verkraftet Fatima nicht gut.

»Wir haben schon alles verkauft, was wir konnten«, sagt Lana. »Wir haben nie um etwas gebeten, als wir selbst noch etwas hatten. Fatimas Wohnung haben wir verkauft. Mittlerweile haben wir nichts mehr.«

Völlig aufgelöst erzählt Lana, dass der Katheter des Shunts bald verlängert werden muss, weil Fatima wächst.

Gar noch um weitere Dinge zu bitten, das habe keinen Zweck. Kuraufenthalte bekommt Fatima nicht, weil Lana mitfahren müsste, und zwei Plätze sprengen das Budget.

»Diese vier Wände hier – das ist ihr Sanatorium. Das Kind ist ganz von allein wieder auf die Beine gekommen. Dank der Trainingsgeräte und des vierten Stocks. Der Hof da draußen ist ihr Kurort. Wenn ich zu den Beamten gehe, fragen die mich: ›Na, was wollen Sie denn noch?‹ Als wäre Fatima dank ihnen wieder auf die Beine gekommen.«

»Dank ihnen wieder auf die Beine gekommen«, wiederholt Fatima. Sie findet es lustig.

»Sie war ein gesundes Mädchen!« Lana schreit bereits imaginäre Ärztinnen und Beamte an. »In all den Jahren hat hier niemand angerufen, um mal zu fragen, wie es ihr geht!«

»Ist Fatja etwa tot? Ist Fatja schon tot?« Fatima kugelt sich vor Lachen.

Es ist Mittag. Um die Mittagszeit hat Fatima oft Beschwerden. Dann muss ein Krankenwagen kommen und ihr Schmerzmittel verabreichen.

Fatima weiß, wer aus ihrer Schule verbrannt ist und wer geheiratet und Kinder bekommen hat. Darüber kann sie stundenlang sprechen. Madina Tokajewa, ein Mädchen, das gleichzeitig mit Fatima operiert wurde, hat geheiratet und zwei Kinder bekommen.

Fatima kann nur mit verbundenen Augen schlafen. Sie holt die Augenbinde aus dichtem weißem Stoff, um sie mir zu zeigen.

Fatimas Mutter schläft seit zwölf Jahren neben ihr, hält ihre Hand. Sie sagt: »Ich könnte es mir nie verzeihen, wenn sie aufhört zu atmen.«

Fatima schielt in mein Heft, fragt mit einer Geste nach dem Kugelschreiber.

Ihre Tante ermahnt sie: »Aber nicht umkringeln, nichts kaputt machen.«

Fatima umkringelt ordentlich die eigenen Worte: »schon tot«.

Und schreibt daneben: Das Mädchen möchte leben.

Fatimas Traum

»Ich gehe mit Saja zusammen zur Schule, weil ich etwas lernen möchte. Als wir an der Schule ankommen, ist da ein Soldat. Er steht da. Ich fange an zu weinen. Ich habe dort ja noch nie Soldaten gesehen. Nach dem Klingeln gehen wir in die Turnhalle. Dann bin ich für drei Tage eingeschlafen. Für drei Tage bin ich eingeschlafen. Und dann werde ich von so einer Welle rausgeworfen. Von so einer Welle. Fertig. Fertig.«

Hinter der Linie

Das Haus von Ella Kessajewa und Emma Betrosowa ist durch die Linie der Gleise von der Schule getrennt.

Es riecht stark nach Kühen. Es gibt Ziegen, Hühner und einen

Gemüsegarten – gesund zu leben ist sehr wichtig. In der Küche kühlt ein ossetischer Kuchen ab. Das Haus sieht ganz und gar nicht wie ein Zentrum des Widerstandes aus, doch genau hier befindet sich die wichtigste Triebkraft der Untersuchung des Terroranschlags von Beslan.

Sie haben 130 Gerichtsprozesse hinter sich. 2008 schickten sie von hier aus 43 Kilogramm Akten zum Europäischen Gerichtshof für Menschenrechte. Damals waren es 447 Beschwerdeführer. Heute sind es 346. Anfangs seien es die Eltern minderjähriger Kinder gewesen, erklärt Emma Betrasowa. Heute sind die Kinder erwachsen.

»Hier haben wir die Aussagen aufgenommen, transkribiert und übersetzt. Die Zeugen haben jeweils ein bis zwei Stunden gesprochen. Dann haben wir noch alle möglichen Unterlagen nachgereicht. 2012 wurde die Klage angenommen, im Sommer 2015 begann der Prozess. Er wurde als prioritär eingestuft.«

Das Straßburger Gericht wird prüfen, ob der Staat alles getan hat, um den Terrorangriff zu verhindern, die Verluste unter den Geiseln zu minimieren und die Ursachen für die Tragödie und die Todesopfer objektiv aufzuklären.

Serjoscha, Emmas Adoptivsohn, schläft auf der Couch, er schreckt kurz hoch und schläft weiter.

Emmas Mann Ruslan kam am 1. September ums Leben. Ihre zwei Söhne, Alan (16) und Aslan (12) starben zwei Tage später.

Ihre Tochter Sarina hat es hinausgeschafft.

Das ehemalige Kinderzimmer der Söhne hat sich in ein Büro oder eine Art Stabsquartier verwandelt. Überall Bücherregale und Aktenordner vom Boden bis zur Decke.

Im letzten Jahr hatten die Schwestern ein Plakat mit einer Anschuldigung an Putin vorbereitet. Mit Fotos der verbrannten Körper. Das Plakat war aus Stoff, damit man es nicht einfach zerreißen kann. Alles wurde im Geheimen vorbereitet. Emma versteckte das Plakat unter ihrem Pullover und ging am 1. September in die Schule.

»Aber sie wussten Bescheid. Wir wurden sehr schnell umzingelt. Ich habe gefragt: Stören wir euch etwa beim Fliegenlassen euer Luftballons? Nein, tun wir nicht. Wir stehen hier nur.«

Man drehte ihnen die Arme auf den Rücken und forderte sie auf, das Plakat »über den Präsidenten« rauszugeben. Man sagte, sie würden das Ansehen der Opfer beschädigen und hier einen Zirkus veranstalten. Der Chef der Kreisverwaltung für innere Angelegenheiten Dulajew wollte wissen, ob sie eine Genehmigung eingeholt hätten, um eine Protestaktion an der Schule durchzuführen.

»Wir sind in so einer merkwürdigen Position«, sagt Emma sanft. »Männer von den Spezialeinheiten sind gestorben, das stimmt, aber das heißt doch nicht, dass die Spezialeinheiten keine Schuld trifft. Eine Gruppe hat Menschen gerettet, und die andere hat geschossen, sie haben mit Granatwerfern auf die Schule geschossen. Und sie haben zwei Stunden und 15 Minuten zum Löschen des Brandes gebraucht. Die Terroristen hatten die Geiseln in den Speisesaal gebracht und der Speisesaal wurde mit Panzerkanonen beschossen.«

»Wenn unsere Jungen drei Tage lang alles überlebt hatten, wenn sie noch am Leben waren und wirklich erst durch die Erstürmung gestorben sind, warum sollen wir dann alle Schuld den Terroristen zuschieben?«, fragt Ella. »Warum sollen wir unsere Augen und Ohren verschließen? Mein Mädchen hat mir erzählt, dass beide vor dem Sturm noch am Leben waren. Diese Menschen, die auf die Schule geschossen haben, sind doch bestimmt immer noch im Dienst. Und leben ihr Leben fröhlich weiter, nachdem sie so viele Kinder getötet haben. Vielleicht haben sie auch neue Verbrechen begangen, weil sie ungestraft davongekommen sind.«

Emma geht raus und bringt Serjoscha ins Bett. Ella erzählt:

»Ich wusste, dass Aslan rausgerannt war. Als ich die Zeugenberichte für Straßburg gesammelt habe, bin ich auf ein Mädchen gestoßen, das mir erzählt hat, dass Aslan rausgerannt und bis zu den Garagen gekommen ist. Da ist so ein schmaler Gang zwischen den Garagen, da hat er sich hingehockt und ist in sich zusammengesackt. Die anderen mussten beim Rausrennen über ihn drüber springen. Sie haben von dort auf ihn geschossen. Von dort, wo er hingerannt ist. Nicht in den Rücken. Er war noch am Leben. Das Mädchen erinnert sich, sie war schon groß. Sie hat ihn angesehen, und er hat sie angesehen. Und später hat noch ein Junge bezeugt, dass Aslan außerhalb der Schule noch am Leben war. Wir haben ja auch selbst seinen Körper untersucht. Er hatte Wunden am Bauch und am Knie. Sie waren klein, von Kugeln. Er hatte keine einzige Verbrennung, nicht die kleinste Verbrennung hatte er. Und dann bekommen wir den Bericht, in dem es heißt, sein Körper sei zu 60 Prozent verkohlt und von den Explosionen zerfetzt gewesen.

Noch gibt es keine Nachrichten aus Straßburg.

Ich warte sehr darauf. Wir warten sehr darauf. Vielleicht geht es uns dann ein bisschen besser.«

Ellas Traum

»Einen Monat vor dem Terroranschlag hatte ich einen Albtraum. Vor unseren Fenstern, vor den beiden dort, stehen bewaffnete Männer mit Sturmhauben und Maschinengewehren. Die Jungen und ich rennen ganz weit in den Garten hinein. Diesen Traum hatte ich jede Nacht.

Und direkt vor dem Anschlag hatte ich noch einen Traum: Ich bin in einem Kleinbus über Gebirgsstraßen unterwegs. Es geht immer weiter hoch. Der Bus ist voller Kinder, und ich bin mittendrin. Plötzlich wird mir klar, dass wir in das Dorf Lesken fahren. Meine Jungen sind von dort, ihr Vater lebt da. Es ist kein richtiges Bergdorf, aber die Straße dahin führt steil bergauf. Und plötzlich stürzt der Bus den Abhang hinunter. Diesen Moment des Todes konnte ich spüren. Ich sprang auf. Ich hatte solche Angst! Ich bin ins Bad gerannt und hab das Wasser aufgedreht. Man sagt ja, man soll seine Träume ins Wasser sprechen, damit sie nicht wahr werden. Später, als wir den Leichnam des Älteren nach Lesken gebracht haben, habe ich mich ganz klar an dieses Gefühl erinnert.«

Während Ella mir ihren Traum erzählt, finden im Nachbargebäude Kämpfe statt. Die Union der dienstlich angewandten Kampfkunst der Spezialeinheiten – Kontrataka 9 veranstaltet dort ihre Weltmeisterschaft. Zum zweiten Mal in Folge ist Beslan der Austragungsort. Die Sporthalle wurde nach dem Anschlag gebaut.

Ein riesiges Porträt von Putin mit der Bildunterschrift: »Ein starkes Land mit einem starken Präsidenten«. Und ein Banner: »Die Kindheit, die Freundschaft, der Sport und der Frieden sollen immer im Gleichschritt marschieren.«

In der Mitte des Saals ist ein Boxring. Der Saal ist voll fröhlicher Spezialkräfte.

Die Kämpfe sind brutal. Es wird ohne Schutzausrüstung gekämpft. Dabei sind auch Tritte in den Bauch und Faustschläge ins Gesicht erlaubt.

»Halt ihn! Halt ihn fest!«, schreien Männer auf Ossetisch.

Blut tropft auf den Boden, eine Frau daneben kreischt vor Begeisterung. Im Saal sind viele Einheimische. Das beliebteste Hobby der Beslaner Jugend ist Sport. Vor allem Kampfsport. Nach dem fünften Schlag auf den Kopf ertönt der Gong. Richter in weißen Hemden notieren etwas in ihren Heften. Im Finale kämpft ein tschetschenischer Soldat einer Sondereinheit gegen einen Offizier der japanischen Polizei. Sie wälzen sich lange über die Matte. Der Japaner versucht aufzustehen, bekommt den Tschetschenen am Bein zu fassen, der packt ihn an der Kehle, der Polizist fällt wieder hin und der Tschetschene schlägt ihn ins Gesicht, immer und immer wieder.

»Wir wollen, dass die Stadt der Engel weiß, dass wir in der Nähe sind und sie beschützen«, sagt ein Mann in einem Anzug, der an seinem aufgepumpten Körper ziemlich schlecht sitzt. »Schon das zweite Jahr in Folge veranstalten wir die Weltmeisterschaft hier. 2004 waren wir auch hier. Die Stadt der Engel soll wissen, dass wir sie nicht vergessen, dass wir immer in der Nähe sind.«

Mit der Stadt der Engel meint dieser Mann Beslan. Aber die Stadt der Engel ist eigentlich etwas anderes. So nennt man den neuen Friedhof, den es seit September 2004 gibt.

Lena und Nastja

»Hattet ihr echt kein Wasser? Habt ihr echt Urin getrunken da drin? – Ja, echt!«

Oder: »Wow, ihr habt jetzt so viele Vergünstigungen, ihr habt echt Glück gehabt. – Was soll man dazu sagen?«

Lena Gajtowa ist 24. Nastja Tuajewa ist 23.

Beide haben an der Staatlichen Universität für Management in Moskau studiert. Lena hat einen Abschluss in öffentlicher Verwaltung, Nastja ist Tourismusmanagerin. Sie sind beide letztes Jahr fertig geworden. Ihre Eltern wollten, dass sie in Moskau bleiben. Beide sind nach Beslan zurückgekehrt.

Am 1. September 2004 sollte Lena in die 6B und Nastja in die 6D kommen. Aus ihren Parallelklassen sind 28 Schülerinnen und Schüler ums Leben gekommen.

Sie sind beste Freundinnen.

Wir spazieren über eine verlassene Baustelle in Wladikawkas, die von Pseudopunks besetzt ist. Diesen Ort nennt man »das Portal« in den Bezirk »Wichserareal« – in der Nähe sind gleich drei Polizeiwachen. Der unfertige Bau ist voller Graffiti. Im Hof sind einige Kunstwerke der einheimischen Jugend: selbst gemachte Möbel, ein Pferd aus rostigen Zahnrädern, Wegweiser aus Holz, an die Gasmasken festgenagelt sind, buntes Wollgarn, das zwischen den Säulen aufgespannt ist.

Man erzählt mir, dass der verlassene Bau dem Kulturministerium gehört und ein Museum für zeitgenössische Kunst werden sollte. Die Polizei war hier schon dreimal, wer weiß, wie lange dieser Ort noch weiterbesteht.

»Hier hat man Ruhe«, findet Lena. »Gäbe es doch nur mehr davon.«

Die jungen Frauen sind oft hier.

Außerdem sind sie viel auf dem Friedhof.

»Dort ist es auch ruhig. Man setzt sich auf einen Stein, und er ist warm.«

»Genau wie in der Schule.«

»Ja, man kommt hin, setzt sich. Anfangs habe ich mich immer auf meinen Platz gesetzt, sobald ich reinkam.«

»Und trotzdem vergisst man irgendwelche Details. Das ist sicher ein Schutzmechanismus.«

»Aber die Gerüche, die vergisst man nicht.«

»Nein, die Gerüche bleiben. Nicht so, dass man sie irgendwo wiedererkennt, sondern sie entstehen einfach von selbst in der Nase.«

»Ich habe das oft im Herbst.«

»Ach, das riecht nach dem Terroranschlag in der Schule.«

»Wahrscheinlich begreifen wir erst jetzt langsam, was passiert ist. Damals mit zwölf, 13, 14, war es mir in meinem Egoismus ganz egal«, sagt Lena. »Wahrscheinlich liegt es daran, dass wir jetzt in einem Alter sind, in dem wir selbst Mütter sein könnten.«

»Natürlich, wenn ein Mensch die Reife hat ... aber damals waren wir 13-jährige Kinder. Ich weiß noch, wie meine Mutter sagte: ›Komm, wir gehen zur Beerdigung von Agunda Gasalowa.‹ Sie hat mich einfach mitgenommen! Mit 13! Heute gehe ich nicht mehr zu Beerdigungen. Aber damals bin ich immer hingegangen. Ich weiß noch, wie ich vor dem Fernseher gesessen und darauf gewartet habe, dass sie meine Klassenkameradinnen finden. Und die ganze Zeit hab ich gehofft. Ich war mir sicher, dass man sie lebend findet. Ich habe mir eingeredet, dass sie einfach in Krankenhäusern oder sonst wo sind.«

»Manche wurden sehr lange gesucht. Asa Gumezowa zum Beispiel, sie wurde erst im September beerdigt.«

Die jungen Frauen erzählen, die Kinder in der Schule hätten Angst gehabt, ihre Eltern draußen zu enttäuschen. Oder Angst, dass sie wegen des Anschlags zu Hause Ärger kriegen. Sie hätten sich überlegt, was sie zu Hause erzählen, wenn man sie freilässt.

»Und die Schuhe! Alle hatten ja die Schuhe ausgezogen. Ich habe mir auch Sorgen gemacht, wie ich barfuß über die Steine laufen soll, wenn man uns jetzt freilässt. Komischerweise beschäftigte mich das sehr.«

»Da war ein Junge neben uns ... Seine Familie hatte nicht viel Geld. Sie hatten dem Jungen zum 1. September neue Schuhe gekauft, er hat sie bis zum Schluss nicht ausgezogen. Der Arme hat sich sehr gequält, aber die Schuhe anbehalten. Er ist auch gestorben.«

»Die Kinder haben sich gegenseitig geholfen. Haben eine Dattel mit dem Fingernagel in hundert Stückchen aufgeteilt. Egal, ob man sich vorher kannte oder nicht. Oder wenn dich jemand gebeten hat, Plätze zu tauschen, weil ihm die Beine eingeschlafen sind, haben wir das gemacht. Die Erwachsenen nicht, die konnten Sachen sagen wie: ›Da sitze ich!‹ oder ›Da sitzt mein Kind, geh da weg!‹. Sie wussten wahrscheinlich, was vor sich geht, wussten, dass die Sache sehr, sehr schlecht ausgehen wird, und haben vermutlich versucht, ihre eigenen Kinder zu beschützen. Wir haben nicht verstanden, was los ist, wir haben nur versucht, uns gegenseitig zu beruhigen und so was wie ›Gleich ist alles wieder gut‹ gesagt.«

»Weißt du noch am ersten Tag mit der Bombe, wie vorsichtig da alle waren, kaum kam wer dran: ›Achtung, Achtung! Die kann hochgehen!‹ Und am dritten Tag sind alle ständig dagegengelaufen.«

»Ja, man lag mit dem Kopf oder den Füßen an der Bombe dran, es war längst egal, niemand hat was gesagt, alle haben nur darauf gewartet, dass es aufhört. Ich meinte auch, als irgendeine der Erwachsenen damals ... dieses eine Mädchen, die Schwester von Rosita, sie hatte eine Jacke, die hat sie nass gemacht, und die Mutter von irgendwem, eine erwachsene Frau, hat ihr die Jacke weggenommen.

Ich selbst hatte den Fall, dass ein Wattebausch mit Salmiak herumgereicht wurde, ich habe gerade daran gerochen, da hat eine Mutter ihn mir weggenommen und gesagt: ›Das ist für meine Kinder.‹«

»Außerdem haben wir davon gesprochen, dass wir ein Riesen-
fest nur mit Wasser veranstalten, sobald wir rauskommen. Mit allen möglichen Sorten.«

»Stimmt, und darüber, wer welchen Saft mag.«

Nastjas ältere Schwester Lena war auch in der Turnhalle. Sie hat
überlebt und ist Wirtschaftswissenschaftlerin geworden. Gerade
schreibt sie ihre Doktorarbeit in Sozialpsychologie und färbt ihre
Haare in verrückten Farben. Lenas älterer Bruder Alan ist nach der
ersten Explosion aus der Turnhalle gerannt. Und wieder zurückgekommen. Ist wieder raus. Und wieder rein. »Er ist an die fünf-,
sechsmal hin und her. Die Spezialeinheiten haben ihm zugerufen:
Komm hierher. Und er ist wieder in die Turnhalle zurück.« Eine
18-mm-Kugel in den Rücken. »Ich weiß nicht, von wem sie kam,
das findet man nicht mehr raus.«

Lena ist es gelungen, ein fünfjähriges Mädchen aus der Turnhalle rauszubringen. »Sie hat sich an mir festgekrallt. Ich weiß bis
heute nicht, wer sie war. Wir waren geistig wie verschmolzen, aber
später haben wir uns nicht wiedererkannt.«

Wir kommen zu einem Klavier. Irgendwann sollen hier Feste
stattfinden, aber bisher sind es leer stehende Betonräume.

Nastja ist sehr schüchtern, Sie schaut sich um, ob uns niemand
sieht, dann schlägt sie ein paar Töne an und singt ihr Lied, ein Lied
über die Uhr ihrer Klassenkameradin Emma.

»Die Zeit heilt, die Zeit heilt, die Zeit heilt, die Zeit ...«, singt sie
mit einer zarten Stimme. »Die Zeit heilt, die Zeit heilt, die Zeit heilt,
aber wen? Wen hat sie geheilt, wen? Wen hat sie verschont, wen?«

Lenas Traum

»Wir haben ein Zimmer, Mutters Schlafzimmer, in dem ein großer
Schrank steht, der komplett verspiegelt ist, gegenüber ist das Bett.
Wenn man ins Zimmer kommt, sieht man also auf jeden Fall, was
sich hinter dem Bett befindet. Ich liege hinter diesem Bett, verste-
cke mich und denke: Hoffentlich sehen sie mich nicht. Ich schaue

mich um, in allen Ecken sitzen Kinder. Ich habe das trotzdem als Versteck genutzt ...

Diese Anspannung, die du im Traum fühlst, ist die gleiche, wie wenn du dich in Wirklichkeit versteckst. Plötzlich kommen drei Männer rein, einer ist komplett in Tarnfarben und mit Maske, die anderen beiden haben Bärte, aber keine Masken. Die kommen zu dem Bett, ich liege da. Sie sehen mich auf jeden Fall, genauso wie ich sie sehe. Aber ich nutze es dennoch als Versteck ...

Als einer am Bettende ankommt, weckt mich meine Großmutter. Also stehe ich auf, ziehe mich an, nehme den Blumenstrauß und gehe zur Schule.«

Geburtstag

Milena Dogan hat Geburtstag. Sie ist 13. Sie hat 16 Kinder zu Besuch. An der Tür hängt eine Liste mit verschiedenfarbigen Namen, neben jedem Namen ist ein fein säuberliches Plus. An den Türklinken baumeln Herzchen aus Papier.

Milena trägt ein rosa Kleid mit passendem Glitzergürtel. Sie moderiert die Reportagen im Schulfernsehen und versteht was von Mode.

Die Gäste toben. Daniil hüpft auf einem Ball. Saur trägt ein Gedicht über einen Esel vor, der baden geht.

Man verlangt nach Batterien, großen Batterien, drei Stück, sofort. Eine elektrische Haarbürste in Form eines blauen Engels muss ausprobiert werden.

An der Decke schweben perfekt arrangierte Luftballons. Milena hat die Wohnung selbst dekoriert.

Auf dem Klavier ist eine bemalte Papiergirlande. Sie reicht bis an das Foto von Milenas großer Schwester Alana heran. Alana war neun.

Die jüngere Milena ist nun schon drei Jahre älter.

»Das Glück ist eine Illusion, das Unglück ist real – hier ist es. Das Glück ist flüchtig, kurz ist es da und schon verschwunden«, sagt

Aneta, Milenas und Alanas Mutter. Sie spricht leise, die Feier geht auch in der Küche weiter. »Das Böse regiert die Welt. Ich sehe in der Welt keine Vernunft.«

In der Turnhalle waren sie zu dritt. Milena war ein Jahr alt, Alana neun. Am 2. September erlaubten die Geiselnehmer Frauen mit Säuglingen die Schule zu verlassen.

Aneta bat darum, dass Alana mit Milena rausgehen darf.

Sie haben es nicht erlaubt.

Also hat Aneta Milena selbst hinausgetragen.

Alana ist in der Turnhalle geblieben. Sie hat nicht überlebt.

»Hätte ich eine Wahl gehabt? Siehst du diese Wand hier? Ich habe meinen Kopf gegen die Wand geschlagen, um nicht nachzudenken.«

Aneta wischt die Tränen mit dem Handrücken weg.

»Ich habe ein zweites Kind, das mich hier haben möchte. Ich versuche mich daran zu gewöhnen, aber es geht nicht. Ich will nichts machen, außer mich zu erinnern. Und ständig das Gefühl: Wenn du sie vergisst, dann verrätst du sie. Wir alle leben diese zwei Leben, dabei haben wir für eines nicht genug.

Viele Eltern haben nach dem, was passiert ist, Kinder adoptiert. Ich kann mir das nicht vorstellen. Man muss ihnen etwas Positives geben, Liebe.

Milena sagt zu mir: ›Mama, du hast dich in meiner Kindheit nie über mich gefreut, du hast immer nur geweint.‹ ›Du erinnerst dich daran?‹, frage ich. ›Ja, ich habe mir immer so sehr gewünscht, dass du dich über mich freust.‹ Aber ich konnte mich über mein Kind nicht freuen.«

Unter Alanas Foto ist ein Zettel mit einem Zitat von Freud: »Die intensive Trauer nach dem Verlust des eigenen Kindes wird abklingen, doch werden wir untröstlich bleiben und nie Ersatz finden. Alles, was an die Leerstelle tritt, sogar wenn es sie ausfüllen kann, wird etwas anderes bleiben. So muss es auch sein. Das ist die einzige Möglichkeit, die Liebe fortzuführen, von der wir uns nicht lossagen wollen.«

Aneta sagt, dass Milena sich die Berichte über die Schule aufmerksam ansieht.

Aber in den zwölf Jahren gab es zwischen den beiden noch kein Gespräch über diese drei Tage, die ihr Leben bestimmt haben.

»Noch will sie es nicht. Noch ist sie nicht zu mir gekommen und hat gefragt: ›Mama, wie war das damals?‹ Sie ist noch nicht bereit dafür. Noch nicht.«

Kapitel 11

Herz der Finsternis

Igor Domnikow. Ich habe ein Foto von ihm: zerzaust, mit einer Zigarette zwischen den Zähnen umarmt er einen grauen Kater, der streckt sich genüsslich in die Länge. Ich mag Igors Texte sehr, ich habe jeden einzelnen gelesen. Ein liebevoller Humor mildert die harten Überlegungen ab, macht das Beschriebene erträglich. Seine journalistische Arbeit fing er noch in Norilsk an, wo er Chefredakteur einer von ihm gegründeten Zeitung war. Doch die Arbeit in Norilsk wurde zunehmend schwieriger und gefährlicher, er zog nach Moskau. Bei der *Nowaja Gaseta* leitete er die Abteilung für besondere Projekte und zog neue Journalistinnen und Journalisten heran, brachte ihnen das Schreiben bei. Mein Lieblingstext von ihm ist »Das unverhoffte Wirtschaftswunder von Lipezk«. Darin beschreibt er, wie der Bürgermeister und dessen Freunde die ganze Region beklaut und ein Wirtschaftswachstum verkündet haben. Am 12. Mai 2000 war Domnikow in seinem Wohnhaus auf dem Weg zum Fahrstuhl, als zwei Männer nach ihm riefen. Er drehte sich um, und sie schlugen ihm mit einem Hammer den Schädel ein. Er kam nie wieder zu Bewusstsein. Zwei Monate später starb er im Krankenhaus.

Die Mörder wurden gefunden. Es waren Banditen aus der kriminellen Vereinigung Tagirjanowskije. Sie verwiesen auf den Geschäftsmann Pawel Sopota, der ihnen den Auftrag erteilt habe. Später stellte sich heraus, dass Sopota nicht der Auftraggeber, sondern nur ein Mittelsmann war. Der Auftrag kam vom Vizegouverneur der Oblast Lipezk Sergej Dorowski. Er wurde lange nicht zur

Verantwortung gezogen. Die Ermittlungen zogen sich hin, wurden siebenmal eingestellt und wiederaufgenommen. Als die Sache endlich vor Gericht kam, hatte Dorowski gesundheitliche Probleme und konnte nicht persönlich vor Gericht erscheinen. Allerdings sagte er, er habe nicht darum gebeten, den Journalisten zu töten, sondern nur ihm »mit dem Journalisten zu helfen«, dass die Banditen ihn töten würden, habe er nicht gewusst. 2015 verjährte der Mord, und das Verfahren gegen Dorowski wurde endgültig eingestellt. Dorowski lebte noch ein langes Leben. Er besaß eine Wurstfabrik, fuhr zu Wurstmessen nach Deutschland und Argentinien und sagte gern, die beste Wurst sei die »aus eigenem Anbau«. Er starb an einem Herzinfarkt.

Juri Schtschekotschichin. Auf dem Foto lächelt er, es ist ein freundliches und verlegenes Lächeln. Ich weiß noch, wie er seine Arbeit mit Texten über Jugendliche begann, als die Sowjetunion gerade zerfiel. Er konnte gut mit Kindern sprechen, und überhaupt mit allen Menschen, wie mir scheint. Es heißt, die Türen zu seiner Wohnung hätten immer offen gestanden. Er hatte sehr viele Freunde, die jederzeit für eine Umarmung und ein Gespräch vorbeikommen konnten. Er war ein Investigativjournalist höchster Klasse und leitete auch die Abteilung für investigativen Journalismus bei der *Nowaja*. Seine Themen waren Korruption im Rechtssystem und beim Geheimdienst, organisierte Kriminalität, Waffenhandel und der Zustand der russischen Armee. Nach seinen Artikeln wurden Menschen von den höchsten Posten entlassen und Strafverfahren eingeleitet. Um mehr Möglichkeiten zu haben, für die Wahrheit zu kämpfen, kandidierte er mit Erfolg als Abgeordneter für die Duma. Vor seinem Tod arbeitete er an zwei Themen: der Aufklärung der Wohnhaus-Explosionen in Moskau und Wolgodonsk und an dem Fall der »drei Wale«, eine der größten Schmuggelaffären von Luxusmöbeln, in die hochrangige Beamte verwickelt waren. Es gibt Hinweise, dass in beiden Fällen Mitarbeiter des Geheimdienstes involviert waren.

Im Sommer 2003 wurde Schtschekotschichin plötzlich krank und verstarb sehr schnell. Sergej Sokolow, der stellvertretende Chefredakteur der *Nowaja*, erzählt: »Innerhalb von zwei Wochen verwandelte er sich in einen Greis, seine Haare fielen büschelweise aus, die Haut löste sich ab, die Organe versagten eines nach dem anderen. Die Ärzte stellten ihm die Diagnose einer allergischen Reaktion auf ein unbekanntes Allergen, das Lyell-Syndrom. Auf Drängen der *Nowaja Gaseta* wurden Ermittlungen wegen Mordes aufgenommen. Doch sie blieben ergebnislos. Die zu Lebzeiten entnommene Blutprobe verschwand aus seiner Krankenakte, später verschwand auch die Akte. Heute, nach dem Tod des Geheimdienstmitarbeiters Alexander Litwinenko, liegt die Vermutung nahe, dass auch Schtschekotschichin mit dem Strahlengift Polonium-210 vergiftet wurde. Er war 53 Jahre alt. Bei seiner Beerdigung hatte die Polizei den Friedhof abgesperrt und niemanden an sein Grab gelassen. Man konnte nur aus der Ferne Abschied nehmen.

Anna Politkowskaja. Sie war die erste Person, die ich sah, als ich in die Redaktion der *Nowaja Gaseta* kam. Groß, strahlend, mit blondem Haar, schwebte sie schnellen Schrittes durch den Flur. Ich hatte sie nicht gleich erkannt und war nur verblüfft über ihre Schönheit gewesen. Sie wurde in New York geboren, ihre Eltern waren Diplomaten, aber ihre Kindheit und Jugend verbrachte sie in Moskau. Sie heiratete noch während ihres Studiums, bekam einen Sohn und eine Tochter und war einige Jahre ausschließlich Mutter. Zur *Nowaja Gaseta* kam sie 1999, damals war sie 41 Jahre alt. Der Tschetschenienkrieg hatte gerade begonnen. Die nächsten sieben Jahre reiste sie immer wieder nach Tschetschenien. Tote Tschetschenen, tote Soldaten, Folter, Vergewaltigungen, Morde, Satschistki/Säuberungen, Begräbnisse, Exhumierungen, Hinrichtungen, Arreste – und das Text für Text, Text für Text. In jeder Ausgabe waren ihre Artikel, oft auch mehr als einer. Sie lehnte es nicht ab zu handeln, nur weil sie Journalistin war. Im Gegenteil. Aus dem zerbombten Grosny evakuierte sie ein Altenheim mit 91 Menschen.

Sie sammelte persönliche Gegenstände der Soldaten, die in Tschetschenien gefallen waren, und schickte sie an ihre Angehörigen. Bei der Geiselnahme im Moskauer Dubrowka-Theater führte sie Verhandlungen mit den Terroristen und brachte den Geiseln Wasser. Sie flog nach Beslan, um auch dort Verhandlungen zu organisieren, fiel aber während des Flugs einem Giftanschlag zum Opfer, den sie überlebte. Wir wussten immer, ob sie gerade in der Redaktion war, dann standen nämlich Menschen vor ihrem Büro Schlange, viele stille Menschen.

Am 7. Oktober 2006 sollte sie einen Text einreichen, in dem sie Foltervorwürfe gegen den Präsidenten der russischen Teilrepublik Tschetschenien Ramsan Kadyrow erhob. Sie wurde auf dem Weg zu ihrer Wohnung im Fahrstuhl erschossen. Sechs Kugeln, eine ging daneben, zwei trafen ins Herz, eine in die Schulter, eine in die Hüfte, eine in den Kopf. Der Text wurde nie veröffentlicht, die CD mit dem Artikel wurde von Ermittlern beschlagnahmt. Die Mörder wurden gefunden. Es waren die beiden Brüder Machmudow aus Tschetschenien, sie hatten Unterstützung von Mitarbeitern der Polizei und des Geheimdienstes. Der Auftraggeber des Mordes wurde nicht gefunden. Es wird auch nicht mehr nach ihm gesucht.

Stanislaw Markelow und Anastasia Baburowa, genannt Nastja. Ich kannte sie beide. Stas war der Anwalt unserer Redaktion. Wir waren zusammen in Chimki, um mit einem Menschen zu sprechen, der sich bereit erklärt hatte, gegen den Bürgermeister von Chimki auszusagen. Nastja und ich haben zusammen studiert. Nastja arbeitete zusätzlich als Aufsichtsperson in den Computerräumen. Man konnte sie immer fragen, ob man länger arbeiten könne, und sie erlaubte es. Beide waren linke Aktivisten und Antifaschisten, sie waren Freunde. Stanislaw hatte mehr Zeit gehabt, vieles zu erreichen: Er konnte erwirken, dass Ermittlungen im Fall unseres ermordeten Kollegen Igor Domnikow aufgenommen wurden, er war der Anwalt der Menschen, die mit Anna Politkowskaja zusammengearbeitet hatte. Er war auch Politkowskajas Anwalt, als sie von einem OMON-Beamten bedroht wurde, dem sie Folter und Mord nachgewiesen hatte. Er war der Anwalt der Familie von Elsa Kungajewa, einer jungen Tschetschenin, die von russischen Soldaten vergewaltigt und ermordet wurde. Er vertrat die Menschen, die in Blagoweschtschensk von OMON-Beamten zusammengeschlagen wurden, die Familie des ermordeten Antifaschisten Rjuchin. Er vertrat eine Menschenrechtlerin, die Soldaten dabei half, nicht in den Krieg geschickt zu werden, die Familien von Geiseln, einen ehemaligen Soldaten, der die Waffen niedergelegt hatte.

Nastja war zur *Nowaja* gekommen, um darüber zu schreiben, was auf Russlands Straßen vor sich geht: Skinheads, Antifa, nicht genehmigte Protestaktionen. Sie schrieb über russische Neonazis und wurde bedroht. Sie nahm an Protestaktionen teil: zum Schutz von migrantischen Arbeitern, gegen Polizeigewalt. Sie war als Umweltschützerin aktiv.

Sie durchbrach die Absperrungen und filmte den Rauswurf der Bewohner des Wohnheims Smena, woraufhin ihr die Kamera entwendet und sie für einen Tag festgenommen wurde.

Am 19. Januar 2009 gab Stanislaw Markelow eine Pressekonferenz, bei der er über die Verbrechen des russischen Oberst Budanow in Tschetschenien sprach. Auch Nastja war bei der Pressekonferenz, um ein Interview mit Stanislaw zu führen. Sie waren zusammen auf der Straße Pretschistenka. Der Mörder schoss Stas und Nastja in den Kopf. Stas war sofort tot, Nastja starb einige Stunden später im Krankenhaus. Stas war 34, Nastja 25 Jahre alt. Ihr Mörder, der Neonazi Nikita Tichonow, und die Neonazis Jewgenija Chassis und Ilja Gorjatschew, die Beihilfe zum Mord geleistet haben, sind im Gefängnis.

Drei Monate vor seinem Tod hatte Stanislaw Markelow bei einer Protestaktion gesagt: »Ich bin es leid. Ich bin es leid, die Namen meiner Bekannten in den Todesanzeigen zu lesen. Das ist keine Arbeit mehr, das ist eine Frage des Überlebens. Wir brauchen Schutz vor Nazis, vor einer mafiösen Regierung, vor einem Rechtssystem, das ihnen nur zuarbeitet. Und wir wissen bestens, dass uns niemand außer uns selbst diesen Schutz bieten kann. Weder Gott noch der Zar noch das Gesetz – niemand, nur noch wir selbst.«

Natalia Estemirowa. Schulterlanges rotes Haar, riesengroße grüne Augen. Ihr Vater war Tschetschene, ihre Mutter Russin. Sie war Geschichtslehrerin. Sie trug gern schöne Kleidung und zog eine Tochter groß. Als der Zweite Tschetschenienkrieg ausbrach, wurde sie Menschenrechtlerin. Sie wurde Mitglied bei Memorial und deckte Morde, Folter und Entführungen auf. Sie half Politkowskaja bei ihrer Arbeit in Tschetschenien. Nachdem Politkowskaja ermordet wurde, begann sie selbst für uns zu schreiben. Wir veröffentlichten ihre Texte unter Pseudonym. Wir hatten Angst um sie.

Im Juli 2009 haben tschetschenische Polizisten im Dorf Akchintschu-Borsoi einen Bauern zusammengeschlagen und öffentlich hingerichtet, weil er Soldaten ein Lamm gegeben haben soll. Sein Sohn wurde von Polizisten entführt und gilt als vermisst. Estemirowa deckte den Mord auf und veröffentlichte die Namen der Täter. Unser Chefredakteur und ihre Kolleginnen und Kollegen vor Ort bestanden darauf, sie aus Tschetschenien zu evakuieren. Sie war einverstanden, wollte zuvor aber noch Beamte des Innenministeriums treffen, um die Vermisstenlisten der Polizei und der Menschenrechtlerinnen zusammenzuführen. Am 15. Juli 2009 verließ sie um 8.30 Uhr das Haus und verschwand. Unsere Kolleginnen und Kollegen fanden Menschen, die gesehen hatten, wie Estemirowa gewaltsam in ein weißes Auto gezerrt wurde, sie konnte noch rufen, sie werde entführt.

Man fand ihren Leichnam acht Stunden später am Straßenrand in der Nähe der inguschischen Siedlung Gazi-Jurt. Ihr war in den Kopf und in die Brust geschossen worden, ihre Nase war gebrochen, an den Armen waren Spuren von Klebeband und blaue Flecken. Ihr Körper war voller Fliegen. Sie lag mit offenen Augen da.

Ihre Mörder wurden nicht gefunden und nicht gesucht. Das Verfahren liegt auf Eis.

Die Fotos von Igor Domnikow, Juri Schtschekotschichin, Anna

Politkowskaja, Stanislaw Markelow, Anastasia Baburowa und Natalia Estemirowa hängen über dem Tisch, an dem wir unsere Redaktionssitzungen abhalten. Jedes Mal, wenn ein neues Foto hinzukommt, versuchen wir, es so zu hängen, dass an der Wand kein Platz mehr bleibt. Wenn man sich selbst und die Menschen in seiner Umgebung nicht beschützen kann, wird man abergläubisch. Aber es kam der nächste Mord und die schwarz-weißen Gesichter rückten näher zusammen, es fand sich immer Platz für noch ein Gesicht.

Rost

1

Erster Tag in Norilsk. Der Regen riecht nach Chemie. Kürzlich
wurde ein Verfahren gegen den Bürgermeister Rinat Achmettschin
wegen Fahrlässigkeit eingeleitet, die sich »in der Nichterfüllung
seiner Pflichten im Notfall zeigte«. Mit dem Notfall ist das Austreten von knapp 21 000 Tonnen Diesel aus dem Speicher eines Heizkraftwerks in die Flüsse Daldykan und Ambarnaja gemeint. Wir
frieren eine Weile vor der Verwaltung und fahren dann nach Kajerkan, ein abgelegener Bezirk von Norilsk. Wir treffen die Leiterin
des Forschungsinstituts für Agrarwirtschaft und Ökologie der Arktis, Soja Anatoljewna Jantschenko, im Park. Der Park besteht aus
Brachland und einem Plastikschild »Ich liebe Kajerkan«. Wir treffen uns in einer Laube. Ich weiß, dass Soja Jantschenko gegenüber
anderen Journalistinnen äußerte, dass die Fische in den Norilsker
Flüssen seltsame Mutationen an ihren Reproduktionsorganen auf-
weisen. Ich muss mit ihr darüber sprechen, was vor und was nach
dem Dieselaustritt passiert ist.

Soja ist eine schöne Frau, sie trägt eine Maske über ihrem Make-
up und einen zartrosa Schal über dem Mantel.

Sie schafft es noch zu sagen, dass ihr Institut von Nornickel vollkommen unabhängig ist. Dann tauchen drei Polizisten neben uns
auf. Sie grüßen und verlangen, dass wir uns ausweisen. »Oha, Moskau«, sagen sie und fragen nach dem Auftrag meiner Redaktion.
»Folgen Sie uns bitte, es herrscht eine Ausgangssperre.«

Die aktuellen negativen Coronatests nützen nichts.

Ich sage, dass wir gerade ein Interview führen, sie müssten warten.

Die Polizisten erklären sich einverstanden.

Sie bleiben in der Nähe der Laube stehen.

Soja Jantschenko ändert den Tonfall.

Bei den Fischen ließen sich in der Tat Mutationen beobachten, darüber gebe es Artikel, aber sie könne nichts dazu sagen, sie sei keine Ichthyologin. Sie könne mir auch niemanden empfehlen, mit dem ich darüber sprechen könnte. Sie sagt:»Ich denke, alles wird gut. Das Unternehmen wird Mittel zur Verfügung stellen ... und wir, Wissenschaftler, werden helfen alles einzurichten. Das Wichtigste ist nicht in Panik zu verfallen. Wir schaffen das alles unbedingt.« Den letzten Satz wiederholt sie mehrmals.

Auf der Polizeiwache hält man uns vier Stunden fest. Der leitende Beamte brummt immer zu:»Hätte ich bloß gewusst, dass Sie Journalisten sind, ich wäre nie im Leben zu Ihnen gekommen.«

»Was für ein dummer Zufall«, sagt mein Fotograf Jura Kosyrew.

Das dachten wir wirklich.

2

Norilsk ist beinahe die nördlichste Stadt Russlands. Hierher gelangt man nur mit dem Flugzeug. Straßen gibt es nicht. Die Eisenbahn fährt nur bis Dudinka. Es ist ein Grenzgebiet, bei der Ankunft in Norilsk muss man ein Formular ausfüllen, so, als käme man in ein anderes Land. Ausländer dürfen nicht in die Stadt, es sei denn, sie haben eine Genehmigung vom Geheimdienst.

Im Tundraboden lagert Erz. Hier werden zahlreiche Metalle abgebaut: Kupfer, Nickel, Kobalt, Palladium, Osmium, Platin, Gold, Silber, Iridium, Rhodium, Ruthenium, nebenbei werden auch noch Schwefel, Selen, Tellur und Schwefelsäure gewonnen. Nornickel hält 35 Prozent der weltweiten Palladium-, 25 Prozent der weltweiten Platin-, 20 Prozent der weltweiten Nickel-, 20 Prozent der weltweiten Rhodium- und zehn Prozent der weltweiten Kobaltproduktion. Russlandweit macht das fast die gesamte Nickel-, fast die gesamte Kobalt- und die Hälfte der Kupferproduktion aus.

Erz gab es hier schon immer, die Menschen dagegen kamen erst allmählich: erst die Straflager des Gulag, dann die Fabrik, danach die Stadt. Die Stadt wurde von den Strafgefangenen errichtet. Der Bau der Fabrik begann 1935. Es gilt als Gründungsjahr von Norilsk, obwohl der Bau der Stadt erst 1951 begann.

Die Stadt ist von der Fabrik umgeben, verschmilzt regelrecht mit ihr.

Rohre, Rohre, Dörfer – verfallene oder bestehende Dörfer, Zechen und Bergwerke, Rauch, vereinzelt stehen Lärchen wie Gespenster.

Im Winter herrschen hier Temperaturen von minus 45 Grad, im Sommer changieren sie zwischen zehn und 30. Zwei Monate lang ist Nacht, drei Monate lang Tag. Heute sinkt die Sonne nicht hinter den Horizont, berührt nicht mal seine Linie. Das Licht wirkt bühnenhaft. In der Nacht, die sich vom Tag nicht unterscheiden lässt, führen Menschen Hunde Gassi, Jugendliche hocken auf Spielplätzen. Der Himmel ist von Rauchstreifen durchfurcht.

Hier leben 180 000 Menschen, ein Drittel von ihnen arbeitet in der Fabrik. Der Rest versorgt sie oder die Fabrik. In den letzten 20 Jahren kamen alle Bürgermeister, einschließlich des jetzigen, von der Fabrik, alle haben sie einmal bei Nornickel angefangen.

Der Dieselaustritt ereignete sich am 29. Mai. Das sogenannte Festland, Russland und Moskau, erfuhr erst mit zwei Tagen Verspätung davon. »Gut, dass sie es überhaupt erfahren haben«, sagen die Einheimischen lachend.

Einer der Speicher platzte ganz unten auf. Es war der größte, der Speicher Nr. 5. Der Riss ist einen halben Meter breit, man sieht ihn sogar vom Zaun aus. Die Speicher, der aufgeplatzte und die anderen daneben, sind von einer dicken Rostschicht überzogen. Doch Nornickel gibt nicht dem Rost, sondern dem aufgetauten Permafrost die Schuld, der habe sich »bewegt«. Der Permafrost schmilzt wirklich, das ist allgemein bekannt. Aber die ganze Stadt weiß auch, dass das Heizkraftwerk, genau wie die Metallfabrik, auf einem Felsen steht.

Einen Wall, der den Kraftstoff auf dem Gelände hätte halten können, gibt es schlichtweg nicht.

Der Diesel strömte in den Fluss Daldykan und von dort aus in den Ambarnaja. Dann in den Pjassino-See. Dem See entspringt der Piassina-Fluss, der mündet in die Karasee, ein Teil des Nordpolarmeeres.

Die offizielle Haltung der Fabrik und der Umweltaufsichtsbehörde ist: Es ist kein Kraftstoff in den Pjassino-See gelangt, er konnte vorher aufgefangen werden. Aber die ersten Ölsperren tauchten erst nach anderthalb Tagen auf. Die Flüsse haben eine starke Strömung, und der See ist ganz nah.

Die Verantwortlichen verweisen auf Gegenwind, der den Diesel vom See ferngehalten habe. Zwei Tage unablässiger Wind, der 21 000 Tonnen Diesel aufgehalten haben soll, sprich 350 Waggons Kraftstoff, die auf dem Ambarnaja trieben. Sie wiederholen es wieder und wieder. Man könnte meinen, sie glauben selbst daran.

Bislang wurden vier Personen verhaftet: der Leiter des Heizkraftwerks Nr. 3, der Chefingenieur, sein Stellvertreter und der Chef der Energiegesellschaft, Wjatscheslaw Starostin. Für Starostin sammeln die Einheimischen Unterschriften, er habe erst im Januar die Tätigkeit aufgenommen. Bisher sind es 66 000 Unterschriften mit Kommentaren wie: »Die Schuldigen muss man woanders suchen«, »Die Menschen haben große Angst« und »Jeder könnte an seiner Stelle sein«.

3

Zweiter Tag in Norilsk. Wir fahren nach Dudinka, zu dem Hafen, von dem man die Metalle auf das Festland transportiert. Wir treffen Vertreter der indigenen Völker. In dieser Gegend leben fünf: die Nganasanen, die Dolganen, die Nenzen, die Enzen und die Ewenken. Sie betrachten nach wie vor Dudinka als die Hauptstadt.

Wir treffen sie in der Abteilung für Bildung. Einer von ihnen geht rauchen, kommt wieder und fragt: »Habt ihr Probleme mit der Polizei?«

Beim Hinausgehen ruft man uns mit Namen.

Ein junger Polizist ist etwas verlegen, besteht aber darauf, dass wir ihm Auskunft geben, wer wir sind und was wir in Dudinka machen.

Zwei Stunden später ruft er mich auf dem Handy an: »Wann sind Sie denn mit Ihrer Arbeit fertig? Sie sollten schnell fertig werden. Ich habe nämlich den Hinweis bekommen, dass Ausgangssperre herrscht. Die gilt auch für Sie, Sie sollten sich daran halten. Deswegen werden wir gezwungen sein, Maßnahmen zu ergreifen, wenn Sie weitermachen. Damit es nicht so weit kommt ... Ich will nicht, dass Sie einen schlechten Eindruck bekommen, ich will auch nicht mit Ihnen streiten oder so, deswegen bitte ich Sie: Werden Sie schnell fertig und fahren Sie nach Norilsk.

Jelena, verstehen Sie mich nicht falsch, halten Sie das nicht für eine Drohung oder so ... Ich möchte nicht, dass Sie auf Taimyr irgendwelche Probleme bekommen.«

4

Wir telefonieren mit Menschen, machen Treffen aus – und sie verschwinden. Das passiert immer wieder. Anrufe bleiben unbeantwortet, Türen verschlossen. Wir buchen Tickets für einen Hubschrauber. Einen Tag vor Abflug werden wir angerufen. Es heißt, es sei etwas vorgefallen, Polizisten bräuchten unsere Plätze, unsere Buchung werde annulliert. Wir machen etwas mit dem Kapitän eines Boots aus, zu ihm an Bord kommen Geheimdienstler und sagen: »Wir suchen Drogenhändler. Sind mit Ihnen Zivilisten unterwegs?« Dieselben Geheimdienstler statten auch dem Chef des Kapitäns einen Besuch ab, um sicherzugehen, dass er uns nicht mitgenommen hat, anschließend schüchtert der Chef seinen Mitarbeiter noch mit einem angedrohten Rauswurf ein. Der Leiter einer privaten Hubschrauberfirma sagt: »Nornickel hat uns gebeten, nicht über die Stellen des Dieselaustrittes zu fliegen, wenn wir keine Aufträge mehr kriegen, gehen wir pleite, das verstehen Sie doch.«

Nein, wir verstehen gar nichts.

»Steinerne Watte« nennt unser Chefredakteur so etwas.

Die einheimischen Journalistinnen und Journalisten wissen, dass wir da sind. In der Stadt gibt es zwei Zeitungen, eine gehört dem Konzern, die andere der Stadtverwaltung. Man erinnert sich hier gern an Igor Domnikow, der *69 Gradussow,* die einzige unabhängige Zeitung in Norilsk, herausgegeben hatte, bevor er zur *Nowaja* kam. Sie lassen grüßen, wollen sich aber nicht mit uns treffen.

5

Ruslan Abdullajew, ein Anwalt und der Leiter der Vereinigung Mein Zuhause, spricht sehr vorsichtig mit uns. Aber wenigstens tut er es überhaupt. Wir treffen ihn in seinem Büro. Die Stadtbewohner sind überzeugt, dass es sein Brief über den Kraftstoffaustritt war, der es bis auf den Tisch des Präsidenten schaffte.

Sehr lange kämpfte er allein. Seit sieben Jahren schreibt er Beschwerden und reicht sie bei Gericht ein. Sein Grund dafür ist einfach: »Ich bin Anwalt, ich möchte, dass Norilsk kein rechtsfreier Raum mehr ist.«

Er liebt die Stadt, warum, kann er nicht recht erklären: »Irgendetwas hier zieht dich in seinen Bann.«

In seiner Vereinigung gibt es keine Mitglieder, aber einen festen Kern: acht Anwältinnen und Anwälte. Die Themen: Arbeitsrecht, Korruption, Umweltschutz. »Sie können sich nicht vorstellen, wie eng das alles zusammenhängt«, sagt er. Bis zum letzten Winter wurden hier Straßen mit einem Schlackegranulat gestreut, das die Stadtverwaltung bei Nornickel einkaufte. Nach Ruslans jahrelangem Kampf wurden diese Schlacke endlich als das anerkannt, was sie schon immer war: gefährlicher Sondermüll.

»Norilsk ist ein Schutzgebiet für Korruption. Das, was hier passiert, gibt es in diesem Ausmaß wahrscheinlich nirgends.

Ich hab Ihnen ja ein Beispiel gegeben: Wenn sie es hinbekommen, Sondermüll an den Staat zu verkaufen statt ihn aufzubereiten. Dann weiß ich auch nicht mehr. Und es gibt keine einzige Aufsichtsbehörde, die gesagt hätte: Oh, davon wussten wir nichts. Alle wussten es. Und alle tragen das de facto mit.

Was die Konsequenzen für mich sind? SMS wie »Sei vorsichtig«, »Trag nichts bei dir«, so ein Schwachsinn eben, indirekte Drohungen, man könnte mir was zustecken. Und anonyme Anzeigen, ich wäre ein Terrorist, ein Wahhabit, ein Waffenschmuggler ...«

Einmal wurden seine Frau und er wegen so einer Anzeige festgenommen. »Damit war für mich eine Grenze überschritten«, sagt er. Nun hat er kein Mitleid mehr mit niemandem, weder mit den festgenommenen Mitarbeitern des Wärmekraftwerks noch mit Starostin, dem gefeuerten Chef der Energiegesellschaft.

»Ganz gleich, was da los ist, es ist seine Verantwortung. Er ist verpflichtet, das zu melden. Das sage ich allen, egal auf welchem Posten: Seht hin, schreibt Berichte, sprecht darüber, sorgt dafür, dass am Ende nicht ihr schuld seid, weil ihr still dagesessen habt. Man ist ja auch schuld, wenn man nichts sagt. Das ist eine bewusste Entscheidung. Und am Ende läuft es dann auf Paragraf 51, das Aussageverweigerungsrecht und einen Anwalt aus Moskau hinaus. Fertig! Warum macht der keine Aussage?

Würde er sich hinstellen und sagen: ›Leute, ich habe die Stelle seit Januar, ich habe das und das gemacht, habe den Vorgesetzten informiert, habe geschrieben, gesprochen, bin das Gelände abgegangen, habe gesehen, dass es nicht den Standards entspricht, dass Risiken bestehen. Selbstverständlich habe ich die Verantwortlichen darüber informiert, habe alle notwendigen Maßnahmen ergriffen. Ich habe meine Pflichten vollständig erfüllt, versucht, es mit allen Mitteln zu verhindern.‹ Dann hätte ich ihm nichts vorzuwerfen! Aber genau das hat er ja nicht gemacht! Und nicht nur das, er vertuscht die Dinge auch noch. Faktisch ist er Mittäter. Wie hat er seine Aufgaben erfüllt? Wie das in seiner Verantwortung stehende Objekt kontrolliert? Wie kann man denn Tag und Nacht auf diesem Haufen Beton hocken und nicht auf die Idee kommen, dass so etwas passieren kann?«

Mir fällt wieder die ursprüngliche Bedeutung des Wortes »Korruption« ein: Verderbnis, Zerfall, Rost.

Abdullajew war es auch, zu dem Wassili Rjabinin kam, um sein Video zu veröffentlichen. Rjabinin ist der stellvertretende Vorsitzende der Umweltaufsichtsbehörde von Norilsk.

6

Wassili Rjabinin schaut uns an und sagt: »Ich werde nicht mit Ihnen sprechen.«

Er trägt ein Hemd, wirkt sportlich. Er sitzt an einem vollkommen leeren Tisch. Es ist sein 20. Arbeitstag bei der Umweltaufsichtsbehörde. Seine Kündigung hat er schon eingereicht, sie wurde nur noch nicht bewilligt. Ein junger Kollege steckt den Kopf durch die Tür, sieht uns und verschwindet. Unten stehen Menschen vom Ermittlungskomitee.

»Versuchen Sie es über den Chef der Umweltaufsichtsbehörde«, sagt Wassili und lächelt mit einem Mundwinkel. »Als ein offizielles Interview.«

In einem vierzigminütigen Video, das man in der Stadt »Wassilis Selbstmord« nennt, spricht Wassili Rjabinin darüber, wie während einer Kontrolle des Roten Flusses (aus den Leitungen dringt ständig Flüssigkeit, diese Ausflüsse haben schon eigene Namen) die Nachricht vom Austritt des Dieseltreibstoffs gekommen war. Darüber, wie der Leiter der lokalen Umweltaufsichtsbehörde und sein Stellvertreter von der Security des Kraftwerks nicht auf das Gelände gelassen wurden. Das alles in Anwesenheit der Polizei. Wie sie zu Fuß zum Daldykan gegangen sind und dort den Strom des Dieseltreibstoffs gesehen haben, der wie ein »Bergfluss« herunterkam. Wie sie versucht hatten, auf Umwegen zum Wärmekraftwerk zu gelangen, aber von einem Bulli mit bewaffneten Männern aufgehalten wurden.

Am nächsten Tag hatte Rjabinin ein Treffen mit Mitarbeitern der Sicherheitsabteilung von Nornickel, sie fragten ihn nach seiner Einschätzung der Lage.

Dann kam die Anordnung von oben, die Wasserproben nur *neben* den Ölsperren zu entnehmen. Er erzählt davon, wie die Version auftauchte, wegen Gegenwind sei nichts in den See gelangt. Dabei hatte am See niemand Proben entnommen.

»Dann habe ich die Leute aus unserer Abteilung zusammengerufen und gesagt, dass ich glaube, dass ein Amtsvergehen vorliegt. Und ich da nicht mitmachen will. Daraufhin wurde mir gesagt: ›Du bist für diese Prüfung nicht mehr zuständig.‹ Und die Leitung wurde damit beauftragt, mich zu suspendieren. Man sagte mir: ›Du kannst ja in einem Schreiben auflisten, womit du nicht zufrieden bist.‹ Tja. Ich habe gesagt: Das mache ich unbedingt, sobald man meine Suspendierung aufhebt.

Eigentlich ist es nicht nur ein Amtsvergehen, es ist ein Verbrechen, es ist auch ein Verbrechen gegen meine Kinder.

Mit Kindern ist es hier überhaupt sehr schwierig. Meine Kinder weinen oft, weil sie gern draußen spielen würden, aber draußen ist Gas, und ich weiß, dass ich dafür verantwortlich bin.

Deswegen arbeite ich jetzt genau dort, wo man das verhindern sollte. Aber es tut sich nichts. Kann schon sein, dass man die Veränderungen hätte langsamer angehen sollen, aber dieser Unfall hat alles verändert. Deswegen habe ich mich zu diesem Schritt entschlossen, wie Sie ja jetzt sehen.«

Wir gehen zum Rauchen nach draußen: »Ich kündige und ziehe in eine andere Stadt. Ich habe meine Aufgabe erfüllt, meinen Teil des Kampfes gekämpft. Hauptsache, meine Kinder sind in Sicherheit. Sie spielen vor dem Haus, wenn kein Gas in der Luft ist.«

Alexander Iwanow ist der stellvertretende Leiter der überregionalen Umweltaufsichtsbehörde von Jenisseisk. Er sagt: »Ich würde ja mit Ihnen sprechen, aber dann verliere ich meinen Job. Gehen Sie.«

»Gott weiß wahrscheinlich, wie er Menschen hilft«, sagt Ramil Sadrlimanow, er ist orthodox. In seinem alten Auto sind Ikonen. Er erzählt: »Einmal ist mein Herz stehen geblieben, ich habe mir dieses Gefühl gemerkt. Ich habe einen Sohn und eine Tochter, ich muss mein Leben würdevoll leben.« Er erzählt auch, wie er Wahlbeobachter bei Putins Wahl gewesen ist und wie sich »dann alles umgedreht hat«.

Er betreibt ein eigenes Geschäft für Saunazubehör. Sein Freund Igor wünscht ihm den Bankrott, damit er schneller Abgeordneter werden kann. Aber Abgeordneter werden will er nicht. Ramil Sadrlimanow, Igor Kljuschin, Ruslan Abdullajew und Andrej Wassiljew betreiben eine Facebook-Gruppe Die Einwohner von Norilsk. Die Gruppe hat 7000 Mitglieder.

Igor Kljuschin ist der ehemalige stellvertretende Chefredakteur der Unternehmenszeitung. Er sagt, er habe sich geirrt, also was heißt, geirrt, er habe die Beteiligung des Magnaten Wladimir Potanin[22] an Nornickel damals gutgeheißen, habe gegen die korrupten Gewerkschaften gekämpft, habe daran geglaubt, dass Nornickel »einen westlichen Kapitalismus errichten würde«. 2006 hat er gekündigt.

Er ist stolz drauf, mit einer dicken Abfindung gegangen zu sein. Er sagt, er habe einen israelischen Pass und könne Norilsk jederzeit verlassen, aber komischerweise bleibe er. »Hier ist ständige Apokalypse«, sagt er.

Wir gehen zusammen mit Ramil und Igor zu einer alten Lagerstätte der Metallfabrik. Lange laufen wir an rostigen Rohren entlang. Über den Rohren leuchten an diesem Polartag nagelneue Laternen. Der Boden daneben ist umgegraben. Nach dem Dieselaustritt und vor dem Besuch hochrangiger Beamter hat man hier die roten Flecken entfernt, indem man die Erde mit Bulldozern umgegraben hat. Dann macht die Straße eine Kurve. Hier schmeißen

Muldenkipper dieselverseuchte Erde in den Roten See. Die Erde riecht und qualmt. Ein Bagger schaufelt Erdhaufen in den See mit purpurrotem Ufer. Auf unsere Fragen hin tippt der Fahrer nur auf seinen Blaumann von Nornickel und lächelt.

Ramil hat einen Hinweis bekommen, dass die verseuchte Erde in einen verlassenen Hangar gebracht werde. Verlassene Gebäude gibt es hier viele. Ramil filmt die Gegend, Igor klettert rein.

Ramil kann nicht klettern. Seit man ihm vor zwei Jahren aufgelauert und ihn zusammengeschlagen hat, hat er Rückenschmerzen. Aber morgen wird ganz Norilsk seine Reportage sehen.

Seit drei Jahren gibt es in Norilsk Internet. Vorher gab es nur eine Verbindung über Satellit, die Verbindung war so langsam, dass man kaum Texte lesen konnte. An YouTube oder soziale Netzwerke war gar nicht zu denken.

Das Internet hat man Nornickel zu verdanken. Im Unternehmen wurde SAP installiert, dafür brauchte man schnellen Datentransfer.

Man verlegte das Kabel von Tjumen aus, durch den Jenissei. Und hat sich so selbst eine Bombe gelegt.

Die Facebook-Gruppe fing an mit Ermittlungen zu Korruption in der Lokalpolitik, wo Beamte gern mal Blumen und Pralinen für 40 000 Rubel kaufen. Und weiteren Ermittlungen zu »Parks«, die von Kunstrasen bedeckt sind. Zu 3650 leer stehenden Beamtenwohnungen trotz Wohnungsnot.

Auch der Konzern ist nicht verschont geblieben. Es gibt ein »Monitoring« der Luftverschmutzung und der Schwefel-Emissionen durch die Bevölkerung. »Grün heißt, wir atmen, Orange heißt, wir machen nur jeden zweiten Atemzug und auch das nicht überall; Rot heißt, wir gehen schleunigst in Deckung.«

Auch nach dem Unfall im Wärmekraftwerk war die Gruppe das wichtigste Informationszentrum.

Aber eine Mitgliedschaft in der Gruppe ist öffentlich.

Deswegen gibt es noch einen »Untergrund«. Der besteht fast vollständig aus ehemaligen Mitarbeiterinnen und Mitarbeitern von Nornickel. Als Untergrund bezeichnen sie sich scherzhaft, aber ihre Sicherheitsmaßnahmen sind ziemlich ernst. Wir treffen uns mit ausgeschalteten Handys, steigen alle in bestimmte Autos. Viele Leute »hat man schon auf dem Kieker«.

Sie zeigen mir die Drohnachrichten, die sie bekommen, verbieten mir aber, diese zu zitieren. Die Drohungen sind alle in einem ähnlichen Stil verfasst, fehlerfrei, mit einigen philosophischen Überlegungen. Ich vermute, dass es einen Menschen gibt, der für das Verfassen dieser Texte Geld bekommt. Mir ist vor allem eine These in Erinnerung geblieben: Es gibt keine Zukunft. Menschen, die sich um die Zukunft sorgen, sind Heuchler. Denken Sie an die Gegenwart. Die Gegenwart kann sich sehr schnell ändern, und plötzlich sind Sie ganz allein.

Ich möchte jedem und jeder danken, der oder die mir in diesen Tagen geholfen hat und deren Namen ich nicht nennen kann. Ich danke euch.

8

Gas von der Metallfabrik legt sich über die Stadt, ich atme es ein. Es ist schwer zu beschreiben. Ein dumpfer süßlicher Geschmack umhüllt die Kehle und bleibt tief im Innern. Man hustet, aber der Husten bringt keine Erleichterung, das Schwefeldioxid ist bereits in der Lunge.

Es fängt an zu regnen, jemand schreit, ich soll sofort unters Dach. Wenn Wasser mit dem Gas in Kontakt kommt, verwandelt es sich in schwach konzentrierte Schwefelsäure.

Beim zweiten Mal atme ich das Gas am frühen Morgen ein. Die Straßen sind voller Menschen, Kinder trotten in Grüppchen irgendwohin. Sie hüsteln leicht, sonst nichts. Ein Drittel der Stadtbewohner atmet diese Luft während der Arbeit ein.

Früher sei es schlimmer gewesen, sagen sie. Da war die Nickelfabrik noch in Betrieb, die sich auf der anderen Seite der Stadt befand, in entgegengesetzter Richtung der Kupferfabrik. Ganz gleich, aus welcher Richtung der Wind kam, in der Luft war Gas. Vor vier

Jahren wurde die Nickelfabrik geschlossen. Nornickel präsentierte das als eine Aktion für die Umwelt. Ehemalige Fabrikmitarbeiterinnen und -mitarbeiter sagen, das Dach sei im Begriff gewesen einzustürzen, die Maschinen fielen auseinander; man wollte nicht in die Reparaturen investieren.

Im Sommer ist eine Windrose in der Stadt, da versucht man wegzufahren oder wenigstens die Kinder wegzubringen.

Durch die Stadt fährt ein weißer Konzernwagen, der die Schadstoffbelastung misst. Seit dem Dieselaustritt sind die Emissionen weniger geworden – und obwohl es vermutlich nur wegen des hohen Besuchs war, sind die Stadtbewohner dem Konzern dankbar.

9

Der Umweltminister Dmitri Kobylkin, die Leiterin der Umweltaufsichtsbehörde Swetlana Radionowa und der Gouverneur Alexander Uss kommen nach Norilsk. Man bringt sie an die Unfallstelle, danach zu einem Treffen mit den indigenen Völkern (deren Vertreter man sorgfältig ausgewählt hat) und später zu den Ölsperren. Sie werden von den richtigen, ausgewählten Journalistinnen und Journalisten begleitet. Wir gehören nicht dazu.

Der Transport erfolgt mit Wagen von Nornickel, man verweigert uns die Teilnahme an dieser Delegation.

Sprecher von Nornickel verkünden, 90 Prozent des Diesels seien aufgefangen worden.

10

Ein Mitarbeiter der Metallfabrik sagt:

»Es ist ganz egal, wo man in Norilsk arbeitet, es ist hier überall der reinste Albtraum. Es ist in der Tat ein Staat im Staat. Für andere Regionen ist ein Gehalt von 35 000 bis 40 000 vielleicht in Ordnung, aber in Norilsk, bei unseren Preisen ... Man zahlt für eine Zweizimmerwohnung 12 000 Rubel Nebenkosten im Monat. Hier ist ein Gehalt von 100 000 wenig, obwohl ein Schmelzer 100 000 bekommt. Das bekommt in der Fabrik nicht jeder. Aber für dieses Geld bezahlen sie, milde gesagt, mit ihrer Gesundheit.

Alle Kontrollbehörden hängen mit dem Konzern zusammen. Wie? Ganz einfach. Jemand unterrichtet an der Universität des Konzerns. Das gehört doch alles zusammen, da studieren alle Mitarbeiter. Und die sind auch bei den Kontrollbehörden. Ehemalige Angestellte für technische Sicherheit des Konzerns arbeiten bei der Umweltaufsichtsbehörde und umgekehrt.

Hier kann man nicht viel ändern, scheint mir. Manchmal kommen irgendwelche unabhängigen Organisationen und schreiben ihre Berichte, aber diese Berichte kriegt kein Mensch zu Gesicht.

Und die Arbeitsplätze ... Es gibt Vorschriften, wie hoch die Konzentration sein darf. Beschränkungen für Lärm, Schadstoffbelastung, Vibration. Das alles gibt es. Aber wenn Kontrollen durchgeführt werden, die beispielsweise die Staubbelastung messen, ist die Fabrik außer Betrieb. Was sollen sie dann messen? Und sie kommen natürlich immer während der Frühschicht. Alle wissen, wann sie kommen, genau zu der Zeit finden dann Reparaturen statt. Was sollen sie dann messen? Saubere Luft?

Foto- und Videoaufnahmen sind strengstens untersagt. Sogar ganz gewöhnliche Fotos mit irgendwelchen Kollegen bei der Arbeit. Dafür gibt es harte Strafen. Bis hin zur Streichung der Prämie. Und die Prämie macht 30 oder sogar 50 Prozent vom Gehalt aus.

Viele hier sind in einem Abhängigkeitsverhältnis, haben Kredite.

Die Programme des Konzerns erinnern auch an Sklaverei. Sie wirken wie Sozialprogramme – »mein Haus« oder »Hilfe beim Umzug«, aber am Ende unterschreiben die Menschen, dass sie kein Wort mehr sagen dürfen.

Die Reparaturen am Gebäude und an den Maschinen sind eine andere Geschichte. Alles verfällt. Dieses Behältnis, das aufgeplatzt ist, ist ein Sinnbild für den ganzen Konzern. Ein schlagendes Beispiel ist auch die Aufbereitungsanlage, da gibt es ziemlich unheimliche Orte. Es gibt eine Galerie beim Fahrstuhl, die in einem grauenhaften Zustand ist. Wenn man nicht mit dem Fahrstuhl fährt, sondern die Treppe nimmt, dann sind da so große Löcher in der Wand. Das ganze Ding schaukelt im Wind.

Schaut man sich die Stellenausschreibungen an, werden Fachpersonal, Bauingenieure, Technikingenieure gesucht, aber niemand will da arbeiten. Niemand will dafür verantwortlich sein. Weil alles in so einem furchtbaren Zustand ist, dass jeder weiß, dass man sich damit selbst zugrunde richtet. Eine Wand stürzt ein, und du musst das verantworten. Ein Dach stürzt ein – das Gleiche. Um Reparaturen durchzuführen, müsste man die Maschinen anhalten. Aber wie? Wie sollen wir dann arbeiten? Gerade läuft es so:

Im letzten Jahr, das war 2019, haben sie uns komplett gemolken. Der ganze Konzern hatte Wahnsinnszahlen. Die Metallfabrik hat so viel produziert wie noch nie in der Geschichte ihres Bestehens. Es gab eine irrwitzige Anzahl an Schmelzungsexperimenten, verschiedene Materialien wurden hergebracht. Die ganze Technik hat nur so gerattert. Im besten Fall haben sie mal was geölt, mal einen Schlosser rangeholt, und weiter ging's. Aber was bringt es, die Dinger zu ölen, wenn von innen alles zerbröckelt ist? Die Öfen versucht man natürlich auch nie auszumachen. Wenn man einen Ofen ausmacht, wird es gruselig, denn beim Anmachen gibt es erst recht Probleme. Stellen Sie sich vor: Da ist eine Trommel, die sich dreht, und aus allen Rissen fließt die Schmelzung raus. Solange die abgekühlte Schmelzung an den Wänden noch keine einen halben Meter dicke Kruste gebildet hat, versuchen die Leute die Löcher mit allem Möglichen zu stopfen.

Von den Schmelzern wird wohl kaum jemand mit Ihnen sprechen. Aber bitten Sie sie einfach, ihre Arme zu zeigen. Die haben Verbrennungen bis zu den Ellbogen.

Es gibt viele Probleme, aber alle schweigen. Es kam vor, dass Leute mit der höheren Chefetage gesprochen haben, aber die Antwort war in etwa: So was kann nicht sein.

Ein paar Leute haben eine Vorlesung an der Konzernuniversität besucht, die hat jemand aus einer Filiale in Murmansk gehalten.

Sie wollten ihm erklären, dass sie genau die von ihm aufgelisteten Verstöße gestern auf Anweisung von oben unternommen hätten. ›Sie können sich doch weigern‹, meinte er. ›Dann bekommen wir unsere Prämien nicht‹, sagten die Leute. Und er: ›Das kann nicht sein, bei Ihnen ist alles ganz wunderbar! Bei Ihnen ist doch alles gut! Sie haben perfekte Arbeitsbedingungen!‹

Aber wenn plötzlich etwas schiefgeht, dann bist du schuld. Hier sind die Richtlinien nämlich sehr schwammig, irgendwas mit dynamischer Risikobeurteilung. Hast du das Risiko falsch eingeschätzt, bist du selbst schuld. Das hättest du nicht machen sollen.

Es gab total absurde Fälle. Vor fünf Jahren wurde ein Mann auf einem Parkplatz von Straßenhunden angefallen. Er ist aus dem Lkw gestiegen und wurde gebissen. Wo ist da seine Schuld?, könnte man sagen. Er wurde doch angefallen. Aber nein. ›Er hat beim Ausstieg aus dem Fahrzeug das Risiko falsch eingeschätzt‹, hieß es. Nach einer Behandlung musste er noch eine Strafe zahlen. Das ist doch irrsinnig, finden Sie nicht?

Und die Umwelt! Sie haben die Rohre doch gesehen? Die ragen ja aus dem Boden heraus, und zu denen führen unterirdische Rohre. Die Rohre verstopfen mit der Zeit. Sie verstopfen mit dem gleichen Stoff, den wir hier auch in der Luft haben: Schwefeldioxid. Deswegen muss man sie von Zeit zu Zeit durchspülen. Aber wenn sich das Schwefeldioxid mit Wasser vermischt, kommt Schwefelsäure heraus. Die muss irgendwohin. Aber wo landet sie? Wo fließt das alles hin? Kontrolliert das irgendwer? Natürlich nicht. Der Fluss aus Säure fließt einfach vor sich hin. Es passiert ja alles auf dem Gelände des Unternehmens. Und dann fließt er eben ins Grundwasser, wen kümmert's? So läuft es hier seit Urzeiten.

Ich bin hier geboren. Die Jobauswahl ist nicht sehr groß. Die Vetternwirtschaft ist hier besonders übel, eigentlich ist das eines der größten Probleme, im Konzern und in der ganzen Stadt. Weil Menschen nämlich Posten besetzen, für die sie nicht qualifiziert sind. Sie kaufen einfach ein Diplom und bekommen den Job. Aber daran, dass sie Verantwortung für Menschenleben tragen, daran denkt keiner. Man lässt sie einfach arbeiten und sogar Karriere machen. Deswegen haben wir Menschen in den Chefetagen, die vollkommen unqualifiziert sind. Es geht sogar so weit, dass die Leute die Prozesse, die hier ablaufen, nicht kennen, nicht wissen, wie die Maschinen funktionieren.

Über den Unfall spricht kaum jemand, man versucht, überhaupt möglichst wenig zu sprechen. Alle wissen, dass es nur die Spitze des Eisbergs war. Alles ist verrottet und verrostet. Und beim Unfall – sollen die Leute etwa sagen, der Konzern ist schuld?

Gerade schickt man die Leute zur sogenannten Unfallbeseitigung. Hier gibt es auch eine komische Geschichte: In den ersten Tagen liefen die Leute auf dem Gelände rum und haben Müll eingesammelt. Weil der Präsident und hohe Beamte erwartet wurden, musste schön aufgeräumt werden, hier war alles schrecklich zugemüllt. Mittlerweile streuen sie wohl Reagenten ins Wasser, um es angeblich wiederherzustellen. Alle Leute, die man dahin beordern konnte, hat man dahin beordert. Alle wissen, dass sie in den ersten Tagen nur Schwachsinn gemacht haben. Also, was heißt Schwachsinn? Flaschen aufsammeln ist natürlich eine gute Sache. Aber wenn du eine Umweltkatastrophe vor der Nase hast, ist das einfach ... mir fehlen die Worte. Alle anderen waren offensichtlich nicht so wichtig, aber wenn Potanin kommt, muss erst mal aufgeräumt werden.«

11

»Die Menschen hier sind so bodenständig – das Einzige, was ihnen wirklich Sorgen macht, ist, dass der Fisch jetzt immer teurer wird. Was soll man mit so einem Volk machen? Jedes Volk verdient die Regierung und die Umstände, in denen es lebt.«

Wir treffen Wasslili Rjabinin am Folgetag, nachdem unser erstes Gespräch nicht zustande gekommen war. Die Handys sind aus, es ist fast Nacht. Wir befinden uns in der Wohnung, die Wassili eigentlich für seine Familie gekauft und in der er sogar schon mit der Renovierung angefangen hatte, nun wird er sie wieder verkaufen.

Er hat seine Arbeit bei der Umweltaufsichtsbehörde von Norilsk am 20. Mai aufgenommen. Die Filiale von Norilsk ist neu, sie wurde gerade erst eröffnet. Vorher war Rjabinin ein halbes Jahr arbeitslos. Er durchlief einen langen Bewerbungsprozess, seine Einstellung musste auch von der Zentrale in Krasnojarsk genehmigt werden. In der ersten Woche musste er den Chef in Krasnojarsk über den Stand der Dinge in Norilsk informieren, schleppte Computer hin und her. Zusammen haben sie die erste Kontrolle ausgearbeitet. Der Rote Fluss, der nahe des Roten Sees verläuft und in den Fluss Daldykan mündet, sollte untersucht werden.

»Die Anwältin, mit der ich meine erste Kontrolle vorbereitet habe, meinte: ›Deine Vorbereitung ist super, aber man wird dich nicht arbeiten lassen.‹ Ich dachte mir, ich versuch es, wenn man mir Druck macht, kündige ich nach der halbjährigen Probezeit. Aber doch nicht so.«

»Meine Familie hat das Ganze knapp 400 000 gekostet, ein Halbjahresgehalt. Aber was zahlt man nicht, um Mutter Heimat zu retten«, sagt er lachend.

Übermorgen tritt seine Kündigung in Kraft. Lange wollte man sie nicht genehmigen. Rjabinin musste darauf hinweisen, dass er noch in der Probezeit war. Er ist kein Jurist, sondern Chemiker, aber er kennt sich mit Texten aus, einschließlich Gesetzestexten.

Rjabinin ist ein Mann des Systems. Seine berufliche Laufbahn hat er bei einem Wissenschaftsunternehmen von Nornickel angefangen. Später, als der Konzern keine Wissenschaft mehr gebrauchen konnte und man die Forscher »optimiert« hat, wechselte er zur Technikaufsichtsbehörde und stellte Nornickel Strafzahlungen aus. »Zu einem Ermittler muss man erst drei, vier Jahre heranwachsen«, sagt er. Danach wechselte er zur Sicherheitsabteilung von Nornickel. »Sie wollten mich bei der Technikaufsichtsbehörde loswerden«, sagt er. »Also habe ich mich loswerden lassen, habe mich vom Geld verlocken lassen.« Sechs Jahre später konnten sie ihn auch bei der Sicherheitsabteilung nicht mehr gebrauchen, und er hat gekündigt. Ob er auch gekündigt hätte, wenn man es ihm nicht nahegelegt hätte? Wer weiß.

Er versteht, wie das System funktioniert, und genau darin liegt seine Stärke.

»Warum ich bei der Umweltaufsichtsbehörde jetzt gekündigt habe? Weil man mich von allem suspendiert hat. Radionowa, die Leiterin der Umweltaufsichtsbehörde, hat zu mir gesagt: ›Dank Ihnen bin ich jetzt ein YouTube-Star. Aber Sie sind doch so schlau, also denken Sie sich doch eine Aufgabe aus, die Sie machen wollen.‹ Ich also: ›Ich möchte das linke Ufer des Pjassino-Sees untersuchen.‹ Sie: ›Gut, Sie brauchen einen Hubschrauber, den können Sie haben, fahren Sie und entnehmen Sie Ihre Proben.‹ Ich mache also wirklich alles fertig, bereite die Geräte und die Route vor, da heißt es plötzlich: ›Es gibt keine Hubschrauber, wir fahren mit einer Matratze (Luftkissenboot).‹ ›Du hast doch gesagt, du gehst zur Not zu Fuß, bitte schön.‹ Man hat mich abgesetzt, und ich bin noch zehn Kilometer durch die Sümpfe gestapft. Über mir ist ein Hubschrauber vorübergeflogen. In Wirklichkeit macht einem die gesellschaftliche Meinung viel aus, sogar, wenn man von einer Sache wirklich überzeugt ist, beginnt man doch zu zweifeln. Ich musste diesen Kraftstoff finden, es beweisen, wenigstens für mich selbst. Ich habe ihn gerochen, aber Geruch lässt sich nicht in eine Akte heften.

Aber auf dem Rückweg habe ich es vom Boot aus gesehen. Jetzt weiß ich, dass ich recht habe. Und ich habe es geschafft Fotos zu machen.«

»Vom linken Ufer?«

»Ja, dieses Ufer ist von einer zehn Zentimeter dicken Dieselschicht überzogen. Das ist hinter den Ölsperren. Wenn der Kraftstoff es bis hierher geschafft hat, ist er noch viel weiter geflossen.«

Wassili bezieht sich auf seine neue Bibel, Dr. Alexander Patins Buch *Erdölkatastrophen und deren Auswirkung auf die Meeresumwelt und Bioressourcen*. Er zitiert: »In den meisten Fällen lassen sich nicht mehr als 30 Prozent des Kraftstoffs auffangen, bei optimalen

Bedingungen sind es 70 Prozent. Der Wind muss um das Zehnfache schneller sein als die Wasserstromgeschwindigkeit, um den Strom des entweichenden Kraftstoffs aufzuhalten.«

»Weil ich in der Technikaufsichtsbehörde gearbeitet habe, kenne ich das ganze Unternehmen. Kein Chefingenieur kann sich mit so vielen Besichtigungen brüsten. Ich kann die wenigen Orte aufzählen, an denen ich nicht gewesen bin: An der Zeche Skalistaja war ich nicht unter der Erde. Am Komsomol war ich nicht unter der Erde, an der Oberfläche war ich überall. Überall sonst kenne ich jeden Winkel, weiß um alle Probleme. Deswegen kann ich genau sagen, was morgen einstürzt oder explodiert. Die Metallfabrik wird nicht renoviert, weil ohne Pause Metall produziert werden soll. Das ist hier ein System der Sparsamkeit. Aus gutem Grund gab es zu Sowjetzeiten Regelungen für Renovierungsarbeiten. Sobald man angefangen hat zu sparen, gab es Tote und Verletzte. Ständig laufen irgendwo Schmelzungen aus, was vertuscht wird.

Man sollte Soziologen herschicken, um an unserem Beispiel den russischen Staat zu untersuchen. Als Präsident nimmt man Potanin und schaut, wie hier die Dinge laufen. Die Korruption im Innern ist irre.

Die Menschen, die den Konzern verwalten, sind die gleichen wie die Staatsbeamten. Sie kassieren ordentliche Prämien, auf ihre riesigen Gehälter noch obendrauf. Das läuft folgendermaßen: Ein Detail bei einer Maschine hat sich abgenutzt. Man tauscht es lieber nicht aus. Dadurch spart man zwei Milliarden, und jeder kriegt einfach 400 000 bar auf die Kralle. Die Strukturen sind durch und durch korrupt. Das verdirbt die Menschen. Eigentlich ist das ein soziales Problem des Kapitalismus.

Potanin ist mindestens genauso gut vor Information geschützt wie der russische Präsident. Ich habe ja in der Abteilung für Sicherheit gearbeitet. Nie im Leben schafft es ein Brief aus Norilsk ins Hauptbüro. Da kann man machen, was man will. Es gab Leute, die direkt etwas nach Moskau gebracht hatten, da war hier vielleicht was los, weil ein Brief die hiesigen Strukturen übergangen hatte und in Moskau gelandet war. Aber die Menschen, die das machen, sind meistens nicht in der Lage, das Problem so zu erläutern, dass es gelöst würde. Würde jemand zum Beispiel Potanin direkt schreiben, was im NHD los ist, würden sofort einige gefeuert.«

»Was ist das NHD?«

»Nothaushalt des Dieselkraftstoffs, diese Fässer. Die Kontrollen werden von verschiedenen Leuten durchgeführt, verstehst du? Vollkommen verschiedenen. Man kann nicht sagen, dass in der Technikaufsichtsbehörde nur korrupte Menschen sitzen. Klar, die gibt es auch. Aber die haben nichts davon. Weil es ein Konzern ist. Sobald du auffliegst, haben sie dich am Haken. Und wenn du nichts machst, haben sie dich auch am Haken. ›Wie jetzt, so viel Zeug ist ausgelaufen, und du hast nichts gemerkt?‹ Sie kennen ja alle juristischen Feinheiten. Es heißt einfach: ›Wenn du nicht mitspielst, findet sich jemand, der eine Beschwerde gegen dich einreicht, dann gibt es eine Kontrolle deiner Kontrollen.‹ Und unter denen steht ja schon deine Unterschrift. Verstehst du, wie das läuft? Dann gibt es eine Kontrolle, bei der festgestellt wird, dass du nicht vollumfänglich kontrolliert hast.«

Ich frage ihn, was er gegenüber den Menschen empfindet, die jetzt im Gefängnis sitzen.

»Ich gebe dir mal ein Beispiel«, sagt er. »Danach kannst du mir ja sagen, was man da empfinden soll. Ich habe eine Gaskontrolle am Wärmekraftwerk durchgeführt. Da gibt es eine Gasverteilungsstation. Da muss man Kerzen öffnen, das sind so dünne Röhrchen mit Klappen oben drauf, damit überschüssiges Gas entweichen kann. Die Kerzen müssen auf das Dach hinausführen. Ich komme dahin, und die haben gar keine Kerzen. Ich frage sie: ›Jungs, seid ihr verrückt? Gas sammelt sich, ein Funke, und alles fliegt in die Luft!‹ Ich schreibe also eine Verordnung und komme nach einer gewissen Zeit wieder, um zu überprüfen, ob es umgesetzt wurde. Man sagt mir: ›Ja, wir haben alles ausgeführt!‹ Und zwar nicht irgendwer, sondern der Chef des Kraftwerks. Der sagt zu mir: ›Kommen Sie, wir trinken einen Kaffee bei mir im Büro, von da aus hat man eine gute Aussicht, von da schauen wir uns alles an.‹ Ich sage: ›Nein, nein, so läuft das nicht.‹ Wir also rauf aufs Dach. Von unten hatte ich gesehen, ja, da stecken Kerzen. Ich kraxel also in den dritten Stock, da schwindelt mich ein bisschen, ich greife an so eine Kerze und reiße sie einfach raus, verstehst du? Sie haben sie einfach in den Schnee gesteckt! Kannst du dir vorstellen, was da in mir vorging?

Ich hab denen die maximale Strafzahlung verpasst, die höchste, die nach dem entsprechenden Paragrafen ging. Was soll ich gegenüber diesem Menschen empfinden? Was, wenn ich es nicht überprüft hätte, sondern gesagt: ›Gut, trinken wir einen Kaffee.‹ Wie kann man Menschen einfach so vertrauen? Und später hätte man mich wegen Fahrlässigkeit verurteilt. Weißt du, dass, wenn so was explodiert, die Explosion einem die Kleidung vom Körper reißt und nur den Körper hinausschleudert. Dann liegen da lauter nackte Leichen herum.

Weißt du, warum sie den Kraftstoff erst an der Ambarka aufgehalten haben? Weil das die Grenze des Industriegebiets ist. Im Industriegebiet muss man fast gar nichts zahlen. Das war von Anfang an deren Idee, ganz nach dem Motto: Dann ist es eben ausgelaufen, scheiß drauf, schaut, wir stellen ein paar Ölsperren auf.

Hier ist mein Bericht für Radionowa zur Bemessung des Schadens. Ich habe das weltweit anerkannte Vorgehen beschrieben, was unserem so ziemlich widerspricht.

Aber was passiert jetzt? Potanin wird kommen und fragen: ›Wie viel braucht ihr? Braucht ihr zehn Milliarden, dann gebe ich sie euch. Wollt ihr ein paar Fische reintun, ich kauf sie euch.‹

Aber wenn wir die Methode der äquivalenten Ressourcen anwenden wollen, dann müssen wir ihm sagen: ›Mann, wir brauchen dein Geld und deine Fische nicht. Du musst das Ökosystem wiederherstellen, du hast alles vom Pjassino-See bis hin zur Karasee versaut, du musst es wiederherstellen. Oder die Biodiversität des Nachbarflusses wiederherstellen.‹ Was macht er dann? Dann gibt er sein Geld nicht mehr für irgendwelche Fische aus, weil sie da drin sowieso krepieren. So funktioniert das nicht, man muss erst die Verschmutzung stoppen, dann muss man es reinigen oder darauf warten, dass es sich selbst reinigt. Und dann erst kann man Fische züchten. Vorher kann man sich das Geld und den Aufwand sparen, vorher kannst du sonst wie viel Geld reinstecken, wie du willst, und es wird nichts bringen.

Doch stattdessen heißt es: Der Fürst gibt euch zehn Milliarden, bitte schön, und weiter geht's mit der Verschmutzung.

Aber das, was ich geschrieben habe, interessiert niemanden. Dabei sollte es gesetzlich vorgeschrieben werden. Es braucht eine Reform der Umweltgesetze. Es muss hier ganz andere Verantwortlichkeiten geben.«

Wassili klopft gegen die kahle Wand und sagt:

»Ich weiß nicht, ob es richtig ist, mit Ihnen zu reden. Sie machen bestimmt einen Helden aus mir, aber ich weiß noch nicht, ob ich ein Held sein möchte. Vor Helden hat man hier Angst, Helden braucht hier niemand.«

12

Die Sicherheitsabteilung von Nornickel ist eine kleine Abteilung. Dort arbeiten 80 Menschen, überwiegend ehemalige Sicherheitsbeamte – Polizistinnen und Geheimdienstler. Hin und wieder gibt es auch bemerkenswerte Abweichungen, so war zum Beispiel die Ehefrau von Puschnokow, dem Stellvertreter des hiesigen Geheimdienstchefs, ein Weile in der Sicherheitsabteilung angestellt und kassierte hohe Prämien.

Obwohl die Sicherheitsabteilung eigentlich nur für die Bewachung der Objekte und Verhinderung von Diebstahl zuständig ist, befasst sie sich mit so ziemlich allem. Es existieren einige Unterabteilungen. Beispielsweise eine Abteilung zur Beobachtung der Lage – es ist eine Arbeiterstadt, eine Revolution kann man hier nicht gebrauchen. Eine Abteilung für innere Sicherheit, die sich vor allem mit der Jagd auf Schmiergeldnehmer befasst. Eine Abteilung für Sicherheit der technischen Abläufe, die nach Produktionsfehlern sucht.

Mitarbeiterinnen und Mitarbeiter der Sicherheitsabteilung beobachten aber auch soziale Netzwerke und Foren, achten darauf, dass keine Fotos aus dem Unternehmen veröffentlicht werden, und üben Druck aus, falls jemand doch etwas veröffentlicht.

Es gibt außerdem zwei Apparate für die Beobachtung der Bevölkerung.

Geheimdienst und Polizei lesen Briefe und hören Telefongespräche ab. Mit denen arbeitet die Sicherheitsabteilung eng zusammen. Gemeinsam beschützen sie »wichtige Persönlichkeiten«, wenn sie die Stadt besuchen.

Diese bewaffneten Mitarbeiter waren es auch, die Rjabinin und seinen Vorgesetzten von der Unfallstelle ferngehalten haben.

Jegliche Wasser- und Bodenproben können nur mit Genehmigung der Sicherheitsabteilung aus Norilsk herausgebracht werden. Das höre ich von verschiedenen Leuten – Geologinnen, Polizisten, ehemaligen Mitarbeiterinnen der Sicherheitsabteilung. Man erklärt mir auch den Ablauf: Man geht zur Ordschonikidse 4a, wo die Sicherheitsabteilung ihren Sitz hat, dort zeigt man seine Proben vor, sie werden gekennzeichnet, erst dann kann die Ausfuhr auch von der Polizei genehmigt werden.

Das kann doch nicht sein, denke ich.

»Du hast immer noch nicht verstanden, wo du hier bist«, antworten sie mir.

13

Die Stadtbewohner sagen: Die anderen Länder haben Interessen in der Arktis. Dass Russland so einen Scheiß gebaut hat, kommt denen gerade recht. Man sollte deswegen nicht zu viel Aufmerksamkeit auf den Dieselaustritt lenken.

Die Stadtbewohner sagen: Unseren Naturschutzgebieten geht es dank Nornickel gut.

Die Stadtbewohner sagen: Wer ein Problem mit Nornickel hat, hat ein Problem mit seinem Verstand.

Die Stadtbewohner sagen: Gäbe es den Konzern nicht, gäbe es uns auch nicht.

Die Stadtbewohner fragen: Warum sind Sie überhaupt hergekommen?

14

Eine enge Wohnung mit selbst gemachten Möbeln. Wassili Rjabinins Frau, eine zierliche Frau mit blauen Augen und im orangefarbenen T-Shirt mit der Aufschrift »Mama«, spricht in ein Walkie-Talkie: »Arseni, Wselowod, go home!« Aus dem Hof kommen zwei Jungen angerannt, siebenjährige Zwillinge.

Die zweijährige Adelaida spielt Hündchen, der Papa krault sie hinterm Ohr.

»Sie sind noch klein und wissen wenig, sie denken, ich bin Eishockey-Trainer«, sagt Wassili.

Später frage ich Irina, wie sie das alles aushält, woraufhin sie erwidert: »Ach, das geht schon, ich bin doch seine Ehefrau, ich unterstütze ihn, das ist meine Pflicht.«

Wassili hat gekündigt. Nach genau einem Monat. Seine Unterlagen müsste ihm das Unternehmen bald per Post schicken. Seit heute Morgen hat er Fieber, aber er sagt:

»Fahren wir!«

Wir fahren zu einem Bahnübergang beim Bergwerk Oktjabrski, klettern unter den Rohren hindurch (sie sind überall) und verschwinden im Gebüsch.

In der Ferne zeichnet sich als schwarzer Strich ein Mann auf einem Autodach ab. Er schaut in unsere Richtung, sieht uns aber nicht. Er bewegt sich nicht, neben ihm sind eine blaue Ölsperre und der erste Kontrollposten. Hinter ihm ist die Straße, die zum Absetzbecken einer Aufbereitungsfabrik führt. Dieses Absetzbecken ist neu, es existiert gerade mal seit 2017, aber neben ihm sind schon Seen in bunten Farben: von Azurblau bis Gelb ist alles dabei. Im Vorfeld haben wir sie uns auf Google Maps angesehen. Wassili vermutet, dass hochgiftiges Abwasser durch den Damm sickert. Wir wollen zu diesen Seen gelangen.

Der Mann auf dem Autodach hält sich ein Fernglas an die Augen. Wir hatten erwartet, dass der Ort bewacht wird, aber nicht so. »So sollte das nicht sein«, sagt Wassili.

Wir gehen tiefer in die Tundra. Wir sind zu dritt. Wassili, seine Schwester Mascha und ich. Mascha ist aus Atschinsk angereist, um die Kinder abzuholen, kommt aber mit uns mit, weil sie den Bruder nicht allein lassen möchte. Mascha ist zwei Jahre jünger als er, die Haare sind zu Zöpfen geflochten, sie lacht viel. Wassilis Fieber steigt, sie passt auf, dass er nicht vergisst zu trinken. Wir haben siebeneinhalb Kilometer Fußmarsch durch die Tundra und den Wald vor uns.

Die Fabrik scheint weit entfernt. Von einer Lärche kommt ein Rebhuhn aus einem mit bunten Federn verzierten Nest herausgeflattert. Ein Hase hoppelt eine Abraumhalde hinauf. Die Tundra bildet eine durchgehende Blütendecke. Die merkwürdigsten Pflanzen finden sich hier: Blumen aus Zentralrussland, aber mit kurzen Stängeln, und auch welche, die ich gar nicht kenne. Fuchsschwanzgewächse, blaue Vergissmeinnicht, Sumpfporst, arktischer Mohn mit seinen grünlich-gelben Blüten. Über uns schwebt eine Mückenwolke, die das Licht verdeckt. Wir stapfen die Hügel hoch und runter, kämpfen uns durchs Gestrüpp, springen über Bäche. Mascha kommentiert: »So bringe ich den Kindern ein *Grand battement* bei.« Sie ist Cheerleaderinnen-Trainerin.

Wir umgehen drei Kontrollposten. Nach jedem schaut Wassili noch grimmiger drein. »So viele gab es hier früher nicht«, sagt er. Er zieht eine graue Hülle über den orangefarbenen Rucksack, murmelt etwas in sein Funkgerät.

Wir laufen am rechten Ufer des Flusses Charajelach entlang. Irgendwann biegen wir wieder in den Wald ab und laufen neben einem seltsamen, trüben Bach, der einem See entspringt.

Es ist ein toter See. Bäume ragen wie Stöcke aus ihm, sie haben keine Rinde, keine Zweige mehr. Am Ufer entlang zieht sich ein Streifen toter Büsche. Daneben sterbende Bäume, sie haben kein Laub mehr, aber die Rinde ist noch dran. Auf der Wasseroberfläche schwimmt ein weißer Film.

Wir hören Motorenlärm, können aber nicht ausmachen, wo er herkommt.

Wir befestigen Wassilis Kamera an einer Drohne.

Die lassen wir von einer Waldwiese aufsteigen, und schon ist sie im tief hängenden blauen Himmel nicht mehr zu sehen. Wassili lacht.

Wir bemerken einen schwarzen Jeep an der Straße. Die Straße zum Absetzbecken ist keine 200 Meter von uns entfernt.

Wir preschen durchs Gebüsch, weg vom Auto, weg von der Straße.

Nach einem Kilometer bleiben wir stehen, ringen nach Luft und lachen.

Ein paar Stunden später schreibt Wassili mir eine Nachricht: Du musst dringend herkommen.

Wir öffnen die Drohnen-Fotos gemeinsam.

Und da sehen wir es.

15

Wir sehen, dass vom Damm drei Stege abgehen. Auf zweien davon stehen kleine Buden: eine gelbe und eine orangefarbene. Von den Buden ziehen sich wie Fäden viele Schläuche. Die Schläuche münden in einen See hinter dem Absetzbecken, die anderen Enden führen über den Damm und die Straße. Die Straße ist aufgegraben, es sind einige Wälle aufgeschüttet, und da steht auch das Auto, das uns Angst eingejagt hat.

Dort, wo die Fäden an die Tundra herankommen, ist eine weiße Explosion. Aus ihr heraus schlängelt sich ein Fluss und mündet in den toten See. Von dort fließt er weiter in den Charajelach und von dort in den Pjassino-See.

»Das ist eine Ableitung. Scheiße, das ist eine Ableitung«, sagt Wassili. »Jetzt! Nach allem, was passiert ist.«

Er scrollt weiter durch die Bilder. »Die Auflösung ist zu schlecht, damit werden wir nichts beweisen können.«

Er schlägt ein Buch von Nornickel auf, den *Atlas der mineralischen Rohstoffe, technologischen Industrieprodukte und kommerziellen Produktion*, brabbelt: »Geiles Buch«, und liest laut vor: »Die verdichteten Abfälle enthalten Kupfer (0,068 Prozent), Nickel (0,53 Prozent), Eisen (37,7 Prozent), Kobalt (0,021 Prozent) und Schwefel (18 Prozent).« Er erklärt mir, dass die Elemente unter Sauerstoffeinwirkung in Ionenform übergehen und sich mit dem Wasser vermischen.

Er öffnet das nächste Buch, *Metallproduktion hinter dem Polarkreis*, er sucht das Kapitel über die Aufbereitungsanlage heraus und liest: »Während der Flotation der Konzentrate werden Substanzen eingesetzt wie Kiefernöl, Natriumhydrogensulfit, Xanthogenate, DP IV und Dimethyldicarbonat, die als Tenside teilweise mit den Abfällen in die Absetzbecken gelangen.«

Und von dort über die Rohre in die Tundra. In den toten See, in den trüben Bach, in den Fluss Charajelach, in den Pjassino-See und schließlich in die Karasee.

Wassili sagt: »Wir müssen da noch mal hin.«

16

Wer ist wir?

Wir müssen direkt zu dem Ort der Ableitung. Drei Leute sind sehr, sehr wenig, und die Besatzung eines einzigen Autos der Sicherheitsabteilung kann sie leicht aufhalten.

Da wäre noch der Untergrund, aber Wassili vertraut den Leuten nicht. »Die verplappern sich. Und wenn die Information durchsickert, stellen sie die Pumpen sofort ab.«

Wir fahren zu Ruslan Abdullajew nach Hause.

Fontänen des Wärmekraftwerks Nr. 1 schießen aus dem See in

den Himmel, unter dem Industriewasser balancieren nasse junge Frauen über die Rohre.

Wassili und Ruslan sehen einander aufmerksam an, Wassili bittet um Hilfe bei einem Antrag. »Was genau brauchst du, was hast du gefunden?«, will Ruslan wissen.

»Erzähle ich dir später, aber ich werde deine Hilfe brauchen«, sagt Wassili.

»Die bekommst du.«

Wir fahren zurück zu Wassilis Wohnung. Die Kinder schlafen schon, nachdem sie den ganzen Tag im Gebüsch getobt haben. »Die haben da ihr Hauptquartier«, erklärt mir Mascha.

Wassili zählt etwas an den Fingern ab, bewegt lautlos die Lippen. Er erstellt auf einem Blatt Papier einen Plan.

»Wir brauchen mehr Zeit. Wir brauchen mehr Leute«, sagt er.

»Ihr seid mir vielleicht Revolutionäre«, sagt Mascha. »Ich komme mit dir, großer Bruder.«

Irina reißt die Augen auf. Sie nickt und schweigt.

17

Die Aktivistinnen und Aktivisten von Greenpeace landen früh am Morgen. Iossif Kogotko, Lena Sakirko und ihr Fotograf Dima. Iossif ist für die Probenentnahme verantwortlich. Er kommt aus St. Petersburg, hat dort an der Forsttechnischen Universität studiert. Er ist 40, sieht aber aus wie 20, was wohl an seinem Lächeln und den strubbeligen Locken liegt. Sie nennen ihn Jos. Er ernährt sich ausschließlich von Rohkost, hat kein Auto und raucht nicht. Er sagt, Greenpeace sei seine eigentliche Familie.

Lena Sakirko hat Übersetzen studiert und spricht drei Sprachen. Zu Greenpeace kam sie, nachdem sie für Aktivistinnen und Aktivisten übersetzt hatte, die in Murmansk festgenommen worden waren. Sie war als Freiwillige bei der Feuerwehr, um Waldbrände zu löschen. Sie hat eine sanfte Stimme, und selbst im Einsatz vergisst sie nicht, ihre Augen zu schminken.

Wir sortieren alle Sachen in einer extra angemieteten Wohnung: Atemschutzmasken, gelbe Schutzanzüge, Handschuhe. Jos gibt die Anweisungen:

»Ihr nehmt den Deckel ab, spült die Flasche drei- bis fünfmal durch, dann befüllt ihr sie komplett und setzt einen Aludeckel drauf. Auf den Aludeckel kommt der Schraubverschluss. Außerdem macht ihr Fotos und Videos. Wasserproben entnehmt ihr vom Boot aus, für Bodenproben markiert ihr ein Quadrat mit fünf Punkten, die einen Meter auseinanderliegen, aus diesen fünf Punkten schaufelt ihr Erde, werft sie auf einen Haufen und vermischt sie. Steine und Wurzeln entfernt ihr …«

Um die Stellen für die Probenentnahme zu bestimmen, haben wir Satellitenbilder ausgewertet, die Strömung der Flüsse, der Seen und Windrichtungen recherchiert. Wir haben acht Stellen ausgesucht, zwischen der ersten und der letzten liegen 180 Kilometer. Außerdem brauchen wir eine Kontrollprobe, die entnimmt man den sauberen Zuströmen des Pjassina-Flusses. Damit werden dann die anderen Wasser- und Bodenproben verglichen.

»Da bleibt einem doch die Luft weg, bei allem, was wir vorhaben«, sagt Jos. »Das werden die ersten Proben aus dem Pjassina-Fluss, die allerersten, und dann wissen wir alles.«

18

Als wir gerade unsere Sachen in die Boote verladen, kommt ein Wagen, Männer steigen aus und nehmen unsere Kapitäne mit. Dann kommen die Männer wieder und stellen sich als Verkehrspolizei vor.

Sie sind zu zweit. Einer ist freundlich, der andere betont schroff. »Diese Männer haben keine Fahrerlaubnis für Sportboote. Sie konnten sich nicht ausweisen und haben keine Kennzeichen am Boot. Wie sind Sie auf diese Anbieter, nennen wir sie so, gekommen?«

»Wir haben das alles«, murrt der Chef der Kapitäne leise, der uns beim Verladen hilft. »In was für einem Staat leben wir hier eigentlich?«

»Werte Bürger, Sie sind aus einer anderen Region zu uns gekommen und wurden von so unehrenhaften Menschen reingelegt. Helfen Sie uns doch bei den Ermittlungen ...«, sagt ein Polizist, und beide brechen in Lachen aus.

Die Kapitäne werden sechs Stunden auf dem Revier festgehalten, beide müssen Geldstrafen zahlen. Danach weigern sie sich, uns zu fahren.

19

Wir fahren trotzdem. Obwohl das alles an einen verfluchten Film erinnert. Wir treffen im Supermarkt einen Mann, der uns fahren kann, und machen vor dem Lebensmittelregal mit ihm eine Zeit aus. Später packen wir schweigend unsere Sachen und steigen mit ausgeschalteten Handys in den Wagen. Innerhalb einer Minute sind unsere Sachen vom Auto ins Boot verladen.

»Schnell jetzt«, zischen die Männer und schieben das Boot ins Wasser.

20

Der See ist nicht weit von der Stadt entfernt, 15 Kilometer, das sind zehn Minuten mit dem Schlauchboot. Beim Zurücklegen dieser Entfernung wird einem klar, dass der Kraftstoff in den anderthalb Tagen, die man gebraucht hat, um die Ölsperren aufzustellen, hier definitiv ankommen musste.

Hinter uns qualmen die Kupfer- und die Metallfabrik, hüllen die Stadt in ihren Rauch ein. Unser Kapitän sagt: »Wir sind genau rechtzeitig abgehauen. Jetzt müssen wir nur noch bis zum Fluss, danach erwischt uns keiner mehr. Die haben ihre Chance verpennt.«

Er hat blaue, schlaflose Augen. Dass die anderen Kapitäne Geldstrafen zahlen mussten, weiß er – er fährt uns trotzdem. Warum? »Ich liebe diese Gegend«, sagt er. »Ich kenne sie sehr gut.«

Über den Pjassino-See sagt man, er sei unheimlich. Die Wassertiefe schwankt zwischen zehn Metern und 40 Zentimetern, es ziehen leicht Stürme auf und lassen Boote zerschellen. Aber wir kommen gut durch.

Der Kapitän sagt, Mys Goly sei noch vereist gewesen, als der Unfall passierte, der Kraftstoff sei bis dahin gelangt.

Wir passieren die Insel Tschajatschim und kommen zum Pjassina-Fluss. Der Fluss ist ruhig und schimmert silbern. Der zerzauste Wald wird bald von der Tundra abgelöst. Am Ufer stehen vereinzelt Jagd- und Fischerhütten. Ein Schlepper aus Ust-Awam kommt uns entgegen, die Kapitäne grüßen sich.

Wir frühstücken an einer verlassenen Fischerhütte, dahinter liegen weiße Rentierknochen. Früher waren hier Herden mit über tausend Tieren unterwegs. Aber sie haben ihre Routen geändert. Die Regierung schiebt die Schuld auf Wilderer, die wiederum schieben die Schuld auf Nornickel mit seinen Rohren und dem Gas, das sich auf dem Moos der Tundra niederlässt.

Wir kommen nach Kresty.

21

Kresty befindet sich an einem Steilufer. Früher gab es hier eine Wetterstation, eine industrielle Jagdstation und einen Lebensmittelladen. Jetzt gibt es hier nur noch leer stehende Häuser, die aussehen, als seien sie bewohnt, ausgehöhlte Gletscher am Ufer – Eishöhlen im Permafrost – und sehr viel rostiges Metall. Nur zwei der Häuser sind bewohnt. Aus denen kommen langsam zwei Fischer heraus. Russen gibt es hier nicht, nur Dolganen und Nganasanen. Zwei verschlafene, misstrauische Gesichter. Synchron stecken sie sich Zigaretten an und beäugen uns. Sie laden uns nicht ein, ins Haus zu kommen, und antworten nur einsilbig.

Nein, Kraftstoff hätten sie nicht gesehen. Einen Ölfleck auf dem Fischernetz habe es mal gegeben, aber wer weiß, wovon.

Nein, das Wasser rieche nicht.

Fisch gebe es nicht. Überhaupt nicht. Seit dem Unfall ist er verschwunden.

22

Sergej Jelagir ist ein stämmiger Dolgane, der hier am Senkin Mys das Sagen hat. Schenja Bogatyrew ist Nganasane, die beiden kennen sich seit der Schule. Aufgewachsen sind sie in Ust-Awam. Nun fischen sie zusammen. Sergej ist Berufsfischer. Er sagt, er wäre längst in die Stadt gezogen, hätte ihm sein Stiefvater auf dem Sterbebett nicht aufgetragen, die Wirtschaft weiterzuführen.

Mit der Wirtschaft meint er das Haus, das einem Schiff ähnelt, die Netze und das gewerbliche Fischen. Im Haus ist es warm. Die Kinder schlafen. Seine Frau Nadeschda backt Brot, sie stellt die Form in den Ofen und verschwindet gleich wieder.

Sergej schenkt uns Tee ein und sagt: »Das Wasser ist nicht aus dem Pjassina, keine Angst. Aus dem Fluss holen wir seit hundert Jahren kein Wasser mehr. Wegen dem Konzern.«

Sergej spricht lange über den Staat und über das Verhältnis von Mensch und Staat. Danach bittet er mich, nichts über »das Politische« zu schreiben. »Ich stehe zu meinen Worten, aber trage Verantwortung für viele Menschen, und die kann ich nicht beschützen«, sagt er.

In einer Saison fischt er drei bis vier Tonnen. Die bringen sie zu den lokalen Supermärkten.

»Das war hier einmal eine reiche Gegend«, sagt er. »Für Taimyr wird das wahrscheinlich wie Tschernobyl. Für den Pjassina-Fluss und damit auch für die Bevölkerung. Das war's.«

Sergej und Schenja gehen die Netze kontrollieren, die sie am Vorabend aufgestellt haben. Der Fluss ist unruhig, Wellen schlagen gegen die Bootswand.

Sergej bremst das Boot, Schenja geht das Netz mit aufmerksamen Handgriffen durch.

Das erste Netz ist leer.

Das zweite auch.

Im dritten hat sich ein kleiner Hecht verfangen, Sergej hält ihn kurz in den Händen und lässt ihn frei.

Schenja sagt: »Mein Gott, so was gab es noch nie.«

Sergej wendet sich ab und spuckt in den Fluss. »Unvorstellbar ist das. Der Fluss ist etwas Heiliges, er lebt. Und jetzt ist er tot.«

23

Es gibt keinen Fisch mehr – nirgends in der Gegend. Die Fischer sagen: »Sie haben den Fluss getötet«, und begleiten dies mit derben Flüchen. Viktor von der Zentralnaja sagt: »Wenn der Fisch nicht wiederkommt, greife ich zum Strick«, und lacht. Es ist ein unheimliches Lachen.

24

Der Kapitän will das Boot in einem Nebenarm des Flusses in der Tundra verstecken, aber aus der Tundra wallt uns weißer Nebel entgegen. Wir bleiben über Nacht in einer Jägerhütte.

25

Wir wachen vom Lärm eines Hubschraubers auf. Der Hubschrauber ist knallrot, röter als alles sonst in der Tundra. Er landet am Ufer. Vier Männer steigen aus. Ein Polizist in Uniform, einer in Tarnuniform mit Moskitonetz und zwei schweigsame Männer in Zivil.

Später in Norilsk erfahren wir, dass es »Sascha vom Geheimdienst« und Wladimir Sasonow, der Chef der Sicherheitsabteilung von Nornickel, waren.

Sie suchen das Ufer ab, kommen zu uns und fotografieren uns ganz unverhohlen mit einer Profikamera.

Die Polizisten sagen, sie müssten das Boot nach Waffen durchsuchen. Aber sie rühren unsere Sachen nicht an, sie wollen den Kapitän sprechen.

Wir sagen, der sei weggefahren, um Treibstoff zu holen.

Der Polizist fragt Jos, welche Nationalität er habe.

»Ich weiß es nicht«, erwidert Jos.

Der Polizist geht in die Hütte, schaut unter die Schlafbänke und die Saunabank, bittet uns, die Schlafsäcke auseinanderzufalten. Sasonow von der Sicherheitsabteilung durchsucht das Klo. Sascha vom Geheimdienst nölt uns voll, es sei nicht gut zu lügen, sie würden den Kapitän sowieso finden.

»Viel Spaß beim Suchen.«

Die Polizisten suchen draußen nach Empfang zum Telefonieren.

Dann tragen sie Treibstoff hinaus, der dem Besitzer der Jägerhütte gehört.

Später montieren sie noch den Treibstofftank von unserem Boot ab. Und klauen den Zündschlüssel.

»Sie lassen uns ohne Treibstoff in der Tundra?«

»Wir rufen einen Rettungsdienst für Sie, und bis zur Stadt schaffen Sie es auch so.«

»Der Kapitän hat keinen Bootsschein, das Boot ist nicht zugelassen, und Sie haben sich nicht beim Notfallministerium gemeldet!«, heißt es.

Sie wedeln mit dem Protokoll von gestern vor unseren Gesichtern. Sosonow filmt die ganze Zeit.

Sie erstellen ein Durchsuchungsprotokoll, darin heißt es:

»Zur Unterbindung weiterer Fortbewegung wurden Kanister mit Dieselkraftstoff beschlagnahmt.«

Der Kanister passt nicht in den Hubschrauber. Sie müssen ihn in zwei Anläufen abtransportieren. Der Hubschrauber kreist lange auf der Suche nach dem Kapitän über der Tundra. Der kommt erst wieder, als der Hubschrauber endgültig verschwunden ist. Er ist fröhlich und wütend zugleich. »Diese Scheißwichser«, knurrt er.

In den benachbarten Jägerhütten gibt man uns Treibstoff, der ist hier Gold wert. Man erzählt uns, der Hubschrauber habe zwei Tage nach uns gesucht. »Die haben den See und den Fluss getötet, aber euch verfolgen sie, diese Arschlöcher. Nehmt bloß Proben, nehmt welche und schafft sie hier raus! Und du, schreib! Schreib, wie es früher war und wie es jetzt ist! Schreib das alles auf!«

26

Jos nimmt Proben. Das ist gar nicht so einfach. Man muss die Flasche gut durchspülen. Der Grund ist steinig, der dafür vorgesehene Schöpfarm bleibt an den Steinen hängen und kommt offen zurück. Wir nehmen alle Proben doppelt. Wir wissen nicht, welche Probe es rausschafft und wie. In Moskau versucht man die Frage zu lösen, wie wir die Fläschchen mit Wasser und Erde aus Norilsk herausbringen sollen, aber in Norilsk gelten sowieso andere Regeln als in Moskau, das ist uns klar.

Lena steht ein paar Meter entfernt in einem gelben Anzug und mit einem tropfenden Rucksack. Nach Jos Regeln muss man alles dekontaminieren – den Anzug mit sauberem Wasser abspülen, bevor man ihn auszieht.

Der Kapitän raucht und meckert. Jetzt hat er doch Angst. »Na los, macht, sonst lass ich euch hier zurück, und ihr könnt mit euren Fläschchen zu Fuß laufen.« Er sucht den tiefen Himmel nach etwas Rotem ab.

Auf dem See zieht ein Sturm auf. Niedrige böse Wellen verbiegen die Bootsschraube, wir schaffen es nicht bis zur letzten Entnahmestelle – dort, wo Wassili die dieselverschmutzten Ufer fotografiert hat. Wir kehren in die Stadt zurück. Die kostbaren Proben sind verpackt, durchnummeriert und heimlich markiert, damit sie nicht ausgetauscht werden.

Schnell verladen wir alles in die Autos, das Boot bringt man – ohne Schlüssel und mit dem letzten Rest Treibstoff – in ein Versteck. Der Kapitän nickt uns zum Abschied zu und verlässt die Stadt.

27

Der übliche Rauch von der Metall- und der Kupferfabrik liegt in der Luft.

Der Duma-Abgeordnete Sergej Mitrochin ist übermüdet angekommen. Man »begleitet« ihn seit seiner Landung. Ein fröhlicher junger Mann mit blauen Augen und dunkelblauen Handschuhen »erkennt« ihn, bietet seine Hilfe an, möchte den Grund der Reise wissen. Mitrochin macht ein paar Scherze und schweigt. Der junge Mann bietet ihm an, ihn zu fahren, steigt am Ende aber allein in seinen Jeep und telefoniert.

Mitrochin versucht die Proben herauszubringen.

Bevor er wieder zum Flughafen fährt, trinkt er ein paar Stunden Tee mit den Aktivistinnen und Aktivisten, und sie schmieden Pläne für den Fall, dass man versucht, ihm die Proben wegzunehmen. »Und wenn wir sie gar nicht erst Proben nennen?«, schlägt Lena vor. »Wir sagen, da ist Erde drin.«

»Sind das Proben? Haben Sie eine Genehmigung von Nornickel?«, fragt uns die Frau an der Sicherheitskontrolle des Flughafens sofort. Und sagt dann in ihr Funkgerät: »Schnell zum zweiten Eingang!«

Polizisten, ein Mann in langem Mantel und die Sicherheitsbeauftragte Natalia Abramowa tauchen auf. Alle beharren unverhohlen darauf, dass wir eine Genehmigung von Nornickel brauchen. Der Chef vom Flugsicherheitsdienst erklärt: »Den Regeln zufolge dürfen es nicht mehr als fünf Liter Flüssigkeit sein, und es darf nichts leicht Entzündliches dabei sein, ansonsten können wir Ihnen nichts verbieten. Aber wir sind unfreie Menschen, wir haben einen Befehl.«

»In welcher Verbindung stehen Sie zu Nornickel?«

»Wir sind Nornickel. Der Flughafen gehört Nornickel. Tochtergesellschaft.«

Er geht zu den Polizisten und dem Mann im Mantel, dann

kommt er lachend zurück und sagt: »Jetzt überlegen sie, wie sie es auf euch abwälzen.«

Natalia Abramowa bleibt ernst. Sie führt uns in ein Büro und bittet uns die Tasche aufzumachen. Dann möchte sie, dass wir die Proben herausnehmen. Nach langer Diskussion öffnen wir eine Flasche. Sie beugt sich hinunter.

»Es riecht aber nach Diesel!«, sagt sie, mit der Nase am Wasser aus dem Pjassina.

Man holt ein Spektrometer, das leuchtet grün und schlägt bei den Proben nicht an. Keine verbotenen Substanzen also.

Der Chef vom Flugsicherheitsdienst kommt wieder dazu. Ich bin erstaunt über den veränderten Gesichtsausdruck, jegliche Freundlichkeit ist verschwunden.

»Es gibt eine Anordnung von oben. Wir beschlagnahmen die Proben für eine Analyse. Unbekannte Substanzen ...«

»Sie haben sie doch gerade kontrolliert!«

»Es gab eine Meldung. Bei der Polizei. Gerade eben. Ein anonymer Anruf. Es besteht die Gefahr, dass auf diesem Flug brennbare Substanzen transportiert werden sollen.«

»Werden Sie jetzt alle Passagiere kontrollieren?«

»Ja, werden wir.«

»Dann möchten wir den Flug nicht mehr wahrnehmen. Und nehmen unsere Proben mit.«

»Nur mit Erlaubnis der Polizei«, erklärt Abramowa und macht sich daran, ein Protokoll der Beschlagnahmung zu erstellen.

In dieser kurzen Zeit, in der Lücke, in der noch diskutiert wird, bringen wir die Tasche mit den Proben aus dem Flughafengebäude.

Wir haben es nicht geschafft. Mitrochin fliegt ohne Gepäck nach Moskau.

28

Jetzt haben wir keine Eile mehr. Und können unseren schlimmsten Verdacht überprüfen.

Es ist Nacht, als wir bei dem Absetzbecken Talnach ankommen. Diesmal sind wir mit mehr Leuten unterwegs, und wir brauchen länger. Nun wissen wir bereits, wo sich Kontrollposten befinden, offene Felder überqueren wir rennend. Wir kraxeln einen Berg hinauf und wieder herunter, überqueren Büsche und Flüsse. Der Fluss Charajelach ist über die Ufer getreten, deswegen müssen wir einen großen Bogen machen. Wir haben nasse Füße. Die Tundra ist feucht vom Tau. Möwen schreien über unseren Köpfen. »Wegen dieser Möwen fliegen wir echt noch auf«, sagt Mascha. »Wenn nur ein Wachmann grad nicht schlafen kann ...«

Aber wir kommen unbemerkt durch. Wassili hört als Erster ein Motorgeräusch.

Wir essen schnell etwas auf einer Wiese beim Toten See und tippen schon mal die Nachrichten, die wir abschicken werden, wenn wir die Handys wieder anschalten.

»Los geht's«, sagt Wassili.

Wir gehen zu der Ableitung.

29

Es ist nicht im Entferntesten das, was wir auf den Drohnenfotos gesehen haben. Auf den Fotos war nur eine weiße Explosion, ein Fleck, Pixel.

Aus zwei Rohren mit je einem halben Meter Durchmesser schießt weiße Flüssigkeit. Sie schäumt und spritzt. Sie rollt durchs Flussbett, das sie sich schon gebahnt hat. Gelbe Lärchen säumen das Ufer dieses weißen Flusses.

»Das stinkt nach Xanthogenat«, sagt Wassili. »Scheiße!« Er holt den Tracker raus, fixiert die Koordinaten.

Wir schalten unsere Handys und Kameras an.

Auf unsere Nachricht hin ruft Jos, der in der Stadt geblieben ist, die Polizei und das Katastrophenschutzministerium an. Außerdem noch Ruslan Abdullajew. Und danach Igor Kljaschin, der in die Facebook-Gruppe postet: »Eine Ableitung!«

Mascha schaltet einen Livestream über Facebook. Sie hat sehr wenige Follower, aber Hauptsache, das Video bleibt im Netz, falls man uns die Handys wegnimmt.

Die weiße Flüssigkeit schießt mit Hochdruck aus den Rohren. Die Pumpen dröhnen, die Rohre pfeifen. Wir gehen zur Straße und auf den Damm hinauf. Ich muss es mit eigenen Augen sehen – und ich sehe es: Die Rohre kommen aus dem Absetzbecken. Wassili ruft die Polizei an: »Guten Tag. Mein Name ist Wassili Rjabinin. Ich möchte eine Straftat melden.«

Aber als Erstes kommt die Sicherheitsabteilung von Nornickel zum Tatort.

Drei Männer, einer grüßt Wassili mit Handschlag.

Sie nehmen uns die Handys nicht weg, aber sie bitten uns, mit dem Filmen aufzuhören. Danach kommen Arbeiter. Einer der Sicherheitsleute geht zu den Pumpen und stellt sie aus. Ein paar Minuten später kommt ein Notdienst vom Katastrophenschutzministerium. Die Pumpen sind aus, aber wir zeigen ihnen die Videos auf unseren Handys, und sie fassen sich an den Kopf.

Dann kommt auch die Polizei. Zu dem Zeitpunkt sind die eingeschüchterten Arbeiter schon dabei, die Rohre zu demontieren, aber das kümmert die Polizisten nicht. »Es wurde schon alles festgehalten«, sagt eine junge Frau. Ihr Partner klettert den Abhang hinunter, um etwas von der weißen Flüssigkeit in eine Flasche zu füllen.

Eine Stunde später sind unzählige Menschen und viel Gerät vor Ort. Menschen in Uniformen und in Anzügen tummeln sich um Autos. Polizistinnen und Polizisten erstellen Protokolle.

Bagger entfernen die Rohre, sie haben es sehr eilig. Beim Zurücksetzen fährt ein Bulldozer auf einen Polizeiwagen mit Staatsanwälten, die aus der Stadt gekommen sind. Die Insassen können gerade noch aus dem Auto springen. Der Fahrer des Polizeiwagens sagt: »Ich hoffe, der hat uns einfach nur nicht gesehen. Ich hab mich schon von meinem Leben verabschiedet.«

Ein Mitarbeiter des Katastrophenschutzministeriums spricht in

sein Handy: »Sie schweigen oder versuchen, es aufeinander abzu-
wälzen, die Polizei kann sie nicht verhören. Nein, wir ermitteln.
Hier ist ein ganzer See, in den sie ständig verschmutzte Abwässer
abgeleitet haben.« Er stellt sich uns vor: »Jewgeni Alexandrowitsch.
Na, wenigstens zeigen Sie uns mal, was bei uns los ist.«

Die Leute vom Katastrophenschutzministerium loben uns, das
hätten wir gut gemacht. Einer sagt: »Ein Schulkamerad hat mir gesagt, dass sie hier seit 2017 Schmutzwasser ableiten. Wissen Sie, wo
Sie noch hinsollten? Nach Aganer und nach Talnach, zu den Auf-
bereitungsanlagen. Die haben vor gar nichts Angst.«

»Warum fahren Sie denn nicht dahin?«

»Wie sollen wir denn, wenn es niemand anzeigt? Und wer soll
die schon anzeigen?«

Ein anderer sagt: »Ist das etwa Rjabinin bei euch? Wow. Jungs,
da ist Rjabinin.«

30

»Ich kenne hundert Orte, wo sie säurehaltiges Wasser ableiten.
Zwei Tage arbeiten wir durch, einen Tag schlafen wir. Wie findest
du das?«

Nacht. Rjabinin und Abdullajew haben gerade einen Brief an
Putin fertiggeschrieben. Die beiden wanken schon vor Müdigkeit.

»Ist gut geworden«, sagt Ruslan. »Ich gebe dir noch alle rechtli-
chen Details, wie lange bist du noch in der Stadt?«

31

Im Aufsichtsrat von Nornickel kam es derweil zum Eklat. Die Fi-
nanzaufsicht hatte einen internen Bericht über den Dieselaustritt
und den aufgeplatzten Tank vorbereitet. Folgendes steht drin:

Das Management von Nornickel wusste um das Problem der
starken Abnutzung und hat die Tanks fast 14 Jahre lang nicht res-
tauriert.

Die letzte Untersuchung im Dezember 2018 bescheinigte eine »eingeschränkte Arbeitsfähigkeit« des Tanks und ernsthafte Risiken bei weiterer Nutzung. Eine Restaurierung wurde dreimal verschoben und ist nie über die Planungsphase hinausgekommen, die Ausgaben wurden auf 25 Prozent optimiert. Dabei wurde häufig Reparaturen an Einzelteilen durchgeführt.

Ursache der Katastrophe waren demnach Systemfehler: Kürzungen der Finanzierung und das Hintanstellen von Projekten, die Priorität haben sollten, da sie den Anforderungen der staatlichen Kontrollbehörden entsprechen und die Industrie- und Umweltsicherheit gewährleisten.

Es wird festgehalten, dass die Nichterfüllung des Investitionsplans während der letzten Jahre etwa 30 Prozent oder 600 Millionen Dollar beträgt.

Ebenso wird vermutet, dass das Schmelzen des Permafrostbodens beim Fundament des Wärmekraftwerks Nr. 3 technische Ursachen hat. Dessen ungeachtet konnte der schnelle und große (die Länge des Risses beträgt 2,5 Meter) Schaden am Tank nur durch Abnutzung entstehen. Durch Rost.

Die Kontrollierenden haben auch weitere potenzielle Katastrophenorte benannt: das Wärmekraftwerk Nr. 1, und die Tanklager von Nornickel, Kajerkan und Dudinka.

Den Kontrollierenden wurde Voreingenommenheit und Inkompetenz vorgeworfen.

Man munkelte, dass dieser Bericht nur eine Etappe im Krieg zwischen den beiden Großaktionären von Nornickel, Wladimir Potanin und Oleg Deripaska, sei.

32

Die ganzen drei Wochen über, die ich in Norilsk verbrachte, hatte ich versucht, Kontakt zu Nornickel herzustellen. Ich bekam zwar viel Hilfe von Mitarbeiterinnen und Mitarbeitern, aber zu einem offiziellen Interview war niemand bereit.

Nachdem sie uns nicht erlaubt hatten, die Wasserproben hinauszuschaffen, und wir aber die Ableitung am Absetzbecken Talnach bewiesen hatten, bekam ich doch ein Interview. Nikolaj Utkin, Chef der hiesigen Nornickel-Filiale, wollte mit mir sprechen.

Ich kam mit Sand in den Haaren zum Interview. Zuvor war ich noch beim Absetzbecken Lebjaschje gewesen, um herauszufinden, was passiert, wenn die Ableitungen in Talnach nicht aufhören.

Dann entsteht eine Wüste mit toten Bäumen, wo Wind nur Staub herumweht.

Durch die Wüste fließt der tote Fluss Kupez, an dessen Ufern einst Rentiere weideten.

Aus einer grauen Mulde ragt kupferfarbenes rostiges Metall.

Ich weiß nicht, wie ich beschreiben soll, was ich dort verstanden habe.

Der Sitz der Arktis-Filiale von Nornickel befindet sich im allerschönsten Stalinbau im Zentrum von Norilsk.

Drinnen erinnert nichts mehr an Stalinbauten. Lichtpaneele, schnelle Aufzüge. Im Büro des Chefs stehen Evian-Fläschchen auf dem Tisch.

Beim Interview ist außerdem noch Andrej Gratschew anwesend, der Chef der Kommunikationsabteilung der Moskauer Filiale. Er hat das Interview organisiert. Er sieht mich über den Tisch hinweg an und sagt: »Wenn man eine Rechtfertigung braucht, findet sich immer eine.«

»Ich muss mich für nichts rechtfertigen«, sage ich.

»Ich möchte auch keine Rechtfertigung von Ihnen. Wenn ein Unglück passiert, finden sich immer Leute, die das Unglück noch schlimmer machen.«

Mit dem Unglück meint er das Austreten des Kraftstoffs.

Nikolaj Utkin ist munter, sportlich und freundlich. Er kommt mit bereits ausgedruckten Antworten auf meine Fragen, schaut aber fast nicht rein. Er spricht fast eine Stunde, ich finde es wichtig, Folgendes zu zitieren:

»Der Unfall am Wärmekraftwerk Nr. 3 passierte gegen Abend.

In der zweiten Tageshälfte. Wir entdeckten den Fleck im Fluss bei Daldykan etwa am Sonntag. Unser Notdienst hat sofort vor Ort am Rand des Fleckes im Fluss Ambarnaja Ölsperren aufgestellt. Wir hatten Glück, dass am Samstag und am Sonntag, am Freitag und am Montag und auch noch am Dienstag, also ganze fünf Tage am Stück, ein wahrhaft stürmischer Wind vom Pjassino-See her wehte. Man kann also sagen, dass der Wind dazu beigetragen hat, dass sich der Fleck nicht mit dem Strom ausbreiten konnte.

Ersten Schätzungen zufolge konnten wir 90 Prozent aufsammeln.

Das, was passiert ist, ist sehr schlimm. Für mich persönlich, ganz zu schweigen davon, wie schlimm es für Nornickel ist. Uns als Unternehmen ist es sehr wichtig, dass dieser Unfall keine Spuren hinterlässt. Ich denke, das ist möglich.

Wir haben unsere Lehren daraus gezogen, das verstehen Sie sicher. Es gibt verschiedene Versionen. Eine der Versionen der Kontrollbehörden ist das Tauen des Fundaments. Bei uns ist vieles auf Permafrostboden gebaut. Der Tank steht zwar in der Tat auf Felsen, aber dieser führt über eine Permafrost-Linse. Durch das Tauen konnte es zu einer Bewegung der Gründungspfähle kommen.

Das, was Sie gesehen haben, ist keine Korrosion, sondern eine Hydroisolierung, die im Zuge der Reparaturen 2017/18 angefertigt wurde, worüber wir auch Berichte vorgelegt haben. Tatsache ist, dass bei uns die Oberflächen wegen Extremtemperaturen und Regen einfach ausbleichen und deswegen dieser Eindruck entsteht.«

Zum Vorfall mit den Proben:

»Ich lache nicht, obwohl es unter anderen Umständen zum Lachen wäre. Ich habe von diesem Vorfall gehört und kann Ihnen sagen, dass es keine Abteilungen der Arktis-Filiale war, und auch nicht die Sicherheitsabteilung – wir haben gar nichts damit zu tun.«

Zur Ableitung des verseuchten Wassers:

»Ich kann bestätigen, dass alle Regelverstöße, die von der Leitung der Aufbereitungsanlage Talchan begangen wurden, mit dem Ziel der Verhinderung ... Es gab sehr starken Regen, deswegen wurde entschieden, Wasser abzuleiten, kein Abwasser, sondern angestautes Wasser, das heute in einem Kreislauf wieder zurück in die Anlage geleitet wird. Für Nornickel ist das ein unerhörter Vorfall. Wir werden dem mit der größten Strenge nachgehen. So arbeiten wir bei Nornickel nicht. Das, was dort passiert ist, ist unerhört. Wir haben sofort die zuständigen Personen suspendiert: den Chef der Aufbereitungsanlage, den Chefingenieur und seine Stellvertreter. Also alle Menschen auf den höchsten Posten. Wir haben bereits gestern eine Untersuchung angeordnet, diese wird unvoreingenommen sein, niemand möchte irgendetwas vertuschen.

Was die Stadt betrifft, so sollen hier in zehn Jahren moderne Häuser stehen, erbaut nach modernen Technologien, so wie in Finnland oder Kanada. So sehe ich Norilsk in zehn Jahren. Es ist eine grüne Stadt. Eine Stadt, in der kein Schwefelgeruch wahrnehmbar ist. Und vor allem eine Stadt mit glücklichen Bewohnern.

Man muss dazusagen, dass ohne Wirtschaft nichts läuft. Die Arbeit der Menschen, ihr Leben … alle menschlichen Bedürfnisse, alles, alles hängt zusammen. Und zwar nicht nur für die Bewohner von Norilsk. Wir sind ja eine Region, wir zahlen Steuern an den Staat. Das sind alles Glieder einer Kette.

Ich wünsche uns allen, dass wir dieses Kapitel bald hinter uns lassen. Das Wichtigste ist, dass das Unternehmen heute wirklich viel macht. Dieser Unfall hat keinerlei Auswirkung auf unser umfangreiches Umweltprogramm.

Wir haben unsere Lehren daraus gezogen, wir haben noch viel vor.«

Zum Abschied schenkt Nikolaj Utkin mir das Buch *Die Natur der Halbinsel Taimyr*.

33

»Mama ist am Telefon«, sagt Mascha. »Gleich gibt es Ärger.«

Die Rjabinins haben gerade die nächste Wand von der Tapete befreit.

»Habt ihr eure Eltern ganz vergessen?«, fragt die Mutter.

»Hat Papa was gefangen?«, fragt Wassili.

»Einen Eimer voll.«

Schweigen.

»Hör jetzt mal langsam auf damit«, heißt es nach einer Pause.

»Ich muss hier noch Ordnung schaffen. Ihr seid doch meine Eltern, ihr solltet mich unterstützen.«

»Ich unterstütze dich, aber ...«

»Aber?«

»Dein Leben ist wichtiger.«

»Ach was, mir passiert schon nichts. Man kann auch in der Scheiße oder im Sumpf leben, aber man sollte doch versuchen, etwas zu verbessern.«

»Wie weit seid ihr mit der Wohnung?«

»Es geht langsam voran, wir entfernen gerade die Tapete.«

»Es sollte besser schnell vorangehen, kümmert euch jetzt um die Renovierung. Und haltet euch aus allem raus. Wo wollt ihr denn sonst arbeiten, ihr Schlaumeier?«

»Du hast mich selber so erzogen.«

»Denk an deine Familie.«

»Für sie mache ich das ja.«

34

Die föderale Umweltaufsichtsbehörde hat den Umweltschaden durch das Entweichen des Kraftstoffs im Wärmekraftwerk Nr. 3 auf 148 Milliarden Rubel beziffert. Das ist für Russland eine beispiellos hohe Summe.

»Der Schadensumfang für die Umwelt der Arktis ist ebenfalls beispiellos, deswegen ist die Summe angemessen«, sagte der russische Umweltminister Dmitri Kobylkin.

Dem Unternehmen wurde vorgeschlagen, den Schadensersatz freiwillig zu zahlen. Nornickel erwiderte, es bezweifle ein so hohes Schadensausmaß. »Nach Meinung des Unternehmens beruht die

Bezifferung des Schadens an den Objekten und dem Grund durch die Interregionale Umweltaufsichtsbehörde Jenisseisk auf Prinzipien, welche die Ergebnisse verfälschen und einer Korrektur bedürfen.«

Sechs Tage nach dieser Erklärung platzte ein Rohr mit Kerosin in der Nähe der Siedlung Tuchard. 44,5 Tonnen entwichen in die Tundra. Das Rohr (wir haben Fotos davon, und ja, auch das war durchgerostet und an der Schweißnaht aufgeplatzt) gehört dem Unternehmen Nornickeltransgas, das zu Nornickel gehört.

Kapitel 12

Der Faschismus ist längst da
(macht die Augen auf)

Es war März, Ende März. Vera Drobinskaja, Adoptivmutter von sieben Kindern, veröffentlichte Fotos in einem Blog. Sie waren unscharf und zeigten einen Friedhof, auf dem der Schnee eben erst geschmolzen war, es wuchs zartes frisches Gras. Grabförmige Hügel ohne Kreuze, ohne Grabsteine, ohne Namen. Vera behauptet, dort seien anonym Kinder aus dem Rasnotschinowka-Kinderheim begraben. Sie schrieb, einige davon erinnerten an Massengräber.

Rasnotschinowka ist ein Heim für Kinder mit geistiger Behinderung. Eine Kontrolle durch die Staatsanwaltschaft ergab, dass dort in den letzten zehn Jahren 41 Kinder gestorben sind.

Ich glaube, ich hatte mich freiwillig für diese Recherchereise gemeldet.

Astrachan liegt ganz im Süden Russlands. Steppe, mannshohe trockene Federgräser. Die Wolga kommt mit aller Wucht an und teilt sich hier in hundert Arme. Die Sonne ist so stark, dass man immer mit zusammengekniffenen Augen herumläuft und den Schatten sucht.

Vera wohnt in einem kleinen Holzhaus. Dort ist es eng und schmutzig. Ich lerne alle ihre Kinder kennen. Nadja, Roma und Mascha lesen. Tawifa zieht gerade ein anderes Kleid an. »Eine kleine Angeberin ist sie, wenn sie sich nicht viermal am Tag umzieht, ist der Tag verloren«, erklärt Vera. Mischa sitzt neben Vera auf dem Boden, schaut verängstigt. Im Hof fahren Kolja und Maxim abwechselnd Skateboard.

Alle ihre Kinder sind »in ihrer geistigen Entwicklung eingeschränkt«. Nadja, Roma und Mischa haben früher in Rasnotschinowka gelebt. Kolja, Maxim und Mascha lebten in gewöhnlichen Kinderheimen, sollten aber nach Rasnotschinowka verlegt werden, Vera hat sie gerettet. Mit Tawifa fuhr Vera zu einer OP nach Deutschland und hat sie dann behalten.

Vera ist Neonatologin. Sie erzählt, vor neun Jahren sei sie zum ersten Mal in Rasnotschinowka gewesen. Sie war dort mit einer Italienerin, die die Unterlagen für eine Adoption nicht alle rechtzeitig zusammen hatte, deswegen war das Kind nach Rasnotschinowka verlegt worden. »Es ist noch in derselben Nacht gestorben. Das haben sie ihr ganz fröhlich mitgeteilt ... Die Erzieherinnen haben für uns eine Führung veranstaltet. Es war Samstag, die Chefetage war nicht da, überhaupt hatten sie damals noch nicht so viel Angst. In den Zimmern für Bettlägerige lagen die Kinder einfach auf Folien auf dem Boden. Manche waren mit den Beinen an Betten gefesselt. ›Damit sie nicht wegrennen‹, haben sie uns erklärt.

›Aber sie sind doch bettlägerig, oder etwa nicht?‹«

Damals hatte Vera Mischa zum ersten Mal gesehen. Er war mit einem Nylonstrumpf ans Bett gefesselt und biss sich in die Arme. Nadja und Roma hat sie gleich zusammen mit Mischa adoptiert. »Über die beiden sagten die Erzieherinnen, sie wüssten nicht, warum sie da seien, sie seien eigentlich normale Kinder.«

»Anfangs war es sehr schwer. Die Kinder sprachen eine Mischung aus vulgären Flüchen und Gebärdensprache. Lernen wollten sie nicht, haben geschrien: ›Wir sind Idioten, wir müssen nicht lernen.‹ Wenn ich die Hand hob, um sie zu streicheln, hielten sie die Hände vors Gesicht, weil sie einen Schlag erwarteten. Sie waren mit viel Brutalität aufgewachsen. Mischa konnte nicht laufen, sondern nur krabbeln. Einmal bat ich Roma, ihn in die Küche zu bringen, und der fing an, ihn mit den Füßen in den Bauch zu treten, ich schrie: ›Das darfst du nicht machen!‹ Und er sah mich ganz verwundert an!«

Vera erzählt und erzählt, dass sie durch einen polnischen Pfarrer zur ehrenamtlichen Arbeit gekommen sei; dass in dem Krankenhaus, in dem sie früher gearbeitet hat, Säuglinge gestorben seien, weil die richtigen Pulver für Babynahrung fehlten; dass sie ein achtes Kind adoptieren wollte, aber das Jugendamt es nicht erlaubt habe; dass man Mischa in Rasnotschinowka Aminasin gespritzt habe, sie habe das der Staatsanwaltschaft gemeldet, aber diese habe erwidert, dass damit epileptische Anfälle behandelt worden seien. »Aminasin hilft bei Epilepsie nicht. Das kriegen sie nur, damit sie stillliegen, nur deswegen«, sagt Vera. Mein Kugelschreiber ist leer, ich hole den nächsten raus, schreibe weiter. Die Kinder schauen *Harry Potter*. Ich denke, das kann nicht alles wahr sein, was sie mir erzählt, es ist zu krass, viel zu dramatisch. Auf der anderen Seite ist sie Ärztin, Ärzte sind glaubwürdig, aber sie arbeitet nicht mehr als Ärztin, sie ist Mutter von sieben Adoptivkindern mit Behinderung, ein normaler Mensch tut sich so etwas nicht an. Vielleicht will sie sich am Heim rächen, weil sie ihr das achte Kind nicht gegeben haben? Wer weiß.

Ich unterhalte mich mit Nadja. Sie ist 17 und beendet gerade die neunte Klasse. Sie fing erst mit elf an zu lernen, als Vera sie zu sich nahm. Die Diagnose »geistig zurückgeblieben« wurde bei ihr wieder aufgehoben.

Nadja erzählt von dem Heim. Die Tagesordnung war einfach: Morgens »anziehen, antreten, frühstücken«. Danach kamen sie ins sogenannte Spielzimmer. Dort verbrachten sie den ganzen Tag, manchmal brachte man sie zum Spazieren raus. »Im Hof gab es eine große Laube, da haben wir gesessen. Ich konnte weder lesen noch schreiben. Dafür hat man uns Nähen beigebracht.« Sie erzählt mir, wie eine Erzieherin ihr ins Gesicht geschlagen hat, weil sie ein Katzenbaby ins Internat gebracht hatte. »Außerdem schlagen sie einen, wenn man in die Hose macht. Und wenn sie glauben, dass man was geklaut hat. Eine Erzieherin hat mich mal angeschrien: ›Du hast meinen Kugelschreiber genommen‹, und mich auf den Boden geschubst. Wenn man die Erzieherinnen angreift, geben sie dir Tabletten und binden dich ans Bett, dann schläfst du den ganzen Tag. Aber ich hab niemanden angegriffen, das ist zu gefährlich. Gegen Abend sind die Erzieherinnen oft betrunken.

Einmal hatten sie das Licht schon ausgemacht, aber wir waren noch nicht im Bett. Die Erzieherin hatte es eilig, sie hatten ein Akkordeon da und wollten feiern. Also hat sie einen Stock genommen und damit herumgewedelt. Mich hat sie am Kopf und an den Armen getroffen. Aber es war nicht ihre Schuld! Sie hat ja nicht gesehen, wen sie schlägt, das Licht war ja aus. Vielleicht wollte sie sich nur den Weg bahnen.«

Vera setzt sich wieder zu mir und erzählt: »Ein Psychiater aus unserer Region hat mal zu mir gesagt: ›Die sind doch nicht normal. Nehmen Sie ein Kind aus irgendeiner Familie und vergleichen Sie sie, Sie sehen es sofort.‹ Darauf hab ich zu ihm gesagt: ›Nehmen Sie ein Kind aus irgendeiner Familie und stecken Sie es für neun Jahre nach Rasnotschinowka, und dann vergleichen wir mal!‹«

Vera packt die Kinder in einen Bulli, und wir fahren an die Wolga. Die Kinder springen gleich ins Wasser. Mascha planscht am Ufer. Ich erinnere mich an das, was Vera erzählt hat: Als sie Mascha adoptiert hat, stellte sich heraus, dass sie ein verkürztes Zungenbändchen hatte, das Sprechen fiel ihr schwer. »Deswegen hat man ihr eine geistige Behinderung attestiert. Überhaupt hängt im Leben dieser Kinder sehr viel vom Zufall ab«, hat sie gesagt. Kann das wirklich sein?, frage ich mich. Ich sitze am Ufer und grüble. Und hole mir einen Sonnenbrand. Am Abend ist meine Haut glutrot, mich quälen Schüttelfrost und Übelkeit.

Wie ich auf Swetlana gekommen bin, weiß ich nicht mehr. Swetlana hat ihren Sohn selbst nach Rasnotschinowka gegeben. »Ich wusste einfach nicht weiter«, sagt sie. »Er hat alles kaputt gemacht, einfach alles. Die Kommode hat er dreimal auf sich drauf gekippt. Ist immer auf den Balkon gerannt.« Wir gehen durch die demolierte Wohnung und Swetlana erzählt, wie sie mit ihrem Sohn zur Therapie in die Nachbarstadt gefahren ist, wie sie nachts ihre Arbeit, die Buchhaltung für einen Friseursalon, erledigt hat, um tagsüber ihr Kind zu betreuen. Was sie damit sagen möchte, ist: Ich bin eine gute Mutter, es ist nicht meine Schuld. Familien wie ihre bekommen in Russland keinerlei Unterstützung. Swetlana ging von Arzt zu Arzt, und überall sagte man ihr, das Kind sei nicht heilbar, sie solle es ins Heim geben.

In Rasnotschinowka erklärte man ihr, man könne ihren Sohn nur aufnehmen, wenn sie das Sorgerecht abtrete. »Juristisch bin ich jetzt also eine Fremde für ihn«, sagt sie. Sie besucht ihn. »Abgenommen hat er, ist nur noch Haut und Knochen. Und er hat überall Bissspuren und Kratzer. Dort hat man mir gesagt, die Kinder würden sich selbst beißen, aber meiner hat das nie gemacht. Er will alle immer nur umarmen. Vielleicht beißen sie ihn deswegen? Er hat sich sehr verändert. Er macht überall das Licht an. Und hat Angst vor Wasser. Obwohl er es früher geliebt hat, er konnte stundenlang in der Badewanne sitzen. Und er hat aufgehört zu weinen, er weint überhaupt nicht mehr. Woher soll ich wissen, was sie dort mit ihm machen? Er kann ja nicht sprechen.«

Ich fahre nach Rasnotschinowka. Es ist ein Dorf, das 35 Kilometer von Astrachan entfernt liegt. Es gibt keinen üblichen Straßenbelag, sondern fest gewordenen, sonnengebrannten Matsch aus Lehm. Hier wohnen Menschen russischer, kasachischer und meschetischer[23] Ethnie. Es gibt einen Tierzuchtbetrieb, aber er ist sehr klein. Deswegen arbeitet in fast jeder Familie jemand im Heim. Das Dorf lebt also vom Heim.

Von den Einheimischen möchte niemand mit mir darüber sprechen. »Eine Arbeit wie jede andere auch«, sagen sie. »Nur das Gehalt ist niedrig.« Oder: »Die wollen das Heim bloß schließen, weil sie auf das Grundstück scharf sind, es liegt ja am Wolgaufer, schauen Sie mal, wie drum herum der Tourismus boomt. Deswegen verbreiten die all den Dreck über uns.« Oder: »Andrejewna, die Leiterin, ist wie eine Mutter für die Kinder. Und das Essen, das die kriegen! So gut kochen wir zu Hause nicht. Ob sie geschlagen werden? Sind Sie verrückt? Wer könnte denn die Hand gegen ein krankes Kind erheben?«

Danach hätte ich auf den Friedhof gehen sollen. Ich bin mir auch sicher, dass ich dort gewesen bin, aber ich erinnere mich nicht daran. An der Stelle des Friedhofs mit den Kindergräbern ist in meiner Erinnerung ein glühender weißer Fleck.

Das Internat ist ein langes Gebäude am Wolgaufer. Auf den leeren Innenhof knallt die Sonne, kein Fleckchen Schatten, keine Kinder. Der Zaun ist niedrig und nicht blickdicht. Ich gehe durch das Tor und hoffe, dass man mich nicht rausschmeißt. Ich lächle, lächle, lächle.

Die Leiterin Valentina Andrejewna Urasalijewa erzählt: »Ich arbeite seit 34 Jahren hier. Meine Mutter war die erste Sanitäterin hier drin. Mein Bruder hat die Gebäude mitgebaut. Meine Schwester hat in der Küche gearbeitet. Unsere ganze Familie hat dem Heim gedient.«

»Zu Sowjetzeiten gab es eine klare Trennung zwischen lernfähigen und nicht lernfähigen Kindern. Da wurde nicht gefordert, dass alle etwas lernen müssen. Heute nimmt man die Rehabilitierung ernster. Wir haben über hundert Kinder, die an Aufgaben gewöhnt sind. Die Älteren arbeiten: Sie räumen auf, fegen den Boden. Die meisten können sich selbst anziehen, Schuhe binden, das Bett machen. Es sind alles schwere Fälle, manche sind leicht geistig zurückgeblieben, andere sehr stark. Ein Großteil hatte zerebrale Lähmung. 50 Kinder liegen auf der Station für Intensivpflege, sie sind bettlägerig. Ich zeige es Ihnen gleich.«

In dem Zimmer sind 50 Metallbetten mit hohen Rändern, sie sind bunt und stehen dicht an dicht. Auf ihnen sitzen oder liegen Kinder. Sie haben riesige oder sehr kleine Köpfe, verzerrte Gesichter und unwahrscheinlich dünne Körper. Die Leiterin schaut mich an, ich schaue die Kinder an. Was verstehe ich nicht? »Warum sind sie so dünn?«, möchte ich wissen. »Wegen der Krankheit. Die Muskeln bilden sich zurück«, sagt eine Pflegerin, die hinter der Leiterin steht. »Wenn Sie wüssten, was die für Diagnosen haben«, sagt die Leiterin. »Der reinste Albtraum ist das. Daran sterben sie auch.« »Das wird doch gerade überprüft«, sage ich. »Und zweifellos bestätigt, keine Sorge. Die Kinder sind sehr krank. Neulich waren wir mit einem Kind im Krankenhaus, dort waren sie ganz erstaunt, dass ein Kind mit einem geschädigten zentralen Nervensystem und Kinderlähmung so gepflegt aussehen kann.

Ehrenamtler lassen wir nicht mehr zu. Die waren von selbst zu uns gekommen, hatten ihre Hilfe angeboten. Wir haben ihnen die Zustände im Heim gezeigt. Sie haben uns Windeln, Köche und Kinderbücher geschickt. Und dann haben sie angefangen, den Kindern Informationen zu entlocken. Haben ihnen Handys geschenkt, provokante Fragen gestellt ...«

»Was für Fragen?«

»So was wie: ›Schlägt man euch?‹ Das sind doch kranke Kinder, die wissen doch nicht, was sie reden. Und diese Ehrenamtler nehmen alles für bare Münze. Glauben ihnen, verstehen Sie? Anfangs haben wir noch erlaubt, dass sie allein mit ihnen reden, aber später nur noch unter Aufsicht unserer Mitarbeiterinnen. Die kennen nämlich die Diagnosen und die Eigenheiten der Kinder in solchen Situationen. Als neulich die Staatsanwaltschaft da war, war ich bei allen Gesprächen dabei. Offiziell bin ich ja auch ihr Vormund, ich muss bei solchen Gesprächen sowieso dabei sein.«

»Darf ich denn mit den Kindern reden?«

»Sicher«, sagt die Leiterin. »Holt bitte Nastja.« Eine Erzieherin kommt mit Nastja ins Büro. Das Mädchen hat weit aufgerissene Augen, große Tränen kullern ihr die Wangen herunter. Sie schnieft nicht, wischt sie auch nicht weg. Hat sie Schmerzen? Angst?

»Warum weinst du?«

Nastja starrt mich unverwandt an und lächelt übers ganze Gesicht. Was soll ich sie fragen? Soll ich überhaupt was fragen?

»Gefällt es dir hier?«

Nastja zeigt mir Daumen hoch. Und beginnt schnell mit den Händen zu sprechen. Ich kann ein bisschen Gebärdensprache, aber ich verstehe kein Wort. Die Direktorin will Nastja in den Arm nehmen, aber sie reißt sich los, geht zur Seite und erstarrt.

»Bringt sie weg«, sagt sie zur Erzieherin. »Da sehen Sie es. 17 Jahre alt ist sie. Ein seelisch krankes Kind. Es ist gut, wenn so ein Unglück nicht über eine Familie kommt. Aber man muss wissen, das Unglück ist ganz nah! Die meisten, die hier arbeiten, verstehen das. Die Kinder sind gepflegt, sie haben es gut hier, es ist schön, gemütlich. Ich finde, man muss so arbeiten, dass man am Ende seines Lebens sagen kann, man hat für diese Kinder alles getan.«

Dann zeigt sie mir Stickereien: »Die Kinder nähen selbst.« Zeigt mir den Garten: »Wir haben ein großes Grundstück, zum Essen gibt es immer frische Petersilie, Dill, Salat.«

Ich frage mich, warum es in dem Heim so still ist, hier sind doch über 200 Kinder, wo sind diese Kinder, warum höre ich sie nicht?

»Was passiert mit den Kindern, wenn sie älter werden?«

»Na, was wohl, das PNI[24].«

»Was ist das PNI?«

»Das ist auch ein Heim, ein Internat, aber für Erwachsene. Solche Menschen können nicht allein leben.«

Ich fahre ins Psycho-neurologische Internat, kurz PNI. Von den Ehrenamtlerinnen und Ehrenamtlern kenne ich den Namen einer jungen Frau, die gerade erst aus Rasnotschinowka dorthin verlegt wurde. Sie heißt Sweta.

Ich betrete das Internat und nehme einen Geruch wahr. Erst viele Jahre später werde ich verstehen, was ich dort gerochen habe. Kaum bin ich drin, kommt eine kräftige Frau in einem Kittel auf mich zu und fragt, zu wem ich wolle. Ich nenne Swetas Namen. »Besuche sind nur in der Laube erlaubt, dort draußen links, warten Sie dort«, sagt sie und wartet, bis ich das Gebäude verlasse.

Sweta wird von einer anderen Frau nach draußen begleitet. Ich habe Angst, erklären zu müssen, wer ich bin, aber Sweta tut so, als würden wir uns kennen, kommt auf mich zu und schüttelt mir die Hand. Erst als die Pflegerin gegangen ist, fragt sie mich: »Wer bist du?«

Ich stelle mich vor und frage sie nach Rasnotschinowka. »Geschlagen haben sie uns, ja, vor allem die Jungs. Es gab auch ein Mädchen, das sie zur Strafe mit kochendem Wasser übergossen haben, sie ist gestorben. Aber das ist lange her, das war vor meiner Zeit.«

»Wie hieß sie?«

»Weiß ich nicht. Kommst du mich jetzt öfter besuchen? Hast du mir was zu essen mitgebracht?«

»Hast du Hunger?«

»Ich hätte gern Kaffee und was Süßes.«

Aus der Tür des Internats kommen junge Männer heraus, etwa 20. Sie sind merkwürdig gekleidet, als hätten sie fremde Sachen an. Die Hälfte von ihnen rennt auf die Laube zu und umzingelt uns. Jeder möchte mich kennenlernen. Sweta wechselt das Thema, erzählt, was für tolle Werkstätten es in dem Internat gebe. Man könne etwas aus Holz sägen oder malen, außerdem habe sie bei einem Konzert mitgemacht.

Die Frau im Kittel beobachtet uns vom Eingang aus.

Sweta rückt näher zu mir heran und flüstert: »Leute aus dem Dorf schlafen mit den Mädchen. Manche müssen danach abtreiben. Manche werden sterilisiert.«

»Was?«

»Das ist eine Operation. Damit man keine Kinder kriegt. Wirst du darüber schreiben?«

»Ja.«

»Und wie willst du es beweisen?«

Ich weiß nicht, wie ich es beweisen will.

Sweta notiert sich meine Nummer und geht zurück in das Gebäude, die Frau im weißen Kittel folgt ihr.

Die Kontrolle durch die Staatsanwaltschaft hat ergeben, dass die Kinder im Internat an ihren Erkrankungen gestorben und angemessen beerdigt worden seien. Es seien auch keine anderen Verstöße festgestellt worden.

Ich habe keinen Text geschrieben.

Die Leiterin Valentina Urasalijewa ist friedlich in Rente gegangen. Doch zwei Jahre später gab es einen Prozess gegen sie. Es war herausgekommen, dass ein Dorfbewohner ein sechsjähriges Mädchen aus dem Internat entführt und vergewaltigt hatte. Die Direktorin hatte es verheimlicht. Sie hatte ihren Mitarbeiterinnen verboten, einen Arzt zu holen. Aber das Mädchen überlebte. Die Mutter des Mädchens erfuhr die Wahrheit. Die Sache kam vor Gericht. Die Leiterin wurde zu vier Jahren auf Bewährung verurteilt. Außerdem wurde ihr ein zweijähriges Berufsverbot für die Arbeit mit Kindern erteilt.

Der neue Leiter des Rasnotschinowka-Internats ließ einen drei Meter hohen, blickdichten Zaun errichten.

Das Internat

30. April 2021

Hinter dem Zaun

Man geht zum Zaun und sieht nichts als den Zaun. Er ist zweieinhalb Meter hoch. Von außen ist er in einem fröhlichen Hellblau gestrichen und mit gelben Rauten verziert. Kalte, raue Ölfarbe. Am Eingang stehen Betonbehälter, im Sommer wachsen darin Blumen.

Von innen ist der Zaun grau. Aber das erfahren wir erst später.

Von außen rücken graue Plattenbauten an den Zaun heran. Einige Fenster leuchten. Hinter bunten Vorhängen bewegen sich Silhouetten. Autos und Busse fahren vorbei. Das Schild eines Supermarktes blinkt.

Vor dem Zaun ist ein breiter, tiefer Graben mit Schmelzwasser.

Niemand weiß, wie lange er schon da ist und ob er zufällig entstanden ist, aber er erfüllt einen Zweck, deswegen denkt niemand daran, ihn zuzuschütten.

Hinter dem Zaun schauen Birkenzweige hervor, sie haben ihre Farbe schon gewechselt, es ist Frühling. Weiter hinten herrscht Dunkelheit, in der sich weiße Stämme abzeichnen. Das Gebäude steht tief in dieser Dunkelheit, es hat die Form eines H und drei Stockwerke.

Es erinnert an eine Schule oder ein Verwaltungsgebäude einer Kleinstadt.

Die Stadt N ist keine Kleinstadt, aber der Bezirk, in dem sich das Gebäude befindet, ist in einem abgeschiedenen Industriegebiet und wirkt ein wenig wie eine eigene Stadt. Menschen, die in diesem Gebäude arbeiten, wohnen größtenteils nicht weit von hier.

Geht man hinter das Gebäude (was nicht jeder darf), entdeckt man noch ein paar kleinere Bauten. Eine Wäscherei und ein Kesselhaus. Irgendwann steht man vor einem Wellblechzaun, dahinter ist ein Teich. Früher durfte man zum Teich, nicht alle zwar, aber immerhin manche. Aber seit sich eine junge Frau im Teich ertränkt hat, ist der Teich verboten.

Die Birkenzweige sehen übrigens nicht alle.

Der Horizont der Welt wird hier dadurch bestimmt, wie andere dich sehen.

Das ist das »Psycho-neurologische Internat«, kurz PNI. Hier wohnen Menschen mit psychischen oder neurologischen Erkrankungen, deren Angehörige es ablehnen, sich um sie zu kümmern.

Die Menschen leben hier bis zu ihrem Tod, deswegen liegt auf dem Schreibtisch einer jeden Krankenschwester auch die Handreichung *Was im Todesfall eines Bewohners zu tun ist.*

Wir verbringen hier zwei Wochen, wir sind Gäste, wir können wieder gehen. Man gibt uns einen Plastiktürgriff mit einem Vierkantstift, damit lassen sich Fenster und Türen öffnen. Damit kann man zwischen den Abteilungen hin- und hergehen. Jeder Flügel wird mit Kameras überwacht und ist mit einer Zahl und einem Buchstaben bezeichnet: 3A, 2D, 3C. Türgriffe sind hier der Inbegriff von Macht.

Das Erste, was man wahrnimmt, ist der Geruch. Es ist eine Mischung aus unterschiedlichen Dingen: Essen, Urin, Öl, Chlor, Schweiß.

Hier leben 436 Menschen. Nur 42 von ihnen sind mündig, alle anderen wurden für unmündig erklärt. Man bezeichnet sie als »Bewohner« oder »Klienten«. Oder auch mit der Abkürzung SLE, Sozialleistungsempfänger. Ihre Namen stehen an den Türen. Das Personal duzt sie, untereinander benutzt sie die Nachnamen.

Die Mitarbeiterinnen und Mitarbeiter müssen gesiezt und mit Vor- und Vatersnamen angesprochen werden.

Wegen der Pandemie wohnen auch die Mitarbeiterinnen und Mitarbeiter abwechselnd im Internat. Eine Schicht dauert zwei Wochen.

Die Pandemie hatte das Leben im Internat auf ein Minimum reduziert. Es gab keine Werkstätten, keine Disco mehr. Menschen, die in unterschiedlichen Abteilungen leben, haben einander seit einem Jahr nicht gesehen. Aber nun ist die Pandemie offiziell fast vorbei.

Alle sind sehr ausgelaugt.

Corona hat hier wie ein Waldbrand gewütet. Es gab drei Wellen. Die erste von Ende April bis Mitte des Sommers. 141 Menschen wurden krank, sieben starben in Krankenhäusern. Der zweite Ausbruch kam im Dezember, konnte aber durch CT-Untersuchungen aller Einwohnerinnen lokalisiert werden, acht Erkrankte wurden ausgemacht. Die dritte Welle begann am 1. Januar. 57 Menschen erkrankten, vier starben. Im Internat wurde eine rote Zone eingerichtet.

Die Verstorbenen, die nicht von ihren Angehörigen abgeholt wurden, bestattete das Internat. Trauerfeiern gab es keine. Ein Trauersaal ist auf dem Gelände nicht vorgesehen.

Die Disco

»Uuh! Uuh!«, tönt es von draußen unter dem Fenster. Der Laut ist hoch und langgedehnt wie der Schrei eines exotischen Vogels. Das ist Tassja aus der Abteilung der Barmherzigkeit. Tassja hat einen kahl rasierten Kopf und blaue Augen. Die Kuppe ihres Mittelfingers ist abgerieben bis auf den Knochen. Sie stößt kurze Heulgeräusche aus, die durch das ganze Stockwerk hallen.

Heute findet zum ersten Mal wieder eine Disco statt, und alle sind ganz aufgeregt. Das normale Leben kehrt zurück.

Heute sehen sich Männer und Frauen zum ersten Mal seit einem Jahr wieder. Es gibt nur zwei gemischte Abteilungen im Internat: die Rehabilitationsabteilung und die der Barmherzigkeit, in den anderen sorgen abgeschlossene Türen für Geschlechtertrennung.

In der Rehabilitationsabteilung, wo es die meisten Freiheiten gibt, werden gerade Schuhe ausgesucht. Die Pflegerin Jelena Sergejewna, eine grauhaarige Frau mit Kopftuch und einem freundlichen, ruhigen Gesicht, bringt die Schuhe herein. Es ist Fastenzeit und sie fastet: Sie isst nur Schwarzbrot mit Salz und liest den Bewohnerinnen aus einem Gebetsbuch vor.

Die Schuhe sind für Nina Baschenowa, sie soll heute singen. Sie trägt bereits ein lila Kleid aus der Kostümkammer, in dem sie wie eine Prinzessin aussieht.

»Es gibt keine Kleider mehr, und in die Röcke passe ich nicht«, flüstert jemand im Zimmer. »Ich krieg sie nicht über den Bauch.«

»Du isst eben zu viel.«

»Die Strumpfhosen haben alle Laufmaschen, soll ich sie trotzdem anziehen?«

Die Frauen quetschen sich in schwarze Wollkleider wie zu einer Beerdigung. Für die, die keine Kleider abbekommen haben, gibt es neue Jogginganzüge.

Sulfija schminkt sich mit dem Stummel eines Lippenstifts die Lippen rot. Ljuba legt grüne Glasohrringe an, die ihr eine Krankenschwester geschenkt hat. Der plattfüßige Sascha aus der strengsten Abteilung, der 3A, zieht einen grauen Anzug an. Er ist ihm zu groß, dafür ist es ein echter Anzug, so wie draußen. Das Draußen nennt man hier auch Freiheit.

Jelena Sergejewna redet auf Anja ein, dass sie ihre Socken wechseln soll: »Nimm zur Feier des Tages doch die hellen Söckchen.« Anja will aber die gestreiften anbehalten. Jelena Sergejewna lächelt zwar, ist aber unerbittlich. Sie macht noch einen Kontrollgang durch die ganze Abteilung.

»Ich will nicht, ich will nicht«, regt sich Lilja auf. »Das ist schon das dritte Kleid, die passen alle nicht.«

»Wir finden schon noch eins«, sagt Jelena Sergejewna und geht zum Schrank. Sie weiß genau, wo was liegt, weil die Pflegerinnen bei der Generalreinigung (jede zweite Woche) alle Sachen der Bewohnerinnen durchsehen. Manches wird weggeschmissen – was, das liegt im Ermessen der Pflegerinnen und Krankenschwestern.

Jelena Sergejewna weiß, wie fast alle hier, dass Lilja mit Slawa zusammen war, aber nun hat Slawa eine Ehrenamtlerin geheiratet und das Internat verlassen. Niemand verurteilt Slawa, so eine Möglichkeit lässt man sich doch nicht entgehen. Aber mit Lilja haben trotzdem alle Mitleid. Lilja will nicht zu der Disco. Aber Jelena Sergejewna sagt, das sei eine Veranstaltung für alle, deswegen müsse Lilja hin. Man bringt Vera aus dem Zimmer, die endlich beschlossen hat, sich die Haare zu färben.

Im Saal wurde gelüftet, aber es riecht immer noch nach durchgemodertem Boden. Die Rehabilitationsabteilung kommt als Erste herein. Eine Stuhlreihe. Grün-gelb gestrichene Wände, an der größten Wand kleben Papierbuchstaben: »Wir begrüßen alle Teilnehmer des Wettbewerbs.«

Allmählich kommen auch die anderen Abteilungen. Pflegerinnen schieben ein paar Rollstühle aus der Abteilung für Barmherzigkeit herein und stellen sie in die erste Reihe. Den Menschen stehen Haarbüschel hinter den Ohren hervor, man hat sie sehr nachlässig rasiert.

Die Mitarbeiterinnen und Mitarbeiter sind leicht zu erkennen. Sie tragen Kittel und Masken.

Männer und Frauen sitzen zusammen, halten Händchen, reden leise. »Wie gut ich fühle, dass du da bist«, sagt Olja zu Oleg.

Eine energische Blondine mit Zetteln in der Hand betritt den Saal.

»Wissen alle noch, wie ich heiße? Endlich sind wir alle wieder vereint! Dafür einen Applaus!« Sie holt tief Luft und spricht pathetisch weiter: »Im Kalender ist es Frühling. In der Seele ist es Frühling. Und was ist der Frühling? Die wunderbare Zeit der Liebe. Die Liebe ist überall! Alles, was keucht und fleucht, kann lieben! ... Habt ihr es vermisst zu tanzen?«

Aber bis zum Tanzen ist es noch lange hin. Erst tritt ein begabter Pfleger auf und singt ein Loblied auf das PNI.

Danach gibt es Rätsel: »Wer singt am Morgen? Die Vögel! Was plätschert fröhlich durch den Wald? Der Bach!« Dann muss jemand die Frühlingsmonate aufzählen, einen Zungenbrecher aufsagen und Insekten nennen, die in Gruppen leben.

Endlich ergreift Prinzessin Nina das Mikrofon. Ihr lilafarbenes Kleid leuchtet vor der gelben Wand. Sie singt einen Popsong über die Liebe.

Noch ein paar Auftritte, dann geht endlich die Tanzmusik an.

Die Hälfte der Leute stürmt auf die Tanzfläche, die andere bleibt sitzen – endlich hat man etwas Zeit für sich und kann sich unterhalten. Ein Pärchen versucht, sich in den Flur hinauszustehlen, aber einige Pfleger versperren ihnen den Weg.

Alle tanzen, was das Zeug hält. »Das Leben jetzt genießen! Dich in die Arme schließen!«, tönt es aus dem Lautsprecher. Ein kleiner, junger Mann umarmt eine Frau, fuchtelt mit den Händen über ihrem Kopf herum, küsst ihre Finger.

»Die Pandemie hatte die Liebenden getrennt!«, schreit die Blondine. »Nicht alle haben ein Handy! Und jetzt: ein langsamer Tanz!«

Ein älteres Paar. Er führt sie sanft. Sie trägt gekonnt aufgetragenes Make-up und ein blaues Kleid, lange Ohrringe reichen ihr bis zu den Schultern, sie schreitet einher wie eine Königin.

Eine junge Frau flüstert einer anderen aufgeregt ins Ohr. Ein junger Mann küsst eine Frau.

Zu mir kommt eine sehr kleine Frau, nimmt meine Hand und sagt: »Ich liebe Sie. Wie heißen Sie?«

Der langsame Tanz ist vorbei, aber die Paare bleiben auf der Tanzfläche. Nun tanzt man zur schnellen Musik, hastige, abgehackte Bewegungen. Schnell, schnell, bald hört die Musik auf. Einzeltänzer achten rücksichtsvoll darauf, nicht zwischen die Pärchen zu geraten. Nur die blonde Moderatorin springt zwischen den Paaren herum und klatscht direkt vor ihren Gesichtern in die Hände.

Eine junge Frau mit Down-Syndrom in einer roten Bluse lässt die Hüfte kreisen. Mit ihr tanzt eine kahl rasierte Frau im Rollstuhl. Dann wird sie weggebracht, der Rollstuhl passt ihr nicht, sie hat Rückenschmerzen und kann nicht mehr sitzen.

»Lass das, Hasi«, sagt Sascha zu Jana. Sie sitzen auf den Stühlen.
»Schimpf nicht mit mir!«

»Los! Geh tanzen!«

»Hasi.«

»Ein langsamer Tanz«, verkündet die Blondine.

»Wir sind nicht zusammen, das ist nur so«, sagt Jana auf dem Weg zur Tanzfläche.

Der kahl geschorene Dima tanzt mit der kahl geschorenen Anja und kann den Blick nicht von ihr abwenden.

Die Disco dauert eine halbe Stunde. Sie findet manchmal am Mittwoch statt.

Frauenabteilung Nr. 1

»Verrecken sollst du! Hauptsache du verreckst! Verreck, verreck, du Schlampe!«

Das kommt aus dem Zimmer gegenüber. Von Algaja, einer alten Frau mit Krähennase und dunklen Glubschaugen. Sie wünscht allen den Tod. Die Leute sind es gewohnt.

Meine Abteilung ist die Abteilung Nr. 1. Sie ist riesig und wird in zwei Flügel unterteilt, den Frauen- und den Männerflügel. In meinem leben 41 Frauen.

Das Licht wird nicht in den Zimmern, sondern draußen an- und ausgeschaltet. An den Türen und Fenstern sind keine Griffe. Steckdosen gibt es weder in diesem noch in anderen Zimmern. Es gibt nur eine einzige Steckdose überhaupt, für den Fernseher, und die wird von den Erzieherinnen streng bewacht. Aber es hat sowieso niemand etwas zum Aufladen: Für 41 Frauen gibt es drei Handys, die bewahrt der Sozialarbeiter auf. Ausgehändigt werden sie dienstags und freitags am Nachmittag für eine halbe Stunde.

Hier steht man früh auf, um 7 Uhr sind schon alle auf den Beinen. Ich will rauchen. Der Rauchplan hängt an der Wand: 9.30, 13.30 und 16.30 Uhr. Pro Tag werden fünf Zigaretten pro Person zugeteilt. Männer bekommen zehn, dafür haben sie keinen »Verteiler« – ein

Zimmer mit Wasserkocher. Der wird gebracht und wieder abgeholt. Wenn man nach 19 Uhr Durst bekommt, muss man aus dem Wasserhahn trinken.

Ich gehe auf den vergitterten Balkon. Dort steht schon Olessja, eine ehemalige Russisch- und Literaturlehrerin. Sie hat dunkles Haar und eisblaue Augen. Und sie hat heute Geburtstag. Olessja hat Schizophrenie. Sie redet in Sprichwörtern.

»Was stehst du hier rum? Mach schneller!«, murrt jemand und schubst mich in den Rücken. »Sonst sehen die uns!«

Ich ziehe meine Jacke an und gehe raus. Es ist kalt. Die Frauen rauchen in dünnen Kitteln. Regel Nr. 22: Ohne Jacke zu rauchen ist verboten, aber die Jacken sind in einem abgeschlossenen Raum, und der wird nur zu vorgeschriebenen Zeiten aufgemacht. Jacken im eigenen Zimmer aufzubewahren ist verboten. Rauchen außerhalb der vorgeschriebenen Zeiten wird bestraft, so kann man seine Tagesration Zigaretten verlieren, und zwar nicht nur man selbst, sondern die gesamte Abteilung.

Ich stecke mir eine von meinen Zigaretten an, die anderen rauchen stinkende LD aus einer roten Packung. Nicht alle haben welche. Ein paar ältere Frauen stehen sich die Beine in den Bauch, in der Hoffnung, dass ihnen jemand ein paar Züge übrig lässt. Ihre eigenen haben sie schon aufgeraucht, und zum Aufbewahren fehlt die Kraft. Man ignoriert sie. Abgeascht wird nicht, man entfernt die Asche vorsichtig mit den Fingern.

»Wir sind hier wie Politgefangene«, sagt Olessja. »Wir stecken lebenslang in unserem Gefängnis.« Sie betrachtet die Wolken am Himmel und sagt: »Hoffentlich gibt es an meinem Geburtstag Sonne.«

Der Speiseplan hängt an der Tür: Zum Frühstück gibt es den Milchbrei »Freundschaft«.

Im Fernsehen läuft der Trickfilm *Kätzchen Wuff*:

»Wenn ich groß bin, kriege ich auch einen Maulkorb.«

»Wozu willst du einen Maulkorb?«

»Damit ich nicht beiße.«

Eine halbe Stunde vor dem Frühstück versammeln sich alle vor der verschlossenen Tür. Warten. Eine kahl rasierte Frau mit einem Schneidezahn im dunklen Mund hockt sich hin und starrt auf den Boden. Endlich komme ich dazu, mir die Frauen genauer anzusehen. Lange Haare hat nur Olessja, weil sie manchmal auf der Bühne auftritt, lange Haare sind schön und gefallen Internatsbesucherinnen und -besuchern. Ein paar haben schulterlange Frisuren und Kurzhaarschnitte. Alle anderen sind kahl rasiert, einschließlich der alten Frauen. Die Frauen mustern mich.

»Du hast so schöne Zähne! Ich wusste gar nicht, dass es so schöne Zähne gibt«, sagt schließlich eine von ihnen.

Nicht alle gehen in den Speisesaal. Acht Frauen essen in der Abteilung. Die Bettlägerigen, die Blinde und die, deren Rechte eingeschränkt sind, weil sie sich nicht benehmen konnten.

Die Türen gehen auf, die Menschen strömen die Treppe hoch. Drei Frauen bleiben an die Wand gelehnt stehen. Sie warten auf Männer aus der gegenüberliegenden Abteilung. Dann geht auch die Männertür auf. Die Pärchen küssen sich schnell und gehen zusammen in den Speisesaal. Die gemeinsame Zeit ist kurz. Sonst gibt es noch die Spaziergänge im sogenannten Garten, aber nur, wenn man Glück hat und die Männer zur gleichen Zeit rausdürfen. Und es gibt die Disco am Mittwoch.

Zu Beziehungen sagt man hier »sie gehen miteinander«.

Männer und Frauen schicken einander Zettelchen und kleine Bündel. In diesen Bündeln sind Kaffee (eine absolute Kostbarkeit) und Tee (die zweite hiesige Währung, sie lässt sich gegen Tabak tauschen, der Kurs: fünf Beutel Tee gegen eine Zigarette). Wer miteinander geht, verwöhnt sich gegenseitig mit Leckereien.

Ich versuche Butter auf das Brot zu schmieren, aber wie sich herausstellt, ist es keine Butter. Ich esse ein anderes Stück Brot und trinke eine bräunliche Flüssigkeit dazu, sie riecht nach nichts, schmeckt aber süß.

Der Brei riecht streng nach Chlor. »Das ist der Duft von Reinheit und Gesundheit«, sagt der Chefarzt im Vorbeigehen. Er scheint beleidigt zu sein, weil ich den Brei nicht esse.

Dieses PNI ist besonders stolz auf seine Küche. Jedem steht eine Birne zu. Ich stürze mich auf die Birne.

Als wir wieder in unserer Abteilung sind, kommen die Frauen eine nach der anderen in mein Zimmer und legen Birnen auf den Tisch. So wollen sie sich mit mir anfreunden, denn ich bin von draußen, ich habe Zigaretten und ein Handy.

»Rosa, kau jetzt! Kau erst mal den Brei, Fleisch gibt es später.« Rosa, eine fragile bettlägerige Alte, kaut wie befohlen. Gefüttert wird sie von Ljuba. Vor dem Internat hat Ljuba auf einem Hof für Viehzucht gearbeitet. Sie zählt ihre Reichtümer aus der Vergangenheit auf: Mann, Tochter, Mutter, Vater, Schwiegermutter, Schwiegervater, Neffe, Nichte, Kaninchen, Gänse, die Fohlen namens Hamster und Faulpelz, und außerdem fünf Kühe: Notschka, Martha, Puppe, Sorka und Sorka. Heute hat sie Schmuck, den ihr die Pflegerinnen schenkten, einen Walkman mit leeren Batterien und fünf Kassetten, unter anderem *14 Wochen Stille* von Zemfira. Und ein Foto von ihrem Mann und ihrer Tochter. »Mir bleibt nur die Erinnerung, sonst nichts«, sagt Ljuba, während sie Rosa den Löffel in den Mund schiebt.

»Sie hat kaum noch Zähne, manchmal beißt sie mir auf die Finger. Hey, nicht hinter die Wange!« Ljuba tippt mit dem Finger gegen Rosas Wange.

»Sie stopft sich alles hinter die Wange, und dann liegt sie da und kaut. Sie soll aber nicht im Liegen kauen, sonst verschluckt sie sich.«

»Ich bring dich ins Grab«, grölt Aglaja im Flur.

»So hätte ich auch meinen Mann gepflegt, anstatt dass ich einen fremden Menschen pflege.« Ljubas Mann ist vor ein paar Jahren gestorben, nachdem er sie besucht und ihr ein Handy mitgebracht hatte. Die Beerdigung haben Freunde ausgerichtet. Ljuba hat erst im Nachhinein davon erfahren. Das Grab ihres Mannes hat sie nie gesehen. »Wer lässt mich denn dahin, damit ich weinen kann?«, klagt sie.

Eine Krankenschwester teilt Tabletten aus. Die Frauen stehen mit aufgerissenen Mündern da, wie Küken. Wird man dabei erwischt, dass man die Tablette nicht geschluckt hat, bekommt man sie beim nächsten Mal in Wasser aufgelöst. Weigert man sich, das zu trinken, gibt es Spritzen. Versucht man sich herauszuwinden, kommt man in die Abteilung K oder in die I, die Klapse.

Eine große Frau geht an der Schlange vorbei und stellt sich vorne hin. Nastja. Fröhlich, kräftig. In dieser Abteilung hat sie das Sagen. Die Fernbedienung ist in ihrer Hand. Umschalten darf nur sie oder jemand, dem sie es erlaubt hat.

Außerdem benutzt sie nie ihr eigenes Shampoo, sie nimmt einfach eins, das ihr gefällt. Vor Neujahr hat sie den Schwächsten ihre Süßigkeiten weggenommen und später gegen Zigaretten verkauft. Sie kooperiert mit der Verwaltung: Wenn es jemanden festzuhalten oder zu fesseln gilt, ist sie sofort zur Stelle. Nastja ist stark.

Wie sich herausstellt, müssen die Pflegerinnen in meiner Anwesenheit den Fußboden selbst wischen, statt es, wie sonst üblich, eine der Internatsbewohnerinnen machen zu lassen: Für nur eine Zigarette sind Flur und WC blitzblank.

Die Pflegerin ist sauer und scheucht die Frauen beim Fernseher zusammen. »Soll ich mir in die Hose pissen, oder was?«, fragt Ljuba und stelzt auf den Fersen über den frisch gewischten Boden. »Du kriegst gleich eine Spritze«, droht die Pflegerin dieser spindeldürren Frau, die zum falschen Zeitpunkt aus ihrem Zimmer kommt. Sie tippelt schnell in ein anderes Zimmer. Sie sitzt nie am Fernseher, sie ist eine Außenseiterin.

Heute steht eine Kontrolle durch die Abteilungsleiterin an. Sie ist hochaufgeschossen und laut wie ein Grenadier. Früher war sie mal die Leiterin des ganzen Internats. Bei unserem Kennenlernen hat sie mir erzählt, Russland müsse sich vor China schützen und dass »ein Herr namens Viber alle in seinem Netz gefangen hat«. An den Tagen, an denen sie nicht kommt, braucht man die Ikonen nicht zu verstecken. Aus irgendeinem Grund kann sie Ikonen nicht leiden und schmeißt sie immer weg.

Die Ikonen stellen die Frauen auf den Fensterbrettern auf und beten vor dem Fenster kniend, die Tür angelehnt.

Alleine ist man nie. In einem Zimmer wohnen drei Personen. Auf der Toilette gibt es zwei Kabinen, aber da sitzt immer irgendwer. Die Toilettentüren lassen sich zwar abschließen, aber keiner tut es. »Wir sind es so gewohnt«, heißt es.

Die Frauen warten auf die Zigaretten, sie sind nervös. »Sie haben uns vergessen. Vergessen haben sie uns.« Endlich kommt die Krankenschwester, die heute die Leitung innehat. Die Frauen scharen sich um sie. Sie legt je zwei Zigaretten in die hingehaltenen, zitternden Hände. Alle stürmen auf den Balkon.

Sie stellen sich im Kreis um einen Eimer auf, die Asche darf nicht auf den Boden fallen.

Geraucht wird schnell.

Die alten Frauen reißen die Filter ab, damit die Zigaretten stärker sind. »Die verunstalten die Zigaretten«, kommentiert Olessja.

Alle wissen, dass Olessja gestern ein Päckchen bekommen hat: Chips, Mineralwasser, Limo, Kaffee. Und eine echte Torte. Alle wollen zu gern etwas abhaben, wenigstens ein kleines Stückchen. Olessja hat sie schon aufgeteilt, ein Drittel geht an ihren Liebsten Schenja, seit elf Jahren sind die beiden schon ein Paar. »2014 haben wir ein Duett gesungen«, erzählt sie mir. »Seitdem allerdings nicht mehr. Er hatte eine Gitarre, aber die hat ein Pfleger zertrümmert, weil aus ihr mal eine Kakerlake herausgekrabbelt ist.«

Von der Torte kriegen natürlich nicht alle etwas ab. Deswegen nennen einige Olessja eine Schlampe, aber nur ganz leise, vielleicht überlegt sie es sich ja noch.

Es kommt die Zeit, in der wir das Gebäude verlassen dürfen. Gehen wir heute raus? Das entscheidet die diensthabende Krankenschwester. Aber die mag keinen Regen, sie hasst nasse Schuhe und nasse Jacken. Und am Morgen hat es geregnet, aber der Regen hat schon aufgehört, doch was ist mit den Pfützen? Wie steht die Krankenschwester zu den Pfützen?

Wir gehen raus! Zusammen mit den Männern!

Gerangel im Garderobenzimmer. Es gibt genauso viele Jacken wie Frauen, aber nicht alle sind in Ordnung: bei manchen ist der

Reißverschluss kaputt, bei anderen fehlen Knöpfe. Es gibt nur eine große Jacke, aber drei große Frauen. Am Ende entreißt eine sie den anderen und geht. Die anderen ziehen Mäntel an und hoffen, dass die Krankenschwester es nicht bemerkt und sie trotzdem rauslässt.

Alle Sachen sind innen mit 001 markiert, der Nummer unserer Abteilung.

Olessja überlegt, welche Stiefel sie anziehen soll: die schönen weißen oder die bequemen schwarzen. Sie entscheidet sich für die schönen.

Mit einer Schlüssel-Klinke wird die Tür ins Treppenhaus geöffnet. Die Treppe führt zum sogenannten Garten, einem kleinen Innenhof zwischen den Bauten. Der Gartenausgang ist mit einem Gitter eingezäunt und abgeschlossen. Zwei Lauben (in einer darf man rauchen) und acht Birken. Einmal außen rum sind 124 Schritte. Der Garten ist noch halb vereist, die andere Hälfte ist mit Tauwasser geflutet.

Es ist rutschig. Die Großmütterchen steuern gleich auf die Laube zu, setzen sich und strecken die dicken Beine aus.

Andere gehen noch ein paarmal im Kreis.

Wir gehen in die Raucherlaube – wir sind nämlich reich. Die Männer kommen aus dem Gebäude. Schenja ist nicht dabei, Olessja ist außer sich. Sie wendet sich an Jura:

»Sag ihm, ich mach Schluss. Ich habe dem Kaffee gegeben! Und was macht der? Säuft er den Kaffee jetzt mit den Männern, oder holt er sich da einen runter? Ich dachte, er kommt mal an die frische Luft. Ich bin es ja leid, immer nur durchs Gitter zu schauen. Was denkt er sich? Dass ich Zigaretten von ihm schnorren will? Ich habe meine eigenen! Die Zigaretten sind ihm zu schade! Zigaretten sind ihm mehr wert als ich! Nastja hatte recht, man darf niemandem vertrauen.«

Jura nickt und küsst Marina. Marina hat bleigraues, schulterlanges Haar und rote Wangen. Die Stimmen haben ihr gesagt, dass jemand sie versorgen und sie ein Kind nach dem anderen bekommen wird. Die Stimmen haben ihr gesagt, dass aus ihren Brüsten keine Milch, sondern Joghurt und süße Kondensmilch kommen werden.

Jura steckt ihr die Hand zwischen die Beine. Marina sagt: »Lass uns lieber rauchen.« Jura nickt und holt zwei Zigaretten raus. Ich muss daran denken, dass die Männer auch hier mehr finanzielle Möglichkeiten haben. Ich schmunzle, da sagt Olessja: »Du darfst nicht lachen, wenn keiner was gesagt hat, sonst endest du wie wir.«

Jura knetet Marinas Brüste, sie stöhnt verlegen.

»Die ficken hier fast«, sagt Marina. »Und im Sommer zieht er dich dann aus und fickt dich.«

Marina und Jura küssen sich. Eine Frau neben mir fragt, ob ich die Schlägerei wegen der Jacken gesehen hätte, im Lager gebe es noch Jacken, »aber die sind denen für uns zu schade«. »Dafür haben wir neue Jogginganzüge bekommen, bevor Sie gekommen sind, und manche sogar Kleider«, wirft jemand ein.

Eine alte Frau will sich von einer anderen eine Zigarette leihen: »Ich gebe sie dir wieder, ich schwöre es bei Gott, bis zum Abendessen hast du sie wieder, lass mich nicht hängen.«

»Schenja und ich sind schon das elfte Jahr zusammen«, erzählt mir Olessja. »Wir hatten auch Sex, er hat sich mal zu mir ins Zimmer geschlichen. Er ist ein echter Zigeuner! Er kann auch die Zigeunersprache, richtig gut. Hör zu: Tu miro dewel – du bist mein Gott. Tu miro rap – du bist mein Blut. Nase heißt nag, und Auge jachta. Ich habe ein Talent für Sprachen!«

Alle Bänke sind von Pärchen belegt. Diejenigen, die keinen Platz bekommen haben, können, auf dem Eis schlitternd, im Kreis spazieren. Man hat die Wahl: mit oder gegen den Uhrzeigersinn.

»Na gut, sag ihm nicht, dass ich Schluss mache. Sag ihm einfach: Olessja war sauer, dass du nicht rausgekommen bist. Ich hätte ihn mit Krabbenstäbchen und Mayo gefüttert, Nastja hätte uns Mayo abgegeben. Glaubst du, ich brauch Zigaretten? Grad hab ich genug. Ich hab ihm Kaffee gegeben und Wurst und Tee! Wahrscheinlich lässt er es sich mit den Männern gut gehen. Aber vielleicht ist es auch die Arthrose. Vielleicht ist sie bei diesem Wetter schlimmer.«

Jemand am Eingang brüllt, der Spaziergang sei vorbei. Die 50 Minuten Außenwelt sind um. Wir stapfen die Treppe hoch. Ein Mann küsst eine Frau noch schnell, als sie schon in der Abteilung sind. Eine Pflegerin schubst ihn und er geht eilig weg.

Im Fernsehen wird gezeigt, wie ein Verrückter einer Frau ein Messer an die Kehle hält – die alten Frauen schütteln sich vor Lachen. Werbung. Kaffeemaschinen. Schöne Menschen. Schmuck. Nachrichten.

Die lahme Katja (Ingenieurin in einer Radiofabrik, Schizophrenie, seit 26 Jahren im Internat, hat versucht sich umzubringen, aber sich nur die Beine gebrochen und kann nicht mehr laufen) fragt mich: »Lena, wenn Putin spricht, schaut er dann alle an? Mir scheint, er sieht nur mich an. Ist das die Krankheit? Oder ist es vielleicht wirklich so?«

Man lässt uns zum Mittagessen raus. Olessja fängt Schenja ab und fragt ihn böse: »Was ist, hattest du zu viel von meinem Kaffee?«

»Wir hatten gestern Abend kalten Kefir, ich habe Halsschmerzen bekommen, verzeih mir, meine Liebste«, erwidert Schenja.

Mittagessen. Es gibt lauwarme Suppe, Leber, Salat und Nudeln. Lebermatsch, Kohlblätter und Nudeln wurden auf einen Teller geschmissen. Ich stochere darin herum, der Chefarzt beäugt mich kritisch. Die anderen essen schnell, schaufeln es geradezu in sich hinein. Später erfahre ich den Grund: Unten gibt es eine Telefonzelle, da sind die Anrufe kostenlos, davor steht eine lange Schlange nervöser Menschen. Es gehen nur Anrufe innerhalb der Stadt.

Die Pfleger kommen und scheuchen alle wieder rein, es ist an der Zeit, die Türen zuzuschließen. Zum zweiten Mal wird der Fußboden gewischt, eine Pflegerin hantiert zornig mit dem Wischmop. Sie wird auch noch ein drittes Mal wischen müssen, vor der Nachtruhe.

Ljuba füttert Rosa und hat es eilig, aus dem Nachbarzimmer ruft jemand wehleidig ihren Namen. Eine bettlägerige Alte bittet sie, ihr die Windel zu wechseln.

»Ach Scheiße, dieses Miststück, ich stopf ihr das Ding ins Maul«, murmelt Ljuba, während sie der Alten die Hand zwischen die Beine stopft. »Ist doch gar nicht nass! Ist nicht mal ausgelaufen!«

Den Bettlägerigen stehen drei Windeln am Tag zu. »Wenn sie sehr nass sind, wechsle ich sie. Oder wenn sie vollgeschissen sind. Und einmal am Abend, nach dem Essen. Aber die hier ist ganz trocken, was will die noch? Sogar wenn sie schon reingepinkelt hat, kann sie noch mal reinpinkeln.«

Die Frauen versammeln sich bei Olessja für die Kaffeeparty. Nicht alle, nur geladene Gäste, sechs Personen. Aber es gibt ein Problem: Die Krankenschwester ist weggegangen und hat das Zimmer mit dem Teewasser abgeschlossen. Deswegen nehmen sie das heiße Wasser aus dem Wasserhahn.

»Darf ich auch eine Praline, liebe Olessja?«

Sie machen Kaffee, schlürfen ihn ganz langsam, zwei Leute teilen sich eine Tasse. Die Tassen sehen alle gleich aus, deswegen markiert man sie mit den Aufklebern vom Obst. Der Reihe nach nimmt man sich Chips aus der Tüte. Die Torte ist schon alle.

»Mir ist etwas traurig auf dem Herzen, wegen der vergangenen Jahre«, sagt Olessja, aber die anderen sind ganz auf das Essen fokussiert.

»Der Granat ist der Stein der Waage«, spricht Olessja weiter. »Aber ich habe den allerbesten Stein: Brillant, Diamant und Bergkristall.«

»Wie der Kaffee duftet, er ist so aromatisch, sogar mit kaltem Wasser«, sagt eine der Frauen.

»Der kostet ja auch 300 Rubel – davon hab ich mal eine ganze Dose ausgetrunken.«

»Wisst ihr, was es auch gibt?«, fragt Olessja. »Ein Eis, das *Glace Angelika* heißt, das ist Kaffee mit Eis und Schlagsahne oben drauf. Ich war ganz oft im *Labyrinth*, dort haben sie einzelne Kabinen mit Eis, da bin ich immer hin, hab mir Kaffee mit Cognac bestellt und mir eine Balsamzigarette angezündet. Die leise Musik im Hintergrund ...«

»Los, Tabletten einnehmen!«, schallt es aus dem Flur. Die Frauen springen auf und gehen raus.

»Der Geburtstag ist ein trauriger Feiertag«, sagt Olessja. »Jetzt ist er schon vorbei.«

Nach den Tabletten gibt es noch zwei Zigaretten, die Frauen stürmen auf den Balkon. Die Anspannung vom Morgen ist verschwunden, jetzt lässt man auch den Alten ein paar Züge übrig.

Man diskutiert über Suizid und die verschiedenen Möglichkeiten, sich umzubringen. Sich im Zeitalter des Internets umzubringen stellt einen sicherlich vor schwierige Entscheidungen.

Im Fernsehen läuft ein Musiksender: Ein Bergsteiger schneidet sein Seil durch und fällt in eine malerische Landschaft. Von den Toiletten dringt Geschrei. Eine Krankenschwester eilt hin, kommt aber zu spät. Nastja kommt zufrieden raus, nach ihr schlüpft die spindeldürre Frau durch die Tür, die von der Pflegerin am Morgen angeschrien wurde.

»Paramonowa also«, seufzt die Krankenschwester. »Paramonowa! Ich bring dich gleich zum Arzt!«

»Kreischt rum, als würde man sie umbringen«, lachen die Alten.

Nastja versammelt ein Grüppchen um sich und berichtet stolz: »Ich hab auf dem Klo gesessen, und die fuchtelt mir vor dem Gesicht herum. Also hab ich ihr eine reingehauen. Die hat mich morgens schon genervt. Irgendwann bring ich sie noch um.«

»Sie hat mich ins Gesicht geschlagen«, sagt Paramonowa weinend zur Krankenschwester.

»Du provozierst doch alle! Außerdem hat dich niemand geschlagen«, erwidert die Krankenschwester, obwohl man Nastjas prahlerische Erzählung durch den ganzen Flur hört.

»Schwarze Raben haben sich auf einen weißen Raben gestürzt«, sagt Paramonowa und wirft die Arme in die Luft.

»Ach, weißt du, was ...«, sagt die Krankenschwester und geht weg. Sie kommt mit einer zweiten Krankenschwester und einer Spritze in der Hand wieder. Paramonowa soll eine bekommen, weil sie »aufgeregt« ist. In jeder Krankenakte ist verzeichnet, was der Patientin im Falle einer Aufregung zu spritzen ist. Paramonowa bekommt Aminasin.

»Das sind Vitamine«, sagt die Krankenschwester.

»Ich will keine Spritze, ich gehe!«

»Der Arzt hat es angeordnet, gegen deine Krankheit.«

»Ich bin nicht krank!«, sagt Paramonowa und rennt aus dem Zimmer. Sie schließt sich in der Toilette ein.

»Ruf den Pfleger«, sagt die Krankenschwester zu einer Pflegerin. Sie nickt. Ein Riesenkerl von Pfleger türmt sich vor der Tür zur Toilette auf, schielt zu mir herüber und sagt: »Ich kann da ja nicht reingehen.«

»Sie kann da nicht ewig drinbleiben. Wir warten«, weist die Krankenschwester mit der Spritze an und stellt sich neben ihn.

»Im Speisesaal hat sie sich auch schon schlecht benommen und jetzt noch Nastja geschlagen«, sagt die zweite Krankenschwester und fährt schon an mich gewandt fort: »Außerdem ist Frühling, im Frühling hat sie immer einen Schub, dann verschlimmert sich auch ihr Ekzem, die ganzen Beine hat sie sich schon aufgekratzt.«

»Es ist hier wie im Kindergarten, man braucht sehr viel Geduld. Nicht alle halten das aus. Ich sehe doch, dass sie Ihnen leidtut. Aber man muss streng mit denen sein.«

Paramonowa kommt raus, sieht den Pfleger und die Krankenschwester und sagt: »Ich gehe ja schon, ich gehe selbst.«

Das tut sie auch. Die Frau mit der Spritze in der Hand folgt ihr. Der Pfleger bleibt in der Tür stehen.

Als ich später in das Zimmer schaue, liegt Paramonowa unter der Decke, das Gesicht zu Wand. Sie bewegt sich nicht.

Im Fernsehen laufen Nachrichten aus der Außenwelt. Zum Abendessen gibt es einen Kartoffel-Möhren-Brei und überbackenen Fisch.

Ich gehe auf mein Zimmer, bleibe aber nicht lange allein. Eine nach der anderen kommen die Frauen zu mir, um mit ihrer Familie zu telefonieren. Sie haben Angst, von fremden Handys zu telefonieren ist verboten. Sie wählen Nummern, die auf abgewetzten

Zettelchen stehen. Sie wünschen ihren Angehörigen alles Gute, seufzen über deren Probleme. Ljuba erfährt, dass ihr Bruder im Krankenhaus ist, und weint in den Hörer: »Er soll bloß nicht sterben.« Olessja versucht ihre Tochter zu überreden, sie aus dem Internat zu nehmen, sie könne auch ihre Rente haben. Die Tochter sagt, sie müsse erst alles mit der Arbeit und den Schulden klären.

»Dann komm mich bitte an Ostern mit Sonetschka besuchen. Ich habe dich schon zwei Jahre nicht gesehen«, fleht Olessja sie an.

Eine winzige Frau versucht immer wieder vergeblich durchzukommen und wird weggedrückt. Dann bittet sie mich, eine SMS zu schreiben: »Wanja, ich bin es, Mama, geh ran.«

»Ich kann nicht. Ich bin bei der Arbeit.«

Keine von den Frauen wird erwischt.

Um 19 Uhr wird in der Abteilung das Licht ausgeschaltet. Im Fernsehen läuft eine Castingshow mit Kindern. Am Abend ist niemandem nach reden. Ich schlüpfe auf den Balkon hinaus. Dort stehen schon still ein paar Frauen. Wir rauchen und schweigen. Die leuchtenden Fenster im Gebäude gegenüber wirken so fern wie die Sterne.

Durch die Tür kommen eine Krankenschwester und eine Pflegerin reingerannt. Sie brüllen eine lauter als die andere:

»Halb nackt!«

»Geraucht wird nur nach Plan.«

»Was treibt ihr hier?«

»Und wenn ihr morgen Fieber kriegt?«

»Morgen gibt es keine Zigaretten!«

»Wer sitzt da hinten? Ohne Strumpfhosen!«

»Ich bin angezogen«, sagt eine der Frauen und geht schnell rein.

»Angezogen? Das nennst du angezogen?«

»Und da hinten? Nur im Kittel! Aber schnell jetzt! Kommt zum Abschluss.«

»Ab ins Bett!«

Die Frauen haben es nicht eilig reinzugehen.

»Lässt du mir eine Kippe da?«, fragt jemand.

»Wir sind hier wie die Tiere hinter Gitter.«

»Man darf nicht halb nackt rauchen. Das wisst ihr doch selbst!«, tönt es von drinnen.

»Frech sind sie geworden, haben vor gar nichts mehr Angst!«

»Gerade könnt ihr alles kriegen – Covid, Frauenleiden. Und es gibt keine Ärzte, keine Betten in den Krankenhäusern. Außerdem nimmt euch sowieso keiner, weil ihr aus der Psycho seid.«

»Ich hole gleich Jekaterina Borissowna, dann seht ihr mal!«

»Morgen gibt es keine Zigaretten!«

Vorsichtig drücken die Frauen ihre Zigaretten aus und gehen im Gänsemarsch in den Flur.

»Das ist gerade die nette Schicht, sie sagen nichts, mach dir keine Sorgen«, versucht eine Frau eine andere zu beruhigen.

»Was für ein aufregender Tag«, sagt Olessja, sie ist ruhig, sie hat heute eine ganze Schachtel geschenkt bekommen. Sie hat morgen sicher was zu rauchen.

Ich wache auf, weil ich einen Blick auf mir spüre. Nacht. Jemand wühlt in meiner Jacke auf dem Fensterbrett. Die grauen kurz geschnittenen Haare leuchten im Laternenlicht.

Ich erkenne sie sogar von hinten. Es ist eine von den alten Frauen, die an der Laube kauern, in der Hoffnung, dass ihnen jemand seinen Zigarettenstummel gibt. Sie sagt nie etwas, schaut nur.

Ich stehe auf und berühre sie an der Schulter.

Sie dreht sich um und schreckt mit einem Satz vor mir zurück.

»Entschuldigen Sie. Entschuldigen Sie mich. Ich habe mich vergessen. Sagen Sie es niemandem. Ich habe mich vergessen«, murmelt sie und sinkt immer mehr zu einer Seite, sie greift nach irgendetwas in der Luft, versucht mit einer Hand an meinem Bett Halt zu finden. Sie geht und geht nicht.

Ich verstehe nichts und kriege Angst.

Dann verstehe ich und kriege Angst:

Sie versucht, auf die Knie zu gehen.

Ein Aushang am Metallschrank

In Zusammenhang mit gehäuften Fluchtversu-
chen der Klienten müssen Pfleger die Pflegerinnen
morgens zur Wäscherei begleiten.
Die Klienten dürfen nicht unbeaufsichtigt rausgelassen werden!!!
Verstöße spiegeln sich in den Gehaltszahlungen
wider.
Die Verwaltung

Ihr habt mein Leben zerstört

Ein Junge mit einem riesigen, blauen Hämangiom im Gesicht
schreibt in großen Druckbuchstaben auf ein Blatt:

VERLEGT MICH UM GOTTES WILLEN IN EIN ANDERES INTERNAT
SONST HÖRE ICH NICHT AUF ZU NERVEN.
OHNE ZWEIFEL
IHR HABT MEIN LEBEN ZERSTÖRT.
HABEN WIR DAS? FRAGT IHR.
UND OB!
ICH VERACHTE EUCH MERKT EUCH DAS!
HIER SIND DUMME MENSCHEN.
ICH MÖCHTE FREI UND UNABHÄNGIG SEIN.
HIER ARBEITEN MORALISCHE KRÜPPEL.
ICH HASSE ALLES IN DIESEM IRRENHAUS.

Dass er schreiben kann, findet man lustig. Sein Zimmernachbar
kann *Eugen Onegin* laut lesen, auch wenn er nichts von dem Gelese-
nen versteht. In diese Zimmer führt man gern die Kommissionen,
um die begabten Jungs vorzuzeigen.

Tjoma

Es ist die einzige Abteilung, die sich mit dem Generalschlüssel nicht öffnen lässt, die Tür geht nur von innen auf: die Abteilung 3A. Es riecht nach Urin. Man erklärt uns, dass hier die schwersten Fälle liegen: Ausreißer, Aggressive, Aufgeregte. Sie essen nicht im Speisesaal, aber manche dürfen zum Spazieren in den Hof. Man sagt uns, wir dürften ihnen nicht den Rücken zuwenden. Ich bin dort mit Katja Tarantschenko, der Leiterin von Perspektivy,[25] einem ehrenamtlichen Verein, der mit solchen Internaten arbeitet.

Eine Eisentür. Eine von vielen. An zwei Metallbögen baumelt ein offenes Vorhängeschloss.

In der Tür ist ein kleines Plastikfenster.

Katja schaut durchs Fenster, nimmt das Schloss ab und geht rein. Stinkende, abgestandene Luft schlägt uns entgegen.

In der Mitte des Zimmers steht ein komplett nackter Junge. Er ist dünn, die Haare sind sehr kurz, am Po sind blaue Flecken von Spritzen. Er sieht durch uns hindurch. Komischerweise kann ich sein Gesicht nicht richtig erkennen. Aus seinem Mund hängt ein Speichelfaden.

Außer ihm befinden sich im Raum nur noch zwei Betten, auf einem davon liegt eine Matratze.

In der Ecke steht ein Eimer.

Der Junge geht zum Eimer, uriniert und geht wieder in die Mitte des Zimmers. Er wischt sich mit der Hand über den Genitalbereich und fährt sich durch die Haare.

Die Krankenschwester erzählt mit gesenkter Stimme: »Artjom S.; ein schwerer Fall, er hatte einen Zimmernachbarn, aber der ist gerade im Krankenhaus, deswegen wohnt er allein. Er zerreißt und isst alles. Er hat das Fensterbrett gegessen! Sehen Sie!« Eine Fensterecke ist aufgebröselt.

»Wie oft kommt er hier raus?«, fragt Katja.

»Artjom geht nicht spazieren«, erwidert die Schwester nach kurzer Überlegung.

»Wo ist seine Kleidung?«

»Einen Moment«, sagt die Krankenschwester und verschwindet.

Artjom wiegt seinen Körper hin und her, streift Katja mit dem Blick, schaut zur Decke.

Er geht zum Bett, hebt die Matratze hoch und holt eine Unterhose und Socken hervor.

»Danke, Tjoma. Was hältst du davon, dich anzuziehen?«, fragt Katja.

Tjoma zieht sich an. Endlich kann ich sein Gesicht erkennen. Es erinnert an ein Wolfsjunges aus einem Trickfilm. Er ist blass, hat braune Augen, Segelohren. Er dürfte um die 15 sein.

Die Krankenschwester kommt wieder und bringt eine Hose und ein T-Shirt mit. »Wir nehmen ihm alles weg, weil er es zerreißt. Er zerreißt sogar die Bettlaken, und die sind Staatseigentum«, erklärt sie.

»Wir möchten mit Tjoma spazieren gehen«, sagt Katja. »Wann ist bei Ihnen der Spaziergang?«

»Das geht nur mit Erlaubnis des Arztes. Ich rufe ihn an.« Sie wählt eine Nummer und reicht Katja den Hörer. Ich höre ein bisschen mit: »Schwere Einschränkungen. Er befindet sich im Beobachtungszimmer. Nicht ansogen, sondern exogen. Angeborene Geistesschwäche. Es gibt lange Remissionsphasen. So ist es, leider.« Der Arzt sagt Nein.

Katja gibt der Krankenschwester den Hörer wieder.

»Dann laufen wir ein bisschen in der Abteilung herum. Hast du Schuhe, Tjoma?«

Tjoma klettert unters Bett und holt ein Paar Gummischlappen hervor. Er zieht sie an, wir gehen raus. Tjoma geht zu der Abteilungstür. Zerrt am Türgriff. Und sagt: »U!«

»Ich weiß«, sagt Katja. »Leider.«

Wir gehen an den anderen Zimmern vorbei. Überall sind Menschen, Menschen, Menschen. Wir kommen bei ein paar Tischen an, hier wird gegessen. Dahinter sind die Zimmer, deren Bewohnerinnen und Bewohner etwas mehr Freiheiten haben. Sie halten uns für eine Kommission, deswegen erzählt ein junger Mann uns gleich, man habe seine Plastiklöffel weggeschmissen. »Die waren schmutzig«, erwidert die Krankenschwester. »Gar nicht! Und womit soll ich jetzt umrühren? Mit meinem Finger?« Später erklärt man mir, dass nur ein Kamm, Taschentücher, eine Zahnbürste, Zahnpasta und Toilettenpapier in einer durchsichtigen Box auf dem Fensterbrett erlaubt sind. Alles andere wird weggeworfen. »Die versuchen ständig, irgendetwas anzuschleppen, es aufzubewahren – eine gebrauchte Maske, irgendein Blatt vom Spaziergang. So sind sie einfach.«

Tjoma läuft schnell, macht große Schritte. Er kommt bei der Balkontür an. Da hat Katja eine Idee.

Aber zuerst muss Tjoma in sein Zimmer gebracht und die Tür hinter ihm abgeschlossen werden. Tjoma folgt uns in sein Zimmer, zieht die Socken aus, versteckt sie und legt sich mit dem Gesicht zur Wand aufs Bett. Katja geht schweigend weg, deswegen muss ich das Vorhängeschloss allein zumachen.

Am nächsten Tag gehen wir zu Dr. Siebenflügel, Tjomas behandelndem Arzt. So nennt man ihn hier für seinen Lieblingsspruch: »Ihr habt nur eine Abteilung, aber ich habe sieben Flügel.« Ein Psychiater ist hier für knapp hundert Patientinnen und Patienten zuständig, während der Pandemie waren es auch locker 400. Es stellt sich heraus, dass Dr. Siebenflügel gerade mal seit einer Woche im Dienst ist. Er kennt Tjoma gar nicht. Er liest aus der Krankenakte vor: »Ist aus einem Kinderinternat ins PNI gekommen. Seiner Mutter wurde das Sorgerecht entzogen, sein Vater ist tot. Mit anderthalb Jahren aus dem Kinderwagen gefallen. Mit drei veränderte sich sein Verhalten: Er versteckte sich hinter Sesseln, unter der Decke, rannte im Kreis, schaute ununterbrochen Fernsehwerbung. Er sprach immer weniger, irgendwann hörte er ganz auf, er hat Tuben ausgedrückt und Kabel durchgebissen. Ist im Unterricht durch die Klasse gerannt, hat seine Kleidung zerrissen, Blumen und Hefte gegessen. Hat geschrien und gebissen.«

Mit viel Mühe bekommen wir die Erlaubnis, mit Tjoma auf den Balkon zu gehen. Der Psychiater ist genervt. Er will fragen, wozu wir das alles machen, setzt ein paarmal an, lässt es aber bleiben.

Beim nächsten Mal ist Tjoma bereits angezogen.

»Hallo, Tjoma! Toll, dass du dich schon angezogen hast. Ich freue mich, dich zu sehen«, sagt Katja.

Wir gehen zur Balkontür. Katja zieht Tjoma eine Jacke an, er hilft mit, steckt die Hände in die Ärmel. Katja gibt ihm eine Mütze, und er zieht sie sich tief in die Stirn, bedeckt fast seine Augen. Wir gehen auf den Balkon.

Sonne. Plattenbauten. Bäume berühren den Himmel. Ein betörender Duft von Schmelzwasser liegt in der Luft.

Tjoma stellt sich an das Gitter. Und atmet.

Dann dreht er sich zu uns um und schaut uns zum ersten Mal an.

»Soll ich Musik anmachen, Tjoma?«, fragt Katja. »Magst du Musik?«

Sie macht »Seljonaja Kareta« an, ein Schlaflied über den Frühlingsanfang. Tjoma setzt sich auf die Bank, dann legt er sich hin und zieht die Knie zum Bauch heran. Er schaut durchs Gitter in den Himmel und atmet durch den Mund.

Am nächsten Tag gehen wir wieder zu Dr. Siebenflügel. Wir sagen, dass Tjoma sich sehr gut benimmt und man versuchen könnte mit ihm rauszugehen. Wir würden ganz in der Nähe bleiben, und der Pfleger auch, außerdem sei der Hof ja eingezäunt. Wir haben noch mehr Argumente vorbereitet, aber der Psychiater stimmt schon zu, mit der Bedingung: »Auf Ihre Verantwortung. Ich habe Ihnen gesagt, was ich denke.«

Tjoma erwartet uns schon angezogen. Auch er ist aufgeregt.

»Wir gehen heute raus zum Spazieren. Nach draußen. Runter. Dorthin, wo die Erde ist. Aber erst müssen wir etwas Süßes essen, damit wir genug Kraft haben«, sagt Katja und hält ihm Süßigkeiten hin.

Die Pflegerin bringt Tjomas Jacke in das Zimmer und schüttelt den Kopf.

»Könnten Sie hier lüften, während wir weg sind?«, bittet Katja.

»Ja, gleich«, sagt die Pflegerin, holt einen Schlüssel und öffnet das Fenster. Katja möchte Tjoma anziehen, aber er macht es schon selbst. Er zieht die Hose über seinen Pyjama, schlüpft in den Pullover. Katja zeigt ihm, wie man einen Reißverschluss zumacht, er erinnert sich und macht die Jacke zu. Er hat lange, dünne Finger.

Wir gehen in den Flur. Dort steht ein Haufen Männer in Mützen herum. Sie sehen wie Trolle aus: groß, unbeholfen und gar nicht furchteinflößend. Wann habe ich aufgehört, mich vor ihnen zu fürchten? Und warum? Ein Pfleger schließt die Tür auf, und die Menge strömt die Treppe herunter, wir gehen ganz am Schluss.

Tjoma tritt unsicher von einer Stufe auf die nächste, steigt aber schnell, sehr schnell die Treppe herunter.

Vor uns liegt der eingezäunte Hof von 124 Schritten.

Sonne, Schneereste.

Der plattfüßige Sascha reckt den Kopf und schaut in den ersten Stock. Dort wohnt Jana, seine Liebe.

»Möchtest du Süßigkeiten? Was möchtest du, Hasi?«, ruft Sascha.

»Ich gehe baden«, sagt Jana, bleibt aber stehen.

»Mach das, Liebe!«

»Ich gehe mich ertränken«, sagt Jana und bleibt stehen.

Sascha sieht sie an und lacht.

»Ich ertränke mich! Ich werde mich ertränken!«

»Na, mach schon!«, rufen einige Männer. Sie recken ihre Köpfe mit den Zwergenmützen. »He, wo willst du mit der Zigarette hin, du da!«, fährt der Pfleger jemanden an.

Tjoma geht einmal über den Hof, dann noch einmal.

Auf seinem Gesicht zeichnet sich bittere Enttäuschung ab. Er zieht sich die Mütze tiefer ins Gesicht, macht immer größere Schritte. Dann bleibt er stehen und schaut Katja an.

»U«, sagt er. »Uuuuu!«

»Ich weiß« sagt Katja. »Aber schau mal hier.« Sie führt ihn an den Zaun heran. Dahinter erheben sich felsengleich graue Plattenbauten, die im Licht rosa schimmern.

Sie stehen da zu zweit. Dann nimmt Tjoma Katja an die Hand und führt sie zurück zur Tür. Sie steigen die Treppe rauf. Die Abteilungstür ist zu, aber wir haben einen Schlüssel.

Tjoma geht rein, läuft in sein Zimmer, zieht sich aus und schlüpft mit dem Kopf unter die Decke.

Wir sitzen eine Weile neben ihm, dann gehen wir raus.

Am nächsten Tag erwartet Tjoma uns direkt an der Zimmertür, er schaut durch das Plastikfenster. Er ist schon angezogen.

Die Krankenschwester, die uns reinlässt, sagt: »Sie können wohl Hypnose oder so etwas. Seit Sie ihn besuchen, zerreißt er keine Sachen mehr und isst nur noch Lebensmittel. Merkwürdig, wie Sie das schaffen. Das ist doch eine Gabe!«

Katja verzieht heftig das Gesicht. Ich ahne Böses. Aber sie sagt nichts, sondern geht einfach schweigend ins Zimmer.

Sie öffnet mit einem eigenen Schlüssel das Fenster, und in die abgestandene, urinstinkende Luft strömt ein frischer Frühlingswind.

Katja dreht sich um, ihr Gesicht ist schon wieder ruhig.

»Hallo, Tjoma! Ich freue mich, dich zu sehen! Freust du dich auch? Bist du so weit? Sollen wir noch mal rausgehen?«

Tjoma geht zu Katja, schaut ihr ins Gesicht und streckt die Hand aus.

»Ja, habe ich«, sagt Katja. »Hier, das ist ein Snickers. Hast du die schon mal gegessen? Das sind die mit den Nüssen.«

Tjoma geht vom Weg herunter und läuft über die nackte Erde. Der letzte Schnee zerbröckelt in kleine Stückchen. Tjoma setzt sich auf eine Bank. »Schau mal, wie heiß die Sonne ist, Tjoma«, sagt Katja. Tjoma kneift die Augen zusammen und schaut in die Sonne, schluckt. Ich habe ihn schon lange nicht sabbern gesehen. Er geht in die Laube. Die Männer rücken, Tjoma setzt sich neben sie. Katja fragt: »Ist es ok, wenn ich Musik anmache?« Die Männer nicken.

Sie schaltet »Kardiogramm« von Boris Grebenschikow an:

Plötzlich singen die Lärchen viel lauter,
Neue Worte tauchen aus der Stille auf,

Es scheint, als hätte jemand mein Herz gewonnen,
Manchmal denke ich, das bist wohl du.
Die Lippen haben vergessen, wie es ist zu lächeln,
Das Gesicht finster, nur ein paar Züge zu sehen.
Doch plötzlich passiert etwas Gutes mit meinem Herzen,
Weißt du, ich denke, das bist wohl du.

»Ich denke, das bist wohl du«, singt Katja für Tjoma. Und Tjoma lächelt, erst verhalten, dann ganz breit.

»Schön zu sehen, wie du lächelst«, sagt Katja, und sie lächeln beide.

Die Sonne strahlt grell auf die sich schnell drehende Erde.

Am nächsten Tag verlässt Katja die Stadt.

Der Waschraum

In den Waschraum geht es einmal die Woche. Vorher muss man einen Bademantel anziehen. Die Frauen nehmen ihre Shampoos mit, wenn sie welche haben.

Im Vorraum muss man sich ausziehen. Dann wird man in Gruppen reingelassen. Bademäntel und Unterhosen kommen in eine Tüte.

Olessja will ihren Bademantel nicht weggeben, er ist neu und schön, aber man nimmt ihn ihr weg.

Wir betreten einen komplett gefliesten Raum. Die Krankenschwester bleibt am Eingang stehen und kontrolliert alles.

»Wer sich gewaschen hat, geht raus!«, ruft sie.

Zwei Duschen, die nackten Frauen bilden eine Schlange. Unter die Dusche muss man zweimal: Erst macht man sich nass, holt bei der Pflegerin eine nach Kräutern riechende Seife aus einer großen Flasche ohne Etikett und einen Waschlappen (die Waschlappen gehören allen und werden desinfiziert), seift sich ein, seift seine Haare ein, dann stellt man sich wieder in die Duschschlange zum Abspülen. Wir stehen knöcheltief in schmutzigem Schaumwasser.

Die Frauen schrubben ihren Intimbereich, heben ihre Brüste hoch. Ich hole meinen Rasierer raus – ein Raunen geht durch die Menge. Rasierer sind verboten. Wer einen hat, versteckt ihn. Einfach so einen mitzubringen, ist eine nie da gewesene Frechheit. Körper. Körper. Dicke, dünne. Kahl rasierte Köpfe, große Bäuche. Wir sehen einander an.

»Raus jetzt! Da hinstellen! Die nächsten fünf rein!«

Auf einer Bank werden diejenigen gewaschen, die sich nicht selbst waschen können oder es zu langsam tun. Man begießt sie aus einem schwarzen Gummischlauch. Normalerweise machen das andere Bewohnerinnen, aber heute bin ich da, deswegen müssen es die Pflegerinnen selbst machen.

Die Pflegerinnen sind nass und verärgert. Sie schrubben, als hätten sie ein totes Stück Fleisch vor sich. Eine Frau bekommt Seife in die Augen und fängt an zu weinen wie ein Kind. Die Pflegerin murrt nur: »Was hast du denn?«

Rollstuhlfahrerinnen werden auf Plastiksitze auf Rollen gehievt. Nachdem man sie mit dem Schlauch abgespült hat, rollt man sie unter die Dusche.

»Mein Rollstuhl!«, klagt eine alte Frau. »Gebt mir meinen Rollstuhl wieder, ich kann doch nicht laufen!« Man wäscht sie einfach weiter.

Rosa konnte ihren Stuhlgang nicht halten und die Scheiße wird genauso abgespült.

Am Ausgang muss man seine Brüste heben und zeigen, dass man sich gut gewaschen und keinen Ausschlag hat. Eine Krankenschwester mustert die Frauen.

Die Befunde nach dem Waschen werden in ein Extraheft eingetragen.

Man bekommt ein Handtuch, einen Bademantel und Unterhosen. Die Unterhosen nimmt man sich einfach von einem Haufen herunter. Sie sind grau verwaschen und passen nicht, aber die Frauen ziehen widerspruchslos an, was sie kriegen.

Dann geht es wieder in den Vorraum, wo man darauf wartet, in die Abteilung gebracht zu werden.

»Schön war das, Mädels!«, sagt Olessja. »Das ist doch ein Traum, so frisch gewaschen!«

Sweta

Sweta Skasnewa habe ich in der Abteilung der Barmherzigkeit getroffen. Das ist eine Abteilung im Erdgeschoss, früher oder später landen alle dort, die meisten kurz vor ihrem Tod. Hier sind viele bettlägerig oder im Rollstuhl. Fliesen, Eisentüren, hier gibt es sogar Isolationszellen mit Schloss von außen.

Sweta ist fast kahl rasiert. Im Mund ist nur ein einziger Zahn, dadurch wirkt ihr Gesicht fast rund. Fröhliche braune Augen, breites Lächeln. Ihren Körper verziehen spastische Anfälle, immerzu hat sie Krämpfe. Die Arme hat sie hinterm Kopf und kann sie nicht herunternehmen. Sie hat Kinderlähmung, ihre Eltern haben das Sorgerecht sehr früh abgegeben. Sweta lebte bei ihrer Großmutter, später dann bei einer Tante. Aber als Sweta 31 war, wurde die Tante krank, und die Verwandten haben beide weggegeben: die Tante in ein Altenheim und Sweta ins Internat. Heute ist Sweta 47.

Um einen Satz zu sagen, muss Sweta unwahrscheinliche Widerstände ihres Körpers überwinden. Deswegen spricht sie langsam, mit Pausen, in denen sich ihr Körper verdreht und aufbäumt. Ich höre zu. Das mitanzusehen ist schwer.

»Ist es schwer für Sie, mit mir zu reden? Sind Sie müde?«

»Nein. Ich möchte mit Ihnen reden. Lassen Sie uns reden.«

Neben Swetas Bett sitzt auf einem selbst gemachten Rollstuhl Julia, ihre Zimmernachbarin und engste Freundin. Julia füttert Sweta, bringt ihr die Bettpfanne und hilft ihr beim Anziehen. Es heißt, Julia könne nicht sprechen, aber Sweta versteht sie und übersetzt zusammenfassend für mich. »Wir sind wie Schwestern«, sagt Sweta, »mit ihr spricht keiner und mit mir auch nicht. Eine Krankenschwester hat mit mir gesprochen. Sie hat gekündigt. Sie hat es auch aufgeschrieben.«

»Was aufgeschrieben?«, frage ich.

Julia tippt mir auf die Hand und rollt zu einer Kommode. Sie holt eine Tüte heraus, in der Tüte sind zwei Hefte. Voller Gedichte.

Vater unser im Himmel, sag mir,
Warum ich lebe auf der Welt
In Krankheit, Leid und Armut?
Es braucht mich hier doch niemand.
O Gott, was habe ich falsch gemacht?
Wofür ist das mein Schicksal?
Mein Leben lang erdulde ich Qualen.
Hörst du meine Seele weinen?

Die Welt der Gedichte ist weiter als die Mauern des Internats. Weiter als die mögliche Gegenwart.

Es steht ein Dorf auf einem Hügel
Die Hütten in zwei Reihen
Fleißige Menschen leben dort
Und ich einmal bei meiner Oma.

Einmal gab es in der Abteilung der Barmherzigkeit ein Liebespaar. Er lebte auch hier, aber ihnen war kein Glück vergönnt. »Ein solches Paar wollten die Ärzte nicht akzeptieren. Vor lauter Gram beschloss der Mann zu fliehen. Die Flucht gelang, am frühen Morgen war ihm nicht mehr bang. Doch seine arme Mutter brachte ihn zurück. Da wurde ihm erst klar, was er getan hatte: die Liebste verraten, Freiheit und Glück vertan.«

Der junge Mann wurde in die Abteilung 3A verlegt, die Abteilung für Ausreißer und Problemfälle, zwei unüberwindliche Stockwerke entfernt. Sie sahen sich nicht wieder. »Im Internat wissen alle von der Beziehung. Doch die Ärzte lassen sie trotzdem nicht in eine Abteilung!«

»Haben Sie das alles diktiert?«, frage ich.

»Am Anfang, ja, später habe ich ein Handy geschenkt bekommen. Ich habe geschrieben. Ich schreibe.« Sweta drückt den Kopf in die Matratze und holt mit einer Hand ein rotes Alcatel-Tastenhandy unterm Kissen hervor. Drückt mit dem kleinen Finger ihrer linken Hand die Tasten. Und es erscheinen neue Zeilen in dem sogenannten Schmierheft.

»Wie lange haben Sie gebraucht, um so zu tippen, ganz ohne hinzuschauen?«

»Ein halbes Jahr.«

Später wird mir Sweta eine SMS schicken: »Ich gehe sehr sorgfältig und sehr aufmerksam mit meinen Gedichten um. Wenn im Text nur ein Fehler ist, bestehe ich sofort darauf, dass es verbessert wird, denn ein einziger Buchstabe oder ein falsches Wort können das ganze Gedicht ruinieren.«

»Unter Ihren Gedichten gibt es auch ein ›Schlaflied für meine Tochter‹. Haben Sie eine Tochter?«

»Nein, das sind nur Träumereien.«

Sweta ist bei allem, was sie tut, ans Bett gefesselt. Ein gewöhnlicher Rollstuhl passt für sie nicht, aber nur der wurde ihr verschrieben, deswegen kann sie keinen anderen bekommen. In der Ecke ihres Zimmers steht ein Fernseher, der seit zwei Jahren kaputt ist. »Julia sieht im anderen Zimmer fern und erzählt es mir nach. Aber ich will selbst schauen«, sagt sie.

Bis zum Fenster ist es zu weit. Das Einzige, was Sweta sieht, ist die Wand gegenüber. Dort hängt ein Bild: rennende Pferde. »Auf weiter Flur galoppieren Pferde geschwind, wirbeln Staub auf, die Mähnen wehen im Wind.«

Ich gehe zu Dr. Siebenflügel, um mit ihm über den Rollstuhl und den Fernseher zu sprechen, und über die Spastik. Ob Sweta Medikamente gegen die Muskelkrämpfe bekommt, es gibt doch welche, will ich wissen.

Bekommt sie nicht. Warum? »Ich weiß es nicht, ich bin doch erst seit einer Woche hier«, sagt der Psychiater und holt die Krankenakte hervor: »Kinderlähmung, teilweise Schädigung des Hirns, schwere Geistesschwäche, Oligophrenie. Kein Sprachvermögen.

Kommuniziert durch Mimik und Gesten. Folgt einfachen Anweisungen. Ist primitiv. Weist signifikante Einschränkungen kognitiver Fähigkeiten auf. Vegetative Lebensweise.«

»Soll das Sweta sein?«

»Ja.«

»Was bedeutet hier vegetativ?«

»Wenn ein Mensch sich nur für Essen und Ausscheidungen interessiert.«

»Sie schreibt Gedichte.«

»Was für Gedichte?«

»Sie hat ein Heft mit Gedichten.«

»Haben Sie das gesehen, dass sie schreibt? Hören Sie, das ist einfach lächerlich. Sie hat nicht einmal eine Schule besucht. Puschkin hat einen Wortschatz von 20 000 Wörtern. Und sie kann gar keine haben, um ihre Gedanken, ihre Gefühle auszudrücken.«

»Ich habe mit ihr geredet.«

»Und Sie hat Ihnen Gedichte vorgetragen, oder was? Also gut, dann gehen wir zusammen hin, sie soll mir auch welche vortragen.« Dr. Siebenflügel ist sauer. »Denken Sie, wir schreiben einfach irgendwelchen Unsinn in die Akten? Und das habe nicht einmal ich geschrieben! Sie wurde am Serbski-Institut untersucht, das sind Experten ihres Fachs.«

»Lassen Sie uns morgen zusammen zu ihr gehen«, schlage ich vor.

»Gut, dann morgen«, brummt Dr. Siebenflügel. »Ich bin sehr gespannt, sie zu hören.«

Am nächsten Tag erwartet Dr. Siebenflügel mich in Swetas Zimmer. Er ist sichtlich irritiert.

»Ich habe gestern über sie nachgedacht und sie selbst gefragt. Es funktioniert nicht. Zeigen Sie, wie Sie das machen.«

»Hallo Sweta, wie geht es Ihnen heute?«, frage ich.

Sweta drückt die Stirn gegen ihr Kissen, schiebt mit der linken Hand das Handy raus. Drückt mit dem linken kleinen Finger die Tasten, trifft nicht, drückt noch mal. Ich sehe, dass ihre Spastik heute schlimmer ist.

»Geboren wurde ich in der Stadt N. Mit sieben Monaten erkrankte ich an Hirnhautentzündung. Bis zum neunten Lebensjahr wohnte ich bei meinen Großeltern.«

»Wer hat das geschrieben?«, fragt Dr. Siebenflügel.

»Sweta, haben Sie das geschrieben?«, frage ich.

(Krämpfe, Krämpfe.)

»Ja.«

»Wann haben Sie das geschrieben?«

(Lange Krämpfe, der Psychiater schaut zur Decke.)

»Heute Nacht.«

»Sie soll jetzt etwas schreiben, egal was, irgendeinen Satz«, sagt er.

»Sweta, schreiben Sie bitte, wie Sie sich fühlen.«

Sweta wird von Krämpfen gequält. Schließlich drückt sie ihr Gesicht ins Kissen und zieht das Handy zu sich heran.

Ich nehme das Heft und suche das Gedicht »Eine junge Frau an Gott«, halte es dem Psychiater hin: »Hier, lesen Sie bitte.« Er fängt an zu lesen. Sweta tippt mit dem kleinen Finger etwas ins Handy. Meine Hände zittern, ich verschränke die Arme vor der Brust.

Ich schaue zu Julia. Sie sitzt so aufrecht, wie es nur geht, auf einem Hocker. Auf ihrem Gesicht liegt ein ruhiges, stolzes, überzeugtes Lächeln. Sie nickt mir zu.

Sweta schiebt das Handy mit einer kleinen Bewegung an den Bettrand.

Ich nehme und gebe es Dr. Siebenflügel.

»Ich bin sehr aufgeregt.«

Dr. Siebenflügel schaut Sweta an.

Sweta erwidert seinen Blick, dann schaut sie zu mir.

Sweta fragt:

»Sie haben mich ausgesucht? Warum?«

Ich fasele Unsinn, sage irgendwas über Talent.

»Es gibt auch andere«, sagt Sweta.

»Es gibt viele andere«, sagt Dr. Siebenflügel in den Raum hinein. »Die Feinheiten reichen nicht für alle.«

Er verlässt den Raum. Draußen sagt er: »Unsere personellen Möglichkeiten sind begrenzt. In Spanien braucht man 500 Mitarbeiter, um ein gutes Internat mit tausend Betten zu eröffnen, und wir, wir haben eine Krankenschwester für 40 Leute. Intelligenz ist eine komplexe Funktion und wird mit psychologischen Tests bestimmt. Somatisch ist sie vegetativ. Sie schreibt Gedichte, aber ihre Intelligenz und ihr Gedächtnis sind stark eingeschränkt, auch ihr Wille ist begrenzt. Und ihre Wahrnehmung, ihr Denken und die Wiedergabe – das alles ist stark eingeschränkt! Sie ist unmündig. Die Mündigkeit ist ein Apparat, ein staatlicher Apparat. Ich war es nicht, der sie für unmündig erklärt hat. Es gab eine Kommission, das Serbski-Institut! Lassen Sie Ihre Beziehungen lieber mal für einen Rollstuhl spielen!«

Was das Personal sagt

»Ich bin Krankenschwester. Ich sollte mich um den Gesundheitszustand der Klienten kümmern, nicht wahr? Aber wissen Sie, worüber ich alles Buch führen muss? Schauen Sie mal: Ein Heft über die Schichtwechsel. Protokoll der ärztlichen Verordnungen. Protokoll der ärztlichen Verordnungen von Präparaten, die die Klienten selbst zahlen. Ein Heft über die Untersuchungen bei Fachärzten. Protokolle über die Waschtage. Ein Heft über einmalige Gaben von Medikamenten. Haarschnitte und Rasuren der Klienten. Ein Heft über die Gabe von starken Medikamenten. Ein Heft über Neuroleptika nach ärztlicher Verordnung. Ein Heft über die Gabe von Medikamenten der allgemeinen ärztlichen Verordnung. Ein Heft über Desinfektionsmittel. Ein Heft über Brandschutzmaßnahmen. Eine Tabelle der Klienten. Eine Tabelle der Hygienemaßnahmen der Klienten. Eine Tabelle der Spaziergänge der Klienten. Ein Heft über Temperatur und Luftfeuchtigkeit. Ärztliche Verordnungen. Ein Heft über den Einsatz von antibakteriellen UV-Geräten, jeweils für die Empfangszimmer, Flure, Toiletten, Duschen, Büros. Ein Hygieneheft der Mitarbeiter. Eine Tabelle der

Temperaturmessungen bei den Klienten. Ein Heft über visuelle Kontrollen nach der Durchführung von Hygiene- und Antiepidemie-Maßnahmen auf der Abteilung. Ein Protokoll über die Aufladung der Taschenlampe. Ein Mens-Heft, in dem die Menstruationen verzeichnet werden. Ein Heft über die Generalreinigung, für alle Räume einzeln. Ein Heft für Anträge auf Medikamente. Ein Heft für die Registrierung epileptischer Anfälle. Es gibt auch ein Heft über die Wartung der ›Kront‹-Filter, die werden zum Glück nur einmal im Monat, immer am 18. ausgewechselt. Ich darf keinen Eintrag auslassen, sonst bin ich mein Gehalt los. Nun frage ich Sie: Wann soll ich mich um die Gesundheit der Klienten kümmern?«

»Die Spaziergänge gibt's immer zu bestimmten Zeiten. Eigentlich nach Wunsch. Aber je mehr sie draußen sind, desto weniger wuseln sie hier herum. Dann haben die Krankenschwestern etwas Ruhe, alle haben etwas Ruhe, der Arzt hat etwas Ruhe. Deswegen finden die meisten, dass man sie möglichst viel rausjagen sollte. Ich mach das ja nicht, aber Natascha ist zum Beispiel eine von denen, die sie immer rausjagt. Einer hat sich mal versteckt, den hat sie mit dem Wischmopp gepiesackt: Los jetzt, raus. Aber der hat ihr den Wischmopp aus der Hand gerissen und ihr damit dreimal auf den Kopf gehauen. Fertig. Der wurde mit irgendwelchen Drogen vollgepumpt und auf die K verlegt, das ist die Psychiatrie. Obwohl er sich entschuldigt hat. Und Natascha hat sich einen Betriebsunfall eingetragen.«

»Warum wir nicht alle zum Spazieren rauslassen? Wir haben nur einen Pfleger. Von den 60, 64 Menschen lassen wir höchstens 25 auf einmal raus. Die Hälfte sind ja Ausreißer, und wenn einer losrennt, rennen gleich fünf andere hinterher, und die Restlichen muss ja auch noch wer beaufsichtigen. Deswegen können wir sie nicht in größeren Gruppen rauslassen.

Sie springen über den Zaun, sogar über diesen da. Wissen Sie, wie oft schon welche abgehauen sind? Wir haben sie wieder eingefangen. Nur eine Ausnahme haben wir: Mischa E. Wenn der im Krankenhaus ist, kommt er zu Fuß hierher zurück. Alle wollen hier weg, nur er nicht. Er hält das hier für sein Zuhause, deswegen will er immer gleich hierher zurück.

Die bauen erst Vertrauen auf, helfen einem. Und wir wollen sie ja rehabilitieren, deswegen lassen wir sie. Einer hat es genauso gemacht, hat ein, zwei Monate geholfen, und als er mit einer Pflegerin in der Wäscherei war, hat er gesagt: Ich geh kurz eine rauchen. Und weg war er. Anderthalb Monate später hat man ihn gefunden. Die tun immer so brav, und dann hauen sie ab. Und den Pflegerinnen wird dann das Gehalt gekürzt. Den Pflegern und den Krankenschwestern auch. Allen aus der Schicht. Bis zur Hälfte deines Gehalts kannst du dadurch verlieren! Weil der Ausreißer in deiner Schicht war. Und dann musst du einen Bericht schreiben, und der hat auch so seine Folgen. Drei Berichte und du wirst gekündigt. Da wird nicht groß geschaut.

Deswegen können wir sie nicht in größeren Mengen rauslassen. Weil wir nicht unser Gehalt verlieren wollen, das ohnehin schon winzig ist. Weil zu Hause Kinder warten, die was zu essen wollen.

Wenn sie aus anderen Krankenhäusern oder Internaten zu uns kommen und sie dort schon mal abgehauen sind, dann steht das in deren Akten. Wenn sie von zu Hause herkommen, beobachten wir sie erst mal. Ab einem Fluchtversucht gilt man als Ausreißer. Wenn einer nämlich einmal abhauen wollte, wird er es auch ein zweites Mal versuchen. Wer weiß, was er da für Stimmen hat in seinem Kopf? Was sie ihm sagen? Er schubst dich um und rennt davon in die Freiheit.«

»Ja, so was kommt vor, ich hab es auch schon mal erlebt. Bei uns hat S. mal A. gewürgt. Mit einem Bettlaken. Ein Pfleger war gerade im Flur und hört ein Krächzen aus der Einzelzelle. Er hat den richtig umgeworfen, gleich am Bett. Und gewürgt. Das Laken um den Hals und zieht ihn dicht zu sich ran, damit der nicht brüllt, sich nicht bewegt, und fickt ihn. Der musste dann behandelt werden, weil er gerissen war.

In der Abteilung für Rehabilitation ist es damit einfacher, da sind Jungs und Mädchen gemischt. Aber hier können die ihre Sexualität nicht rauslassen, wie die Tiere. Und auch die Mädchen kommen zu kurz, nicht wahr?

In der letzten Schicht hatte ich eine, die ständig gebrüllt hat: Bringt mich auf die K, ich will Schwänze lutschen. Offensichtlich handhaben sie es da lockerer. Sie will eben einen Kerl. Und weiß, dass sie hier keinen kriegt. Deswegen fangen sie sogar an, ihre Zimmernachbarinnen anzumachen. Die pulen einander alle Löcher auf. Und die Männer machen andere Männer an. Manchen gefällt es sogar, andere wehren sich.

Es gibt auch welche, die es freiwillig machen. Sascha hieß einer, aber alle haben ihn hinter seinem Rücken Dascha genannt. Der hat sich nicht einmal gewehrt. Aber abhauen wollte er immer. Du gehst in den Speisesaal, und er ist schon wieder nicht da. Du suchst und findest ihn im Keller. Da versteckt er sich und wartet, bis alle weg sind, und dann versucht er auszubrechen.

Na ja, wenn wir sie bei so etwas erwischen, holen wir den Arzt. Der Arzt entscheidet dann. Wenn es ein sexueller Übergriff war, dann versucht man sie zu einer Behandlung zu schicken. Wenn es einfach so ein Angriff war, gibt es nur ein Gespräch. Damit es nicht mehr vorkommt. Sonst gibt es mehr als ein Gespräch: Spritzen, damit sie nicht so aufgeregt sind ...«

»Sie tun mir sehr leid. Wegen der Schichten habe ich ein Jahr selbst im Internat gewohnt, jetzt kann ich verstehen, wie das für sie ist. Hier gibt es knallharte Vorschriften. Wahrscheinlich ist es sogar im Gefängnis besser als bei uns. Ihr ganzes Leben spielt sich auf Kommando ab: Essen, schlafen, Tabletten, spazieren gehen – alles auf Kommando. Wenn einer den Mund aufmacht, kriegt er gleich eine Spritze.

Wenn ein Kranker etwas Falsches sagt, drohen ihm die Krankenschwestern gleich mit Spritzen. Und in die Hefte schreiben sie dann, er hätte einen veränderten Bewusstseinszustand gehabt. Die schreiben ja sonst was in ihre Hefte.

Selbst wenn ein Mensch sich aufregt, wild gestikuliert, dann hat das einen Grund. Aber das interessiert hier niemanden, niemand hört ihnen zu, niemand glaubt ihnen. Die Krankenschwestern machen einfach, was sie wollen: hauen oder beleidigen die Menschen. Und wehe einer wehrt sich.

Eine Krankenschwester verteilt Spritzen, wenn jemand sie nur schief anguckt. Verrückt ist die, so leid es mir tut. Jetzt ist sie zum Glück in Elternzeit.

Ich gebe selten Spritzen, nur bei epileptischen Anfällen oder wenn ich sehe, dass eine Psychose kurz vorm Ausbruch ist, oder wenn mich eine Frau selbst darum bittet, weil die Stimmen wiederkommen. Aber ich kann nicht immer selbst entscheiden. Wir haben eine Krankenschwester, die oft die Leitung hat, die kommandiert alle herum. Eigentlich sind wir ja für die Abteilung verantwortlich, aber die mischt sich immer ein: »Gib der eine Spritze, und der da!« Und wenn ich mich manchmal weigere, denunziert sie mich bei den Vorgesetzten.

Diese Krankenschwester hat einmal bei Schichtende Tanja beleidigt. Ich hab es mitbekommen, weil ich im Aufsichtszimmer war. Ich hab gehört, wie Tanja sagte: ›Ich will so sehr nach Hause.‹ Und die hat ihr vor allen Leuten ins Gesicht gesagt: ›Du warst doch Säuferin, hast früher nur gesoffen.‹ Tanja hat angefangen am ganzen Körper zu beben. Und die sagt nur zu mir: ›Gib der eine Spritze.‹ Ich sagte: ›Das mach ich nicht. Wofür? Sie hat doch nur gesagt, dass sie nach Hause will.‹ Ich habe einen Arzt geholt, zum Glück hatte gerade ein netter Arzt Dienst, der hat keine Spritze, sondern Tabletten verordnet. Man kann denen gar keine Spritzen mehr geben, die ganzen Hintern sind voller Dellen von den Spritzen.

Deswegen muss es auf der Ebene des Ministeriums eine Verordnung geben, dass sie nicht geschlagen und nicht an ihre Vergangenheit erinnert werden dürfen.

Hier sollten Menschen arbeiten, die Mitgefühl mit ihnen haben. Und sie nicht durch Angst beherrschen wollen. Viele hier halten sie für Abschaum, dabei kriegen wir ja nur wegen ihnen unser Gehalt. Sie sehen in ihnen nur Psychos, die sie dressieren wollen, damit sie keinen Mucks von sich geben. Ich habe aufgehört, mit den Kolleginnen Tee zu trinken, da gibt es nur Gefluche und Geläster, wie bescheuert die Leute sind und wie sie früher gelebt hätten. Aber dass die Menschen krank geworden sind, das will denen nicht in den Kopf. Und dass jeder krank werden könnte. Sie haben kein Mitleid und kein Mitgefühl mit diesen Menschen.«

»Wo sollen die denn sonst leben? Ihre Eltern werden mit ihnen nicht fertig. Mit ihren Psychosen und Neurosen. Alle sind sie gewalttätig, schlagen und beißen Dinge kaputt.

Manche haben auch noch sexuelle Probleme. Und die Eltern betüteln und verziehen sie auch noch. Nein, wirklich, was denken Sie denn? Wo sollten die besser wohnen? Zu Hause oder im Internat?

Das sehe ich aber anders. Wie sollen die Eltern damit fertigwerden, wenn die Eltern arbeiten? Nehmen Sie mich als Beispiel, also nicht mich, sondern meine Schwester: Sie hat einen Sohn. Meine Schwester arbeitet. Ihr Sohn ist 30 Jahre alt. Eine Woche liegt er im Krankenhaus und wenn er rauskommt, fängt er an, die Mutter zu verprügeln. Jetzt frage ich Sie: Wie soll man so einem Kind helfen? Und was macht das Jugendamt, wenn es kommt? Ihm das Köpfchen streicheln, obwohl man ihm eine ordentliche Tracht Prügel verpassen sollte. Man muss sie mit Angst unter Kontrolle halten! So aggressiv, wie die sind, verstehen sie es nur, wenn du sie anbrüllst. Wenn du sie nicht anbrüllst – wie meine Schwester –, dann verprügeln sie dich!

Ich sage immer wieder zu ihr: Sein Platz ist hier. Was will man machen, wenn ein Mensch es nicht versteht, nicht in der Familie leben will?

Dann muss man sie isolieren. Er ist sehr aggressiv. Was wollen Sie da machen? Wie wollen Sie ihr helfen? Wollen Sie in die Wohnung reingehen, wenn sogar die Mutter Angst hat? Wenn sie den Krankenwagen ruft, kommt die Polizei, gleich mehrere Riesenkerle, um ihn zu beruhigen.

Manche wohnen hier, weil sie nirgendwo anders hinkönnen. Weil sie ihre Wohnungen versoffen haben, tut mir leid, dass ich das so sagen muss. Aber wo sollen sie dann sonst hin? Auf die Straße? In irgendwelche Keller? Ich denke, das Internat ist deren Rettung. So sehe ich das. Und dann greifen sie dich auch noch an. Wie soll man sich in Sicherheit bringen? Ich schließe sie schnell ein. Weil wie soll man wissen, was bei denen im Kopf vorgeht? Ich kann ja nicht in deren Kopf sehen, oder wie sehen Sie das? Das sind kranke, einfach kranke Menschen. Alle ihre Handlungen werden überwacht. Wenn man denen ihren Willen lässt, wer weiß, was die dann anstellen. Ich meine, wenn man ihnen alles erlaubt.«

Über die Liebe

Es lebte einmal eine Frau im Internat. Vor langer Zeit konnte sie noch gehen, wenn auch auf Krücken, doch irgendwann saß sie nur noch im Rollstuhl. Wie alle im Internat war sie sehr einsam. Aber sie hatte Glück, sie bekam regelmäßig Besuch von ihrer Mutter. Ihre Mutter war bereits sehr alt. Zusammen gingen sie spazieren, und zwar nicht nur im Hof, sondern sogar außen um das Gebäude herum (das ist eigentlich verboten). Manchmal nahm die Mutter noch ein Mädchen aus der Abteilung mit. Das Mädchen konnte auch nicht laufen und hatte ein Down-Syndrom und lustige kahle Flecken auf dem Kopf. Die Frau fragte ihre Mutter: »Warum machst du das?« Und die Mutter sagte: »Das erzähle ich dir später.«

Eines Tages sagte die Mutter: »Das ist deine Schwester.«

»Meine leibliche Schwester?«, fragte die Frau. »Ja«, antwortete die Mutter, »deine echte Schwester, erst habe ich dich bekommen und später sie. Ihr habt verschiedene Nachnamen, weil ich sie von einem anderen Mann bekommen habe. Aber sie ist deine leibliche Schwester, kümmere dich gut um sie.«

Die Frau fing an, sich um ihre Schwester zu kümmern. Sie wechselte ihr die Windeln, fütterte sie, wusch ihre Kleidung und liebkoste sie. Später fing sie an, sich genauso um andere zu kümmern, die wie ihre Schwester waren. Sie bat die Mitarbeiterinnen darum, vier andere Mädchen mit Down-Syndrom in ihrem Zimmer wohnen zu lassen, und man ließ sie. Sie waren zwischen 24 und 29 Jahre alt, aber ganz klein, so groß wie drei- oder vierjährige Kinder. Denn Menschen mit Down-Syndrom wachsen nicht ohne Liebe. Fortan nannte man ihr Zimmer den Kindergarten. So kam die Liebe ins Leben dieser Frau, und die Mädchen fingen an zu wachsen. Die Frau kümmerte sich um alle vier, aber am meisten liebte sie natürlich ihre Schwester, war sie doch ihre »einzige auf der Welt«.

Die Mitarbeiterinnen des Internats kannten natürlich deren Unterlagen und wussten, dass die Geschichte über die Schwester erfunden war. Aber niemand sagte es der Frau. Die Mutter der Frau kann man nicht mehr fragen, sie ist gestorben, aber vorher hat sie ihrer Tochter noch ein Familienmitglied geschenkt. Bei der Beerdigung der Mutter war die Tochter nicht: Zum einen kann sie nicht laufen, zum anderen hätte sie auch niemand rausgelassen, sie ist doch unmündig.

Es war einmal eine Frau im Internat. Vor langer Zeit hatte sie einen Soldaten als Ehemann und drei Kinder. Sie lebte in einer Soldatenstadt, wo ihr Mann seinen Dienst verrichtete.

Nach der Geburt des ersten Kindes bekam sie epileptische Anfälle.

Einmal hatte sie einen Anfall in der Küche und kippte einen Bottich mit kochend heißem Wasser auf sich. Ihr Körper war fortan von Verbrennungen entstellt. Sie bekam die Anfälle immer häufiger und wurde von ihrem Mann und ihren Kindern verstoßen. So landete sie im Internat.

Sie ist noch verheiratet, aber sie hat ihren Mann seit 16 Jahren nicht gesehen. Ihre Kinder wurden erwachsen und bekamen eigene

Kinder, die sie nie zu Gesicht bekam. Das Leben zog an ihr vorbei. Die Frau existierte wie im Halbschlaf und wartete auf ein Wunder.

Und das Wunder geschah. Einmal schrieb ihr ein US-amerikanischer Soldat. Er war nicht mehr der Jüngste, geschieden und benutzte ein Online-Übersetzungsprogramm. Die Frau wohnte in der Abteilung für Rehabilitation, deswegen hatte sie ein eigenes Handy. Die beiden schrieben einander Tag und Nacht, trotz der Gefahr, dass der Frau eine Krankenschwester das Handy wegnehmen könnte. Aber sie hatte immer wieder Glück.

Eines Tages wurde ihr klar, dass sie sich verliebt hatte. Sie bat einen Sozialarbeiter, ihr dabei zu helfen, sich von ihrem Mann scheiden zu lassen, waren sie doch schon so lange nicht zusammen. Der US-amerikanische Soldat schrieb, dass er sie auch liebe. Dass er sofort verstanden habe, dass sie füreinander bestimmt seien. Er nannte sie »meine geliebte Frau«. Kein Fehler der Online-Übersetzung konnte ihre Briefe entstellen, die voller aufrichtiger Zärtlichkeit waren.

Einmal schrieb er ihr, dass er zu einem sehr gefährlichen Einsatz nach Syrien fahre. Doch gleich danach käme er nach Russland, um sie zu heiraten. Er schickte sogar schon seine Sachen und auch sein Geld mit der Armeepost. Sie musste nur einen kleinen Betrag beim Zoll zahlen. Die Frau schrieb, sie könne die Zahlung nicht vornehmen, weil sie in einem Internat lebe und keinen Zugang zu ihrem Konto habe.

Er antwortete nicht. Und antwortete nie wieder.

Wahrscheinlich ist er in Syrien umgekommen. Sein Einsatz war ja sehr gefährlich. Aber es gab jemanden, der um ihn getrauert hat.

Es war einmal ein Mädchen in einem Kinderheim. Es war ein besonderes Heim – für aussortierte Kinder. Bevor Kinder in ein Heim kommen, müssen sie vor einer Kommission Fragen beantworten. Gibt ein Kind nicht die richtigen Antworten, kommt es in ein besonderes Heim und später, wenn es erwachsen ist, ins PNI.

Das Mädchen wusste, dass es einen Bruder hatte, aber sie hatte ihn nicht mehr gesehen, seit sie fünf war. Ihr Bruder war älter und wurde bei der Sortierung für normal befunden. Kurze Zeit später vergaß sie sein Gesicht. Es quälte sie, dass sie sich nicht an den Namen ihrer Mutter erinnerte und niemanden hatte, den sie danach fragen konnte. Ihr Leben vor dem Heim entglitt ihr zunehmend, und bald erschien es ihr, als wäre sie schon immer hier gewesen.

Im Heim gab es eine Haustierecke mit Ratten, Meerschweinchen und Kaninchen. Das Mädchen mochte Tiere sehr, insbesondere die Meerschweinchen. Mit dieser Tierliebe war sie im Heim allein, sie war die Einzige, die sich um die Tiere kümmerte, und wurde dafür ausgelacht.

Einmal kam sie in die Haustierecke und bemerkte, dass da schon jemand war. Ein Junge, ein paar Jahre älter als sie. Aber er machte sich nicht über sie lustig und schlug sie nicht, sondern bat sie, ihm zu zeigen, wie man sich um die Tiere kümmert. Sie zeigte es ihm. Fortan kümmerten sie sich gemeinsam um die Tiere. Nach einer gewissen Zeit verstanden sie, dass sie einander liebten, und verkündeten allen, sie seien jetzt ein Paar.

Drei Jahre lang waren sie ein Paar. Aber der Junge war älter, und als er 18 wurde, kam er in ein PNI. Er versprach zu schreiben, aber er schrieb nur einen Brief. Danach erhängte er sich in einem Waldstück hinter dem Internatsgebäude, er hatte es geschafft sich hinauszuschleichen.

Zwischen dem Heim und dem PNI sprachen sich Dinge sehr schnell herum, und das Mädchen erfuhr von seinem Tod.

Aber sobald sie von seinem Tod erfahren hatte, vergaß sie, was in dem Brief stand. Was er ihr geschrieben hatte, bevor er sie für immer verließ. Aber sie erinnert sich an sein Gesicht, sie trifft keine anderen Jungen und wird es niemals tun. Weil Liebe unsterblich ist.

Sterilisation

Drei Frauen und ich. Wir sitzen in einem Zimmer und haben Angst, dass eine Krankenschwester reinkommen könnte.

Die Frauen ziehen die Pullover hoch, die Strumpfhosen und Hosen aus. Auf ihren Bäuchen sind weiße Narben. Bei einer Frau verläuft die Narbe quer wie nach einem Kaiserschnitt. Bei den anderen beiden verlaufen sie senkrecht, die Narben sind breit, und die groben Stiche der Naht zeichnen sich deutlich ab.

Sie alle waren schwanger. Ihre Kinder wurden abgetrieben. Und die Frauen wurden sterilisiert.

Alina, Vera und Olja.

Alina und Vera waren im fünften Monat schwanger. Olja erinnert sich nicht, sie kann sich schlecht in der Zeit orientieren. Sie wurde auf Anweisung ihrer Verwandten während eines Krankenhausaufenthaltes in der Nachbarstadt sterilisiert, als sich herausgestellt hatte, dass sie schwanger war. »Ich wollte das Baby wiegen, aber da war kein Baby. Ich hatte eine nette Krankenschwester, Valentina Sergejewna hieß sie. Sie hat mir im Krankenhaus geholfen. Meine Großmutter hat mich besucht. Und meine Mutter auch, sie hat mir auch geholfen. Da waren viele nette Menschen.«

Alina und Vera hat das Internat sterilisieren lassen. Alina 2007 und Vera 2016. Alina war 21, Vera 31 Jahre alt.

Beide waren im fünften Monat schwanger.

Schwanger zu werden ist im Internat verboten. Erklärt wird das Verbot folgendermaßen: In der Hausordnung der Einrichtung sind keine Kinder vorgesehen.

Eine mündige Frau muss das Internat verlassen, wenn sie ein Kind großziehen möchte. Aber der Großteil der Frauen, die hier leben, wurde für unmündig erklärt. Rechtlich dürfen sie also keine Kinder großziehen, ihre Kinder kommen automatisch in ein Heim.

Doch es kommt gar nicht erst zu einer Geburt. Die Kinder werden abgetrieben.

Wie erfährt das Internat von einer Schwangerschaft?

Die Frauen haben keine eigenen Binden. Um eine Binde zu bekommen, muss man die Krankenschwester danach fragen. Die Krankenschwester vermerkt das in einem extra dafür vorgesehenen Heft.

Auch die Nutzung der Binden wird von Zeit zu Zeit kontrolliert. Eine Pflegerin oder Krankenschwester geht nach einer Frau auf die Toilette und überprüft, ob diese eine benutzte Binde weggeworfen hat.

Wenn sich eine Frau mehr als einen Monat lang keine Binden geholt hat, schickt man sie zu einem Gynäkologen. Dort wird sie untersucht, und ihr wird Blut abgenommen, das auf Hormone getestet wird. Ist eine Frau schwanger, wird eine Abtreibung vorgenommen. Obwohl es laut Gesetz einer schriftlichen Zustimmung der Frau bedarf, fragt keiner danach.

Dafür findet ein Gespräch statt: Der Frau wird erklärt, sie müsse das Kind loswerden. Das kann durch die behandelnde Ärztin, den leitenden Arzt oder die Abteilungsleiterin passieren. Bei diesem Gespräch wird unbedingt die Gruselgeschichte aus dem Internat erzählt, wie eine Bewohnerin vor Urzeiten einen Säugling aus dem Fenster geworfen habe.

In den Fällen von Alina und Vera hat das System versagt. Die Schwangerschaft wurde zu spät entdeckt, und bei beiden musste ein Kaiserschnitt durchgeführt werden. Bei der Gelegenheit wurden sie auch gleich sterilisiert. Bei Vera wurden die Eileiter durchtrennt und koaguliert. In Alinas Akte finden sich keine genaueren Angaben, dort steht nur: Sterilisation. Die Frauen wussten nichts von den bevorstehenden Eingriffen, niemand hat sie gefragt, weder im Krankenhaus noch im Internat. Darüber, dass sie keine Kinder mehr bekommen können, wurden sie erst von den Krankenschwestern informiert, als sie wieder zurück im Internat waren.

Alina sagt:»Ich wollte Kinder. Jede Frau will Kinder. Das ist eine Herzensangelegenheit. Ich bin 2005 ins Internat gekommen und im Frühling 2007 wurde die Schwangerschaft entdeckt. Wäre ich zu Hause, könnte ich selbst entscheiden. Aber hier entscheidet die Verwaltung, die meinten zu mir: ›Du leidest ja selbst schon. Du bist behindert. Wozu? Die ganzen Kinder in den Heimen und den Internaten ...‹ Das hat meine Ärztin zu mir gesagt. Sie hat auch entschieden, dass abgetrieben wird. ›Als du mit dem Mann zusammen warst, hattest du keine Angst, dann gibt's auch bei den Gynäkologen nichts zu fürchten‹, hat sie noch gesagt. Dann wurde ich ins Krankenhaus geschickt, da wurde ein Ultraschall gemacht, aber sie haben mir gar nicht gesagt, ob es ein Junge oder ein Mädchen war. Der Chefarzt dort hat mich noch gefragt: ›Tut ihnen das Kind nicht leid?‹ Und gesagt: ›Die Frau ist doch noch jung.‹ Aber die Hebamme hat gesagt: ›Die sind doch alle Psychos, alle verrückt.‹ Damit meinte sie mich.

Ich wurde überhaupt nicht gefragt. Von niemandem. Ich habe nichts unterschrieben.

Die haben mir etwas auf den Finger draufgemacht und mir eine Infusion verpasst – davon bin ich eingeschlafen. Als ich wieder aufgewacht bin, hatte ich eine zugeklebte Narbe. Mein Kind habe ich nicht gesehen. Später hat mir eine Krankenschwester von dort – die war sehr nett – erzählt, dass es ein Junge war, er hätte dort gelegen, in die Nabelschnur eingewickelt, so wie alle Kinder.

Am nächsten Tag kam diese Hebamme, ich habe zu ihr gesagt: ›Geh raus, ich hasse dich.‹ Ich hatte so eine Wut in mir. Wie konnten sie das tun?

Und als ich zurück im Internat war, wurde mir gesagt, dass mir die Eileiter durchtrennt wurden und ich keine Kinder mehr bekommen kann.

Ich mag Kinder. Ich mag es, mich um sie zu kümmern. Als eine Freundin von mir ein Kind bekommen hat, habe ich mich auch darum gekümmert. Wenn sie das Kind im Arm hatte, hat es geweint, und kaum hatte ich es auf dem Arm, ist es immer eingeschlafen. Meine Großmutter mütterlicherseits hatte so eine Gabe ... Man hat immer weinende Säuglinge zu ihr gebracht, die niemand beruhigen konnte. Sie hat ihnen dreimal das Ave Maria aufgesagt, und sie sind eingeschlafen. Ich habe diese Gabe nicht geerbt. Oder vielleicht doch?

Bei Wetterumschwüngen tut die Narbe weh.

Ist es ok, wenn ich nicht sage, was ich fühle?«

Vera erzählt:

»Ich habe viel Schokolade gegessen, hatte ständig Lust auf Süßes. Und auf Salziges auch. Manchmal war mir schlecht, aber ich dachte, ich hätte was Falsches gegessen. Ich habe im Waschraum gearbeitet, die Leute gewaschen, schwer gehoben. Auch als ich schon hochschwanger war, wie sich später rausgestellt hat.

Wir haben hier eine Routineuntersuchung, einmal im Jahr. Da war ich schwanger. Damals hatten wir noch einen anderen Chefarzt, der hat gesagt: ›Mach einen Kaiserschnitt, du darfst es nicht bekommen.‹

Man brachte mich in den Kreißsaal. Tanja ist mitgekommen – sie wohnt auch hier im Internat, sie sollte auf mich aufpassen und mich nach der OP pflegen. Die Ärzte dort haben mich gefragt, ob ich es selbst bekommen oder einen Kaiserschnitt machen möchte. Ich habe gesagt, ich weiß es nicht. Die Chefärztin hat mich noch gefragt, ob ich es nicht bereuen werde, ein Kind zu töten.

Aber ich hatte ja keine Wahl.

Ich war schon unter Narkose, ich habe nichts gefühlt, erst als ich wieder aufgewacht bin, hat die Chefärztin mir gesagt: ›Sie haben ein Mädchen bekommen, fünf Monate alt.‹ Ich habe gesagt, dass ich sie sehen will. Man hat mich hingebracht. Sie war ganz klein. Sie hatte lauter Schläuche und Kabel an sich dran. Sie hat mich angelächelt, ihre kleinen Ärmchen bewegt.

Ich hab es nicht einmal geschafft, mir einen Namen zu überlegen. Ich war nicht lange im Krankenhaus. Als ich entlassen werden sollte, hat man mir gesagt: ›Sie ist gestorben.‹ Sie hat nicht überlebt. Ich hab einen Nervenzusammenbruch bekommen. Ich durfte sie noch sehen. Die Geräte waren abgeschaltet. Ich durfte Abschied nehmen.

Wo sie beerdigt wurde, hat man mir nicht gesagt.

Danach wollte ich mich umbringen. Aber man hat mich permanent beobachtet. Die Frauen in meinem Zimmer haben gesagt: Du wirst wieder Kinder kriegen.

Dass ich sterilisiert wurde, habe ich erst im Internat erfahren.

Von der Krankenschwester Allotschka, sie hat gesagt: ›Deine Eilei-ter sind zugebunden, du kriegst keine Kinder mehr.‹

Kann man die Eileiter wieder aufbinden, wenn ich rauskomme? Hier sagen sie es mir nicht. Meine Narbe ist nicht am Bauch, son-dern drunter. Man sieht sie kaum noch, sie haben das sehr ordent-lich gemacht.

Meine Seele ist kaputt. Aber ich zeige es nicht. Hier darf man es nicht zeigen, sonst stecken sie dich in die Klapse. Wenn du schreist oder weinst, kommst du in die Klapse.

Ich komme einfach nicht raus aus dieser Hölle.«

Laut dem Gesetzt »zum Schutz der Gesundheit der Bürger«, darf die Entscheidung über eine Sterilisation einer unmündigen Person nur von einem Gericht getroffen werden, dabei muss die Frau an-wesend sein.

Aber in keinem der Fälle gab es eine Gerichtsverhandlung.

Dafür gibt es in Alinas Akte ein »Gesuch«. Der Leiter des Inter-nats bittet darum, »einen Kaiserschnitt und eine Sterilisation« vorzunehmen, und beruft sich auf einen alten Erlass Nr. 302 des Gesundheitsministeriums »zur Bestätigung der Liste medizini-scher Indikationen für einen Schwangerschaftsabbruch«, in der auch psychische Störungen enthalten sind. Von Sterilisationen ist in dem Erlass keine Rede, aber das kümmert weder das Internat noch die Ärzte. Dem Gesuch des Internatsleiters wurde noch der gerichtliche Beschluss über Alinas Entmündigung beigelegt. Das hat ausgereicht.

Eine Pflegerin sagt: »Wenn da zum Beispiel zwei Schizophrene sind oder zwei geistig Zurückgebliebene, und die haben Sex, na, dann wird deren Kind doch zu hundert Prozent genauso. Und die Heime sind auch so schon überfüllt ... Man kann es ihnen ja nicht verbieten, aber auf der anderen Seite weiß man doch: Das Kind wird hundertprozentig behindert, keine Zweifel. Wo soll denn auch nur ein Prozent Normalsein herkommen, wenn sie geistig behindert ist und er auch? Wo soll da was anderes herkommen?«

Ein Brief

Hallo, liebe Sweta!

Entschuldige uns, dass wir dich nicht besuchen können. Dein Onkel ist die ganze Zeit krank, deswegen fährt er nur sehr wenig Auto. Nachdem Iwan gestorben ist, hat er sehr stark abgebaut, denn er ist ja jetzt der Einzige, der von der Familie übrig ist. Lida hat ihre Wohnung gegen eine kleinere getauscht. Katja hatte geheiratet und eine Tochter bekommen, aber dann hat ihr Mann sie mit einem Armenier erwischt und rausgeworfen. Jetzt wohnt sie mit dem Kind bei ihrer Mutter. Ljoschka wohnt in N., seine Frau hat ein großes Haus. Sie haben einen Sohn bekommen. Er sieht Iwan sehr ähnlich.

Taja ist auch krank, seit Saschka gestorben ist, die ganzen zwei Jahre ist sie krank. Im Sommer haben Lenka aus O. und Katjuscha zusammen in L. gewohnt. Katja geht jetzt in die 11. Klasse, nach der Schule will sie Zahnärztin werden. Ljoscha ist aus O. weggezogen, jetzt wohnen sie in P., er hat zwei Kinder, einen Sohn und eine Tochter. Irinka hat zwei Töchter bekommen, Sonja und Dascha, sie sind Zwillinge und ein Jahr und sieben Monate alt. Tanja ist immer noch Single, sie arbeitet, sie hat mittlerweile ihren zweiten Uniabschluss gemacht. Sie lebt in N. und kommt selten zu Besuch.

Im Dorf lebt kaum noch wer, nur im Sommer kommen ein paar Leute auf die Datscha. In beiden Dörfern ist unsere Großmutter Anna die Letzte, die dort noch geboren ist. Lenka kommt auch manchmal auf die Datscha, aber sie will mit uns nichts zu tun haben. Zum Grab der Mutter geht sie auch nie, und auf den Dorffriedhof auch nicht. Bisher kümmern wir uns um alle Gräber.

Das waren auch schon alle Neuigkeiten. Entschuldige uns. Wenn wir können, kommen wir dich besuchen, aber ich verspreche nichts. Wenn die Gesundheit es zulässt.

Onkel Wolodja und ich, deine Tante Nina

Ich habe auch zwei OPs und einen Schlaganfall hinter mir. Wir sind ja nicht mehr die Jüngsten, um alles allein zu stemmen. Entschuldige uns.

Unmündigkeit

Unmündigkeit ist, wenn ein Mensch seine Bürgerrechte nicht wahrnehmen und seine bürgerlichen Pflichten nicht ausüben kann. So steht es im Gesetz. Unmündig sind Kinder. Ein erwachsener Mensch, der sich seiner Handlungen wegen einer psychischen Erkrankung nicht bewusst ist oder diese nicht steuern kann, kann per Gerichtsbeschluss entmündigt werden. Das Gericht ordnet ein psychiatrisches Gutachten an und stimmt den Ergebnissen in den meisten Fällen zu.

Die betroffene Person muss bei Gericht anwesend sein. Aber eine Bescheinigung, »dass sie wegen ihrer psychischen Verfassung nicht am Verfahren teilnehmen kann« reicht aus, um die Person in ihrer Abwesenheit für unmündig zu erklären.

Eine entmündigte Person bekommt einen Vormund und verliert einige Rechte: Das Recht über ihr Eigentum zu verfügen, das Wahlrecht, das Recht zur Eheschließung, Kindererziehung, das Recht, Anträge zu stellen, Eigentum zu vererben, Verträge abzuschließen oder Kinder zu adoptieren. Ohne ihre Zustimmung können ihre Ehe geschieden, ihre Kinder zur Adoption freigegeben oder ihre persönlichen Daten verarbeitet werden.

Alle anderen Rechte bleiben unangetastet.

Was passiert mit einer unmündigen Person im PNI?

Das Internat ist gleichzeitig Vormund und Dienstleister. Das Internat ist Auftraggeber und Auftragnehmer. Das bietet fabelhafte Möglichkeiten.

Fangen wir beim Geld an. Auf den Konten der 404 unmündigen Bewohnerinnen und Bewohner liegen 98 956 665 Rubel. Das sind etwa 245 000 pro Person. Unmündige Menschen bekommen für gewöhnlich eine Behindertenrente, dieser Betrag wächst also. 75 Prozent der Rente nimmt sich das Internat für »Dienstleistungen an den Klienten«. Über die restlichen 25 Prozent darf das Internat mit einer Genehmigung des Jugendamtes zum Wohle des Mündels verfügen.

Warum hat Ljuba dann keine Batterien in ihrem Walkman? Warum müssen Menschen den Fußboden wischen, um eine extra Zigarette zu bekommen?

Ganz einfach: Die Bedürfnisse des Mündels definiert auch das Internat.

Den Mündeln ist es de facto verboten, nach draußen zu gehen. Ich habe eine Frau kennengelernt, deren größter Traum es war, auf den Markt in der Nachbarschaft zu gehen und sich Schuhe zu kaufen.

Eine unmündige Person darf das Internat nicht verlassen, es sei denn, es findet sich ein Vormund von draußen.

Der Chefarzt findet (und der neue Chefarzt gilt als fortschrittlich), das Internat habe das Recht, nahezu alle Entscheidungen für die unmündigen Menschen zu treffen. Denn eine unmündige Person sei sich ihres Handelns nicht bewusst, der Vormund wisse es besser.

Das zeigt sich besonders gut an den Krankenakten: Die Zustimmungen zu Behandlungen sind vom Internatsleiter unterschrieben. Der Leiter wird über »die Art der psychischen Störung, die Ziele, Methoden und Dauer der Behandlung sowie die möglichen Risiken, Nebenwirkungen, Schmerzen und erwartete Ergebnisse informiert«, und er ist mit nahezu allem einverstanden. Das verstößt gegen das Gesetz. Die Patientinnen und Patienten müssen informiert werden, doch das geschieht nicht. Sie erfahren nicht, was für Tabletten oder Spritzen sie bekommen. Frauen werden nicht gefragt, ob sie einer Abtreibung zustimmen, sogar über eine Sterilisation werden sie nicht informiert. Viele wissen nicht (und haben Angst zu fragen), wie ihre Diagnosen lauten. Ich habe eine junge Frau kennengelernt, die seit ihrem 26. Lebensjahr nicht mehr menstruiert. Sie wurde untersucht, und etwas wurde in der Krankenakte notiert, aber ihr hat man nichts erklärt, und sie hat Angst zu fragen. Warum haben die Menschen Angst zu fragen? Weil eine Frage als Unzufriedenheit ausgelegt werden kann. Jede Unzufriedenheit kann und wird vermutlich als eine Verschlechterung des Krankheitszustands interpretiert. Und das heißt: Spritzen oder auf die 3A oder auf die psychiatrische Abteilung – alles hängt von der Schwere des Vergehens ab.

Das ist eine Hölle der besonderen Art, wenn du nicht schlecht gelaunt oder wütend sein darfst, nicht weinen darfst, eine Dreistigkeit nicht Dreistigkeit und Gewalt nicht Gewalt nennen darfst. Zum eigenen Schutz musst du immer lächeln und »unauffällig« sein: gelassen und ruhig, egal, was man dir oder anderen Menschen antut.

Die Unmündigkeit wird hier sehr weit ausgelegt. Eine unmündige Person kann keine Entscheidung über die Länge ihrer Haare treffen, so die Meinung der Internatsfriseurin, einer freundlichen Frau, die alle Bewohnerinnen und Bewohner ungefragt kahl rasiert. Eine unmündige Person kann nicht darüber entscheiden, was in der Schublade ihres Nachttischs liegt, so die Meinung der Pflegerinnen. Eine unmündige Person kann den Fußboden wischen und Lebensmittelkisten schleppen, aber kein Gehalt dafür bekommen, so die Meinung der Internatsjuristen. Eine unmündige Person hat kein Recht, sich an den Internatsleiter, den eigenen unmittelbaren Vormund, zu wenden, so die Meinung der Sozialarbeiterinnen und Sozialarbeiter, die bei Beschwerden mit »Etagenwechsel« drohen.

In den letzten drei Jahren reichte das Internat bei Gericht 47 Anträge ein, Bewohnerinnen und Bewohner zu entmündigen. Den meisten davon wurde stattgegeben. Anträge auf Wiederherstellung der Mündigkeit gab es in dieser Zeit vier.

Nina Baschenowa wurde während eines Krankenhausaufenthaltes entmündigt. Sie erzählt: »Ein Mann hat mir erklärt, was Mündigkeit ist. Da habe ich verstanden, dass ich alles verloren habe. Es gibt überhaupt keinen Sinn mehr im Leben. Ich bin alle Menschenrechte los. Das war ein harter Schlag. Ich habe Angst bekommen. Angst, dass man mich nicht mehr für einen Menschen hält. Dass jetzt jeder sagen kann: ›Wer bist du denn? Du bist ein

Niemand.‹ So habe ich ihn verstanden. Und im Grunde hat er es richtig erklärt.«

Rehabilitationsabteilung

Hier leben 49 Menschen, die großes Glück hatten. Das ist die Abteilung mit den meisten Freiheiten im Internat. Die Abteilungstür wird nur über Nacht abgeschlossen. Man kann in die Internatsbibliothek gehen (allein, ohne Begleitperson) und dort die PCs benutzen oder in die Turnhalle und Tennis spielen. In der Abteilung gibt es eine Dusche, die man benutzen darf, und eine Küche, in der man sich Geschirr ausleihen und kochen darf. Man bekommt eine ganze Schachtel Zigaretten für zwei Tage. Im Aquarium leben drei echte Schmuckschildkröten – sie beißen zwar, aber immerhin.

Geleitet wird die Abteilung nicht von einem Psychiater, sondern von einer Psychologin, mit der man reden kann. Die Leute aus der Rehabilitationsabteilung spazieren nicht in dem eingezäunten, 124 Schritte breiten Hof, sondern vor dem Gebäude. Das Gebäude ist lang, man schafft einen richtigen Spaziergang.

Die Abteilung ist gemischt, auch wenn bei den Zimmern eine Geschlechtertrennung herrscht. Man kann Arm in Arm auf der Couch sitzen, sich küssen, wenn die Krankenschwester gerade nicht hinschaut, und sogar »einen Moment erwischen«.

Aber das Glück hat eine Kehrseite: ständige unbezahlte Arbeit. Die Frauen wischen den Fußboden im ganzen Gebäude und arbeiten in der Wäscherei, die Männer schleppen Lebensmittelkisten, schieben und waschen die Menschen im Rollstuhl. Die Mitarbeiterinnen und Mitarbeiter aus anderen Abteilungen können jederzeit kommen und sich »ein paar Leute ausleihen«. Die wenigen Mündigen arbeiten auf einer Viertelstelle, die anderen arbeiten – oder, wie es hier heißt, »durchlaufen ihre Rehabilitation« – für ihr Aufenthaltsrecht im Paradies.

Die Rehabilitationsabteilung wurde 2001 auf Beschluss des Gouverneurs gegründet. Hier sollen die Menschen auf eine Entlassung aus dem Internat vorbereitet werden.

In all der Zeit (20 Jahre) wurden vier Menschen »in die Freiheit entlassen«. Eine Frau hat angefangen zu trinken und ist gestorben, über einen Mann weiß man nichts, zwei haben geheiratet und arbeiten.

Wanja lebt seit zwei Jahren im Internat. Er ist 26 Jahre alt.

»Draußen« arbeitete er als Schweißer. Ich möchte seine Geschichte ausführlicher erzählen, weil sie veranschaulicht, wie unwahrscheinlich schmal die Grenze zwischen Freiheit und Internat sein kann.

Als Wanja 15 war, starb seine Mutter. Zwei Jahre später starb auch sein Vater, der nach dem Tod der Frau zu trinken angefangen hatte. Bald darauf starb auch die Großmutter. So blieb Wanja ganz allein. Ihm gehörten ein Teil der Wohnung, in der er lebte, die Einzimmerwohnung seines Vaters und die Dreizimmerwohnung der Großmutter. Aber nicht lange. Bald kam die Schwester von Wanjas Mutter, eine Immobilienmaklerin, ins Spiel.

Die Tante bat ihn, einen Teil der Wohnung auf sie zu überschreiben, ihre Tochter wolle einen Kredit aufnehmen, er müsse »der Familie helfen«. Wanja stimmte zu. Dann sollte er die Dreizimmerwohnung verkaufen, weil die Einzimmerwohnung renoviert werden müsse. Wanja stimmte auch dem zu. Darauf folgte eine komplizierte Angelegenheit mit dem Kauf und Verkauf einer Datscha, dem Verkauf der Einzimmerwohnung und dem Übergang einer neuen Wohnung in den Besitz der Tante.

Wanja schenkte dem regen Immobilienhandel wenig Aufmerksamkeit. Nach dem Tod seiner Familienangehörigen, war er »abgerutscht, rauchte Spice und schnupfte Badesalze«. Er erzählt, wie er auf Salzen tanzen ging und ein Auto zu Schrott fuhr.

»Irgendwann hab ich *Harry Potter und die Kammer des Schreckens* gesehen und mich gefragt: Was, wenn es den Basilisk wirklich gibt? Das ging mir nicht mehr aus dem Kopf – so bin ich zum ersten Mal in der Psychiatrie gelandet. Und danach immer wieder.

Hab mir Vampire oder irgendein anderes Zeug eingebildet. Die Diagnose hieß Schizophrenie. In der Psychiatrie gab es so einen Arzt, der mit meiner Tante befreundet war, der hat ihr gesagt, sie soll mich für unmündig erklären lassen und ins Internat stecken. Genau das hat sie gemacht. Zuerst war ich auf der 2D. Hab mich da umgeschaut und gleich zu ihr gesagt: ›Spinnst du? Hol mich hier wieder raus.‹ Und sie nur: ›Ich habe Angst vor der Verantwortung, wenn du was anstellst, stecken sie mich ins Gefängnis.‹ Manchmal kommt sie mich besuchen. Was mit der Wohnung ist? Die wird vermietet. Wieso fragen Sie?«

Seit Wanja keine Drogen mehr nimmt, haben auch die Halluzinationen aufgehört. Aber er nimmt weiterhin Medikamente: Zyclodol, eine halbe Haloperidol und abends zwei Sonopax. Von den Präparaten muss er ständig blinzeln, aber er hat sich dran gewöhnt. Die Ärztinnen und Ärzte im Internat bezweifeln seine Diagnose, aber sie haben es nicht eilig, die Schizophrenie zu revidieren und seine Mündigkeit wiederherzustellen – mit der Maklertante läuft es leichter, wenn Wanja unmündig ist.

Wanja ist mit Nina zusammen, der Frau, die in dem lila Kleid gesungen und die durch die Entmündigung »alles verloren« hat. Sie ist seit 15 Jahren in dem Internat, seit einer Ewigkeit. Hier drin verlor sie ein Kind, auch durch eine Abtreibung, aber sie wurde glücklicherweise nicht sterilisiert. Es war noch zu Beginn der Schwangerschaft, man hat eine Ausschabung gemacht und sie »nicht aufgeschnitten«. Nina träumt davon, dass die beiden eines Tages in einem eigenen Haus wohnen. »Einfach zu sich in den Garten fahren und dort leben. Ein eigenes Grundstück, eine Banja. Ich war dort 15 Jahre nicht, keine Ahnung, wie es da aussieht. Natürlich muss da ein Mann richtig anpacken. Wanja ist noch jung, der schafft das nicht. Oder was denkst du, Wanja?« Mir schießt durch den Kopf, dass auch die Menschen hier drin ganz gewöhnliche Träume haben.

Am Abend wird der ruhige Dima (er vermisst seine Mutter und wimmert »Mama, Mama«) aus der Rehabilitationsabteilung in die

3A verlegt, weil er eine Pflegerin als Hure beschimpft haben soll. Er spricht sehr undeutlich, aber sie will es genau gehört haben. Die Pflegerin, die tiefgläubige Jelena Sergejewna, hat die Krankenschwester gerufen. Dima bekam sofort eine Spritze und wurde mit Zustimmung des Psychiaters D., der Dr. Siebenflügel abgelöst hat, in eine Isolationszelle mit einem Eimer in der Ecke und einem Hängeschloss draußen an der Tür gebracht. In die Krankenakte schrieben sie ganz unverhohlen: »hat sich falsch benommen«.

Als gläubiger Mensch hat Jelena Sergejewna natürlich ein schlechtes Gewissen, dass es so gekommen ist. Sie sagt, sie habe Dima nur ein bisschen Angst machen wollen und nicht damit gerechnet, dass die Krankenschwester gleich mit einer Spritze ankommt. Aber die Krankenschwester war sowieso schon wütend auf Dima. Jelena Sergejewna sagt, dass sie Dima in ihre Gebete einschließt, obwohl er sie beleidigt hat.

In der Rehabilitationsabteilung gibt es keinen Zeitplan für das Rauchen, man kann sich einfach eine Jacke nehmen und auf den Balkon gehen.

Hinter dem Gitter auf dem Balkon, hinter dem Hof, hinter dem Zaun sehe ich einen grauen Streifen, auf dem Autos fahren. Ich sehe die Lichter eines Supermarkts und Silhouetten einkaufender Menschen. Ich sehe die Hauseingänge der Plattenbauten. Aus einem kommt ein Mann in schwarzem Mantel heraus, bleibt stehen und zündet sich gemächlich eine Zigarette an. Es scheint, als hätte er Kopfhörer auf, er tänzelt ein wenig zum Takt, macht eine Handbewegung und die Lichter eines Wagens blinken auf. Er steigt ein und fährt davon.

Ich weiß, ich bin für ihn etwas Dunkles, das im Dunkeln verschwimmt. Ich bin unkenntlich, wir sind unkenntlich.

Was haben die Menschen im PNI gemeinsam? Was haben Tjoma, Sweta, Wanja, Dima, die Frauen aus der Abteilung Nr. 1 und die Frauen, die man der Möglichkeit beraubt hat, Kinder zu bekommen, gemeinsam? Nicht ihre Diagnosen, die sind sehr unterschiedlich und offenbar nicht immer richtig. Sie haben gemeinsam, dass ihre Angehörigen sie nicht haben wollen. Ihre sozialen Bindungen sind abgerissen oder kaum noch vorhanden. Wenn alles Zwischenmenschliche verschwindet, bleibt nur noch der Staat. Mein Staat ist das PNI. Nicht der Impfstoff Sputnik V, nicht die Olympischen Spiele, nicht die Raumschiffe. Mein Staat ist hier, ich sehe sein Gesicht.

Was denke ich nach zwei Wochen PNI?

Dass ich nur an der Oberfläche der Hölle geschabt habe.

Wir waren unter besonderen Bedingungen im Internat. Wir sind hinter den Zaun mit den fröhlichen Rauten gelangt. Die *Nowaja Gaseta* hat mit der PNI-Verwaltung Abmachungen getroffen: Ich darf weder den Namen des Internats noch die Region, in der es sich befindet, nennen. Die Namen aller Menschen, die dort festgehalten werden oder die dort arbeiten, mussten verändert werden.

Dieses Internat feierte neulich sein fünfzigjähriges Bestehen. Nach Meinung der Ehrenamtlerinnen und des lokalen Ministeriums für Sozialschutz ist dieses Internat weder besonders gut noch besonders schlecht. Es ist durchschnittlich. Gewöhnlich.

Derzeit leben in Russland 155 878 Menschen in psycho-neurologischen Internaten. In speziellen Kinderheimen 21 000 Kinder, die zu einem späteren Leben im PNI verurteilt sind. Jeder 826. Mensch in Russland lebt in einem PNI und wird auch dort sterben.

Kapitel 13

Der Krieg (wie er keimte und erstarkte)

Ich bin fünf. Ich gehe in den Kindergarten.
Ein großer Schneeberg – das ist die Festung, dort drin sind die
Faschisten. Wir stürmen die Festung. Die Faschisten sind in der
Unterzahl. Niemand will Faschist sein, obwohl sie einen Vorteil
haben: Die Festung zu verteidigen, ist viel bequemer. Schneebälle
fliegen in alle Richtungen. Die Jungs sind Soldaten. Ich will auch
Soldat sein, aber ich darf nur Krankenschwester sein. Weil ich ein
Mädchen bin. Ich schleppe die Verwundeten vom Schlachtfeld. Die
Verwundeten sind voller Schnee und lachen.
Ich bin sechs. Mama erzählt mir, dass Großvater im Krieg war.
Dass unser Land einmal von Faschisten angegriffen worden war
und er es verteidigt hatte. Er hatte sich freiwillig gemeldet. Er war
Artillerist (ich wiederhole dieses Wort: Artillerist). Er wurde ver-
wundet, aber geheilt und kämpfte danach weiter – dann schon
gegen die Japaner. Weil die Japaner den Faschisten halfen. Der
Krieg hieß der Große Vaterländische, weil die Menschen für das
Vaterland kämpften. Und warum groß? Weil fast alle Männer und
viele Frauen kämpften. Und elf Millionen sind gestorben. Elf Millionen – wie viel ist das? Mama bewegt stumm die Lippen, sie zählt.
Das ist so viel wie 16 Jaroslawls. Stell dir vor, dass aus unserer Stadt
niemand am Leben geblieben ist. Und in 15 anderen Städten auch
nicht. Kein Mensch. Alle wurden getötet.
Ich stelle mir die toten Städte vor.
Ich bin acht. Heute ist der Tag des Sieges. Wir besuchen unsere

Nachbarin Tonja. Sie war auch im Krieg. Wir haben eine Torte und rote Nelken gekauft. Tonja trägt ein selbst genähtes blaues Kleid. Sie freut sich über uns und über die Torte, sie will mich umarmen. Ich mag Tonja nicht. Sie riecht nicht gut. Außerdem ist sie taub, und man muss sehr laut reden und die Lippen stark bewegen, damit sie einen versteht. Und sie hat eine sehr saubere Wohnung, alles ist blitzblank, da ist nicht ein Staubkorn. So eine Sauberkeit macht mir Angst, sie ist nicht normal. Tonja mag mich, sie fragt mich, wie es in der Schule läuft (schlecht, aber ich muss »Gut« sagen). Mama schenkt Tee ein. Wir heben die Tassen und stoßen an. Mama sagt: »Auf den Frieden.«

Ich bin zehn. Ich schaue einen Film. Er heißt *Erfahrene Hasen des Geschwaders*. Es geht um tapfere Piloten, sie sind sehr gut aussehend und kämpfen über den Wolken gegen die Faschisten. Der Film ist schwarz-weiß, die Gesichter wirken wie aus Licht gemeißelt. Junge Soldaten kommen zu der Staffel, doch die »erfahrenen Hasen« lassen sie nicht in die Schlacht, wollen sie schonen. Aber die Jungen wollen ihre Heimat verteidigen. Nach den Flugeinsätzen versammeln sie sich zu einem Orchester und singen großartig zusammen. Sie sterben – aber heldenhaft und schön, einer ruft im schwarzen Rauch verendend: »Wir werden weiterleben!«

Und Liebesgeschichten mit wunderschönen Pilotinnen gibt es auch. Wenn Pilotinnen sterben, gehen die Piloten an ihr Grab und versprechen, nach dem Krieg wiederzukommen, um noch einmal die Lieblingslieder zu singen. Ich denke, nein, ich fühle, wie toll das alles ist – das ist das wahre Leben!

Ich bin elf. Ich frage Mama, was Großvater über den Krieg erzählt hat. Sie sagt, nichts. Gar nichts? Nein.

Einmal sagte er, sie hätten tote Pferde gegessen. Nein, er sagte, gefallene Pferde. Es war Winter, sie haben Stücke davon abgesägt. Sonst nichts? Nein. Hatte er Ehrenabzeichen? Ja. Aber er hat sie nicht getragen. Er hat sie mir zum Spielen gegeben, ich habe sie im Sand vergraben. Und alle verloren. Schade. Ja. Wie ist er gestorben? An einem Herzstillstand. Großmutter rief ihn zum Abendessen und er kam nicht. Genau hier hat er tot dagesessen.

Ich bin zwölf. Ich gehe zu unserer Nachbarin Tonja. Sie freut sich über mich.

Ich sage: »Erzählen Sie mir was über den Krieg.«

Und sie: »Ich kann dich nicht hören.«

»Wie es im Krieg war!«

»Wie es früher war? Schön war es, es gab noch die Sowjetunion, da war alles besser.«

»Wie es im KRIEG war!«

»Ich kann dich gar nicht hören, Schätzchen, das Hörgerät ist bestimmt kaputt.«

Sie nimmt das Hörgerät ab und sagt: »Ich bin müde, ich lege mich mal hin, auf Wiedersehen, Lena.«

Ich bin zwölf. Ich gehe in die Bibliothek und frage nach Büchern über den Krieg. Ich bekomme fünf Stück und lese sie. Komme wieder und nehme noch mal fünf mit. Dann noch mal. In den Büchern ist der Krieg nicht so lustig wie in den Filmen, dafür gibt es mehr Heldentum, und man kann langsam lesen, um wirklich alles zu fühlen. In den Wäldern Kareliens halten Flakschützinnen unter dem Kommando von General Waskow faschistische Saboteure auf, die sich zu einem strategisch wichtigen Kanal durchkämpfen. Es sind fünf junge Frauen und 16 Saboteure. Alle Frauen sterben. Eine, die beste von ihnen, sagt: »Die Heimat beginnt ja nicht an den Kanälen. Nein, bestimmt nicht. Die Heimat haben wir verteidigt. Erst sie, und dann erst die Kanäle.« Wie habe ich geweint! Natürlich beginnt sie nicht an den Kanälen, meine geliebte Heimat.

Ich bin zwölf und denke mir: Was, wenn es wieder Krieg gibt? Wenn unser Land angegriffen wird, was dann? Natürlich werde ich es beschützen! Ich könnte Scharfschützin werden. Dann töte ich Faschisten. Warum auch immer kamen mir nur Faschisten in den Sinn. Vielleicht sterbe ich. Vielleicht sogar ganz jung. Dann wird Mama weinen, aber sehr stolz auf mich sein. Es wird ein stiller, düsterer, zurückhaltender Stolz sein. In der Schule habe ich nicht viele Freunde, nur zwei Mädchen, also denke ich mir: Später werden alle aus meiner Klasse erzählen, dass sie mich kannten und wie ich so war. Zu denken gab mir nur, dass ich die Kleinste in der Klasse war, ein Schwächling und nicht sehr belastbar. Macht nichts, ein Scharfschützengewehr ist nicht schwer.

Ich bin 13. Jemand aus unserer Straße wird beerdigt. Ein junger Mann, der gestern noch ein Schüler war, musste zur Armee und nach Tschetschenien. Er wurde getötet. Ich frage unseren Nachbarn Ljonja, wer ihn getötet hat. Die Tschetschenen. Warum? Weil in Tschetschenien Krieg ist. Gegen wen? Gegen Terroristen. Wow, denke ich. Terroristen umzubringen ist noch cooler als Faschisten. Obwohl, nein, Faschisten umbringen ist cooler. Oder doch Terroristen? Der arme Junge. Er ist natürlich ein Held. Aber was den Krieg angeht, übertreibt Ljonja. Im Fernsehen heißt es: antiterroristischer Einsatz. Wäre da ein Krieg, wüssten wir es.

Ich bin 14. Ich lese Anna Politkowskajas Reportagen über Tschetschenien. Scheiße.

Ich bin 14. Ich lese die Bücher von Swetlana Alexijewitsch. Scheiße.

Ich bin 17. Ich studiere Journalismus und nehme an einem Spiel über internationales Recht teil. Zu diesem Spiel sind Journalismus-Studentinnen und -Studenten von verschiedenen Unis angereist. Es gibt auch eine Mannschaft aus Tschetschenien: zwei junge Frauen, Assja und Malika, sie sind ernst und schön. Nach dem Spiel gehe ich zu ihnen und lade sie zu mir ein. Wir fahren in mein Wohnheim, ich mache Tee. Ich schlage vor, dass ich ihnen Moskau zeige. Und wie auf Bestellung gibt es draußen plötzlich ein Feuerwerk. Schaut mal! Ein Feuerwerk! Ich blicke nach draußen und sage: In Moskau haben wir oft Feuerwerk. Die beiden schweigen. Ich drehe mich um – sie sind weg. Wo sind sie? Sie sind unterm Tisch.

Ich bin 20. Russland greift Georgien an. Der Präsident sagt, es sei eine Friedensmission, weil Georgien nämlich Südossetien und Abchasien angegriffen hätte. Drei Berichterstatter von der *Nowaja* fahren hin: Olga Bobrowa, Arkadi Babtschenko und Roman Anin. Bei Anin ärgert es mich ganz besonders, er ist nur ein Jahr älter als ich. Das hätte ich auch machen können. Aber ich und drei andere

Frauen werden dem Nachrichtenticker zugeteilt. Ich muss Infos checken und Meldungen verfassen. Ich muss die Bewegungen unserer Korrespondentinnen und Korrespondenten mitverfolgen, dringende Nachrichten entgegennehmen und sie über den Vormarsch der russischen und georgischen Truppen informieren. Ich lege das Handy nicht aus der Hand. Ich habe Angst, einen Anruf zu verpassen. Ich habe Angst, die falsche Entscheidung zu treffen, welche Information für unsere Leute wichtig ist und mit welcher ich sie lieber nicht stören sollte. Was, wenn sie wegen mir verwundet werden? Oder getötet? Ich schlafe drei Nächte nicht. Am vierten Tag wird alles durchsichtig wie aus Kristall. Ich schleife die Füße über den Boden. Meine Kolleginnen sagen: Leg dich kurz hin, wir passen auf. Ich dämmere sofort weg. Jemand rüttelt an meiner Schulter, ich springe auf. Was ist passiert? Ira sagt: Der Krieg ist vorbei. Das Zimmer füllt sich unmerklich mit Licht.

Ich werde mein Telefon nie wieder weglegen können, nicht für eine Sekunde. Ohne Telefon habe ich Angst.

Am nächsten Tag kommt Babtschenko zurück. Er schreit die Buchhalterin an, weil sie Quittungen und Tickets von ihm haben möchte. »Fick dich«, sagt er und verschwindet in sein Büro. Ich gehe ihm nach. Er zeigt mir Fotos von verbrannten Menschen, Menschen ohne Beine, Menschen, die in der Sonne aufgequollen sind wie Teig, Menschen, die von Kugeln durchlöchert wurden, lebend und tot.

Er zeigt mir einen Kratzer am Kopf und ein Loch in seiner Hose – Splitter. Dann sackt er immer mehr in sich zusammen. »Was ist, hast du getrunken?«

»Nein.«

Er beugt sich zu mir und fragt: »Rieche ich nach Leichen? Riech mal.«

»Was?«

»Ich kann es riechen, dass ich nach Leichen stinke, du auch? Ich war in einem Auto mit Leichen.«

»Nein.«

»Du lügst, Lena.«

»Nein, tu ich nicht, ich komme gleich wieder.«

Ich gehe zum stellvertretenden Chefredakteur und sage: »Babtschenko geht es nicht gut. Jemand muss ihn nach Hause bringen.« »Ja«, sagt er, »gleich.«

Ich bin 23. Der stellvertretende Chefredakteur sagt zu mir: »Du wirst nie Kriegsberichterstatterin, weil du eine Frau bist. Das ist Männerarbeit.« Ich denke mir: Du hast doch einen Schaden.

Ich bin 24. Ich fahre zur Revolution in Ägypten. Ich sehe Menschen bei lebendigem Leib verbrennen, die von Molotow-Cocktails getroffen wurden. Ich sehe, wie ein geworfener Stein Ohren und Finger abreißt, Köpfe einschlägt. Dann wird geschossen.

Ich bin 26. Im Donbass beginnt der Krieg. Die Regionen Luhansk und Donezk erklären ihre Unabhängigkeit als DNR und LNR. Die Ukraine beginnt einen »Antiterroreinsatz«, die sogenannten Republiken wehren sich. Russland behauptet, da seien keine russischen Soldaten, die Ukraine kämpfe gegen ihre eigenen Bürger. Ich suche die Leichname von russischen Soldaten – und finde sie.

Ich bin 27. Ich fahre in den Donbass. Meine Mutter rufe ich erst aus dem Flugzeug an, vorher habe ich mich nicht getraut. Ich dachte, sie würde weinen und sich aufregen. Aber sie sagt: »Ich hoffe, du hast meine Kontaktdaten aufgeschrieben und in deinen Pass gelegt. Wickel den Pass in Folie, und trag ihn immer bei dir, nicht in der Tasche, sondern am Körper. Versuch dich einmal am Tag zu melden, wenigstens per SMS. Trink Wasser. Geh dahin, wo es warm ist, halt dich in der Nähe von Krankenhäusern auf, meide Militärfahrzeuge. Hast du Antibiotika dabei? Du musst Venenstauer auftreiben.«

Ich sehe den Krieg. In keinem der Bücher stand etwas davon, dass der Krieg vor allem Dreck heißt. Das schwere Militärgerät drückt die obere Schicht des Bodens durch und fördert eine hellbraune Flüssigkeit zutage. Der Matsch bedeckt alles: Menschen, Autos, Häuser, Hunde. Es gibt sehr viele streunende Hunde. Sehr viele Menschen mit Waffen.

Zweimal gerate ich unter Beschuss. Ich erfahre über mich, dass ich auf allen vieren rennen kann. Ich mache große Sprünge wie im Schlaf, mein Körper ist geschmeidig und wendig, ich glaube nicht, dass ich sterben könnte.

Ich war noch zweimal im Donbass.

Ich habe viele Texte geschrieben. Ich möchte sie nicht noch mal lesen.

Ich bin 31. Ich studiere Journalismus an der City University of New York. Internationalen Journalismus unterrichtet bei uns Alia Malek, eine wunderschöne, scharfsinnige und scharfzüngige Syrerin. Für ihre Seminare bereite ich mich besonders gut vor. Ich möchte ihr auffallen, aber es gibt nichts, womit ich sie beeindrucken könnte. Ich lese wenig und denke langsam. Alia lehrt uns, vorsichtig und ehrlich zu schreiben. Alia lehrt uns Aufmerksamkeit und Bescheidenheit. Zu unserem Abschlussseminar bringt sie Fladenbrot mit Thymian und arabische Süßigkeiten mit. Wir essen. Meine Kommilitoninnen und Kommilitonen spielen nacheinander ihre Lieblingslieder. Ich gehe zu Alia und sage:»Ich fahre bald nach Moskau zurück, kommen Sie uns doch besuchen.« Alia wird so blass, als hätte man das Licht im Raum verändert. Sie beugt sich ganz nah zu mir und sagt:»Ich werde nie nach Moskau kommen, eure Soldaten töten meine Verwandten.«

Ich bin 34. Meine Mutter hat Covid, und ich bin zu ihr gekommen, um sie pflegen. Wir sitzen vor dem Fernseher und hören Putin zu. Er sagt:»Russland erkennt die Unabhängigkeit der DNR und LNR an.«»Wie lange soll diese Tragödie noch andauern?«, fragt er.»Danke für die Aufmerksamkeit«, sagt er. Ich gehe rauchen und kaufe schnell eine Waschmaschine. Gut, dass ich wenigstens die Renovierung abgeschlossen habe, schießt es mir durch den Kopf, und gleich danach: Scheiße, bin ich pragmatisch, ekelhaft.»Der Rubel ist im Arsch«, sage ich zu Mama. Mama fragt:»Was wird jetzt passieren?« Ich sage:»In Donezk und Luhansk werden Truppen einmarschieren, jetzt ganz offiziell. Es wird noch mehr Krieg geben.« Mama sagt:»Dafür beschützen sie die Russen, weißt du, wie viele Russen es dort gibt?«Ich sage:»Ich muss nach Moskau.«Und meine damit: Ich fahre nach Donezk. Mama sagt:»Nimm das Foto von Großvater mit, lass es restaurieren und vergrößern, ja?«»Mache ich.« Ich lege Großvaters Foto in meinen Pass.

Ich bin in Moskau. Ich schlafe und habe sehr lebhafte Träume. Zu lebhaft, fast schon schmerzhaft, aber schön. Ich stehe auf und gehe rauchen. Ich komme ins Schlafzimmer zurück. Meine Freundin sitzt mit dem Smartphone aufrecht im Bett. Ich kann ihren Gesichtsausdruck nicht deuten.

»Warum schläft du nicht?«

»Kyjiw wird bombardiert.«

»Was?«

»Kyjiw und andere ukrainische Großstädte werden bombardiert.«

»Von uns?«

»Ja.«

Ich schlafe noch zwei Stunden, ich zwinge mich dazu, zu schlafen. Dann ziehe ich mich an und fahre in die Redaktion. Sie fragen mich: Bist du bereit? Natürlich bin ich bereit.

In Wirklichkeit kann man sich nicht darauf vorbereiten, dass wir die Faschisten sind. Ich war kein bisschen darauf vorbereitet.

Mykolajiw

13. März 2022

Die Stadt erstreckt sich großflächig an einem Fluss, dem Südlichen Bug. Silbergrau spiegelt der breite Fluss. Die Brücke über den Bug wird immer wieder hochgeklappt. Täglich verlassen Busse mit Frauen und Kindern Mykolajiw und fahren in das noch sichere Odessa, manche von ihnen gleich weiter nach Moldawien oder in die Teile der Ukraine, die noch nicht vom Kriegsgeschehen erfasst sind.

An den Rändern wird die Stadt beschossen. Sie ist halb umzingelt, nördlich und östlich stehen in 20 Kilometern Entfernung russische Truppen.

In der Stadt herrscht Verdunkelungspflicht. Nach Sonnenuntergang darf kein Licht eingeschaltet werden. Die Stadtwerke haben angekündigt, ganzen Häusern den Strom abzustellen, wenn sich ein Bewohner nicht daran hält. Die Geschäfte sind zu, mit Ausnahme der Lebensmittelläden und der Apotheken. In den Schulen und Kindergärten sind Ferien. Die Kinder bleiben in der Nähe der Erwachsenen. Viele Busverbindungen bestehen nicht mehr: Ein Teil der Busse wurde von der Armee beschlagnahmt, ein anderer wird für die Evakuierung eingesetzt.

An den Kreuzungen liegen Berge von Autoreifen. Sie sollen angezündet werden, wenn russische Soldaten in die Stadt kommen. Auf vielen Reifen sind noch Farbspuren, sie wurden als Begrenzungen für Blumenbeete genutzt. Der Bürgermeister sagt: Endlich ist der Krieg mal zu was gut, wir werden diese Gummischwäne los.

Die Menschen stehen ruhig Schlange für humanitäre Hilfe, Getreide, Konserven, Öl.

Der Alltag wird immer wieder von Luftalarm unterbrochen. Eine Notaufnahme wurde zum Lazarett umfunktioniert, die Menschen werden nach den OPs und der Versorgung der Wunden aber evakuiert. Die Betten müssen frei bleiben für Neuankömmlinge. Das Krankenhauspersonal wohnt vor Ort – und das seit Kriegsbeginn, also seit zwei Wochen. Die humanitäre Hilfe kommt aus Odessa. In Odessa richtet man alle Augen auf Mykolajiw. Solange Mykolajiw steht, wird Odessa nicht gestürmt, so die gängige Meinung.

Jaroslaw Tschepurnoj ist Presseoffizier der 79. Brigade, die Mykolajiw verteidigt. Er erzählt:

»Mykolajiw ist halb umzingelt. Die Stadt ist von 17 russischen Bataillonen umgeben. Wenn man davon ausgeht, dass jede aus ungefähr tausend Soldaten besteht, dann sind das 17000 Soldaten. Also etwa 1500 Einheiten Militärtechnik. Wir kennen die Pläne der russischen Kommandeure natürlich nicht, aber wir vermuten, dass ein Teil dieser Bataillone in den Norden vorrücken wird, vielleicht auf Krywyj Rih. Und ein Teil wird wahrscheinlich zurückbleiben und die Stadt stürmen. Es ist offensichtlich, dass die russischen Kommandeure den Auftrag haben, erst Mykolajiw und dann Odessa einzunehmen und offenbar einen Korridor bis Transnistrien zu schaffen. Deswegen bereiten wir die Abwehr vor. Jeder Tag, den sie uns geben, indem sie uns nicht angreifen, macht unsere Abwehr stärker.

Die russischen Truppen haben die Stadt mehrmals angegriffen, an die vier Mal, die ersten drei Mal war es eine gewaltsame Aufklärung. Sie sind mit kleinem Gerät vorgedrungen, wir haben sie abgewehrt und ihr Gerät verbrannt. Am 7. März gab es dann einen großen Angriff, erst mit Raketen und BM-30 und danach schon mit zwei Bataillonen, die unsere Stellungen angegriffen haben.

Was hier interessant ist: Sie hatten ziemlich viel Gerät. Wir haben nur ein paar Panzer und Panzerwagen abgeschossen. Aber das hat ausgereicht, damit sie umdrehen und den Rückzug antreten. Nach einem sehr kleinen Verlust also, einen völlig unbedeutenden

Verlust für ihre Truppen, sind sie aus irgendeinem Grund umgekehrt und zurückgewichen. Das haben wir nicht erwartet. Denn wenn du einen Angriff mit Panzern und gepanzerten Wagen hast und eine Schlacht tobt, dann sind ein paar verlorene Wagen gar nichts, das sollte kein Grund sein, um einen Angriff abzubrechen. Seitdem kommen ab und zu Aufklärer und gehen wieder.

Nach offiziellen Angaben gibt es in der ganzen Ukraine bereits über 3000 Gefangene, ich vertraue diesen offiziellen Angaben. Sogar in unserer Region gibt es schon viele, viele Dutzend. Vor zwei Tagen haben sich mir zwölf Männer in Gefangenschaft ergeben, und zwar nach den Kampfhandlungen, die Schlacht war schon vorbei.

Die Stadt wird mit Raketenwerfern beschossen – Smertsch, Uragan, Grad. Das sind alles besonders mächtige Raketenwerfer. Die ersten Angriffe trafen Militärobjekte. Am 24. Februar wurde unser Luftwaffenstützpunkt Kulbakino beschossen, aber unsere Flieger waren nicht mehr dort, das war also ein Schuss ins Leere. Am 4. März haben sie den Bahnhof angegriffen, die Kraftstofflager, danach eine Brotfabrik – ich weiß nicht, warum. Erst am 6. und 7. März ging der Beschuss der Kasernen und einfacher Wohnsiedlungen los. Es wurden schon mehrfach die Kläranlagen bei Mykolajiw beschossen, wir sehen, dass sie der einheimischen Bevölkerung Probleme mit dem Wasser bereiten wollen. Zwischen Mykolajiw und Cherson gibt es ein paar Ortschaften, dazwischen haben sie Feuerstellungen und beschießen die Städte.«

Die Oblast Cherson trifft es besonders hart. Wir sind im Rayon Korabel, einem Randbezirk von Mykolajiw, und zwar in dessen südlichstem Teil Balabanowka. Die Häuser stehen schief, sie wirken so, als seien sie nicht fertiggebaut worden. Wellblech wurde von den Zäunen abgerissen, Dächer sind eingestürzt, die Brocken eines Lebens liegen auf der Straße. Ein Ziegelmäuerchen, es liegt kein Stein mehr auf dem anderen, nur ein Schild mit der Nummer 22 ist noch da. Die Häuser haben keine Fensterscheiben, weswegen man meinen könnte, sie seien unbewohnt. Hinter einem grünen Tor steht ein zertrümmerter Kleinbus.

Ein umgegrabener Gemüsegarten. Die Kirschbäume wurden versehrt, die Äste liegen auf der warmen Erde. Auf dem Dach sind drei Einschläge zu sehen. Sascha steht auf einer Leiter und fegt die kaputten Ziegel weg. Er weint, aber er merkt es nicht und wischt die Tränen nicht weg. Er erzählt: »Erst haben sie geschossen. Ein Einschlag auf dem Weizenfeld, davon sind bei uns sofort alle Fenster rausgeflogen. Dann schien es abzuklingen. Meine Frau war im Flur und ich in der Küche. Sie saß da, und ich schaute aus dem Fenster: Und plötzlich sind da zwei schwarze Flieger. Sie wirft sich auf den Boden, und da hör ich schon das Ba-ba-ba-bam. Und weißer Rauch überall. Ich hab mich auf meine Frau geworfen, und wir sind zusammen gekrochen. Ich habe alle Splitter abgefangen. So ein Splitter kann einen Menschen ja in zwei Stücke schneiden.«

Seine Frau Nadja sitzt mit verschränkten Armen da und erzählt: »Genau so habe ich hier gesessen. Genau hier. Ich saß hier, und da war kein Laut, der mich erschreckt hätte. Zwei Flugzeuge, so unheimliche schwarze. Ich hab mich nicht bewegt. Ich dachte noch, die schießen ja nicht auf Zivilisten, und da höre ich schon die Einschüsse am Dach. So schrecklich. Schauen Sie sich das Tor an, was da für Löcher sind. Was, wenn sie mich getroffen hätten, ich war so geschockt, ich konnte gar nicht ausweichen. Ich habe Angst, verstehen Sie. Auch davor, wegzufahren. Ich habe in den Nachrichten gesehen, dass eine Familie, die weggefahren ist, unter Beschuss geraten ist. Alle sind tot, die Kinder und die Eltern.«

Das Zentrum für sozial-psychologische Rehabilitation für Kinder – das städtische Kinderheim – wurde unmittelbar nach Kriegsbeginn evakuiert. 93 Kinder von drei bis 18 Jahren. Sie sind soziale Waisen – ihre Eltern leben, können sich aber nicht um sie kümmern. Die Kinder wurden nach Antonowka evakuiert, das ist eine Siedlung, 67 Kilometer von der Stadt entfernt. Seit fünf Tagen stehen auch da russische Truppen. Am 8. März wurde um 9.20 Uhr auf der Straße Richtung Kropywnyzkyj von russischen Soldaten ein Wagen beschossen, in dem sich Erzieherinnen des Kinderheims befanden. Drei Frauen sind umgekommen.

Der Fahrer Anatoli Geraschenko tritt von einem Fuß auf den anderen. Im rechten Bein hat er einen Splitter, der nicht rausgeholt wurde. »Der Arzt hat gesagt, wir operieren, wenn es anfängt zu eitern«, erklärt er. Neben ihm steht Mascha, ein braunes und ein blaues Auge, sie drückt sich an den Vater. »Ich habe drei Söhne und zwei Töchter«, erzählt er stolz. Er fängt an zu zittern, murmelt: »Kalt.«

Es war seine dritte Fahrt nach Antonowka. Er fuhr umsonst, nur gegen Sprit. An der Frontscheibe war ein rotes Kreuz aus Klebeband. Sein Wagen, ein Mercedes-Sprinter ist mit den Leichnamen zusammen ausgebrannt.

»Das war schon das dritte Mal, dass ich die Erzieherinnen gefahren habe. Wir haben alle Kontrollposten passiert, unsere Pässe vorgezeigt. Sechs Frauen hatte ich im Wagen, zwei saßen vorn bei mir in der Kabine. Am Kontrollposten haben sie uns noch gesagt, dass nachts irgendetwas passiert ist. Aber dann hätten sie uns doch gar nicht durchlassen dürfen!

Auf dem Weg kamen uns keine Autos entgegen. Die Straße war völlig leer. Nach knapp 25 Kilometern dann, etwa 250 Meter vor uns ... Ich sehe nicht so gut, die Frauen haben mir gesagt, dass vorne Militärgerät ist. Ich hab sie noch gefragt, was wir machen sollen. Ich bin vom Gas runter. Erst gab es Salven aus dem Maschinengewehr, aber ich habe sie weder gesehen noch gehört. Ich habe nur den Schotter am Straßenrand hüpfen gesehen. Erst jetzt kapier ich, was das gewesen ist! Daran, wie sie auf uns geschossen haben, erinnere ich mich nicht. Ob ich schon angehalten hatte oder der Wagen noch gerollt ist, keine Ahnung. Die Explosion habe ich nicht gesehen. Ich habe nur gefühlt, wie irgendetwas einschlug. Und dann der Blitz an meinen Füßen. Ich springe aus dem Wagen. Die kommen mit Maschinengewehren angerannt. Ich liege mit dem Gesicht auf dem Asphalt und schreie: ›Da drin sind Frauen! Frauen! Frauen!‹

Die Russen haben die Hintertür aufgemacht, wo die vier Frauen saßen. Die Frauen sind ausgestiegen, die Männer haben sie umzingelt und geschrien: ›Handys weg!‹ Die vier Frauen haben denen ihre Handys vor die Füße geworfen. Ich hab meins ins Gras geworfen, das kleine, das ich in der Hosentasche hatte, mein Smartphone war noch im Auto.

Ich gehe also zurück ins Auto, aber es ist nicht da. Ich suche es. Neben der Tür sitzt eine Frau: Ihr Gesicht ist komplett weg, da sind nur noch Innereien. Auf meiner Trittstufe liegt einer ihrer Finger. Ihr Gesicht ist weg! Komplett weg! Die Frau, die hinter mir gesessen hat, wurde auch getötet, aber sie habe ich nicht gesehen.

Die Russen haben gesagt: ›Wir haben euch doch gewarnt, haben Warnschüsse abgegeben.‹ Aber ich bin doch kein Soldat, woher soll ich das wissen! Als würde man mich täglich mit Warnschüssen warnen. Eine Frau hatte eine Schussverletzung an der Schulter. Die Soldaten haben sie hochgehoben. Einer von ihnen, ein Jakute oder Burjate, hat ihr einen Verband angelegt. Und dann war da noch einer, ein ganz junger. Mit einer Sonnenbrille, wie ich sie auch habe. Ich habe mir sogar sein Gesicht gemerkt. Und ich hatte ja das Bein, also Splitter im Bein. Dieser Junge ist sofort auf Abstand. Keine Ahnung, ob er vielleicht Angst vor mir hatte. Ich habe ihn gefragt, wie wir da wegkommen sollen. Er meinte: ›Über die Felder, die Straßenschilder wurden überall abmontiert.‹ Ich habe zu ihm gesagt: ›Wir gehen über die Straße. Sagt euren Jungs Bescheid, wenn da noch wer steht.‹ ›Haben wir schon‹, haben sie gesagt, und in ihren Augen lag völlige Gleichgültigkeit. Es hat sie nicht mal interessiert, dass der Wagen brennt und dass dort noch jemand drin ist. Ich hab sie gebeten beim Löschen zu helfen, aber die haben sich nicht vom Fleck gerührt. Der Wagen hat gebrannt, die Kabine hat gebrannt. Ich habe gesehen, dass da noch jemand drin liegt. Ich bin rein und da war noch eine Frau. Ihr Mann hatte sie zum Bus gebracht, sie zum Abschied geküsst. Ich habe sie aus dem Wagen rausgezogen, eine andere Frau hat mir dabei geholfen. Ich habe sie an der Jacke rausgezogen, ihr Rücken war von Splittern durchlöchert. Natürlich hab ich ihren Puls kontrolliert. Nichts. Heute hat ihr Mann mich angerufen, ich habe ihm gesagt: ›Sie ist nicht verbrannt, ich habe sie rausgeholt ... Sie liegt da immer noch.‹ Zwei andere Frauen sind im Wagen verbrannt. Der Wagen hat sehr gut gebrannt.

Ich habe zwei Geburtstage: den 11. November und den 8. März.«

Die getöteten Frauen hießen Natalia Jewgenjewna Michailowa, Jelena Alexandrowna Batygina, Valentina Anatoljewna Widjuschtschenko. Die Leiterin des Kinderheims Swetlana Nikolajewna Kljuiko wusste zu jeder von ihnen etwas zu sagen: »Natalia Jewgenjewna Michailowa hat seit 2014 bei uns als Erzieherin gearbeitet. Sie hatte sehr viel Arbeitserfahrung, vorher war sie an einer Sonderschule. Sie war uns von Gott gesandt worden, so ein herzensguter Mensch. Eine Bessere könnte man sich für den Job nicht ausdenken. Sie mochte Kinder sehr, sie war so fleißig, hat gern genäht. All unsere Mitarbeiterinnen sind sehr gut, aber sie hat einfach immer die richtigen Worte gefunden. Sie hat nur mit den älteren Jungs gearbeitet. Am 4. Mai wäre sie 50 geworden, wir hatten eine Feier geplant. Jelena Alexandrowna Batygina hat sich sehr gut um die Kinder gekümmert, sie hat sie angezogen, umgezogen, die Kleidung ausgesucht. Bei uns waren die Kinder immer sehr schön angezogen. Sie hatte eine große Auswahl von Anzügen und festlichen Kleidern. Die Kinder mochten sie auch sehr gern. Eine Seele von Mensch. 20 Jahre hat sie bei uns gearbeitet. Sie war 64 Jahre alt. Valentina Anatoljewna Widjuschtschenko war noch recht neu bei uns, etwas über ein Jahr war sie Erziehungsassistentin. Sie war in der Gruppe für die Kinderchen, die gerade neu angekommen sind. Das ist einer der schwersten Jobs, wissen Sie. Wenn die Kinder neu ankommen, weinen sie viel. Sie wissen ja nicht, wo man sie hingebracht hat, machen sich Sorgen. Sie hat sie gewaschen, angezogen, umgezogen, sie beruhigt und auf sie eingeredet. So war das. Solche Menschen sind gestorben. Die Kinder sind ganz hysterisch gewesen. Sie haben ja auf sie gewartet, wir hatten ihnen ja gesagt, dass sie unterwegs sind. Sie haben gar nicht mehr aufgehört zu schreien.«

Die Leichen, oder was von ihnen übrig ist, konnten nicht abgeholt werden. »Man kommt nicht durch.« Sie liegen immer noch

25 Kilometer von dem ukrainischen Kontrollposten entfernt. Zwei verwundete Frauen, die Erziehungsassistentin Anna Nikolajewna Smetana und die Psychologin Jelena Fjodorowna Belanowa, sind immer noch im Krankenhaus in Mykolajiw. Die Erzieherinnen Galina Iljinitschna Lytkina und Natalia Jewgenjewna Wedenejewa wurden im traumatischen Schockzustand ins Krankenhaus gebracht. 93 Kinder und zehn Erzieherinnen warten im den von Truppen umzingelten Antonowka auf ihre Evakuierung »noch weiter hinein in die Ukraine«.

Alle Leichen passieren die Kreisverwaltung der Gerichtsmedizin. Laut deren Vorsitzender Olga Derjugina sind seit Kriegsbeginn über 60 Leichen ukrainischer Soldaten und über 30 Leichen von Zivilisten eingegangen. Ich frage nach genauen Zahlen, sie sagt: »Wozu? Es kommen ständig neue.« Jeder Leichnam wird von Mitarbeiterinnen und Mitarbeitern der Ermittlungsleitung untersucht, sie bereiten Materialien für den Internationalen Strafgerichtshof in Den Haag vor. Sie sagen: »Wir hatten noch nie so viele Leichen hier. Splitterverletzungen, Schussverletzungen, Explosionen ... Die meisten haben Splitterwunden. Wir hatten Leichen mit nicht detonierter Munition, die musste erst mal von Fachpersonal entschärft werden. Die war in den Körpern drin. Zwei Mal hatten wir das.«

»Ja, wir hatten eine nicht detonierte Mine, die habe ich rausgeholt«, erzählt der Gerichtsmediziner Juri Alexandrowitsch Solotarjow. »Der Sprengkopf war beschädigt worden, deswegen war das Ding nicht explodiert. Ich hatte gesagt, dass die Frauen zur Seite gehen sollen ... ehemalige Militärs ... und habe es vorsichtig herausgeholt. In dem Körper eines Mannes, in seiner Brust steckte das Gehäuse und im Bauch der Sprengkopf, der ist nicht explodiert, der Bauch ist ja weich. Das war noch beim Beschuss von Otschakiw, die meisten Leichen sind aus Otschakiw. Ein anderer hatte nur die Hälfte einer Mine im Körper. Als die Frauen sie gestern identifizieren sollten, haben sie so geschrien, es hallte durch die ganze Straße, so etwas habe ich seit 20 Jahren nicht gehört. Ich war im

Bosnienkrieg, dort gab es so eine Brutalität nicht. Ich habe zwei von unseren Soldaten untersucht – die wurden nicht nur erschossen, sondern hatten auch noch Stichverletzungen im Rücken. Am 6. März waren zwei junge Männer mit Molotow-Cocktails auf dem Gelände der Fliegerwerkstatt gewesen, sie wollten die Maschinen anzünden. Man hat sie geschnappt und ihnen in den Kopf geschossen und ihnen dann mehrmals ins Schulterblatt gestochen, das waren Dolchverletzungen, man wollte ihnen den Rest geben. Das ist bestialisch, erst wurden sie verwundet und gefangen genommen und dann brutal getötet.«

»Man hat erst auf sie geschossen und ihnen dann den Rest gegeben?«

»Ich arbeite seit 20 Jahren als Gerichtsmediziner, ich weiß, welche Verletzung zuerst kam und welche danach.«

Die Leichen werden in zwei Sektionen des »Kühlschranks« aufbewahrt – einem Raum mit Temperaturregler. Aber der Platz reicht nicht. Draußen an der Mauer liegen in Plastiksäcken diejenigen, die schon untersucht wurden – acht Leichen. Im Gebäude, das vor dem Krieg als Schuppen benutzt wurde, sind zwei 20 Quadratmeter große Zimmer voller Leichen. Die bedecken den gesamten Boden. In der Ecke liegen fünf tote russische Soldaten. »Solange es kalt ist, bewahren wir sie hier auf. Keine Ahnung, wem wir sie übergeben sollen.«

»Das sind alles Menschen mit Kriegsverletzungen, Verbrennungen, sie sind bereits in Plastiksäcke eingepackt. Treten Sie drüber, haben Sie keine Angst. Hier sind auch noch welche. Nach der Obduktion kommen sie natürlich in Leichensäcke, wo sollen wir sie sonst hintun? Sie haben ja gesehen, was hier los ist ...«

Manche sind barfuß, manche haben noch Schuhe. Ein verbrannter junger Mann liegt da, die Arme von sich gestreckt, ein verkohlter schwarzer Klumpen anstelle eines Gesichts. Eine andere Körperhälfte eines Menschen, Fleisch mit Gras vermengt, über dem Kopf liegt eine Jacke, unter der Jacke schaut eine Männerhand hervor. Ein nackter Mann, in ein geblümtes Laken eingewickelt. Ein russischer Soldat, die Hände überm Kopf, die Armeejacke ist hochgerutscht, ein sauberes Unterhemd schaut heraus und der gelbe Streifen seines Bauchs.

Im Kühlschrank liegen die Leichen gestapelt. Ein Mädchen liegt auf einem anderen. Sie waren Schwestern. Die Ältere war 17. In dem Haufen aus Körpern sehe ich nur die Hand mit ordentlich lackierten rosa Nägeln, lange, dünne Finger. Die Jüngere – sie war drei – liegt auf ihrer Schwester. Helles Haar, der Unterkiefer ist mit einer Mullbinde fixiert, die Arme vor dem Bauch zusammengebunden. Am ganzen Körper sind rote Punkte von den Splittern. Das Mädchen wirkt lebendig.

»Arina Dmitrijewna Butym und Veronika Alexandrowna Birjukowa. Sie haben eine Mutter, aber verschiedene Väter. Sie wurden am 5. März um 17 Uhr eingeliefert. Sie haben im Dorf Mischkowo-Pohorilowe in der Uliza Schewtschenko gewohnt«, sagt der Sanitäter Nikolaj Tschan-Tschu-Mila und starrt ins Leere. »Ich bin ihr Patenonkel. Unsere Familien sind befreundet. Die Mädchen wurden in meiner Schicht reingebracht. Natürlich habe ich sie erkannt. Ich kann Ihnen nicht erklären, was ich in dem Moment durchgemacht habe.«

Dmitri Butym, der Vater der Mädchen, steht draußen am Zaun. Er wartet darauf, dass man ihm die Leichname herausgibt. Seine Augen sind hinter roten Hautröllchen versteckt. »Veronika war in der Küche und hat etwas zu essen warm gemacht, Arina war draußen im Hof. Beide hatten nicht die geringste Chance. Die Jüngere war sofort tot – ein Splitter ins Herz. Die Ältere hat man wiederbelebt, ihr Herz hat noch zwei Minuten geschlagen, aber es nicht geschafft. Ihre Mutter ist im Krankenhaus in Dubky, ein Splitter ist in der Hüfte, sie hat innere Verletzungen. Entschuldigen Sie mich. Ich möchte jetzt nur meine Kinder beerdigen.«

Ein weiterer Leichnam wird gebracht. Man wickelt ein gestreiftes Bettlaken auseinander. Ein Mann mit einer Beatmungsröhre im Mund, der Körper voller Splitter, man hat noch versucht, ihn zu retten. Sie lassen ihn im Hof liegen.

Vier Männer mit dunklen Rosen in der Hand stehen in der Ecke.

Sie warten darauf, dass man ihnen einen Kollegen herausgibt, den Wachmann Igor, einen Zivilisten.

Aus dem Schuppen wird ein Leichnam in tarnfarbenen Hosen herausgetragen. Der Körper ist lila, anstelle eines Gesichts klafft ein großer Spalt. Zwei Männer von der Ermittlungsbehörde beugen sich über ihn, beschreiben die Kleidung, ziehen die Hose herunter und nehmen Proben für eine DNA-Analyse: Sie tunken eine Mullbinde ins Blut. Dann steckt einer die Finger in den Brei, dort wo der Mund sein sollte – sie müssen herausfinden, welche Schädelknochen gebrochen sind und welche nicht.

Eine blonde Frau mit dunklem Kopftuch erzählt:

»Meine Mutter wohnte im vierten Stock. Sie konnte nicht in den Luftschutzbunker, also in den Keller. Sie hatte gute Nachbarn, die haben ihr geholfen, sie waren wie eine Familie. Sie ist am Morgen gestorben, friedlich – wenn man das so sagen kann. Auf dem Fußboden im Bad, dort hatte sie sich vor dem Grauen versteckt. Und am nächsten Tag, genau zur gleichen Uhrzeit, ist eine Rakete ins Nachbarhaus eingeschlagen. In ihrer Wohnung wurden alle Fenster zerstört. Aber sie war nicht mehr da, sie war nicht mehr in der Wohnung. Ich weiß auch nicht, das ist einfach ein Wunder, dass sie am Samstag friedlich gestorben ist. Am nächsten Tag wäre sie schon in furchtbarer Angst gestorben. Sie war 77.

Ich habe Fotos von ihrer Wohnung, von dem, was von der Wohnung übrig ist. Die Nachbarn haben sie mir geschickt. Das ist der Blick aus ihrem Fenster, und das ist das Nachbarhaus, in das die Rakete eingeschlagen ist. Das war am nächsten Tag, das hätte sie nicht überlebt. Sie ist am Vergebungssonntag gestorben, dem Beginn der Fastenzeit. Und am Tag darauf, am 7. März, sind alle Fenster in ihrer Wohnung zersplittert, sie hätte schreckliche Angst gehabt. Wenn es passieren musste, ist es gut, dass es am 6. und nicht am 7. März passiert ist. Dafür bin ich so dankbar. Meine Mutter hieß Swetlana Nikolajewna. Sie war zur Hälfte Russin. Ihr Mann, mein Vater, wurde in Krasnojarsk geboren. Er hat hier seinen Armeedienst abgeleistet, da haben sie sich kennengelernt. Mein

Großvater, der Vater meiner Mutter, kam aus Kursk. Unsere Familie war russischsprachig. Wir fahren auf den Friedhof. Mein Sohn ist in Kyjiw. Ich heiße Oxana.«

Die Kaserne A0224 ist einer der beiden eindeutig militärischen Objekte in Mykolajiw, die beschossen wurden. Am 7. März wurden die Gebäude um 5.15 Uhr von einer Kalibr-Rakete getroffen. Neun Menschen starben, fünf von ihnen waren Wehrdienstleistende, die nicht an den Kampfhandlungen beteiligt waren. 14 Menschen wurden verletzt. Zwei Wehrdienstleistende, die als vermisst galten, wurden einige Stunden später gefunden. Sie waren zu einer anderen Anlage gerannt und hatten sich dort versteckt.

Von einem Teil eines zweistöckigen Gebäudes sind nur noch Trümmer übrig. Auf einem Stück Fußboden, das unbeschadet geblieben ist, steht ein Hochbett.

Die Trümmer werden von Hand beseitigt. Rettungskräfte und Soldaten arbeiten zusammen. Sie suchen den Leichnam eines Vermissten. Sein Name war Stas, er kam aus dem Süden der Ukraine und hatte vor acht Monaten seinen Wehrdienst angetreten.

Jaroslaw, der sich in der Nacht retten konnte, blinzelt in die Sonne, die Hände ruhen auf einem Maschinengewehr. »Um 5.15 Uhr gab es den Alarm. Ich bin aufgesprungen und habe geschrien: ›Jungs, raus hier!‹ Die Ersten sind einfach so rausgerannt, ohne Schuhe. Draußen standen schon ein paar, denen hab ich zugerufen, dass sie ins Gebäude gehen sollen, damit sie keine Splitter abkriegen. Und bin auch selbst zurück. Ich renne zurück, und als ich im ersten Stock bin, knapp sieben Meter vor mir ... sieben Meter vor mir sehe ich, wie die Platte ... eine Platte wurde hochgeschleudert, ein Blitz und Feuer. Ich sehe nur Feuer.«

»Um 5.17 Uhr wurden wir beschossen. Ich wurde weggeschleudert, falle auf den Boden, bedecke den Kopf mit den Armen und fühle nur, wie Glas auf mich fällt. Ich will die Taschenlampe anmachen, brauche sicher 15 Sekunden dafür, dann krieche ich vorwärts. Ich höre Menschen schreien, eine Frau schreit. Ich krieche immer weiter, aber ich merke, dass ich keinen Boden mehr unter mir habe.

Keinen Boden. Und ich höre den Ältesten schreien: ›Alle raus hier!‹
Ich konnte noch zurück und bin dann raus, ich konnte noch mein
Maschinengewehr holen. Und habe allen zugerufen, die noch drin
waren: ›Jungs, raus und in Deckung!‹ Wir sind rausgerannt. Taras,
Danila und noch andere sind unter den Trümmern geblieben. Wir
waren 29 Mann dort.

Ich will nicht fluchen ... aber in Gefangenschaft nehme ich keinen mehr. Und es tut mir auch nicht leid, dass die irgendwo Eltern
oder Ehefrauen haben. Da habe ich kein Mitleid mehr. Ich bin 20,
ich wollte Tierarzt werden, aber jetzt habe ich kein Mitleid mehr
mit niemandem.«

An der Frontlinie wurde ein Tigr-Panzerwagen beschossen. Vier
russische Soldaten ergaben sich in Gefangenschaft. Die Führung
denkt, dass die Russen eine gewaltsame Aufklärung durchgeführt
haben, aber die Männer auf den Posten sagen: »Die haben sich
wahrscheinlich nur verfahren.«

Artur, dessen Gesicht von einer schwarzen Maske bedeckt wird
und der sich in Friedenszeiten mit kybernetischer Ökonomie beschäftigt hat, erzählt:

»Es kam ein Wagen aus Richtung Cherson. Als er bei uns ankam,
sah ich, dass er gepanzert war. Sie haben nur ein Fenster runterge-
lassen. Ich hab gesehen, dass es Russen sind, in Uniform. Ich hab
ihnen gesagt, dass sie sich ergeben sollen, na ja, und dann schon
etwas derber. Der hat das Fenster wieder zugemacht. Ich wollte
durchs Fenster schießen, war aber zu langsam. Also habe ich denen
die Reifen zerschossen. Der Wagen ist noch an die 20 Sekunden
weitergefahren. Wir haben eine Granate geworfen, da hat der Wagen angefangen zu brennen. Sie wollten erst nicht aussteigen. Wir
haben die Fenster eingeschlagen, dann haben sie sich langsam ergeben.«

»Haben Sie mit ihnen geredet?«

»Wir haben es versucht. Aber es sind doch furchteinflößende
Krieger.« Die Soldaten brechen in Lachen aus. »Sie haben das Übliche erzählt, den ganzen Scheiß von wegen, sie wären zu einer

Übung unterwegs, diesen ganzen Schwachsinn eben. ›Ich weiß nicht, wo ich gelandet bin.‹ Von wegen! Das wissen die ganz genau.« Die Gefangenen wurden an die ukrainische Armee übergeben. Auf den Trennstreifen steht jetzt: »Tod den Feinden«. Die Soldaten wärmen sich am Ofen, den sie mit Holz heizen. »Die Russen haben den Frühling geklaut«, sagen sie.

»Es kam von den Hochhäusern dort, wurde mir gesagt. Entweder ein Scharfschütze oder aus einem Maschinengewehr, das kann ich nicht genau sagen. Eine Kugel ist 40 Zentimeter an meinem Bein vorbei. Nach der dritten Kugel habe ich verstanden, dass der Beschuss mir persönlich gilt«, erzählt ein Soldat mit Kampfnamen Artist.

»Warten Sie darauf, dass die Stadt gestürmt wird?«

»Ich warte nur auf eines: dass diese ganzen Wichser von hier abhauen. Außerdem würde ich den Bewohnern der besetzten Gebiete raten, Molotow-Cocktails vorzubereiten. Ich möchte meiner Tochter alles Glück dieser Welt wünschen. Sie ist drei. Ich habe sie Maria genannt.

Meine Familie ist hiergeblieben. Mein Bruder hat ein größeres Haus als ich, aber wir leben alle in demselben Dorf – meine Mutter, mein Bruder und ich. Mein Bruder ist älter, deswegen ist er das Familienoberhaupt. Seine Aufgabe ist es, die Frauen und die Kinder zu beschützen, meine Aufgabe ist es, hier zu sein. Als der Luftwaffenstützpunkt Kulbakino beschossen wurde, habe ich in der Fabrik Nr. 61 in Warwariwka gearbeitet. Dort haben wir Schiffe gebaut. Mein Onkel hat mich um 6.30 Uhr aufgeweckt, der Beschuss war schon in vollem Gange, man hat es gehört. Um 8.20 Uhr habe ich mich schon freiwillig gemeldet. Am nächsten Tag um 6 Uhr sollte ich antreten. Meiner Frau habe ich es erst im Nachhinein erzählt. Sie hat gesagt, sie wusste, dass ich das tun würde.«

»Wohin sollen wir denn in die Evakuation? Wir sind hier auf unserem Land«, sagt ein anderer Soldat. »Ich habe Familie in Odessa. Solange Mykolajiw steht, rührt man Odessa nicht an. Deswegen bin ich hier.«

»Wir sagen den Russen, dass sie nach Hause gehen sollen. Einfach nach Hause. Wir haben euch nicht gerufen. Ihr müsst hier nicht sterben.«

»Wir haben eure Soldaten beschossen, und sie sind gefallen. Aber warum holt sie keiner und bringt sie in die Heimat?«

»Warum werden die Leichen nicht abgeholt? Eure Leichen düngen nur die Felder. Entschuldigen Sie, aber wenn Ihr Sohn hierherkommt, sehen Sie ihn nie wieder, und Sie werden nie an seinem Grab stehen können. Wenn mir etwas zustößt, wird meine Mutter mich beweinen und bestatten lassen.«

»Menschen, die früher unsere Brüder waren, sind jetzt unsere Feinde, weil sie uns angegriffen haben. Brüder machen so etwas nicht. Wir müssen unser Land verteidigen, wir wollten keinen Krieg, wir haben nicht darauf gewartet.«

»Ich bin aus Mykolajiw. Soll ich etwa zu Hause sitzen und warten? Ich hab mich gleich am ersten Tag freiwillig gemeldet.«

»Sie denken, die Ukraine wäre schwach. Nein. Die Ukraine ist sehr stark. Wir kennen jeden Winkel, jede Spalte. Ihr seid in unser Land gekommen.«

»Wir wollen keinen Krieg. Wir wollen, dass ihr uns in Ruhe lasst.«

Seit dem 24. Februar kamen in der Geburtsklinik von Mykolajiw 22 Kinder zur Welt. Zwei von ihnen im Keller, der als Luftschutzbunker dient. Alle haben überlebt.

Kaiserschnitte macht man kaum noch – die Narbe muss verheilen, dafür braucht es Ruhe, aber bei Luftalarm gibt es keine Ruhe. Im Keller wurde ein Kreißsaal eingerichtet. Aber die OPs sind immer noch im zweiten Stock – und das ist sehr gefährlich.

Luftalarm. Schwangere Frauen gehen in den Keller hinunter, Schritt für Schritt, gegen die Wand gestützt. Das Treppengehen fällt ihnen schwer. Die Hebammen tragen die Kinder.

Lena Silweistrowa liegt mit einer Wolldecke auf einer Metallliege. Ihr Mann Alexej hat seine Hand in ihren Nacken gelegt und redet beruhigend auf sie ein. Lena hat um 4.30 Uhr entbunden, mit einem Kaiserschnitt, vorher hatte sie fast 24 Stunden lang versucht, ihr Kind so zu kriegen. Sie ist 28, Alexej ist 26, es ist ihr erstes Kind. Die Wehen hatten gegen Morgen eingesetzt, nach der Ausgangssperre, Alexej fuhr seine Frau selbst ins Krankenhaus.

»Der Krieg hat genau an meinem Entbindungstermin angefangen. Ich habe mir solche Sorgen gemacht, dass wir nicht in einen Luftalarm oder unter Beschuss geraten, wenn die Wehen einsetzen. Ich hatte Glück, bei mir wurde zwischen zwei Luftalarmen ein Kaiserschnitt gemacht. Wissen Sie, wenn man in den Wehen liegt, wünscht man sich Ruhe für das Kind, aber wir werden die ganze Zeit bombardiert.«

Alexej streichelt ihre Wange.

»Ich will wieder wissen, wie das ist, über die Straßen zu gehen, ohne Angst zu haben vor Beschuss.«

Der Keller ist schwach beleuchtet. Die Frauen sitzen an den Wänden.

Alexej geht dem Chefarzt hinterher. Der Chefarzt öffnet die Tür zum Archiv. Dort sitzt eine Hebamme auf den Matratzen und hält ein weißes Bündel in der Hand.

Sie hält es Alexej hin. »Nein, nicht auf den Arm«, sagt er. »Sie müssen sich daran gewöhnen«, sagt die Hebamme. »Haben Sie keine Angst, hier, keine Angst.«

Alexej nimmt Mascha auf den Arm. Es ist das erste Mal. Die Hebamme richtet vorsichtig seine Handflächen.

»Wie klein sie ist«, sagt Alexej. Dann schweigt er und beugt sich immer tiefer über das Gesicht seiner Tochter. »Mein Mädchen. Hallo! Warum streckst du mir die Zunge raus? Mascha, was machst du denn? Lass uns jeden Tag zusammen sein!«

»Wir wollen nur Frieden. Schreiben Sie das, bitte«, sagt eine Frau in einem weißen Kittel. »Ich heiße Nadeschda Scherstowa. Ich bin die Oberschwester der Anästhesie, ich arbeite hier seit 30 Jahren. Wissen Sie, seit der Krieg ausgebrochen ist, haben die Eltern keine Freude mehr in den Augen. Wir machen uns Sorgen, ob die Frauen Milch haben. Das wäre schrecklich. Die Eltern haben keine Freude.«

»Im Bauch war sie sehr wild«, erzählt Alexej dem Arzt. »Hat die ganze Zeit getreten. Erst recht, wenn sie meine Stimme gehört hat, da hat sie gleich angefangen zu tanzen. Sie hat ihre Mutter gar nicht schlafen lassen. Jetzt kickt sie auch ein bisschen. Ich dachte, sie würde mir ähnlich sehen. Beim Ultraschall haben sie gesagt, sie hätte meine Züge, aber sie ist schön.«

Am 11. März wurde Mykolajiw um 20 Uhr erneut beschossen, der Angriff ging mit kurzen Unterbrechungen die ganze Nacht hindurch. Nach Angaben des Bürgermeisters Alexander Senkewitsch wurden über 167 zivile Gebäude beschädigt, darunter das Krankenhaus Nr. 3, das mit zivilen Verletzten überfüllt ist, eine Fabrik, elf Schulen und Kindergärten, ein Internat. Elf Wohnhäuser wurden komplett zerstört. Splitter sind in den Innenhof der onkologischen Abteilung und der Notaufnahme geflogen, der goldfarbene Krankenhaushund Kusja wurde getötet. Man hat ihn mit einem Handtuch zugedeckt. Auch der Stadtfriedhof geriet unter Beschuss. In der ganzen Stadt brachen Brände aus.

Schluss

Die *Nowaja* und ich (wir waren eine Sekte)

Man kommt aus der Metro und geht immer geradeaus, entlang des Kriwoj Boulevard, dann biegt man in den Archangelski Pereulok ein, vorbei an der rosa Kirche (man sagt, dort spukt es), dann links auf den Potapowski Pereulok. Vorbei am Gärtchen mit dem Flieder (früher waren hier Obdachlose, jetzt stehen da Denkmäler), vorbei an dem verlassenen Haus mit den zugenagelten Fenstern (sie sind immer zugenagelt, merkwürdig, ganz im Stadtzentrum), noch ein bisschen, und dann kommt unsere Redaktion.

Eine alte Druckerei in einem warmen Grauton. In dem Gebäude gibt es Keller, die sind tief und dunkel. Ich erinnere mich noch daran, wie R. einmal Gras mitbrachte und wir in den Keller gingen, um es zu rauchen. Danach bildeten wir uns ein, dass man uns sucht, und schlichen langsam zischend hoch. Psst, psst, pass auf!

Es gibt auch ein Dach, auf das man raufkann. Meistens hängt ein Schloss am Aufgang, aber man kann auch einfach über die Feuerleiter hinauf. Einmal ist Lena Ratschewa über diese Leiter hinauf und wurde vom Wachdienst geschnappt, danach musste sich die Redaktion beim Hauseigentümer entschuldigen. Aber wenn man den Eigentümer fragt, darf man die Tür auch aufschließen. Einmal haben wir den Jahrestag der Zeitung dort gefeiert. Das war im April 2006, es war sonnig und kalt. Ich habe mich schnell betrunken und nichts mitbekommen. Da rief mich unser Chefredakteur Muratow[26] zu sich. Er gab mir meinen Mitgliedspass. Ich wurde ins Team aufgenommen. Mit einem Schlag war ich wieder nüchtern.

Ganze drei Tage lang hatte Alkohol bei mir keine Wirkung, egal, wie viel ich trank. Da war so viel Glück, dass gar nichts anderes in mich hineinpasste.

Unten steht Wachpersonal. Das wird immer ausgewechselt, weil sie nicht zurechtkommen. Menschen bringen Schafsköpfe (das soll eine Drohung sein) oder auch lebende Schafe (das soll lustig sein) zur Redaktion. Sie demonstrieren vor der Redaktion (»Ihr seid Vaterlandsverräter«). Einmal hat jemand den Eingang mit einer stark stinkenden Flüssigkeit bespritzt. Wir mussten Chemiker kommen lassen und später sogar den Asphalt entfernen und neuen verlegen lassen. Das Wachpersonal mag uns nicht. Früher musste man am Eingang seinen Pass vorzeigen, aber jetzt haben wir Chipkarten, man hält sie ran und geht durch.

Treppen, Treppen. Im ersten Stock sind unsere Personal-, die Werbe- und die juristische Abteilung und der Chef. Ich muss in den zweiten.

Die Karte noch mal ranhalten und durch. Als Erstes ist da ein kleiner Glascontainer für die Raucher. Da passen kaum drei Leute rein. Wir stehen da drin wie in der Bahn zur Rushhour und qualmen einander ins Gesicht. Als ich anfing, bei der *Nowaja* zu arbeiten, durfte man noch überall rauchen. Aber dann haben sich die Gesetze geändert, der Chefredakteur hat mit dem Rauchen aufgehört und es auch uns verboten. Aber in zwei Büros wird trotzdem geraucht. Und die Nachrichtenabteilung klettert auf das Dach des Anbaus und raucht dort. Diese Glückspilze.

Auf diesem Dach haben wir im Sommer Erdbeeren gegessen und Rosé getrunken. Und im Winter liegt dort Schnee. Man kann auf dem Schnee stehen, im Schnee liegen, Spuren hinterlassen.

Im Flur gibt es ein kleines Museum unserer Zeitung: Politkowskajas PC, eine Zeitung, die im Weltall war (einer unserer Reporter ist Astronaut), der Splitter, der Muratow in Tschetschenien fast umgebracht hat (damals war er noch nicht Chefredakteur, sondern ein Kriegsberichterstatter), der Bogen meines ersten Redakteurs Nugsar Mikeladse (bevor er Journalist wurde, war er Bogenschütze in der Nationalmannschaft). Ich gehe durch die Gänge und kenne alles. Kurve, fünf Schritte, das Erschießungsbrett. Hier hängen Ankündigungen und Befehle. Hier kann man nachlesen, wer den besten Text abgegeben und wer es vergeigt hat. Ich suche immer nach meinem Namen. Manchmal werde ich gelobt (hier kommt es auf die Formulierung an, ich merke mir jedes Wort), manchmal getadelt. Einmal hat sich mein Computer aufgehängt – er ist alt, sehr alt. Und beim Neustart wurde mein Text für die Neujahrsausgabe gelöscht, den ich schon fertig hatte. Ich bekam einen Tadel, den man an das Brett hängte. Ich habe den Leiter unserer Finanzabteilung angeschrien, dass er uns immer noch keine neuen Computer gekauft hat, aber der sagte nur: »Schreib doch noch einen Text, du bist doch so begabt.« So ein Idiot, nicht wahr? Ich weiß das heute noch.

Außerdem hängen an diesem Brett die Fotos von den Menschen, die ermordet wurden oder gestorben sind. Vor das Foto stellt man ein Tischchen mit Blumen. Die Blumen und das Foto bleiben dort bis zur Beerdigung. Danach kommt das Foto in den runden Saal, wo unsere Redaktionssitzungen stattfinden. Zu den anderen Fotos. Bisher sind es sechs.

Rechts vom Brett sind die Toiletten. Einmal bin ich in die Damentoilette rein, und gegenüber vom Fenster hing ein Typ: Er strich die Wand und hatte einen völlig undurchschaubaren Gesichtsausdruck. Einmal hat mein Kollege Arkadi Babtschenko betrunken mit einem Luftgewehr auf die Tür der Damentoilette geschossen. Nikita Girin hat danach die Tür der Herrentoilette abgenommen und bei den Damen montiert. Babtschenko wurde gefeuert. Er wurde sicherlich mindestens drei Mal gefeuert und wieder eingestellt. Er war einfach zu sehr einer von uns. Bis er endgültig gefeuert wurde. Danach kam er noch mit Sekt in die Redaktion und bot den jungen Frauen an, seinen Bizeps anzufassen. Glatzköpfig, riesig, taktlos und lieb war er. Mittlerweile lebt er im Ausland, hält sich für einen Ukrainer und schreibt, dass die Russen Orks und Russland Mordor sind.

Vor den Toiletten gibt es eine Bar. Eigentlich ist es eine Kantine, aber wir nennen sie Bar, weil es cooler klingt. Früher standen dort holzverkleidete Wände und massive, lackierte Holzmöbel. Aber dann war unser Chefredakteur in Hemingways Lieblingscafé und wollte so eins auch bei uns. Die Wände wurden weiß gestrichen, die Möbel ausgetauscht, die waren nun etwas schlichter und unebenmäßig grün und blau gestrichen. An den Wänden in der Kantine hingen die lustigsten Ausreden unserer Mitarbeiterinnen und Mitarbeiter (»Ich bin nicht zur Arbeit gekommen, weil mir die Inspiration gefehlt hat und ohne Inspiration weigere ich mich zu arbeiten.«) und die Titelseiten unserer besten Ausgaben. Jetzt ist da nichts mehr. Leere Fläche. Hier essen wir zu Mittag. Suppe und Brot gibt es umsonst, geradezu kommunistisch.

Weiter den Flur hinunter ist der Sitz der Wachfrau. Es gibt drei. Alle drei sind ältere Damen, die die ganze Nacht über in der Redaktion sitzen. Ihre Aufgabe ist es, einen vor 22 Uhr rauszuschmeißen. Aber ich bin oft länger geblieben, weil ich sie überredet hatte. Irgendwann haben sie sich damit abgefunden. Ich arbeite gern nachts in der Redaktion. Alles ist still und dunkel, aber es ist eine lebendige Stille. Es ist ein bisschen unheimlich, durch die Flure zu gehen, es ist, als könnte dich jederzeit wer rufen. Es schreibt sich gut, weil außer dem Text nichts da ist. Am Morgen, noch bevor die Leute kommen, fahre ich gern mit einen Tretroller durch die Redaktion, mit dem früher mein Redakteur Mikeladse gefahren ist. Ich kenne die Wege, kriege jede Kurve und falle niemals hin.

Dann kommt mein Büro: Nr. 305. Ich bin seit 17 Jahren da drin, Wahnsinn. Hier waren früher mal zerfleddertes Linoleum, schmutzige Wände und ein abgewetzter Ledersessel, in dem es sich sehr gut eingerollt schlafen ließ. Aber vor Kurzem wurde renoviert. Mein Lieblingssessel wurde weggeschmissen und durch Ikea-Möbel ersetzt. Jetzt steht da ein kleines rotes Sofa. Auf dem schläft es sich auch gut. Wir wechseln uns beim Schlafen ab.

In unserem Büro gibt es sechs Arbeitsplätze und einen Redakteursbereich mit zwei weiteren Schreibtischen. Als ich angefangen habe, saßen da mein Redakteur Nugsar Mikeladse und die Reporterin Lena Milaschina. Ich hatte vor beiden eine Heidenangst. Mikeladse hatte blaue Augen und schwarze Haare mit einem Graustich. Er war groß, er hatte es nie eilig, er sprach langsam, er ging langsam, aber er dachte sehr schnell. Sein Russisch ist besser als das aller anderen. Wenn er meine Texte las und an den schlechten Stellen eine Augenbraue hochzog, rannte ich aus dem Büro und versteckte mich. Ich hatte zu große Angst, um das mitanzusehen. Milaschina ist klein und aufbrausend. Sie sagt immer unumwunden, was sie denkt. Manchmal stritten sie und Mikeladse sich: Sie schrien sich gegenseitig an, Milaschina warf mit Papier nach ihm, einmal warf sie sogar einen Aschenbecher. Ich zog den Kopf ein und wartete, bis der Sturm sich legte. Danach gingen sie zusammen in ein Café und kamen lachend wieder raus. Nachdem Mikeladse gestorben ist, haben wir sein Porträt über seinem Schreibtisch aufgehängt. Darauf lächelt er langsam. Immer wenn mich Panik überkommt, drücke ich meine Stirn dagegen und bitte ihn: Nugsar Kobajewitsch, helfen Sie mir, bitte.

Und er hilft mir immer.

Meine Abteilung heißt: Reportergruppe. Das ist meine Familie. Zwei Lenas, Pascha, Olja, Nikita, Katja, Ira. Erst als ich ganz erwachsen war, habe ich mich ein bisschen von ihnen distanziert. Davor war ich mir sicher, dass sie mich immer verstehen würden und ich sie. Ich war nie einsam. Es gab mehrere Jahre, in denen ich keine Freunde außerhalb der Redaktion hatte. Wozu, ich hatte doch so viele Menschen, die mir nah waren.

Auf meinem Schreibtisch herrschte das größte Chaos, gleich danach kommt der Schreibtisch von Milaschina. Berge von Papier, Büchern, Briefen, Kugelschreibern, Teebeuteln. Ich fühle mich wohl in diesem Chaos. Unter dem Tisch liegt Kleidung: ein T-Shirt, Jeans, Socken, Unterwäsche, Sneakers, damit ich jederzeit zu einer Recherchereise aufbrechen kann. Neben der Tastatur steht ein Sparschwein mit Sprungfedern als Beinen, dort werfe ich Münzen rein. An die Wand habe ich Reproduktionen von Munch und ein paar anderen norwegischen Künstlern und Fotos einer Aktion von Pussy Riot geklebt (die Frauen rannten durch die Stadt und küssten Polizistinnen und Polizisten), auf dem Tisch habe ich Postkarten aufgestellt. Auf dem Rechner liegen drei Kugeln und zwei Splitter, die mich um ein Haar verfehlt hatten. So banne ich den Tod.

Hier habe ich erfahren, dass Politkowskaja ermordet wurde. Es war ein Samstag, ich werde es nie vergessen. Von hier bin ich zu meinen Recherchereisen aufgebrochen, und hierher bin ich auch wieder zurückgekommen. Hier habe ich die Druckfahnen gelesen – sie werden auf große weiße Blättern gedruckt. Man gleitet mit dem Finger über die Zeilen und malt spezielle Zeichen an den Rand. Nach einer Kopfverletzung hatte ich verlernt, Texte zu schreiben, und saß unzählige Stunden weinend am Schreibtisch, starr vor Angst, dass ich es nie wieder können würde. Oft haben wir hier unsere Geburtstage gefeiert, Torten angeschnitten, Bier getrunken und über die Zukunft gesprochen, die natürlich fabelhaft werden sollte.

Draußen keimte der Faschismus. Wir beschrieben ihn, so gut es ging. Unsere Zeitung erschien dreimal wöchentlich, landesweit, die Webseite wurde rund um die Uhr aktualisiert. Wir machten unsere Arbeit gut, wir gaben uns große Mühe. Draußen war es furchteinflößend, düster, traurig. Hier war es warm.

Ich freundete mich nicht mit Kolleginnen und Kollegen anderer Zeitungen an. Ich ging nicht zu journalistischen Events – obwohl, manchmal tat ich es und war immer enttäuscht. Ich hatte den Eindruck, dass dort nur Unsinn besprochen würde, keine Arbeit, sondern Klatsch – wer geheiratet hat oder wer gefeuert wurde. Die anderen Journalistinnen und Journalisten hatten keinen allzu großen Respekt vor der *Nowaja*, sie fanden uns zu aktivistisch, sagten, dass man uns nur bestehen lässt, weil wir nichts Bleibendes schreiben, dass wir grottenschlecht bezahlt sind (Letzteres ist wahr). Ich habe mir gar nicht die Mühe gemacht, ihnen zu antworten. Ich wusste, dass ich bei der besten Zeitung der Welt arbeite. Sie erzählten immer öfter von Zensur bei ihren Blättern und von nicht gedruckten

Texten. Ihre Zeitungen verschwanden eine nach der anderen. Es gab immer weniger Arbeitsplätze.

Die *Nowaja* blieb. Uns konnte man nicht so einfach dichtmachen. Uns gehörte selbst das Aktienpaket der Zeitung, wir wählten selbst unseren Chefredakteur, die Mitglieder der Redaktion. Die Wahlen fanden einmal in zwei Jahren statt. Es wurden Wahlkampagnen durchgeführt, Diskussionen veranstaltet, Stimmzettel gedruckt und eine Kommission für die Auszählung gewählt. Draußen gab es keine Wahlen mehr, aber bei uns schon. Wir fanden das witzig.

Meistens wurde Muratow zum Chefredakteur gewählt. Er ist groß, bärtig, blauäugig und erinnert an Hemingway. Er trägt ausgeleierte T-Shirts. Und er hat eine merkwürdige Gabe: Er denkt sich immer Themen aus, die durch die Decke gehen, auch wenn sie anfangs völlig irrwitzig erscheinen. Einmal hat er Jelena Ratschewa nach Nauru geschickt, eine 20 Quadratkilometer große Insel im Pazifischen Ozean, und er hatte recht mit der Entscheidung. Er hat Folkloristik studiert. Er mag große Gesten und große Aufgaben. Er mag mich, und ich mag ihn. Ein paarmal haben wir gestritten, und ich habe lange geweint. Nur wenige können mich so verletzen. Als bei meiner Mutter der Verdacht auf Krebs bestand, hat er Geld aufgetrieben und eine Untersuchung organisiert – und zwar sehr schnell, innerhalb von 24 Stunden. Der Verdacht wurde nicht bestätigt, ich konnte ruhig weiterleben. In seinem Büro gibt es immer was zu trinken. An der Wand hängt eine Schlägersammlung von berühmten Hockeyspielern. Er verkauft immer mal wieder einen und spendet das Geld für kranke Kinder – immer an die hoffnungslosesten Fälle.

Als er 2021 den Friedensnobelpreis bekam, habe ich mich sehr gefreut. Ich dachte, jetzt wird er nicht mehr ermordet. Mir schien, jetzt sehen ihn endlich auch andere Menschen so wie es ihm angemessen ist. Er hat das Geld zwischen mehreren Wohltätigkeitsorganisationen aufgeteilt und nichts davon behalten. Bei seiner Rede während der Preisverleihung sprach er über den Krieg. Er sah ihn kommen, er versuchte ihn aufzuhalten.

Er schaffte es nicht.

Nach Beginn des russischen Angriffskriegs konnten wir noch 32 Tage lang weiterarbeiten. Danach bekam die *Nowaja* zwei Warnungen durch die Zensurbehörde, dass uns die Lizenz entzogen würde. Ohne Lizenz können wir nicht arbeiten. Die Mitarbeiterinnen und Mitarbeiter stimmen dafür ab, das Erscheinen der Zeitung etwas einzuschränken und sie so zu retten. Ich habe nicht abgestimmt. Ich war im Krieg.

Fünf Monate später, wurde uns die Lizenz trotzdem entzogen. Die *Nowaja* zog vor Gericht. Die *Nowaja* verlor alle Verfahren. Die *Nowaja* existiert nicht mehr.

Jetzt, da es uns im Grunde nicht mehr gibt, jetzt, da es keine Redaktionssitzungen, keine verdammte Druckfreigabe, keine Hektik, kein Gefluche, kein Tränen, keine kleinen Siege, keine großen schrecklichen Ereignisse, die man in Texte quetschen muss, mehr gibt. Jetzt, da alles eingetreten ist, was ich befürchtet hatte, bin ich leer, habe ich keinen Halt mehr, kann ich nicht mehr denken.

Die Devise der *Nowaja Gaseta* lautete: Wir haben die gleichen Buchstaben wie alle, aber andere Worte.

Wie schwer wiegen Worte?

(Manchmal so viel wie ein ganzes Leben.)

Können Worte bewaffnete Tyrannei verhindern?

(Nein.)

Können Worte einen Krieg aufhalten?

(Nein.)

Können Worte ein Land retten?

(Nein.)

Können Worte den Menschen retten, der sie ausspricht?

Mich haben sie gerettet.

Aber nur mich.

Anhang

Dank

Dieses Buch wäre nicht möglich gewesen ohne
  meine Mutter Galina Kostjutschenko
  meine Schwester Swetlana Widanowa
  meine Partnerin und erste Leserin Jana Kutschina
  meine furchtlosen Informantinnen und Informanten
  meine Fotografin Anna Artjomewa und meinen Fotografen Juri
Kosyrew
  meinen Redakteur Nugsar Mikeladse und meine Redakteurin
Olga Bobrowa
  meinen Chefredakteur Dmitri Muratow
  meine zweite Familie, die *Nowaja Gaseta*
  meinen Agenten Chris Parris-Lamb
  meine Übersetzerin Maria Rajer und meine Lektorin Tamina
Kutscher.

Ich schrieb dieses Buch, nachdem mir mein Zuhause und mein
Land geraubt worden waren. Ich lebte in Wohnungen, die mir das
Prague Civil Society Centre, die Jan Michalski Foundation und das
Château de Lavigny freundlicherweise zur Verfügung stellten.

Außerdem möchte ich Lina Jegorowa, Uljana Dobrowa, Iwan Kol-
pakow, Masha Gessen und Roman Anin danken, deren vorsichtige
Fragen mich dazu bewogen haben, in mich zu gehen und zu akzeptieren, dass ich weiterleben kann und muss.

Anmerkungen

1. Gemeint ist der Fußballverein FC Strogino Moskau.

2. Gopnik ist eine abwertende Bezeichnung für einen Angehörigen einer jugendlichen, kleinkriminellen Outsider-Subkultur aus sozialschwachem Milieu.

3. Sapsan (dt. »Wanderfalke«) ist ein Hochgeschwindigkeitszug. Der Sapsan verkehrt in Russland seit 2009, zunächst auf der Strecke Moskau – St. Petersburg.

4. Die Banja ist ein russisches Dampfbad oder Badehaus, ähnlich einer finnischen Sauna. Es gibt auch zahlreiche große, öffentliche Banjas, der Zugang ist in der Regel nach Geschlechtern getrennt.

5. Am 9. Mai wird in Russland der sogenannte »Tag des Sieges« gefeiert. Der Gedenktag, der an den Sieg der Sowjetunion über das nationalsozialistische Deutschland erinnert, ist einer der wichtigsten Feiertage in Russland.

6. Stanislaw Markelow (geb. 1974 in Moskau) war ein russischer Anwalt und Menschenrechtler. Er war auch Rechtsbeistand der 2006 ermordeten Journalistin Anna Politkowskaja. Wegen seiner Arbeit erhielt Markelow mehrfach Morddrohungen, im Januar 2009 wurde er auf offener Straße in Moskau erschossen.

7. Der Große Vaterländische Krieg der Sowjetunion gegen Hitlerdeutschland begann im Jahr 1941 und endete 1945. Seine Bezeichnung als Großer Vaterländischer Krieg erhielt er im Rückbezug auf den Vaterländischen Krieg gegen Napoleon 1812.

8. Der Subbotnik ist eine in Sowjetrussland entstandene Bezeichnung für einen unbezahlten Arbeitseinsatz am Sonnabend.

9. Kosaken (turksprachig für »freie Krieger«) waren Reiterverbände, die sich seit dem 15. Jahrhundert als selbstständige Gruppierungen formierten. Bis zum 19. Jahrhundert wurden sie zum großen Teil in die zari-

sche Armee integriert. Noch immer umweht die Kosaken ein Mythos, in Russland fungieren Kosakenorganisationen heute oft als eine Art Volksmiliz.

10. Wedrussen/Anastasia: Eine betont naturnahe, völkische Bewegung, die der rechten Esoterik zugeordnet wird. Sie geht auf die zehnbändige Romanreihe *Anastasia – Die klingenden Zedern Russlands* von Wladimir Megre zurück, die zwischen 1996 und 2010 entstanden ist.

11. Der Tschum, auch Spitzjurte, ist eine traditionelle Wohnbehausung der Chanten, Mansen und Nenzen und anderer Völker Sibiriens. Er besteht aus einem Holzgerüst und wird mit Fellen oder Stoffen abgedeckt.

12. Narodniki (dt. »Volkstümler«, »Volksfreunde«) waren Anhänger einer revolutionären Bewegung in Russland, vorwiegend von den 1860er-Jahren bis zur Jahrhundertwende. Ein großer Teil der Narodniki trat für eine sozialistische Bauernrevolution ein, manche beriefen sich dabei auch auf Rousseaus Ideale des »edlen Wilden« und das Diktum »zurück zur Natur«.

13. Alexander Semjonowitsch Schischkow (geb. 1754 in Moskau; gest. 1841 in St. Petersburg) war ein russischer Staatsmann, Persönlichkeit des öffentlichen Lebens, Staatssekretär und Minister für Volksbildung, Admiral, Literaturkritiker.

14. Nikolaj Michailowitsch Jadrinzew (geb. 1842 in Omsk; gest. 1894 in Barnaul) war ein russischer Ethnograf, Archäologe und Schriftsteller. Er stammte aus Sibirien und beschäftigte sich vor allem mit indigenen Völkern.

15. Das Unsterbliche Regiment ist eine Gedenkaktion zum Zweiten Weltkrieg: Auf Gedenkmärschen zeigen die Teilnehmerinnen und Teilnehmer Porträts ihrer Angehörigen, die im Krieg kämpften. In den 2010er-Jahren ursprünglich als Graswurzelinitiative gestartet, fand die Aktion bald landesweit Verbreitung und ist inzwischen mitunter stark von staatlicher Seite vereinnahmt.

16. Moskal ist ein abwertender Name für Russinnen und Russen, der sowohl auf das Moskauer Reich des Mittelalters verweist als auch auf das russische Zarenreich und dessen imperialen Charakter. Moskaly standen im Dienst des Zarenreichs, etwa als Beamte und Soldaten. – »Wer nicht springt, der ist ein Moskal« gehörte zu den Losungen auf dem ukrainischen Maidan 2013/14.

17. Die Soldatenbruderschaft Bojewoje Bratstwo ist eine 1997 gegründete Veteranenorganisation, die heute in fast allen Regionen Russlands tätig ist und um die 90 000 Mitglieder hat.

18. Am 2. Mai 2014 kam es in der ukrainischen Schwarzmeerstadt Odessa zu Ausschreitungen zwischen Anhängern (darunter Hooligans) und Gegnern der ukrainischen Revolution. Letztere verschanzten sich im Gewerkschaftshaus von Odessa, das durch Molotow-Cocktails in Brand geriet. Mehr als 42 Menschen kamen ums Leben.

19. »Begrenztes Kontingent der sowjetischen Truppen in Afghanistan« war die offizielle Bezeichnung des Afghanistankriegs von 1979 bis 1989.

20. Gemeint sind Fotos getöteter russischer Kämpfer. Der abwertende Begriff »Kartoffelkäfer« leitet sich aus den Farben des schwarz-orange gestreiften Georgsbandes ab. Das Band war ursprünglich ein militärisches Abzeichen, später ein Gedenkband zum Zweiten Weltkrieg, heute gilt es als Symbol für die Zustimmung zum Krieg gegen die Ukraine. Das Zeichen (+18) wiederum gehört zur Kennzeichnungspflicht sensibler Inhalte nach dem Jugendschutzgesetz in Russland.

21. Im April 2017 hat der Europäische Gerichtshof für Menschenrechte (EGMR) den russischen Staat wegen der Beendigung der Geiselnahme von Beslan verurteilt. Demnach soll Russland rund 3 Millionen Euro Schmerzensgeld an die Kläger zahlen. Das Gericht kam zu dem Schluss, dass die russische Regierung, obwohl sie über Information zur Planung eines Terroranschlags verfügt hatte, nicht genug getan habe, um die Tragödie zu verhindern. Das Gericht warf den Sicherheitskräften bei der Erstürmung der Schule einen unverhältnismäßigen Einsatz von Schusswaffen sowie von Granat- und Flammenwerfern und Panzerkanonen vor. Dies habe dem wesentlichen Ziel des Einsatzes widersprochen: der Rettung der Geiseln. Der EGMR stellte außerdem fest, dass die russische Regierung keine effektive Aufklärung der Tragödie von Beslan durchgeführt habe. – Kremlsprecher Peskow zeigte sich empört über das Urteil und wies die Schlussfolgerungen des Gerichts als haltlos zurück.

22. Wladimir Potanin ist Großaktionär von Nornickel. 1995 schlug er als Bankier ein »Kredite-gegen-Aktien-Schema« vor: Die Regierung erhielt von einem Bankenkonsortium Kredite, die durch Anteile an Staatsunternehmen abgesichert wurden. Die stets klamme Regierung konnte

die Kredite nicht zurückzahlen. So sicherten sich damals zahlreiche Oligarchen Anteile an Großkonzernen, deren Kaufpreis weit unter dem tatsächlichen Unternehmenswert lag. Potanin erhielt eine 38-prozentige Beteiligung an Nornickel für 170 Millionen Dollar, während das Unternehmen einen Umsatz von 3 Milliarden Dollar erzielte.

23. Die Minderheit der Turk-Mescheten war bis zur Deportation unter Stalin im Jahr 1944 im Süden Georgiens beheimatet. Die rund 600 000 Meschetinnen und Mescheten heute leben vorwiegend in Kasachstan, Aserbaidschan, Russland, ein kleiner Teil auch in Usbekistan.

24. Psycho-neurologisches Internat (PNI): Mehr als 155 000 Menschen in Russland leben in geschlossenen sogenannten psycho-neurologischen Internaten, kurz PNI. Diese Einrichtungen gibt es seit Zeiten der Sowjetunion, sie dienen der Unterbringung und Betreuung von Menschen über 18 Jahren, die psychisch beeinträchtigt sind. Vor allem unabhängige Medien und einzelne zivilgesellschaftliche Organisationen weisen immer wieder auf die teilweise menschenunwürdigen Zustände in den Internaten hin.

25. Perspektivy ist ein Verein aus St. Petersburg, der sich unter anderem dafür einsetzt, die Situation von Menschen mit Behinderung generell und auch die Bedingungen in den psychoneurologischen Internaten (PNI) zu verbessern.

26. Dmitri Muratow ist Mitbegründer und, mit kurzen Unterbrechungen, seit 1995 Chefredakteur der unabhängigen *Nowaja Gaseta* mit Sitz in Moskau. 2021 wurde er für seinen Einsatz für die Meinungsfreiheit mit dem Friedensnobelpreis ausgezeichnet, zusammen mit der philippinischen Journalistin Maria Ressa.

Chronologie

Dezember 1991
Auflösung der UdSSR

10. Juli 1991
Amtseinführung von Boris Jelzin als erster Präsident Russlands

11. Dezember 1994 bis 31. August 1996
Erster Tschetschenienkrieg

9. August 1999
Wladimir Putin wird zum Premierminister ernannt.

7. August 1999 bis 16. April 2009
Zweiter Tschetschenienkrieg

31. Dezember 1999
Boris Jelzin erklärt in seiner Neujahrsansprache im Fernsehen seinen Rücktritt.

26. März 2000
Wladimir Putin wird zum russischen Präsidenten gewählt.

7. Mai 2000
Putins erste Amtszeit als Präsident beginnt.

12. Mai 2000
Igor Domnikow, Redakteur der *Nowaja Gaseta*, wird vor seinem Wohnhaus in Moskau brutal zusammengeschlagen; am 16. Juli 2000 erliegt er seinen Verletzungen.

3. Juli 2003
Juri Schtschekotschichin, Investigativjournalist der *Nowaja Gaseta*, stirbt unter ungeklärten Umständen.

7. Mai 2004
Beginn von Wladimir Putins zweiter Amtszeit

1. September 2004
Geiselnahme von Beslan

7. Oktober 2006
Anna Politkowskaja wird in ihrem Wohnhaus in Moskau ermordet.

7. Mai 2008
Laut Verfassung darf das Präsidentenamt nicht länger als zwei Amtsperioden nacheinander ausgeübt werden. Die Machtfrage wird innerelitär gelöst: Dmitri Medwedew übernimmt das Amt des Präsidenten, Putin wird formal Premierminister. In Russland spricht man von »Rokirowka« – der Begriff ist dem Schach entlehnt und meint eine Rochade.

8. August 2008
Russische Truppen marschieren in Georgien ein.

19. Januar 2009
Der Jurist Stanislaw Markelow und Anastasia Baburowa, freie Korrespondentin der *Nowaja Gaseta*, werden in Moskau ermordet.

15. Juli 2009
Die Menschenrechtlerin und Journalistin Natalia Estemirowa wird vor ihrem Wohnhaus in Grosny entführt und später ermordet aufgefunden.

7. Mai 2012
Wladimir Putins dritte Amtszeit als Präsident beginnt.

11. Juni 2013
Russland verbietet »homosexuelle Propaganda«.

18. März 2014
Russland annektiert die Krim.

7. April 2014
Separatisten besetzen Verwaltungsgebäude im Donbass.

13. April 2014
Beginn der ukrainischen »Anti-Terror-Operation« im Osten der Ukraine

30. September 2015
Russland startet seine militärische Intervention im syrischen Bürgerkrieg.

7. Mai 2018
Wladimir Putins vierte Amtszeit beginnt.

5. April 2021
Putin unterzeichnet ein Gesetz, das seine Amtszeiten auf null setzt. Damit kann er bei den Präsidentschaftswahlen 2024 verfassungskonform zur Wahl antreten.

24. Februar 2022
Beginn des russischen großflächigen Angriffskriegs gegen die Ukraine